Kohlhammer

Die Autoren

Prof. Dr. Heinrich Greving lehrt an der Katholischen Hochschule Nordrhein-Westfalen, Abteilung Münster, Allgemeine und Spezielle Heilpädagogik.

Prof. Dr. Petr Ondracek ist Hochschullehrer im Ruhestand. Er lehrte an der Evangelische Hochschule RWL in Bochum Didaktik und Methodik der Heilpädagogik.

Heinrich Greving
Petr Ondracek

Heilpädagogisches Denken und Handeln

Eine Einführung in die Didaktik und Methodik der Heilpädagogik

2., überarbeitete Auflage

Verlag W. Kohlhammer

Dieses Werk einschließlich aller seiner Teile ist urheberrechtlich geschützt. Jede Verwendung außerhalb der engen Grenzen des Urheberrechts ist ohne Zustimmung des Verlags unzulässig und strafbar. Das gilt insbesondere für Vervielfältigungen, Übersetzungen, Mikroverfilmungen und für die Einspeicherung und Verarbeitung in elektronischen Systemen.

Die Wiedergabe von Warenbezeichnungen, Handelsnamen und sonstigen Kennzeichen in diesem Buch berechtigt nicht zu der Annahme, dass diese von jedermann frei benutzt werden dürfen. Vielmehr kann es sich auch dann um eingetragene Warenzeichen oder sonstige geschützte Kennzeichen handeln, wenn sie nicht eigens als solche gekennzeichnet sind.

Es konnten nicht alle Rechtsinhaber von Abbildungen ermittelt werden. Sollte dem Verlag gegenüber der Nachweis der Rechtsinhaberschaft geführt werden, wird das branchenübliche Honorar nachträglich gezahlt.

Dieses Werk enthält Hinweise/Links zu externen Websites Dritter, auf deren Inhalt der Verlag keinen Einfluss hat und die der Haftung der jeweiligen Seitenanbieter oder -betreiber unterliegen. Zum Zeitpunkt der Verlinkung wurden die externen Websites auf mögliche Rechtsverstöße überprüft und dabei keine Rechtsverletzung festgestellt. Ohne konkrete Hinweise auf eine solche Rechtsverletzung ist eine permanente inhaltliche Kontrolle der verlinkten Seiten nicht zumutbar. Sollten jedoch Rechtsverletzungen bekannt werden, werden die betroffenen externen Links soweit möglich unverzüglich entfernt.

2., überarbeitete Auflage 2020

Alle Rechte vorbehalten
© W. Kohlhammer GmbH, Stuttgart
Gesamtherstellung: W. Kohlhammer GmbH, Stuttgart

Print:
ISBN 978-3-17-036222-2

E-Book-Formate:
pdf: ISBN 978-3-17-036223-9
epub: ISBN 978-3-17-036224-6
mobi: ISBN 978-3-17-036225-3

Inhaltsverzeichnis

Vorwort 11

1 **Didaktik und Methodik – begriffliche Festlegung** **15**
   1.1   Didaktik 16
         1.1.1 Bezugsmodell didaktischer Elemente 17
         1.1.2 Stellenwert der Didaktik für die Heilpädagogik 20
         1.1.3 Festlegung des Begriffs Didaktik im Kontext der
               Heilpädagogik 21
   1.2   Methodik 21
         1.2.1 Methoden in der Heilpädagogik 22
         1.2.2 Stellenwert der Methodik für die Heilpädagogik 23
         1.2.3 Festlegung des Begriffs Methodik im Kontext der
               Heilpädagogik 24
   1.3   Didaktik/Methodik der Heilpädagogik 24

2 **Professionalität in der Heilpädagogik** **26**
   2.1   Professionalisierung oder Professionalität? 27
   2.2   Begrifflichkeiten im Kontext der Professionalität 31
         2.2.1 Begriffe »Profession«, »Professionalität«,
               »Professionalisierung« 31
               Die konstruktivistische Dimension –
               Betrachtungsweise 35
               Die historische Dimension – Begründungsweise 36
               Die anthropologisch-ethische Dimension –
               Daseinsweise 36
               Die semiotisch-sprachliche Dimension –
               Bezeichnungsweise 36
               Die organisatorische Dimension – Beziehungsweise ... 37
               Die methodologische Dimension –
               Handlungsweise 37
               Die Ausbildungsdimension – Arbeitsweise 38
         2.2.2 Begriff »Hilfe« 40
         2.2.3 Begriffe »Handeln«, »Handlung« 41
   2.3   Grundaspekte professionellen Handelns in der
       Heilpädagogik 43
         2.3.1 Beziehung und Prozessualität 43
         2.3.2 Fachwissen und Verstehen 44

		2.3.3	Kommunikation	45
		2.3.4	Stellvertretende Deutung	45
		2.3.5	Stellvertretendes Agieren	46
		2.3.6	Paradoxien	47
	2.4	Zusammenfassung		48

3	**Humanistische und konstruktivistische Perspektive**			**50**
	3.1	Humanistische Perspektive auf die Heilpädagogik		51
		3.1.1	Selbstverständnis der Heilpädagogik	52
		3.1.2	Wertgeleitet sein	59
			Menschenbilder und Heilpädagogik	61
			Ethische Normen und Heilpädagogik	64
	3.2	Konstruktivistische Perspektive auf die Heilpädagogik		66
		3.2.1	Grundlegende Aussagen zum Konstruktivismus	66
		3.2.2	Konstruktivismus als Erkenntnistheorie für die Heilpädagogik	70
		3.2.3	Relevanzen des Konstruktivismus für heilpädagogische Didaktik/Methodik	81
	3.3	Zusammenfassung		84

4	**Konzepte und Kompetenzen**			**87**
	4.1	Konzepte in der Heilpädagogik		88
		4.1.1	Soziologisch-relationaler Zugang zur heilpädagogischen Praxis	89
			Der soziale Raum als Feld der Praxis	89
			Das Feld der Macht	91
			Das Feld der Wissenschaft	91
			Das Feld des Kapitals	92
			Individuelle Möglichkeiten und Grenzen – Habitus…	93
		4.1.2	Systemtheoretischer Zugang zur heilpädagogischen Praxis	95
			Grundbegriff des Konzeptes	97
			Methoden	98
			Verfahren und Techniken	99
			Fazit	99
	4.2	Kompetenzen in der Heilpädagogik		100
		4.2.1	Kompetenz und persönliche Eignung	101
		4.2.2	Kompetenzensystematik	103
			Schlüsselkompetenzen	104
			Grundkompetenzen	106
			Konkretisierung am Beispiel der Selbstkompetenz	107
			Selbstreflexion	108
			Selbstwirksamkeit	108
			Psychohygiene	109
			Selbstsicherheit (assertiveness)	110
			Metakompetenzen	112

		Hermeneutische Metakompetenz	113
		Heuristische Metakompetenz	113
		Mediative Metakompetenz	114
		Berufsbiographische Metakompetenz	115
		Personbezogene Alltagsforschungskompetenz	116
		Fazit	119
	4.2.3	Orientierungskompetenz: heilpädagogische Erfassung individueller Wirklichkeit statt Diagnostik	120

5 Referenzwissenschaften der Didaktik/Methodik der Heilpädagogik ... 127

5.1	Philosophie		128
	5.1.1	Menschenrechte	129
		Die unbedingte Achtung vor dem Wertsein des Anderen	130
		Die unbedingte Zugehörigkeit jedes Menschen	131
		Die gerechte Verteilung der sozialen Güter	131
		Dialogische Verständigung	131
	5.1.2	Didaktisch-methodische Umsetzungshinweise	133
5.2	Psychologie		136
	5.2.1	Gegenstandsbereich der Psychologie	137
	5.2.2	Systematiken psychologischer Fachgebiete	139
	5.2.3	Heilpädagogische Psychologie	140
	5.2.4	Didaktisch-methodische Umsetzungshinweise	144
		Das behavioristische Paradigma (Konzept des Lernens)	145
		Klassisches Konditionieren nach Pawlow	145
		Operantes Konditionieren nach Skinner	146
		Lernen am Modell nach Bandura	146
		Das tiefenpsychologische Paradigma (Konzept verborgener Kräfte)	148
		Psychoanalyse nach Freud	148
		Individualpsychologie nach Adler	150
		Das Paradigma der humanistischen Psychologie (Konzept des Selbstbildes)	152
5.3	Soziologie		155
	5.3.1	Der Gegenstandsbereich der Soziologie	156
	5.3.2	Disability Studies	158
		Behinderung als soziales Problem	162
		Behinderung als Armutsphänomen	163
		Soziale Reaktionen auf anders-seiende Menschen	163
	5.3.3	Didaktisch-methodische Umsetzungshinweise	164
5.4	Medizin		166
	5.4.1	Medizinische Sprachkonstrukte	167
	5.4.2	Semantisch bedingtes Verhältnis Heilpädagogik – Medizin	169

		5.4.3	Didaktisch-methodische Umsetzungshinweise	170
			Ressourcenorientiert und defektbeachtend	171
			Krankheit und Behinderung	172
			Leib, Körper und Seele	173
			Normalität und Abweichung	175
			Salutogenese und Pathogenese	178
	5.5	Rechtswissenschaften		180
		5.5.1	Grundlegende Hinweise in Bezug zur Inklusion	180
		5.5.2	ICF	182
		5.5.3	Das Übereinkommen über die Rechte von Menschen mit Behinderungen (UN-BRK)	183
		5.5.4	Gesetz zur Stärkung der Teilhabe und Selbstbestimmung von Menschen mit Behinderungen (Bundesteilhabegesetz/BTHG)	185
	5.6	Pädagogik		190
		5.6.1	Pädagogische Begrifflichkeit in der Heilpädagogik	190
		5.6.2	Pädagogische Ausrichtung heilpädagogischer Didaktik/Methodik	191
		5.6.3	Heilpädagogik und Bildungsprozess	192
		5.6.4	Didaktisch-methodische Umsetzungshinweise	192
			Handlungsimpulse von Herman Nohl	193
			Respekt, Partnerschaftlichkeit, Gleichwertigkeit	194
			Transparenz, Offenheit, Einschätzbarkeit	194
			Bescheidenheit	195
			Vertrauen, Akzeptanz, Annahme	195
			Individualisierung, Entwicklungsorientierung	196
			Zuversicht und angstfreie Atmosphäre	196
	5.7	Zusammenfassung		196
6	**Lebenslaufbezogene Didaktik und Methodik**			**198**
	6.1	Professionelle Pädagogik als ein differenziertes System		199
		6.1.1	Sozialpädagogische Praxis	200
		6.1.2	Heilpädagogische Praxis	200
	6.2	Das System professioneller Heilpädagogik		202
	6.3	Heilpädagogisches Handeln im Kontext ausgewählter Lebensstationen		205
		6.3.1	Vorgeburtlich: Pränatale Diagnostik	205
		6.3.2	Geburt/Krankheit: Krankenhaus	212
		6.3.3	Säugling/Kleinkind: Frühförderung	216
			Was heißt es konkret, in einer Frühförderstelle als Heilpädagoge tätig zu sein?	216
			Frühförderung als Entwicklungsförderung des Kindes	222
			Die frühen Hilfen als Prozess der Kooperation mit den Eltern	222
			Frühförderung als interdisziplinärer Austausch	223

		Frühförderung als Interessenvertretung im gesellschaftlichen Umfeld	223
	6.3.4	Kleinkind: Kindertagesstätte	228
		Institutionen und Organisationen	228
		Ziele und methodische Schwerpunkte	230
		Aufgaben	231
		Fazit	233
	6.3.5	Kindheit und Jugend: Schule, Ausbildung	233
		Heilpädagogik in der Offenen Ganztagsgrundschule – ein Modellprojekt	236
		Die heilpädagogischen Handlungsbereiche	238
		Außerschulische Heilpädagogik im Schulalter	239
		Ausbildung, Berufsvorbereitung	241
		Integration und berufliche Rehabilitation	243
	6.3.6	Erwachsene – Wohnen und Arbeiten	244
		Wohnen in der Herkunftsfamilie	246
		Wohnen in einer Einrichtung	247
		Ambulant unterstütztes/betreutes Wohnen	248
		Andere Wohnformen	248
		Perspektive der Lebensqualität im Kontext des Wohnens	249
		Rechte	249
		Zwischenmenschliche Beziehungen	250
		Selbstbestimmung	250
		Physisches Wohlbefinden	250
		Materielles Wohlbefinden	250
		Persönliche Entwicklung	251
		Emotionales Wohlbefinden	251
		Soziale Inklusion	251
		Das Arbeitsleben von Menschen mit Behinderung	253
		Zusammenfassung	254
	6.3.7	Alte Menschen: Lebensabend und Abschied	255
7	**Rück- und Ausblick auf die Heilpädagogische Profession**		**258**
	7.1	Die theoretische Perspektive	259
	7.2	Die methodologische Perspektive	260
	7.3	Die europäische Perspektive	262
	7.4	Die ausbildungsspezifische Perspektive	263

Literaturverzeichnis ... **266**

Sachwortverzeichnis ... **275**

Vorwort

Dieses Buch zur Didaktik und Methodik der Heilpädagogik erscheint nun in der 2., überarbeiteten und ergänzten, Auflage – die Gründe zu seiner Veröffentlichung sind jedoch nahezu die gleichen, wie bei der Erstauflage im Jahr 2009:

Obwohl es die Profession der Heilpädagogik schon seit mehreren Jahrzehnten gibt, ist immer noch keine umfassende und kohärente Abhandlung erschienen, die sich mit den didaktischen und methodischen Grundlagen dieses Berufs beschäftigt. Diese Publikation will diesem Missstand abhelfen, indem sie eine umfassende Begründung und Konzeptionalisierung einer Didaktik und Methodik der Heilpädagogik vorlegt. Im Zentrum stehen hierbei die unterschiedlichen Verknüpfungen zwischen heilpädagogischem Denken und heilpädagogischem Handeln. In bestimmten Kapiteln werden wir hierbei immer einmal wieder den Fokus auf die Thematik der Inklusion und der Disability Studies richten – Leitideen und Forschungsansätze, welche die Handlungswissenschaft der Heilpädagogik in den letzten 10 Jahren nicht unerheblich beeinflusst und herausgefordert haben.

Wie ist dieser Band nun konkret aufgebaut?

Nach einer kurzen Einleitung in die grundlegenden Aspekte der Didaktik und Methodik wird im Kapitel 2 die Professionalität der Heilpädagogik diskutiert. Dieses erscheint notwendig, da die Professionsdiskussion in den Sozialwissenschaften (in den 80er und 90er Jahren des letzten Jahrhunderts) beinahe vollständig an der Heilpädagogik vorbei gegangen ist – auch dies ist ein Umstand, der sich in den letzten Jahren nur sehr wenig verändert hat. Im Anschluss hieran wird im Kapitel 3 die grundlegende Perspektive dieses Buches vorgestellt: eine konstruktivistisch-humanistische Sicht auf die theoretischen und didaktisch-methodischen Ausrichtungen der Heilpädagogik. Im vierten Kapitel erfolgt dann die Beschreibung des heilpädagogischen »Handlungsweges« von den Konzepten zur Kompetenz. Die Begründung und Erörterung des Konzeptbegriffes erscheint notwendig, da es in der Heilpädagogik z. Z. eine Vielzahl höchst unterschiedlicher Konzeptionen gibt, eine stringente Vernetzung mit der Heilpädagogik häufig jedoch nur behauptet, nicht aber konsequent durchgeführt wird. Der zweite Aspekt in diesem Kapitel beschäftigt sich mit der Umsetzung des Kompetenzmodells in der Heilpädagogik. Kompetenzen sind hierbei als Realisierungsmomente der Konzepte zu begreifen und auf dem Hintergrund konstruktivistisch-humanistischer Begründungen zu diskutieren.

In einem ausführlichen fünften Kapitel werden daran anschließend die wichtigsten Referenzwissenschaften einer heilpädagogischen Didaktik und Methodik dargelegt: Philosophie, Psychologie, Soziologie, Medizin, Rechtswissenschaften und

Pädagogik. Grundlegend werden alle vorgestellten Wissenschaften im Hinblick auf ihre Relevanz für heilpädagogisches Denken und Handeln überprüft, so dass diese beiden Perspektiven, bzw. der permanente Perspektivwechsel, der rote Faden dieses Kapitels ist.

Im darauffolgenden sechsten Kapitel wird das heilpädagogische Handeln vom Blickwinkel einer Lebenslauforientierung betrachtet. Anhand einer subjektiven Geschichte werden ausgewählte Lebensphasen und die mit ihnen verbundenen heilpädagogischen Handlungsfelder erläutert. Hierbei führt der Weg über eine Diskussion der pränatalen Diagnostik und der Geburt (Krankenhaus) über die Frühförderung und die Arbeit in einer Kindertagesstätte hin zu heilpädagogischem Handeln in der Kindheit (Schule), in der Jugend (Ausbildung) und im Erwachsenenalter (Wohnen und Arbeiten). Am Ende dieses Kapitels sind kurze Erörterungen zur Arbeit mit Senioren und sterbenden Menschen zu finden.

Das Buch schließt ab mit einem zusammenfassenden Blick auf die heilpädagogische Profession.

Abb. 1: Übersicht der Teilbereiche des heilpädagogischen Denkens und Handelns.

Wir erhoffen uns auch und weiterhin von der 2. Auflage dieser Publikation eine Perspektiverweiterung auf die heilpädagogische Professionalität bzw. einen Anstoß in die Richtung einer Professionalisierung in der Heilpädagogik, welche interdisziplinär und multiperspektivisch ausgerichtet ist. Die Verknüpfung der Blickwinkel des Humanismus mit demjenigen des Konstruktivismus soll in Bezug auf eine lebenslauforientierte Didaktik und Methodik der Heilpädagogik dazu dienen, eine möglichst präzise und entsprechend begründete professionelle Handlungsweise in relevanten heilpädagogischen Tätigkeitsfeldern zu ermöglichen und zu konkretisieren.

Ein Hinweis: Die Personenbezeichnungen in diesem Buch beziehen sich gleichermaßen auf Frauen und Männer. Aus Gründen der besseren Lesbarkeit wurde jedoch darauf verzichtet, in jedem Fall beide Geschlechter ausdrücklich zu benennen.

Stadtlohn/Bochum, im Sommer 2019
Prof. Dr. Heinrich Greving/Prof. Dr. Petr Ondracek

1 Didaktik und Methodik – begriffliche Festlegung

Die Begriffe »Didaktik« und »Methodik« werden in diesem Buch häufig verwendet. Deshalb ist es notwendig und sinnvoll, sie am Anfang so zu definieren, wie sie dann auch zur Geltung kommen, weil in der Fachliteratur mehrere und z. T. auch widersprüchliche Auffassungen zu finden sind. Die zwar interessante, jedoch auch sehr viel Raum einnehmende Debatte um die Festlegungen von Definitionen und deren Feinheiten soll hier allerdings nicht geführt werden. Das haben verdienstvoll andere Autoren gemacht, und wir sehen keinen Anlass, sie hier noch einmal zu wiederholen. Stattdessen verweisen wir interessierte Leser auf eine sehr gute – da überschaubare – Darstellung von Johannes Schilling in seinem Lehrbuch »Didaktik/Methodik Sozialer Arbeit« (vgl. Schilling, 2016).

In Anlehnung an die dort beschriebenen Entwicklungen und Auffassungen der Begriffe »Didaktik« und »Methodik« wird in diesem einleitenden Kapitel eine begriffliche Festlegung dieser beiden Begriffe für das vorliegende Lehrbuch erfolgen.

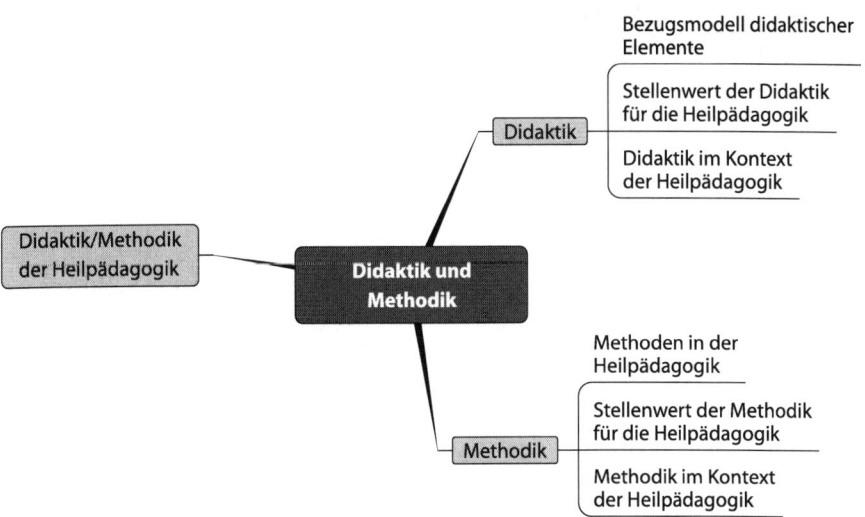

Abb. 2: Definition der Didaktik und Methodik in der Heilpädagogik.

1 Didaktik und Methodik – begriffliche Festlegung

1.1 Didaktik

Traditionell wird Didaktik fast automatisch mit der Institution Schule in Verbindung gebracht. Das ist nachvollziehbar, weil sie sich als theoretische Grundlage der Unterrichtskunst einen Namen gemacht und im Kontext des Lernens entwickelt hat. Dazu trägt auch die Tatsache bei, dass der Begriff »Didaktik« vom griechischen Wort »didaskein« abgeleitet wurde, mit dem sowohl das Lehren (im Sinne von »jemanden belehren«) als auch das Lernen (im Sinne von »belehrt werden«) bezeichnet wird. Folglich lässt sich sagen, dass Didaktik eine Disziplin ist, die sich mit Lehren und Lernen befasst. Diese Festlegung ist eindeutig und unbestritten.

Als solche hinterfragt die Didaktik den Lehr-/Lernprozess vor allem hinsichtlich folgender Elemente:

- Beteiligte Personen (Wer lehrt wen bzw. wer lernt von wem?),
- Gründe und Ursachen (Wieso und warum wird gelehrt bzw. gelernt?),
- Inhalte (Was wird gelehrt bzw. gelernt?),
- Motive, Anliegen und Ziele (Wozu wird gelehrt bzw. gelernt, welches Anliegen bzw. Ziel verfolgen die beteiligten Personen?).

Mit den erarbeiteten Hinweisen und Informationen wird von der Didaktik der theoretische Rahmen für das Lehren und Lernen aufgestellt. Dieser ist ausschlaggebend für die Antwort auf weitere wichtige Fragen: Nach einem – für die didaktisch erörterten Elemente relevanten – Weg und nach den entsprechenden Mitteln des Lehrens und Lernens. An dieser Stelle lässt sich das Bindeglied zwischen Didaktik und Methodik positionieren. Beide Disziplinen besitzen zwar ihr eigenes Teilgebiet für die Erforschung der Lehr-/Lernprozesse, sind jedoch aufeinander bezogen und folglich auch untrennbar miteinander verbunden.

Bei den Überlegungen zur Relevanz der Didaktik für die Heilpädagogik wirft die oben erwähnte fast automatische Zuordnung der Didaktik zum schulischen Geschehen Fragen auf: Die Heilpädagogik war und ist immer noch überwiegend außerhalb des Schulwesens angesiedelt (gleichwohl sich in der letzten Zeit eine Öffnung der Schule hinsichtlich einer Kooperation mit Heilpädagogen feststellen lässt – z. B. im Kontext der Integrationsklassen oder der integrativen Ganztagsschulen). Dies könnte zu der Schlussfolgerung führen, dass eine auf Lehren und Lernen ausgerichtete Didaktik nicht heilpädagogisch relevant ist, weil eben im heilpädagogischen Alltag kein Unterricht stattfindet, sondern vielmehr die pädagogisch-therapeutischen sowie Alltagsbewältigungsprozesse im Mittelpunkt stehen.

Eine solche Betrachtung der Didaktik wäre reichlich kurzsichtig. Auch in einer außerschulisch positionierten Heilpädagogik, die pädagogisch-therapeutisch wirkt und auf die Alltagsbewältigung ausgerichtet ist, sind – vielleicht nicht so vordergründig wie in der Schule, aber in der Tat doch relevant – die Lernprozesse immer involviert. Dies hängt mit der Tatsache zusammen, dass der Mensch in seiner Entwicklung von der Geburt bis zum Tode viel mehr als alle anderen Lebewesen auf der Erde auf das Lernen angewiesen ist. Folglich sind die didaktischen Erkenntnisse über das Lehren und Lernen im schulischen Kontext durchaus relevant und auch übertragbar auf andere – nicht schulische – Situationen. Ein solcher Transfer wird hier versucht.

- Schulisch betrachtet stehen sich in einer Lehr-/Lernsituation der Lehrende (als derjenige, der etwas weiß) und der Lernende (als derjenige, der etwas wissen möchte) gegenüber. Hier besteht ein natürliches Wissensgefälle zu Gunsten des Lehrenden. Die beiden begeben sich in einen Kommunikations- und Interaktionsprozess, in dem der Lehrende das zur Verfügung stellt, was er weiß, und der Lernende sich dieses zur Verfügung stehende Wissen aneignet. Dies gleicht das Wissensgefälle aus. Eine weitere genauso wichtige ausgleichende Tatsache besteht darin, dass die beteiligten Personen – unbeachtet ihres Wissens und Unwissens – auf gleicher menschlicher Ebene stehen. Demnach stellt die Lehr-/Lernsituation eine Kommunikation und Interaktion vom Subjekt zum Subjekt dar, die als Begegnung zu verstehen ist (die für beide Seiten eine Bereicherung sein kann). Ob dies jedoch in der schulischen Welt von den Lehrpersonen immer und konsequent als Grundlage eines partnerschaftlichen Umgangs mit Lernenden wahrgenommen wird, sei dahingestellt.
- Heilpädagogisch betrachtet lassen sich Lehren, Lernen und Lehr-/Lernsituation (im weitesten Sinne des Wortes) folgendermaßen erfassen:
  – Das Lehren als Handeln zum Zweck der Unterstützung bzw. Ermöglichung einer individuellen Entwicklung sowie Alltags- und Lebensbewältigung.
  – Das Lernen als Nutzung von verfügbaren Bedingungen, Hilfen und Ressourcen für die eigene Entwicklung und Lebensbewältigung.
  – Die Lehr-/Lernsituation als Kommunikation und Interaktion zwischen dem »Unterstützer« und dem »Nutzer«; diese ist eine Form der zwischenmenschlichen Begegnung und als solche beinhaltet sie immer für beide Seiten einen Lehr-/Lerneffekt.
  – Die Lehr-/Lernsituation als Prozess der Erstellung einer Passung (Viabilität; s. u.) zwischen beiden (und mehreren) Handlungspartnern in Bezug auf die Konstruktion ihres wechselseitigen Lernfeldes.
  – Darüber hinaus spielen noch weitere Bestandteile des Lehrens und Lernens eine wichtige Rolle: das Ziel sowie die entsprechenden Inhalte und die Methode der Zielerreichung.

1.1.1 Bezugsmodell didaktischer Elemente

Die Didaktik ist trotz ihrer unverkennbaren schulischen Wurzeln auch für eine außerschulische Heilpädagogik relevant. Ihre Erkenntnisse sind durchaus in den (heil)pädagogisch-therapeutischen sowie Lebensbewältigungsbereich transferierbar. Bedeutsam als Orientierungs- und Handlungshilfe für heilpädagogisch Tätige ist vor allem das folgende didaktische Modell, in dem die oben aufgelisteten didaktischen Elemente aufeinander bezogen dargestellt werden.

Um die Prozesse des Lehrens und Lernens planen, durchführen, reflektieren, variieren und evaluieren zu können (was die genuine Aufgabe des professionellen

Handelns in jedem pädagogischen Praxisfeld ist), müssen alle Elemente dieses Modells in Betracht gezogen werden.

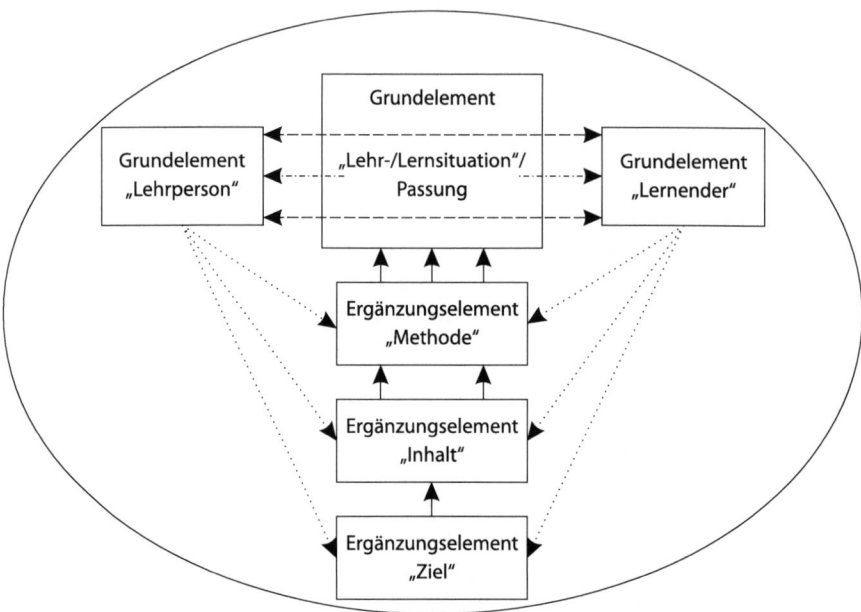

Abb. 3: Bezugsmodell didaktischer Elemente
Legende:

- Die Ellipse veranschaulicht, dass alle drei Grundelemente auf der gleichen Ebene positioniert sind, also dass keines wichtiger wäre als die anderen (fehlt eines von ihnen, kann kein interaktiver Lehr-/Lernprozess zustande kommen).
- Die Position des Grundelements »Lehr-/Lernsituation«/Passung zwischen den anderen Grundelementen »Lehrperson« und »Lernender« zeigt dessen Bedeutung als ein Feld der Kommunikation und Interaktion, d. h. ein Bereich, auf dem die Begegnung beider Elemente stattfinden kann.
- Die Anordnung der Ergänzungselemente übereinander ist zufälliger Art. Sie hängen zwar immer alle zusammen und bedingen sich gegenseitig, aber müssen von den beteiligten Personen nicht zwingend in der dargestellten Reihenfolge verhandelt werden.
- Die Pfeile veranschaulichen die Vernetzung und die Bezogenheit aller didaktischen Elemente aufeinander.
    ◄-----►: Professionelle Beziehung im Kontext der Lehr-/Lernsituation
    ....►: Eingebrachtes Eigeninteresse (Anliegen, Thema, Handeln)
    —————►: Ausgehandeltes, gemeinsames Interesse (Ziel, Inhalt, Methode)
    ◄--------►: Persönlicher Lerngewinn

Im Unterschied zum Lehr-/Lernprozess im schulischen Kontext gibt es in der Heilpädagogik keine vorgegebenen Lehrpläne mit festgelegten Lernbereichen und Lernzielen, die von den beteiligten Lehrern und Schülern zwingend verfolgt und erreicht werden müssen. Dies macht aus den im Modell als »Ergänzungselement«

bezeichneten Merkmalen der Lehr-/Lernsituation (Ziel, Inhalt, Methode) weitreichend bestimmende Grundelemente. Sie werden von den jeweiligen Fächerdidaktiken in weitere Teilelemente zerlegt und für eine (manchmal ziemlich eng gefasste) Unterrichtsvorbereitung verwendet.

Die heilpädagogischen (Lern-)Interaktionen zeichnen sich durch eine prinzipielle Offenheit gegenüber subjektiven und folglich variablen Faktoren aus. Die Kommunikation und Interaktion zwischen dem Heilpädagogen und der zu betreuenden Person ist dann offen, wenn sie vordergründig als eine dialogische Beziehungsgestaltung im gemeinsamen Tun verstanden wird, die im Kontext der Alltags- und Lebensbewältigung auf dem Hintergrund der beeinträchtigten Lebenslage des Nutzenden stattfindet. Folglich können beim heilpädagogischen Handeln die Zielsetzung, die Inhalte und auch die Entscheidung über die Methode niemals von außen als eine zwingend zu erfüllende Vorgabe bestimmt werden. Sie müssen in jedem Einzelfall von den beteiligten Personen gemeinsam gesucht, verhandelt, entschieden und umgesetzt werden. An dieser Stelle wird die Unterscheidung zwischen Grund- und Ergänzungselementen im oben dargestellten didaktischen Modell deutlich.

Die doch recht schulisch anmutenden Bezeichnungen aus dem Modell lassen sich im heilpädagogischen Kontext wie folgt zu mehr alltagsbezogenen Formulierungen umwandeln:

- Statt »Lehrperson« wäre zutreffender von einem Lern-Facilitator zu sprechen (engl.: »to facilitate« = ermöglichen, erleichtern). In diesem Sinne kann sich der Heilpädagoge als jemand verstehen, der das Lernen bei seinem Gegenüber ermöglicht und erleichtert. Er stellt somit einen Lernraum zu Verfügung, in welchem wechselseitige Lernprozesse entwickelt werden können. Wichtig ist, sich dabei mit allen Dimensionen einzubringen, die das eigene Personsein ausmachen (insb. Erfahrung, Wissen, Know-how, Ressourcen, Einschränkungen, Persönlichkeit und auch der soziokulturelle Hintergrund).
- Statt »Lernender« wäre zutreffender von einem Nutzer/einer Nutzerin zu sprechen. Immerhin versteht sich das Sozialwesen zunehmend als ein Dienstleistungsfeld, auf dem die zu betreuende Person als Auftraggeber der Fachkräfte betrachtet wird und folglich die Position eines Nutzers innehat. Wir vermeiden an dieser Stelle bewusst die Bezeichnung »Kunde«, weil ein Mensch mit Behinderung, Verhaltensbesonderheiten etc. nicht wirklich als Kunde des Sozialwesens bezeichnet werden kann. Auch die Bezeichnung »Klient« trifft das Verhältnis zwischen heilpädagogisch Handelnden und Menschen mit Behinderung/Verhaltensbesonderheit/etc. nicht, da diese zu sehr medizinisch und juristisch geprägt ist. Der Begriff des »Nutzers« meint demgegenüber eher fähigkeitsorientiert und entwicklungsbezogen die Möglichkeiten des Menschen, die (in diesem Fall heilpädagogischen) Leistungen nutzen zu können. Diese Nutzung geschieht aktiv und auswählend, sie ist somit im Rahmen eines konstruktivistischen Verständnisses von Heilpädagogik stimmig und passend. Zudem bildet dieser Begriff das Verhältnis zwischen Assistenzgeber und Assistenznehmer ab, welches in den letzten Jahren immer relevanter geworden ist: Nicht der Mensch mit Behinderung/etc. ist vom Heilpädagogen abhängig, dieser assistiert ihm vielmehr im Rahmen seiner Lebensbewältigungsstrategien – und so kann diese Bezeichnung

im Rahmen einer humanistisch geprägten Heilpädagogik nutzbar gemacht werden. In diesem Sinne kann der Nutzer als eine Person betrachtet werden, die im Lernprozess mit einem Lern-Facilitator involviert ist und dabei genauso wie dieser alle Dimensionen des eigenen Personseins einbringt. Darüber hinaus gehört zum Nutzer immer auch seine eigene soziale Umwelt, die auf ihn mehr oder weniger Einfluss ausübt und folglich als ein wichtiger Faktor beachtet werden muss.
- Statt »Lernsituation«/Passung wäre zutreffender vom gemeinsamen Tun zu sprechen. Eine solche Bezeichnung für das Feld der Kommunikation und Interaktion zwischen Lern-Facilitator und Nutzer hebt besser die Elemente des – in der Heilpädagogik besonders wichtigen – dialogisch ausgerichteten Handelns hervor: Beidseitiges Interesse, Zielgerichtetheit, Bezogenheit aufeinander und Kooperation, aber auch die Möglichkeit zur Auseinandersetzung und Einflussnahme.

1.1.2 Stellenwert der Didaktik für die Heilpädagogik

Übertragen auf die Heilpädagogik lässt sich Didaktik als eine Disziplin betrachten, von der die Elemente professioneller Gestaltung des gemeinsamen Tuns von Lern-Facilitator und Nutzer untersucht und definiert werden. Dies dient der Unterstützung von Lernprozessen im Kontext der individuellen Entwicklung sowie der Alltags- und Lebensbewältigung beim Nutzer. Zu diesem Zwecke müssen von den heilpädagogisch Tätigen die dargestellten didaktischen Elemente immer wieder hinterfragt und analysiert werden. Es lässt sich auch von einer »alltagsdidaktischen Forschungsaufgabe« sprechen. Der Heilpädagoge denkt und handelt also dann didaktisch, wenn er folgende Elemente erforscht:

1. Sich selbst, um sich Klarheit zu verschaffen über eigenes Wissen und Know-how, eigene Erfahrungen sowie Ressourcen, Einschränkungen und Persönlichkeit und auch über den eigenen soziokulturellen Hintergrund.
2. Die Lebenslage, die Person des Nutzers sowie seine soziale Umwelt, um sich klar zu werden über die gleichen Aspekte seines Personsein, wie bei der Selbsterforschung, und um sich somit auch in seiner sozialen Vernetzung zu orientieren.
3. Die Bedingungen, Wirkungsfaktoren, Möglichkeiten und Grenzen der Kommunikation und Interaktion mit den Nutzern im Kontext des gemeinsamen Tuns.
4. Die von beiden Seiten jeweils eingebrachten Anliegen hinsichtlich der Ziele, Inhalte und Methoden, um mit dem Nutzer über einen Konsens bzw. eine Passung zu verhandeln, welche dann im gemeinsamen Tun zum Tragen kommt.

Wichtig ist zu wissen und zu respektieren, dass die Didaktik als praxisbezogene Disziplin nicht einer Begründung von bzw. Rechtfertigung für eine aktionistische Emsigkeit der heilpädagogisch Tätigen dient, sondern der Findung von Entscheidungen, die für beide Seiten einen Sinn ergeben (und sei es »nur« da zu sein, statt dem zu betreuenden und assistierten Menschen irgendwelche Aktivität überzustülpen). Demnach besteht der Stellenwert der Didaktik für heilpädagogisch Tätige darin, dass sie

- zu einer Orientierung hinsichtlich Personen, Prozessen, Verhältnissen, Bedingungen, Gegebenheiten, Möglichkeiten und Grenzen im Kontext des heilpädagogischen Handelns verhilft. Das ist deshalb wichtig, weil bekanntlich eine gute Orientierung unentbehrlich für ein begründetes, zielgerichtetes und positiv wirksames (also professionelles) Handeln ist;
- die für das professionelle Handeln wichtige Reflexion und Evaluation des Geschehenen erleichtert. Wer die didaktischen Elemente von Anfang an sowie auch durchgehend im o. g. Sinne erforscht, kann eher erkennen und sich bewusst machen, was er durchdacht, gemacht bzw. gelassen, theoretisch begründet oder vielleicht spontan »aus dem Bauch heraus« entschieden hat und wie sich das auf den Lehr- und Lernprozess und seine Ergebnisse auswirkte.

1.1.3 Festlegung des Begriffs Didaktik im Kontext der Heilpädagogik

Die hier kurz dargestellten Aspekte des Begriffs »Didaktik« lassen sich im Kontext der Heilpädagogik folgendermaßen zusammenfassen:

> Didaktik ist eine praxisbezogene Disziplin, die die Alltagskommunikation und -interaktion (Lehr-/Lernmedium) zwischen Heilpädagogen (Lern-Facilitator) und dem zu betreuenden Menschen (Nutzer) vom Blickwinkel des gemeinsamen Tuns (Lehr-/Lernsituation) und seiner Ausrichtung (Ziel, Inhalt, Methode) erforscht. Sie dient den heilpädagogisch Tätigen als eine Orientierungshilfe im Bezogenheits- und Wirkungsgeflecht der didaktischen Elemente und trägt zur deren Handlungsprofessionalität bei.

1.2 Methodik

Das Lehren bzw. Lernen verläuft erst dann in beabsichtigter Quantität und Qualität und führt erst dann zu erwünschten Ergebnissen, wenn im Lehr-/Lernprozess eine mit dem didaktisch definierten Rahmen kompatible Methode sowie relevante Mittel eingesetzt werden. Einen Grund zu haben und sich ein Ziel zu setzen hat zwar eine wichtige motivierende Kraft, aber den für die Zielerreichung erforderlichen Lehr-/Lernprozess können die Gründe und Absichten allein nicht ersetzen.

Etymologisch gesehen stammt der Begriff »Methode« aus den griechischen Worten »metá« und »hodós«: »Metá« heißt nach, mit oder zwischen, und »hodós« heißt Weg. Der zusammengesetzte Ausdruck »méthodos« bedeutet also »ein Weg zu etwas hin«. Übertragen in den Kontext des menschlichen Handelns wird der Begriff Methode verwendet als Bezeichnung für eine bestimmte Art zu handeln, um ein bestimmtes Ergebnis zu erreichen. Von einer Methode kann also erst dann gesprochen werden, wenn es um planmäßiges Vorgehen zwecks Annäherung und Erreichung eines definierten Ziels geht.

Von den Merkmalen der Planmäßigkeit und Intentionalität ausgehend werden Methoden vor allem in Situationen gebraucht und angewendet, in denen aus einem gegebenen Anlass etwas Bestimmtes erreicht werden soll. Dies kann sich genauso auf die Herstellung eines bestimmten Produkts beziehen (die dafür notwendige Methode wird z. B. als Verfahren bezeichnet) wie auf die Erledigung bestimmter Aufgaben (z. B. wird zwecks Erstellung einer Rezension über einen Text die Methode des Exzerpierens seiner wesentlichen Inhalte verwendet) oder auf die Lösung von Problemen (um z. B. das Problem eines Missverständnisses in der Partnerschaft zu lösen, entscheiden sich die Betroffenen für die Methode eines moderierten Gesprächs).

Zusammenfassend lässt sich das Hauptcharakteristikum einer Methode wie folgt zum Ausdruck bringen: »Methoden sind erprobte, überlegte und übertragbare Vorgehensweisen zur Erledigung bestimmter Aufgaben und Zielvorgaben« (Schilling, 2016, 133).

Eine Disziplin, die das zielgerichtete Handeln als Gegenstand in den Mittelpunkt ihrer Aufmerksamkeit stellt, wird als Methodik bezeichnet: Sie ist also eine Theorie bzw. Lehre von Methoden. Die Didaktik befasst sich – wie schon oben erwähnt – mit der Fragestellung: »Wer lehrt bzw. lernt mit wem was, warum und wozu?«. Die Methodik fragt nach dem »Wie, womit und auf welche Art lässt sich der Lehr-/Lernprozess gestalten?«. Sie hat die Aufgabe, Orientierung hinsichtlich dessen zu geben, wie bestimmte Lehr-/Lernprozesse verlaufen und welche Vorgehensweisen bzw. Schritte von beteiligten Personen zwecks Erfüllung von Aufgaben bzw. Erreichung von Zielen eingesetzt bzw. genutzt werden sollten.

1.2.1 Methoden in der Heilpädagogik

Oft wird von heilpädagogisch Tätigen nach dem »Handwerkszeug« gefragt, und sie erwarten von der Methodik Hinweise auf gute und schlechte Methoden. Im Hintergrund steht i. d. R. das (durchaus nachvollziehbare) Bemühen, möglichst viel Gutes zu bewirken.

Die heilpädagogisch Tätigen müssen mit der Tatsache leben, dass die oben dargestellten didaktischen Elemente im Kontext der heilpädagogischen Praxis nur eines garantieren: Es gibt nicht »das« Lernen, und folglich gibt es auch nicht »die« Methode. Der Pluralität von subjektiven und situationsbedingten Ausprägungen dieser Elemente folgt notwendigerweise eine Mannigfaltigkeit im methodischen Bereich. Wären alle Heilpädagogen, alle Nutzer, alle Lebenslagen und alle Lehr-/Lernsituationen gleich, würde die heilpädagogische Praxis mit einer kleinen Anzahl von immer gleich wirkenden und gleich effizienten Methoden auskommen. Zum Glück kann eine solche »methodische Monokultur« (Terhart, 1989, 132; zit. nach Schilling, 2016, 140) nicht entstehen, denn das würde eine »heilpädagogische Fließbandarbeit« bedeuten-, und diese Vorstellung ist erschreckend.

Im Praxisfeld des Sozialwesens existiert eine große Menge von Methoden. Der Entstehungsprozess dauert hierbei immer noch an: Mit viel Kreativität werden sie kombiniert, variiert und neu benannt. Das hat zwar eine gute Seite (es gibt umfangreiche Auswahlmöglichkeiten: »Viele Wege führen nach Rom!«), verursacht jedoch zugleich Probleme (eine zu große Auswahlmöglichkeit kann verunsichern: »Welcher Weg ist denn der beste?«). Wie auch immer, die Suche nach einer für einen bestimmten Zweck geeigneten Methode muss immer mit dem Ziel kompatibel sein und dem Kriterium der Viabilität standhalten: Die ausgewählte Methode muss nicht nur effiziente Zielverfolgung garantieren, sondern sie muss für alle Beteiligten »gangbar« sein und als solche von ihnen auch angenommen werden. Das, was im wechselseitigen Handeln entsteht, was durch die Tätigkeiten im Rahmen einer entwicklungsbezogenen Perspektive konstruiert wird, ist erst für ein didaktisches und methodisches Handeln, im wahrsten Sinne dieses Wortes, »Sinn«-voll. Ein Sinn, welcher also genuin im gemeinsamen Tun entstehen kann, in einem Prozess, in welchem alle Ziele für alle Handlungspartner gültig sind und in welchem es keine Abhängigkeiten geben kann und darf. Ein monokausales und eindimensionales methodisches Handeln ist somit nicht nur nicht zu realisieren – es ist im eigentlichen Sinne gar nicht möglich.

Es ist kein Geheimnis (und das ist gut so), dass nicht die Methode per se, sondern die Bedeutung der Methode für die beteiligten Personen (für den Lern-Facilitator wie auch für den Nutzer) sowie die Art und Weise ihrer Anwendung seitens des Heilpädagogen entscheidend sind für ihre Effizienz und letztendlich auch für die Bewertung, ob sie gut oder schlecht ist. Erst in der Verbindung Personen/Anliegen/Situation/Methode kann der Sinn von ausgewählten Vorgehensweisen erkannt und ihr Wert für den (gegenseitigen) Lehr- und Lernprozess eingeschätzt werden.

Interessant ist die Frage, ob es eine spezielle heilpädagogische Methodik gibt, die für die heilpädagogische Praxis spezifische heilpädagogische Methoden kreiert. Eine eindeutige Antwort im Sinne von »ja« oder »nein« gibt es bislang noch nicht. Das liegt daran, dass in der heilpädagogischen Praxis einerseits (und überwiegend) Methoden und Vorgänge Verwendung finden, die auch in anderen Berufen des Sozialwesens zur methodischen Grundausstattung gehören. Es handelt sich dabei um mehr »allgemeine« Methoden, wie z. B. der Gesprächsführung, welche in ziemlich allen sozialen Berufen eingesetzt werden. Andererseits verfügt die heilpädagogische Praxis auch über spezifische Methoden, die in anderen sozialen Berufen nicht verwendet werden, wie z. B. die Methode der »Heilpädagogischen Übungsbehandlung (HPÜ)«, die von Clara Maria von Oy und Alexander Sagi entwickelt wurde. Mit dieser Kreation haben die beiden auf die Tatsache reagiert, dass in der Tat die Heilpädagogik bis dahin keine eigenen Methoden entwickelt hatte. Die HPÜ gilt deshalb als eine originäre und unverwechselbar eigene Methode der Heilpädagogik. Bei aller begründeten Kritik hieran.

1.2.2 Stellenwert der Methodik für die Heilpädagogik

Heilpädagogik als Handlungswissenschaft steht in engster Verbindung mit heilpädagogischen Praxisfeldern. Allein aus dieser Tatsache ergibt sich die große Bedeutung, welche die Methodik als Methodenlehre für die Heilpädagogik hat. Die theoretische Untermauerung des heilpädagogischen Handelns mit Erörterungen, Verstehenshilfen, Konzepten usw. wäre nur beschränkt hilfreich, wenn die Methodik der Heilpädagogik nicht die erforderlichen relevanten Ansätze, Methoden, Vorgänge und Verfahren suchen, transferieren, anpassen, überprüfen und der Praxis zur Verfügung stellen würde.

Wie wichtig die Methodik ist, kann jeder heilpädagogisch Tätige dann (schmerzhaft) erkennen, wenn er mittels heilpädagogischer Theorien und Konzepte erkennt, was und warum sinnvoll und erforderlich zu verfolgen und zu erreichen wäre, es aber weder verfolgen noch erreichen kann, weil eine dafür passende und für alle Beteiligten viable Methode nicht verfügbar ist bzw. er diese nicht kennt oder sie vielleicht doch kennt, aber nicht anwenden kann.

1.2.3 Festlegung des Begriffs Methodik im Kontext der Heilpädagogik

Die Methodik der Heilpädagogik ist als Methodenlehre zu verstehen, die der heilpädagogischen Praxis geeignete methodische Ansätze, konkrete Methoden, Vorgehensweisen und Verfahren zur Verfügung stellt. Als solche ist sie für die heilpädagogische Praxis unverzichtbar. Die von ihr erarbeiteten methodischen Mittel werden zumeist aus anderen Fachgebieten übernommen und für die Bedürfnisse der heilpädagogischen Praxis nutzbar gemacht. Folglich arbeiten die heilpädagogisch Tätigen überwiegend mit heilpädagogisch anwendbaren, also mit nicht ureigenen heilpädagogischen Methoden. Ganz ohne Eigenentwicklungen ist die heilpädagogische Methodik allerdings nicht, wie das Beispiel der Heilpädagogischen Übungsbehandlung zeigt.

1.3 Didaktik/Methodik der Heilpädagogik

Am Beispiel des Heilpädagogen, der zwar weiß, was zu verfolgen und zu erreichen wäre, aber es mangels geeigneter Methode nicht umsetzen kann, wird die untrennbare Verbindung zwischen der Didaktik und der Methodik deutlich. Es gibt also weder eine alleinstehende Didaktik noch eine alleinstehende Methodik der Heilpädagogik. Diese beiden Zugänge zu Fragen der heilpädagogischen Praxis stellen zwei Seiten der gleichen Münze dar. Selbstverständlich lässt sich vortrefflich darüber diskutieren und streiten, wie die untrennbare Verbindung der beiden Seiten sprachlich zum Ausdruck gebracht wird: Ob »Didaktik und Methodik« oder »Methodik und Didaktik«, ob »Didaktik-Methodik« oder »Methodik-Didaktik« oder vielleicht »Didaktik/Methodik« bzw. »Methodik/Didaktik«? Diese Diskussion ist bereits intensiv geführt worden und muss an dieser Stelle auch nicht wiederholt werden.

In Anlehnung an die Ausführungen von Schilling wird hier Folgendes festgehalten: »Zwischen Didaktik und Methodik besteht ein interdependentes Verhältnis, ein Wechselverhältnis. Um dieses entsprechend auszudrücken, wählte man den Schrägstrich: Didaktik/Methodik« (Schilling, 2016, 134).

Mit dem Ausdruck »Interdependenz« wird die Gleichwertigkeit von beiden Teilelementen und ihre gegenseitige Abhängigkeit bezeichnet: Die didaktische Erforschung von »wer mit wem was, warum und wozu« führt zwangsläufig zu den methodischen Aspekten »wie und auf welche Art« und umgekehrt. Eine Trennung von Zielen, Inhalten, Methoden und Mitteln wäre unsinnig, auch wenn beide Teildisziplinen eigene Positionierungen und Fokussierungen haben. Denn in jeder inhaltlichen und zielbezogenen Festlegung der Didaktik sind bereits die Fragen nach der methodischen Umsetzung verborgen. Genauso beinhaltet jede methodische Überlegung implizit auch die Bezugnahme auf Inhalte und Ziele.

Wenn dies nicht beachtet wird, kommt unweigerlich die Gefahr von Selbstzweck-Anwendung oder »sozialer Technik« ins Spiel – also etwas, was mit dem Selbstverständnis der Heilpädagogik und dem professionellen heilpädagogischen Handeln auf keinen Fall vereinbar ist.

Ein erstes Fazit hierzu:

> Didaktik/Methodik der Heilpädagogik ist ein auf die praxisbezogene Erforschung von didaktischen Elementen und methodischen Vorgängen des heilpädagogischen Handelns ausgerichteter Bestandteil der Gesamtdisziplin Heilpädagogik. Folglich ergänzen sich die heilpädagogische Theoriebildung und die Didaktik/Methodik der Heilpädagogik gegenseitig. Gemeinsam verfolgen sie das Ziel, den heilpädagogisch Tätigen eine handlungsleitende Orientierung und heilpädagogisch relevante methodische Ausstattung für die berufliche Tätigkeit zu vermitteln. Sie nimmt des Weiteren Bezug auf eine wissenschaftstheoretische Begründung, welche von den Prämissen des Humanismus und des Konstruktivismus ausgeht.

Diese sollen in den nächsten Kapiteln konkret ausgeführt werden.

Aufgaben und Anregungen

1. Stellen Sie die Relevanz der Didaktik und Methodik für die Planung und Durchführung heilpädagogischer Prozesse anhand von Beispielen dar.
2. Übertragen Sie das »Bezugsmodell didaktischer Elemente« auf heilpädagogisches Handeln. An welchen Punkten ist eine Übertragung eher einfach, an welchen eher problematisch? Begründen Sie Ihre Meinung ausführlich.
3. Diskutieren Sie die Aussage, dass »es eine spezielle heilpädagogische Methodik gibt, die für die heilpädagogische Praxis spezifische heilpädagogische Methoden kreiert«. Stimmen Sie dieser These zu oder nicht?
4. Stellen Sie die Verknüpfungen von Ihnen bekannten theoretischen Begründungen mit methodischen Elementen der Heilpädagogik dar.
5. Welche Kritik könnte an dem hier vorgestellten Entwurf zur Didaktik und Methodik geäußert werden? Begründen Sie Ihre Meinung ausführlich.

2 Professionalität in der Heilpädagogik

Die grundlegende These dieses Kapitels kann wie folgt lauten: Ein Heilpädagoge zu sein heißt, eine berufliche Tätigkeit auszuüben, die sich als heilpädagogisches Handeln vollzieht und den Anforderungen der Professionalität entspricht. Sie kann wie folgt begründet werden:

- Heilpädagogisches Handeln ist im Wesentlichen eine verberuflichte Form der natürlichen familialen bzw. durch das Individuum selbst durchzuführenden Versorgung, Pflege, Begleitung und Unterstützung bei Entwicklung sowie Lebensführung bei Personen, die hinsichtlich ihrer Funktionsfähigkeit und Aktivitäten (bio-psychischer Aspekt: Körperlichkeit) sowie des Einbezogenseins in Lebenssituationen (sozialer Aspekt: Partizipation [Teilhabe]) durch eine Schädigung/Behinderung beeinträchtigt sind (vgl. DIMDI 2005, 11 ff.).
- Den Beruf eines Heilpädagogen bzw. einer Heilpädagogin dürfen nur Personen ausüben, die die formal-inhaltlichen Qualifikationsanforderungen (berufliche Ausbildung) erfüllen, welche als Zugangsvoraussetzung für die Tätigkeit in gesellschaftlich anerkannten Berufen gelten (staatliche Anerkennung).
- Als berufliche Tätigkeit findet das heilpädagogische Handeln im gesellschaftlichen Auftrag (durch die Gesetzgebung) und im institutionellen Rahmen eines entsprechenden Systems statt (Soziale Arbeit, Gesundheitswesen, Schulwesen, etc.) und orientiert sich an den dort geltenden Qualitätsstandards.
- Neben der o. g. Grundlegung der beruflichen Tätigkeit, die für alle Heilpädagogen eine handlungsleitende Funktion hat (Aspekt der Professionalisierung) sind für die Erfüllung von konkreten beruflichen Aufgaben bestimmte bereichs- bzw. berufstypische Kompetenzen erforderlich, über die der einzelne heilpädagogisch Tätige verfügt (Aspekt der Professionalität).

Von dieser These ausgehend werden im Folgenden einige Einblicke in die Professionalisierungsdebatte im Kontext des Sozialwesens und des Berufs der Heilpädagogik dargestellt. Hierzu jedoch eine Vorbemerkung: In diesem Buch kann die Darstellung der wechselvollen und von Interdependenzen gekennzeichneten Geschichte zwischen der Heilpädagogik und der Sozialen Arbeit nicht wiedergegeben werden. Nur so viel hierzu: Historisch gesehen entwickelte sich die Heilpädagogik in unmittelbarer Nähe zur Sozialpädagogik (diese ist sogar im Kern ein wenig älter als sie; vgl. Gröschke, 1997, 92 f.). Dennoch entstand die Praxis der Arbeit mit Menschen mit Behinderungen (also eine mögliche Ausprägung heilpädagogischen Handelns) früher als die sozialpädagogische Praxis. Beide gaben Antworten auf die sog. »soziale Frage« (am Ende des 19. Jahrhunderts), beide entwickelten sich dann in einem komplementären Verhältnis zueinander im Feld der Allgemeinen Pädagogik weiter. »Als gemeinsames Spezifikum von Heilpädagogik und Sozialpädagogik im Verhältnis zu Pädagogik allgemein muss die Gleichrangigkeit von edukativem Motiv und Hilfe-Motiv [...] betont werden« (Gröschke, 1997, 97). Erst zu Beginn des 20. Jahrhunderts löste sich hiervon ein weiteres Handlungsfeld, eine weitere Profession ab: Die der Sozialarbeit, welche sich bis zum Ende dieses Jahrhunderts hin zur Sozialen Arbeit entwickelte. So ist auf dem Feld des Sozialwesens z. Z. eine intensive Differenzierung (und Verschmelzung) von Berufen und Professionen zu beobachten, welche eine exakte Lokalisierung einer einzelnen Professionalität als schwierig erscheinen lassen (dennoch werden wir dieses für die Heilpädagogik versuchen). Hinzu kommt noch das Problem der ausbildungsgenerierten Aufteilung in die Ebenen der Fachschul-, Fachhochschul- und Universitätsausbildungen (wie dieses in den Ausbildungen zum Erzieher, zur Heilpädagogin BA oder zur Diplomheilpädagogin mit Fachhochschul- oder Universitätsabschluss deutlich wird). Wir werden somit in den weiteren Erläuterungen immer dann den Begriff des »Sozialwesens« verwenden, wenn das gesamte Feld dieser Berufe beschrieben werden soll, wir werden uns für die Bezeichnung »Heilpädagogik« entscheiden, wenn wir konkrete Aussagen zu dieser Profession treffen.

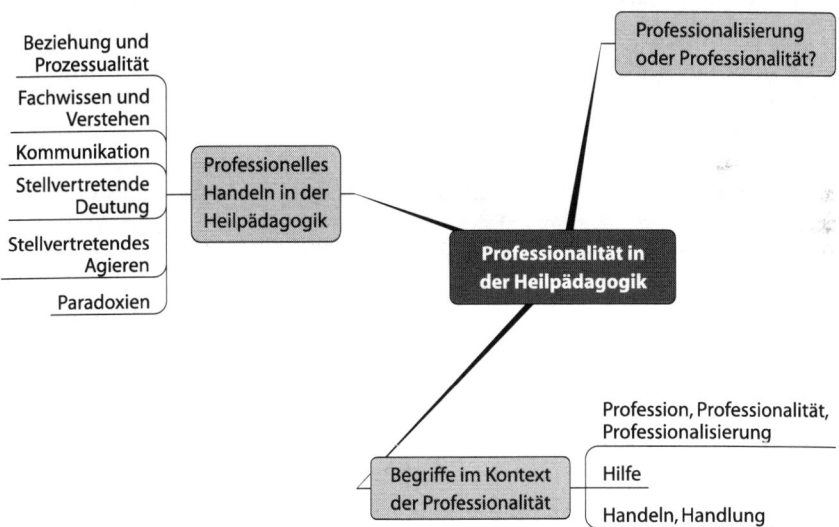

Abb. 4: Professionalität in der Heilpädagogik

2.1 Professionalisierung oder Professionalität?

In der Arbeitswelt stellen sich einige wenige Berufe scheinbar besser dar als andere. Einige verstehen sich als »stolze Berufe«, was die anderen – logischerweise – in einem weniger glanzvollen Licht erscheinen lässt: Das sind dann die »bescheidenen Berufe«. Um diese Unterscheidung zu begründen und zu untermauern, wird eine Professionalisierungsdebatte geführt und eine Professionalisierungstheorie kreiert. Ausgetragen wird die Debatte vor allem in der Arbeitswelt, wo Menschen mit Menschen zu tun haben. Es ist nicht überraschend, dass zu den »stolzen Berufen« die Berufsgruppe der Ärzte, der Juristen und der Priester zählen. Sie gelten als gesellschaftlich absolut unentbehrlich, werden geschichtlich als »von Anfang an« da gewesen betrachtet und weisen Qualitätsmerkmale auf, welche bei anderen Berufsgruppen nicht vorzufinden sind. Deshalb wird ihnen die Bezeichnung der Profession zugestanden. Der Rest der Arbeitswelt wird von Berufen gefüllt, die solche Aspekte nicht vorweisen können. Folglich wird Ihnen der Gebrauch der Bezeichnung »Profession« verwehrt.

Ein unbeteiligter Betrachter wird sich vermutlich die Frage stellen: »Wozu soll das gut sein? Es ist doch nur ein Fegefeuer der Eitelkeiten.« Ausgehend von der philosophisch-anthropologischen Prämisse einer grundsätzlichen Gleichwertigkeit der menschlichen Arbeit erscheinen sowohl die Professionalisierungsdebatte als auch die entsprechende Theorie in der Tat als überflüssig. Sobald jedoch das Feld der berufspolitischen Interessen betreten wird, gewinnt die Professionalisierungsdebatte an Bedeutung. Denn – auch wenn das nicht so unverhüllt zugegeben wird – sie dient vor allem der Verteidigung eines Berufsmonopols und sichert den Angehörigen Prestige und Respekt der Umwelt. Es ist eine logische Folge der Arbeitsteilung, die zur Differenzierung der Aufgabenfelder und zur Hierarchienbildung sowie der Sicherung von Macht- und Einflusssphären führte.

Die Mitgliedschaft im »Club der beachteten Professionen« streben allerdings auch andere Berufsgruppen an, die Heilpädagogik ist diesbezüglich keine Ausnahme. Folgeprozesse dieses Professionalisierungsbestrebens sind Expertisierung, Monopolisierung, Abgrenzung von Kompetenzbereichen. Es können auch gegenseitige Animositäten zustande kommen – sobald eine Berufsgruppe den Expertenstatus für sich beansprucht, fühlen andere Berufe sich in die Rolle von Laien gedrängt und wehren sich dagegen. Also eine denkbar schlechte Voraussetzung für interdisziplinäre Kooperation, die in der bunten Praxislandschaft des Sozialwesens unentbehrlich ist.

Als Reaktion auf die durch die Professionalisierungsdiskussion entstandenen Selbstverständnisprobleme bei einigen Berufen aus dem Bereich des Sozialwesens kam eine gegenläufige Tendenz auf, die Forderung nach »Deprofessionalisierung«. Durch Ablehnung des »Expertentums« versuchte man zu verdeutlichen, dass es nicht darum gehen kann, die Situationen, Prozesse und Klienten als ein Experte zu beherrschen, sondern sie bei der Entfaltung ihrer Selbstbestimmung zu unterstützen. Hierfür sei nicht so viel das »verwissenschaftlichte Wissen und Know-how« hilfreich. Vielmehr werden Verständnis, Sensibilität, Einfühlungsvermögen, Geduld, Offenheit, Kreativität, aber auch ein hohes Maß an Flexibilität und Konfliktfähigkeit sowie Reflexivität und Selbstorientierung gebraucht (vgl. Gildemeister, 1992).

Heute wird der Stellenwert des speziellen Fachwissens und des Know-how im Bereich des Sozialwesens nicht mehr so deutlich in Frage gestellt. Mittlerweile wird davon ausgegangen, dass die beiden grundlegenden Eckpunkte »Wissen« und »Tun« sich mit den sog. »Softskills« der handelnden Person (als dritter Eckpunkt) ergänzen. Alle drei Handlungsgrundlagen müssen im Prozess der Berufsqualifizierung erworben und herausgebildet werden. Deshalb hat sich das Thema Professionalisierung von berufspolitischen Auseinandersetzungen in den Bereich der Berufsausbildung verlagert. Dort wird es nun (vor allem in der Diskussion um die berufsbezogenen Handlungslogiken und -vollzüge) durchaus konstruktiv und »gewinnbringend« angegangen. Allerdings kann man nicht mehr von einer solchen Professionalisierungsdebatte sprechen, wie sie anfangs kurz angesprochen wurde. Im Kontext der erwähnten Verlagerung ist eine andere Fokussierung zustande gekommen – das Thema der Professionalität.

In der Heilpädagogik nimmt – im Vergleich mit den anderen Disziplinen des Sozialwesens (Schulpädagogik, Sozialpädagogik, Sozialarbeit) – die Professionalisierungsdiskussion scheinbar eine nicht so wichtige Stellung ein, vielmehr ist hier eine deutliche Zurückhaltung spürbar: Es wird befürchtet, dass eine Professionalisierung der Heilpädagogik zur technokratischen Anwendung von Methoden und Handlungskonzepten führen könnte. Damit wäre die Gefahr für das heilpädagogische Handeln groß, zu einer Art praktischer Sozialtechnologie zu verkommen. Dies ist mit dem Selbstverständnis der Heilpädagogik deshalb nicht vereinbar, weil dann dem Nutzer weder Engagement noch menschliche Nähe, Empathie und Beziehung geboten würden.

Diese Befürchtungen scheinen allerdings heute nicht mehr berechtigt, weil das gegenwärtige Professionalisierungsverständnis im Sozialwesen und folglich auch insbesondere in der Heilpädagogik eine »Sozialtechnisierung« des beruflichen Handelns explizit ablehnt.

Dagegen lässt sich der Begriff der Professionalität für die weitere Selbstverständnisdiskussion innerhalb der Heilpädagogik gut nutzen, weil diese Thematik sich von den o. g. berufspolitisch belasteten Fragen der Profession und Professionalisierung abkoppeln und frei von Eitelkeiten und Animositäten bearbeiten lässt. Außerdem beugt eine Fokussierung auf die Professionalität dem Vergleich zwischen Heilpädagogen und den »stolzen« Professionen (wie z. B. Richtern oder Ärzten) und der wahrscheinlichen Abwertung der Heilpädagogik vor. Der Vorteil beim Thema »Professionalität« liegt eindeutig darin, dass der Fokus auf die konkrete Person des beruflich Handelnden – im Kontext gesellschaftlicher Erwartungen und Vollzüge – gerichtet ist. Folglich stehen die Fragen der Qualifikation, des berufstypischen Wissens sowie der spezifischen Kenntnisse, Fertigkeiten und Habitualisierungen im Vordergrund. Auch das eigene Leistungsethos gehört unweigerlich zu diesem Thema. Professionalität im Beruf tangiert alle persönlich – egal ob es um einen Arzt, eine Erzieherin oder einen Manager geht.

Die heilpädagogisch Tätigen erwerben die Grundlagen und entfalten ihre Professionalität im Rahmen der Aus- und Weiterbildung, aber auch durch persönliche berufspraktische Erfahrungen und durch Kommunikation mit Kollegen. Dieser persönliche Aspekt ist zweifelsohne ein wichtiger Bestandteil der professionellen Berufsausübung. Er darf allerdings nicht überbewertet werden und nicht zu der Überzeugung führen, dass nur eine ganz individuell ausgestaltete Professionalität zählt und dass man die allgemein geltenden Grundsätze und Prinzipien nicht braucht. Das Gegenteil ist zu beherzigen: Die professionelle berufliche Rolle obliegt weder alleine dem Zufall noch nur der individuellen Selbstbestimmung des heilpädagogisch Tätigen. Sie bezieht sich immer auf fachliche Standards, die es gilt, kritisch zu prüfen und in die eigenen Denk- und Handlungsmuster zu integrieren (vgl. Wüllenweber, 2007, 180).

2 Professionalität in der Heilpädagogik

Wichtig für die Positionierung der Heilpädagogik in dem hier aufgezeichneten Feld der Professionsthematik ist ihr Selbstverständnis. Mit anderen Berufen auf dem Feld des Sozialwesens (im Wesentlichen handelt es sich um die Soziale Arbeit und die Sozialpädagogik) hat sie zweifellos Gemeinsamkeiten. Zugleich weist sie allerdings ein bestimmtes Aufgabenfeld und konkrete historische Begründungen und inhaltliche Positionierungen auf, welche als spezifisch heilpädagogisch betrachtet werden können. Konkret geht es um folgende Aspekte:

- Das Gemeinsame besteht darin, dass die Soziale Arbeit ein Berufsfeld ist, wo die Solidarität mit den Leidenden, Ausgestoßenen sowie Problembeladenen eine konstituierende Bedeutung für das berufliche Selbstverständnis hat. Die Heilpädagogik versteht sich – genauso wie die anderen Berufe der Sozialen Arbeit – als für diese Personengruppen zuständig. In dieser Zuständigkeit sieht sie einen grundlegenden Aspekt ihres Selbstverständnisses.
  Es ist nicht möglich, diese Solidarität aufgrund von gesellschaftlich-politisch bzw. finanziell bedingten Zwängen einzuschränken, geschweige denn aufzugeben. Das würde den Verlust dieses wichtigsten Selbstverständnis-Elements zur Folge haben. Diese Tatsache wirkt sich auf Status und Ansehen im Sozialwesen belastend aus, trotz der fortschreitenden Ausdehnung der Aufgabengebiete auf die sog. »Normalbereiche«.
- Laut Gildemeister (1992) besteht bei einigen Sozialarbeiterinnen bzw. Sozialpädagoginnen – trotz der o. g. Zuständigkeit – eine Tendenz, vor allem in solchen Arbeitsbereichen tätig zu sein, wo sie stärker mit der »Normalbevölkerung« zu tun haben (Bildung, Beratung, etc.). Sie sind offensichtlich an Klienten interessiert, mit denen es sich »lohnt« zu arbeiten. Viele Untersuchungen weisen darauf hin, dass viele Sozialarbeiterinnen aus dem sie subjektiv belasteten »Erleidensbereich« fort wollen, in dem »doch nichts zu holen ist« und die Arbeit oft perspektivlos erscheint. Aus der Praxis ist es hinreichend bekannt, dass einige Vertreter anderer pädagogischer Berufe (Erzieher, Lehrer) dazu tendieren, die subjektiv empfundene Erfolgs- und Perspektivlosigkeit im Kontakt mit o. g. Klienten durch deren Abgabe in Obhut von Spezialisten zu lösen (Sonderpädagogen, Ärzte, Therapeuten, aber auch Heilpädagogen).

Gerade hier sieht die Heilpädagogik den bedeutendsten Eckpunkt ihres Selbstverständnisses: Mit Menschen pädagogisch bzw. pädagogisch-therapeutisch zu arbeiten, wo andere soziale Berufe kaum noch eine Möglichkeit sehen, etwas davon zu erreichen, wofür sie sich berufen und zuständig fühlen. Das erfordert eine besondere haltungs- und handlungsrelevante Ausrichtung der Heilpädagogen, die als ein wichtiger Bestandteil ihrer Professionalität zu betrachten ist (es lässt sich auch von einem Charakteristikum sprechen). Gerade in diesem Punkt unterscheidet sich die Heilpädagogik von anderen Berufen aus dem Bereich des Sozialwesens. Konrad Bundschuh spricht vom »Besonderen der Heilpädagogik« und erfasst es wie folgt:

»Hier handelt es sich also um eine Erziehung, die ein Mehr in quantitativer und qualitativer Hinsicht bedeutet: Es müssen stets mehr Gesichtspunkte bedacht, miteinander in Beziehung gebracht werden und dabei muss vertiefter, genauer und sorgfältiger überlegt, geprüft, geplant und gehandelt werden, um den Störungen und (drohenden) Zusammenbrüchen im erzieherischen Feld wirksam begegnen zu können. Darüber hinaus zeichnet den Heilpädagogen eine innere Haltung aus, die sein Tun und Denken trägt, gerade dann, wenn sich nicht gleich Lösungen finden und Erfolge einstellen. In der Heilpädagogik stellt sich die pädagogische Frage verschärft und radikal« (Bundschuh 1992, 23).

Die genannten Aspekte erfordern bei den heilpädagogisch Tätigen entsprechende berufliche Vorbereitung und fordern ihnen in der Praxis ein hohes Maß an Professionalität ab. Im weiteren Vorgehen sollen ausgewählte Einblicke in diese Thematik eine Orientierung auf diesem wichtigen methodischen Gebiet der Heilpädagogik vermitteln.

Zu diesem Zwecke werden zuerst die relevanten Begriffe bzw. die grundlegenden Aspekte zu einem Selbstverständnis der Heilpädagogik kurz beschrieben. Anschließend erfolgt eine Darstellung von Gesichtspunkten, die als grundlegend für die Professionalität des heilpädagogischen Handelns zu betrachten sind.

2.2 Begrifflichkeiten im Kontext der Professionalität

Grundlegend für die Begründung einer Handlungsprofessionalität im Kontext der Heilpädagogik sind folgende Begriffe: Profession, Professionalität, Professionalisierung sowie Hilfe, Handeln und Handlung. Sie besitzen eine Relevanz für professionelles heilpädagogisches Handeln, weil sie z. T. aus der Professionalisierungstheorie stammen und den Bezug zu helfenden Tätigkeiten haben.

2.2.1 Begriffe »Profession«, »Professionalität«, »Professionalisierung«

Als eine Profession wird ein Beruf oder ein Gewerbe verstanden; diese Bedeutung leitet sich ab vom lateinischen »professio« (Betätigungsfeld bzw. Fach). Zu professionalisieren heißt entweder etwas professionell zu gestalten bzw. umzuorganisieren oder etwas zum Beruf zu machen. Wird eine Angelegenheit professionell angegangen, dann handelt es sich um eine fachmännische, gekonnte, aber auch berufsmäßige Art und Weise (vgl. Microsoft, 2004). Als Beruf wird eine Tätigkeit in einem bestimmten Aufgabenbereich bezeichnet, mit der man seinen Lebensunterhalt verdient und zu der man meist eine spezielle Ausbildung braucht. Mit dem Wort Berufsstand bezeichnet man entweder alle Personen, die denselben Beruf haben (z. B. den Beruf der Ärzte), oder aber eine Gruppe bestimmter Berufe (z. B. die freien Berufe) (vgl. Microsoft, 2004).

Interessant ist die Frage, inwieweit eine Profession gleichzusetzen wäre mit Arbeit oder Beruf. Während eine Arbeit der Befriedigung materieller Bedürfnisse dient (äquivalent hierfür ist der Begriff »Job«), hat ein Beruf zusätzlich einen biographischen Kontext und erfordert bestimmte definierte Kenntnisse, Erfahrungen und Fertigkeiten (vgl. Böllert und Gogolin 2002, 367).

Profession ist ein eher statischer Begriff, weil er eine bestehende Struktur beschreibt. Im Grunde genommen handelt es sich bei einer Profession um einen Beruf mit bestimmten gesellschaftlich zugeschriebenen Merkmalen. Es geht i. d. eR. um eine wissenschaftlich verankerte Ausbildung, die zum Expertentum führt, sowie den gesellschaftlichen Auftrag zu definierten Dienstleistungen für bestimmte Personengruppen (vgl. Schütze, 1992, 135). In diesem Sinne verstehen sich Professionen als eigenständige Experten-/Fachwelten, die in einem besonders bedeutsamen Verhältnis zur Gesellschaft, zu den Abnehmern ihrer Dienstleistung, zu ihrem wissenschaftlichen Hintergrund und auch zueinander stehen (vgl. Nittel, 2000).

Professionalisierung ist ein Begriff, der auf Prozesse bezogen ist: Entwicklungen, Widersprüche, Eigenheiten, Konkurrenz und nicht selten auch Machtkämpfe. Da mit dem Wort »Professionalisierung« ein entwicklungsorientierter Weg zu einer Profession bezeichnet wird, sind die Professionalisierungsdiskussionen häufig von standes- und machtorientierten Argumenten gekennzeichnet. Dies hängt damit zusammen, dass die Professionalisierung immer eine eigenständige Handlungslogik erfordert, die sich auf Wissen, Erklärungen, Fertigkeiten und Handlungen stützt, die in anderen Berufen und Professionen nicht bzw. nicht in dieser Weise und Kombination vorzufinden sind (bzw. nicht vorhanden sein dürfen).

Eine wichtige Rolle spielt dabei auch die Tatsache, dass die Professionalisierung sich als Ziel einer Standespolitik auf Berufsgruppen bezieht und mit Fachdisziplinen eigentlich wenig zu tun hat. Charakteristisches Anliegen jeglicher Professionalisierungstendenz ist die Beanspruchung eines exklusiven, zumindest spezifischen Berufswissens. Dieses dient unter anderem dazu, sich relative Autonomie gegenüber anderen Berufsgruppen, der jeweiligen Institution und dem Staat zu sichern. Dies wird durch folgende Professionalisierungsmerkmale erreicht:

- eine lang andauernde und wissenschaftlich fundierte Ausbildung,
- eine an bestimmte Verhaltensregelungen gebundene Praxis und
- eine Orientierung an einem Berufsverband (vgl. Wüllenweber, 2007, 176 ff.).

Mit dem Ausdruck Professionalität wird i. d. R. eine gekonnt durchgeführte berufliche Handlung bezeichnet und als ein Indikator für qualitativ hochwertige Arbeitsleistung verwendet. Die damit angesprochene Handlungsqualität lässt sich weder normieren noch verordnen – sie ist ein Handlungsphänomen, welches allenfalls nur erwünscht, vorausgesetzt oder im Einzelfall als existent festgestellt werden kann. Als Hauptquellen der Professionalität werden Wissen und Können betrachtet, die in enger Verbindung mit dem Fachwissen, der Intuition und der Erfahrung der beruflich handelnden Person stehen. Die Professionalität stellt eine nur schwer erfassbare Kombination, eine Schnittmenge aus diesen Elementen dar (vgl. Nittel, 2002, 71).

Im alltäglichen Umgang mit den Begriffen Professionalisierung und Professionalität wird oft zwischen ihnen nicht näher unterschieden, obwohl dies notwendig wäre. Die Professionalität steht im Kontext von berufstypischen Kompetenzen, über die der professionell Handelnde verfügt. Professionalisierung bezieht sich dagegen auf Prozesse zur Erlangung eines exklusiven bzw. spezifischen Berufswissens, von dem die Erteilung einer gesellschaftlichen Erlaubnis zur Ausübung entsprechender beruflicher Tätigkeit abhängt. Das eine kann man mit dem anderen nicht verwechseln, gleichwohl die Professionalität sich auch im Prozess der Professionalisierung entfalten kann.

In der aktuellen professionstheoretischen Debatte in der Heil- und Sonderpädagogik zeichnet sich eine weitere Begründung dieser drei Elemente – bzw. eine Zusammenfassung dieser – an. Sie besteht in der Darstellung der professionellen Entwicklung als »biographische Konstruktion« (Dlugosch, 2005, 44). Dieses bedeutet, dass sich die Entwicklung der Professionalität als persönliches Projekt beschreiben lässt, welches nicht nur auf die Tätigkeiten in der Arbeitswelt Bezug nimmt, sondern vielmehr auch ein Verhältnis beschreibt, welches der Einzelne zwischen seiner individuellen Person und den Erwartungen der Gesellschaft entwickelt. Diese Bezogenheiten zwischen dem Individuum und der sozialen und pädagogischen Welt seiner beruflichen Handlungen strukturieren das professionelle Feld. Vollziehen sich in ihm Veränderungen, so sind diese quasi das Medium, das Mittel, welches den Prozess der Professionalisierung voranbringt (vgl. ebd.). Diese persönliche und gesellschaftliche Entwicklung einer Professionalität führt somit zu einer Tätigkeit am Habitus des Einzelnen (s. u.). Wie die Beziehungen zwischen den individuellen Haltungen, Gewohnheiten und Strategien und der Gesellschaft nun verortet sind, wie sich diese auf das konkrete Handlungsfeld der Heilpädagogik auswirken, muss in allen Prozessen der Entwicklung und Begleitung dieser Professionalisierung neu ausgelotet werden. Eine besondere Rolle spielen hierbei die Ausbildungseinrichtungen, weil sie sich zu den Anforderungen der Gesellschaft positionieren, weil sie die Übergänge zwischen dem Einzelnen und der Gesellschaft im Rahmen der Entwicklung von Professionalität gestalten müssen. Dieser selbstgestaltete Bildungsprozess führt dann zu einem professionellen Habitus, welcher durch die unterschiedlichsten reflektierten (und z. T. sicherlich auch weniger reflektierten) Anteile vom Einzelnen konstruiert ist.

Ein recht aktuelles Modell zur Professionsbegründung, -entwicklung und -gestaltung hat vor einiger Zeit Greving vorgelegt (vgl. Greving 2011; Greving/Ondracek 2014, 150–158). Dieses soll an dieser Stelle ein wenig ausführlicher vorgestellt werden.

Sein grundlegender Band zur Professionsentwicklung in der Heilpädagogik versucht Antworten auf folgende drei Fragenkomplexe:

- Ist es möglich, eine heilpädagogische Professionalität zu beschreiben, da noch nicht einmal sicher zu sein scheint, ob es eine solche überhaupt gibt? Wie können hierbei und hierzu die aktuellen Suchbewegungen der Heilpädagogik beschrieben und analysiert werden?
- Wodurch kann eine (meta-)theoretisch begründete Orientierung über ein soziales Berufsfeld wie das des Fachgebietes der Heilpädagogik realisiert werden und gelingen?
- Und schließlich: Wie kann eine Orientierung einer Profession (im Hinblick auf ihre Verstetigung) stattfinden, wenn diese immer einmal wieder in Frage gestellt wird, ja in Frage gestellt werden muss?

2 Professionalität in der Heilpädagogik

Die Publikation von Greving beschreibt den aktuellen Stand der theoretischen und methodologischen Begründungen und Differenzierungen der Heilpädagogik zu Beginn der 2010er Jahre und führt somit grundsätzlich in die Fach- und Handlungswissenschaft der Heilpädagogik ein. Hier lassen sich recht konkrete Antworten zu den drei Fragenkomplexen finden. Auf der anderen Seite, und das ist das eigentliche Ziel dieser Publikation, begründet sie, als fachliche Positionierung, einen multidimensionalen Ansatz zur Charakterisierung und Entwicklung der Professionalität der Heilpädagogik als Handlungswissenschaft. Einleitend werden im ersten Kapitel die Themen und Strukturen des Professionsdiskurses in der Heilpädagogik erörtert, so wie diese sich in der Vergangenheit dargestellt haben. Hierauf aufbauend werden dann die Begriffe der Profession, der Professionalität und der Professionalisierung geklärt und für die Fachwissenschaft der Heilpädagogik aufbereitet. Abschließend wird dann im Rahmen einer kurzen Skizze die eigentliche Idee der Dimensionen der Professionalisierung in der Heilpädagogik begründet. In den nächsten Kapiteln werden dann diese einzelnen Dimensionen, welche eine Professionalisierung der Heilpädagogik bedingen und eine Professionalität dieser Handlungswissenschaft etablieren können, ausführlich erörtert. Der Weg führt hierbei über die erkenntnistheoretische Basis und Etablierung einer Profession, über ihre semiotischen Bezugnahmen und Verortungen hin zu ausbildungsspezifischen Aussagen. Die einzelnen Dimensionen sind hierbei als Verfahren und Wege gekennzeichnet, mit welchen eine systematische und systematisierende Begründung und Differenzierung erfolgen kann. Es handelt sich um folgende Dimensionen:

Abb. 5: Dimensionen einer professionellen Heilpädagogik (aus: Greving, 2011, 23)

Die einzelnen Dimensionen können wie folgt beschrieben werden (vgl.: Greving, 2011, 22–29):

Die konstruktivistische Dimension – Betrachtungsweise

Die Begründung einer Profession ist immer an eine erkenntnistheoretische Grundorientierung gebunden. Greving entscheidet sich hierbei für die Begründung im Rahmen des Konstruktivismus (▶ Kap. 3.2). Im Konstruktivismus wird grundlegend nicht die Wirklichkeit vorgefunden und entdeckt, sondern sie wird durch den Betrachter und Handelnden selbst geschaffen – also konstruiert. Es werden z. B. nie Wirklichkeiten, sondern immer nur Wahrnehmungen, Erfahrungen und Erinnerungen von »Wirklichkeit« wieder und weiter gegeben. Greving erläutert im Weiteren grundlegende Hinweise zum Konstruktivismus im Rahmen der Heilpädagogik: Jede Sprache und jegliches Zeichen kann als Konstrukt verstanden und bezeichnet werden. In diesem Sinne können auch heilpädagogische Kategorien als Konstrukte verstanden werden: Geistige Behinderung, kognitive Beeinträchtigung, Lernschwierigkeit, Körperbehinderung, Verhaltensstörungen oder Verhaltensbesonderheiten sind verbale und mentale Konstrukte, mit welchen versucht wird, eine vielfach unbekannte Wirklichkeit ins Wort zu bringen. Greving merkt hierzu weiterhin kritisch an, dass die Wirklichkeit in jedem Fall (der Wahrnehmung und der Kommunikation in und mit derselben) schon vorerfahren ist. Diese Vorerfahrung ist und wird schon immer der Interpretation der wahrnehmenden und handelnden Subjekte unterworfen, so dass diese als Realitäten erfahrbar werden – so wie dieses die Position des sozialen Konstruktivismus bzw. Konstruktionismus andeutet.

Ein weiterer Aussagekomplex im ersten Kapitel dieses Bandes bezieht sich auf die Vernetzung von Konstruktivismus und Ethik in der Heilpädagogik: Grundlegende konstruktivistische Begriffe wie Autopoiese bzw. Selbstbestimmung, aber auch Ko-Konstruktion und Viabilität (Passung) deuten darauf hin, dass der Mensch im eigentlichen Sinne eine hohe Verantwortung für sich und den anderen hat und der andere wiederum genauso. Im Rahmen selbstbestimmter, gemeinsam ausgehandelter und für den jeweiligen Kommunikationsprozess stimmiger und passender Verhaltensmuster muss der eine sich am anderen orientieren – er muss nachvollziehen, welche Anteile für eine gemeinsam zu schaffende oder gerade gemeinsam nutzbar gemachte Wirklichkeit mit dem anderen geteilt werden können. Abhängigkeiten und Selbstbestimmungsprozesse des einzelnen Menschen sind somit nie von diesem allein zu leisten, sie stehen immer im Kontext des wechselseitig Aufeinander-verwiesen-Seins.

Des Weiteren geht Greving auf die Relevanz des Konstruktivismus in Bezug auf die Didaktik und Methodik der Heilpädagogik ein, so z. B. im Hinblick auf die Beobachtung und die Kommunikation. Ein weiterer Aussagekomplex hierzu bezieht sich auf die Konstruktion, Re-Konstruktion und De-Konstruktion von Lernen und Lernprozessen. Diese werden im Regelfall am gemeinsamen Gegenstand durchgeführt. Lernen geschieht hier gemeinsam in der Entwicklung von Interessenslagen, Abstimmungsprozessen und Wechselwirkungen zwischen kognitiven, emotionalen und sozialen Wahrnehmungen und Ausrichtungen. Dialogischer Sinn, also die Erfahrung, mit anderen gemeinsam in kommunikativen Prozessen Sinn zu entwickeln, gelingt immer nur in ko-konstruktiven Prozessen.

Die historische Dimension – Begründungsweise

In dieser Dimension finden sich die historischen Begründungen der Heilpädagogik wieder, wobei Greving die Geschichte der Heilpädagogik ebenfalls mit den Prozessen des Konstruktivismus erläutert. Sie wird von ihm als zeithafte, zeitverhaftete und entworfene Historie zwischen allgemeiner Pädagogik und Medizin, zwischen Therapie und Erziehung, zwischen Gesellschaft und Person verstanden.

Die anthropologisch-ethische Dimension – Daseinsweise

Die Anthropologie stellt die Frage nach dem Menschen und die Ethik diejenige nach dem guten Leben aller Menschen. Es geht also darum, die Frage nach der Art und Weise des Menschseins im Kontext einer Theorie der Moral zu beantworten. Greving bezieht sich auf Gröschke, der folgende drei Bereiche und Fragen als relevant für die anthroposophisch-ethische Dimension erachtet:

- Was ist das höchste Gut?
- Welches ist das richtige Handeln?
- Wie ist die Freiheit des Willens möglich? (vgl. Gröschke, 1993, 80).

Auf diese Bereiche ausgerichtet sucht die (heilpädagogische) Ethik Antworten auf diese Fragen:

- Welches Ziel steht im Mittelpunkt des praktischen Handelns in der Heilpädagogik, also: wonach hat sich das Handeln strikt auszurichten?
- Wie ist der Weg dieses Prozesses zu gestalten?
- Was ist möglich und realistisch hinsichtlich der Freiheit des heilpädagogischen Handelns und seiner Begründung?

Laut Greving ist es auf diesem argumentativen Hintergrund erforderlich, nicht nur eine reine Pflichtethik, sondern auch eine »Moral der Selbstverwirklichung« (vgl. Gröschke, 1993) zu leben. Es müssen hierzu ethisch begründete, moralische Momente verwirklicht werden, welche auf Kommunikation, Kooperation und Konsens ausgerichtet sind.

Die semiotisch-sprachliche Dimension – Bezeichnungsweise

Die semiotisch-sprachliche Dimension stellt bei Greving den Spiegel bzw. die engste argumentative (Naht-)Stelle einer professionellen Heilpädagogik zum heilpädagogischen Denken und Handeln dar: In und durch sie wird deutlich, wodurch professionelles Handeln in der Heilpädagogik geschieht und was die Handelnden (tatsächlich) wollen. Die Heilpädagogik benutzt und entwickelt Zeichen – sie setzt sich also Zeichen setzend mit ihrer Klientel und ihrem Feld auseinander. Laut Greving geht es insbesondere um folgende Themenkomplexe:

- Erstens ist die geschichtliche Begründungslage der Ausdrucksweise zu nennen: Wie und in welchen Kontexten sind Begriffe und Inhalte wie »Behinderung«, »Heilpädagogische Übungsbehandlung«, »freie Praxis« u. v. m. entstanden? Wie und wodurch bildet sich die Zeit in diesen jeweiligen Begriffen ab? Sind die Begriffe im wahrsten Sinne des Wortes noch stimmig oder bedeuten sie etwas völlig anderes? Wandelt sich die Sprache im historischen Kontext oder verändern sich auch die Botschaften bzw. die Inhalte?
- Zweitens muss auch der philosophisch-anthropologische Hintergrund der heilpädagogischen Ausdrucksweise untersucht werden. Es ist wichtig, entlang einer historischen Entwicklungslinie der Heilpädagogik die Veränderungsmuster heilpädagogischer Grundbegriffe und Grundideen zu erforschen. Diese müssen in den Kontext der je aktuellen Nutzung gestellt werden, um daraus mögliche Konsequenzen für die Entwicklung der Professionalisierung der Heilpädagogik abzuleiten.
- Drittens müsste auch die Sprache in Institutionen und Organisationen untersucht werden: Unterscheidet sich diese von der Sprache in Nicht-Organisationen? Unterscheiden sich unterschiedliche Organisationen in ihrer Ausdrucksweise? Auch bei dieser Frage spielt der Zeitverlauf eine wichtige Rolle. Und in welchem Zusammenhang steht die institutionelle Ausdrucksweise mit dem Vorgang der Professionalisierung in der Heil- und Behindertenpädagogik?

Die organisatorische Dimension – Beziehungsweise

Die organisatorische Dimension gibt laut Greving den Rahmen vor, in welchem Beziehung und Begegnung stattfindet. Die Historie der Organisation prägt die Gegenwart der potentiellen und aktualen Beziehungen zwischen Menschen in allen Formen der Organisation, also auch in heilpädagogischen Organisationen. Hinsichtlich der Professionalisierung in der Heilpädagogik spielen vor allem die Veränderungen und Modifikationen der Organisation eine wichtige Rolle. Aktuell haben Organisationen z. B. folgende Veränderungen zu bewältigen: Von stationär zu ambulant, vom einheitlichen Pflegesatz zum persönlichen Budget, vom Klientel im überwiegenden Kindes-/Jugendalter zum stark ansteigenden Anteil von erwachsenen und alten Menschen mit Behinderungen, vom exkludierenden spezifisch-sonderbehandelnden Setting zu Integration und Inklusion etc. Diese Modifikationen variieren zwangsläufig auch die professionellen Rollen und die Beziehungsmöglichkeiten in allen heilpädagogischen Feldern.

Die methodologische Dimension – Handlungsweise

Die Methodologie als Lehre der Methoden versucht darzustellen und auszulegen, in welchem Kontext das heilpädagogische Handeln geschieht, wie es erkenntnistheoretisch begründet werden kann und wo es hinführt. Die Methoden in der Heilpädagogik lassen sich durchaus als Wege zum Menschen hin bezeichnen. Sie dienen aber auch als Bausteine von Konzepten. Konzepte stellen also den größeren Rahmen bzw. die sachlogischen Umfassungen der Methoden dar. Als konkrete Elemente der Methoden sind wiederum verschiedene Techniken zu betrachten. Von dieser Verwobenheit der Methoden, Konzepte und Techniken ausgehend, formuliert Greving für diese Dimension folgende Fragen:

- Wie, wodurch bzw. von wem und in welchem Kontext werden heilpädagogische Methoden konstruiert?
- Welches Handeln sollen sie begründen?
- Wodurch ist heilpädagogisches Handeln generell zu bestimmen?

Dem Autor geht es um eine Erörterung der Bezüge zwischen Gesellschaft, Praxis und Methodologie. Er geht davon aus, dass dies in einer Realisierung und Reflexion dieser Beziehungen durch heilpädagogische Konzepte auf dem Hintergrund eines heilpädagogisch relevanten Begriffes von Praxis umgesetzt werden kann. Die Erörterungen zu dieser Dimension sollen sowohl das Praxisfeld der Heilpädagogik als auch heilpädagogische Konzepte, Methoden und Reflexionsprozesse analysieren, begründen und konkretisieren.

Die Ausbildungsdimension – Arbeitsweise

Diese Dimension bezieht sich auf die Ausbildung und das Studium der Heilpädagogik. Als solche tangiert sie alle anderen Dimensionen, erforscht und reflektiert diese. Der Autor macht hier auf ein spezifisch heilpädagogisches, bzw. auf ein spezifisch deutsches heilpädagogisches, Problem aufmerksam: nämlich die Uneinheitlichkeit auf allen in Deutschland vorhandenen Ausbildungsebenen – der Fachschulen/Fachakademien, der Fachhochschulen und der Universitäten. Alle führen zum Abschluss einer staatlich anerkannten Heilpädagogin bzw. eines staatlich anerkannten Heilpädagogen, dennoch sind die einzelnen Ausbildungsebenen hinsichtlich ihres Umfangs, ihrer Länge, ihrer Intensität und ihrer methodischen Ausrichtung als in hohem Maße unterschiedlich zu kennzeichnen.

Zusammenfassend kann das von Greving erarbeitete Modell der sieben Dimensionen der Professionalisierung der Heilpädagogik wie folgt dargelegt werden:

- Die konstruktivistische Dimension, die historische Dimension und die anthropologisch-ethische Dimension bilden gemeinsam mit der semiotisch-sprachlichen Dimension die Grundlagen, welche dafür genutzt werden können, heilpädagogische Erkenntnisse theoretisch zu verorten.
- Die semiotisch-sprachliche Dimension, die organisatorische Dimension, die methodologische Dimension und die Ausbildungsdimension können nun dabei helfen, Konzepte im Rahmen der Heilpädagogik zu entwickeln, aus welchen wiederum Methoden und Techniken für das heilpädagogische Handeln erwachsen können.
- Alle sieben Dimensionen sind wesentlich, um heilpädagogische Kompetenzen zu realisieren, damit auch im 21. Jahrhundert und darüber hinaus Heilpädagogik als theoretisch fundierte Handlungswissenschaft gesellschaftliche Veränderungsprozesse ebenso zu initiieren in der Lage ist, wie sie Persönlichkeitsbegleitung individuell kompetent wahrnehmen kann.

2.2 Begrifflichkeiten im Kontext der Professionalität

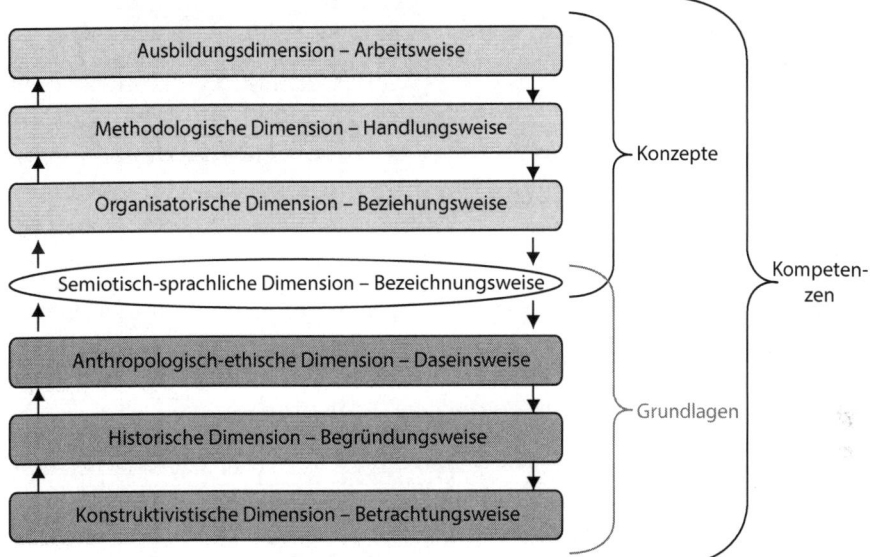

Abb. 6: Grundlagen, Konzepte und Kompetenzen: Dimensionen einer professionellen Heilpädagogik (aus: Greving, 2011, 29)

Außerdem sind diese Dimensionen gut geeignet, die Begriffe der »Disziplin«, der »Profession« und der »Professionsentwicklung« in der Heilpädagogik zu begründen, zu realisieren und zu evaluieren:

- Die ersten vier Dimensionen in Bezug auf Heilpädagogik als Disziplin,
- die Dimensionen vier bis sieben in Bezug auf die Heilpädagogik als Beruf bzw. Profession,
- und alle sieben Dimensionen in Bezug auf die Professionalisierungsprozesse in der Heilpädagogik.

Vom sozialen Konstruktivismus ausgehend (aber auch unterschiedliche Impulse aus der geisteswissenschaftlichen und der kritisch-materialistischen Heil- und Behindertenpädagogik aufnehmend) zeichnet Greving ein Bild heilpädagogischer Professionalität, die sich ihrer metatheoretischen, theoretischen und methodologischen Begründungen bewusst ist und diese auch für die Entwicklung und Ausgestaltung eigenständiger Konzepte nutzen kann. Die von ihm erarbeiteten professionsrelevanten Dimensionen ermöglichen der Heilpädagogik eine solche Professionsgestaltung, welche in der Lage ist, sich ihrer disziplinären Basis bewusst zu werden und hierauf entsprechende professionelle Handlungsmuster aufzubauen, zu realisieren und zu evaluieren.

Auf dieser Basis bzw. von dieser ausgehend können nun auch die weiteren Erläuterungen in diesem Band zur Begründung und Entwicklung einer Didaktik und Methodik der Heilpädagogik verstanden werden. Aber zuerst einmal sollen hierzu weitere (nachbarschaftliche) Begriffe und Themenfelder vorgestellt und erläutert werden.

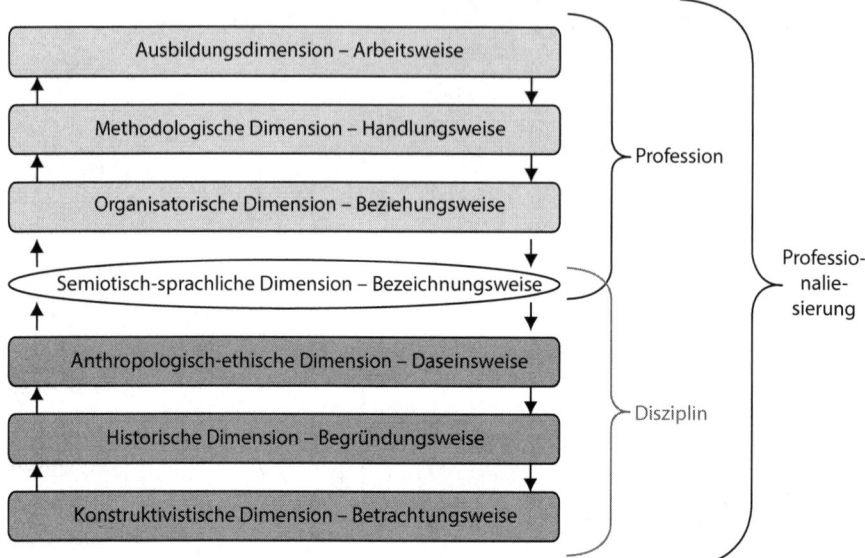

Abb. 7: Dimensionen einer professionellen Heilpädagogik in Bezug zur Disziplin, zur Profession und zur Professionalisierung (aus: Greving, 2011, 30)

2.2.2 Begriff »Hilfe«

Für das Tätigkeitsfeld der Heilpädagogik scheint auch der Begriff des Helfens relevant. Allgemein gesehen wird das Wort Hilfe in der Alltagssprache häufig verwendet (z. B. Hilferuf, Hilfeleistung, Hilfestellung, Soforthilfe, Lebenshilfe, Hilflosigkeit, Hilfsbedürftigkeit u.ä.). Als Hilfe wird die Unterstützung, Förderung, Begleitung und der Beistand bezeichnet, die eine Person oder Gruppe einer anderen Person oder Gruppe gewährt. Mittlerweile ist es ein sprachlicher Usus, die medizinischen, pflegenden, aber auch die pädagogischen Tätigkeiten als »helfende Berufe« zu bezeichnen – die Tätigkeit von beruflich spezifisch ausgebildetem Personal kann in der Tat als Hilfe bezeichnet werden (gleichwohl ist hier zu vermerken, dass die Vertreter der »helfenden Berufe« selbst sich zum Teil gegen diese Bezeichnung wehren, weil der Begriff »Hilfe« ein Macht-Abhängigkeits-Gefälle impliziert).

Im Sozialwesen generell wird häufiger von »Hilfe« gesprochen: Auf der individuellen Ebene (z. B. Einzelfallhilfe), der Gruppenebene (z. B. Selbsthilfegruppen) und der sozialpolitisch-gesellschaftlichen Ebene (z. B. als Behindertenhilfe oder als Sozialhilfe). In der Sozialpädagogik nimmt der Begriff der Hilfe eine wichtige Position ein, was offensichtlich mit der Grundausrichtung auf die Selbsthilfe bzw. Hilfe zur Selbsthilfe einhergeht.

In der Heilpädagogik dagegen wird der Begriff bislang vor allem im Kontext der Erfassung von Hilfebedarf verwendet, insbesondere im Kontext der Qualitätsdiskussion in der Behindertenhilfe. In der Tat – verwaltungstechnisch gesehen – muss sich die heilpädagogische Arbeit mit behinderten Menschen zwangsläufig auf Hilfe beziehen – ein Mensch mit Behinderung hat keinen Anspruch auf professionelle Unterstützung, wenn er keine Hilfe benötigt. Es wird allerdings nach alternativen Bezeichnungen gesucht, z. B. statt jemandem zu helfen geht es darum, ihn zu bemächtigen, die alltäglichen Angelegenheiten selbst in die Hand zu nehmen und Lebenssituationen selbstbestimmt zu bewältigen (so z. B. im Empowerment-Konzept). Diese Tendenz hat es jedoch schwer, sich in der Praxis zu behaupten, weil die heilpädagogisch Tätigen sich bisher überwiegend der Hilfe für den einzelnen Klienten verpflichtet fühlen, statt ihre Tätigkeit zentral mit pädagogischen Grundbegriffen wie Bildung, Erziehung oder Beratung zu definieren. Insoweit bleibt der Begriff »Hilfe« in der Heilpädagogik nach wie vor als eine eher unspezifisch alltägliche Bezeichnung bestehen (vgl. Wüllenweber, 2007).

2.2.3 Begriffe »Handeln«, »Handlung«

Das Handeln bezieht sich auf das Aktivsein in einer bestimmten Situation oder auch auf eine bestimmte Art sich zu verhalten (z. B. fahrlässig, eigenmächtig, selbstsüchtig handeln). Das Tun bezeichnet das, was jemand tut, seine Handlungen. Wer etwas tut, führt eine Handlung aus, macht etwas (z. B. einen Schritt, eine gute Tat u. ä.) bzw. ist aktiv, um jemandem zu helfen, etwas zu bewirken, zu verhindern oder zu beseitigen (z. B. alles Erdenkliche tun; tun, was man kann) (vgl. Microsoft, 2004).

Der Begriff Handlung ist heilpädagogisch sehr relevant. Ausgehend von der Tatsache, dass die Heilpädagogik – historisch gesehen – als konkrete praktische, pädagogisch ausgerichtete Unterstützung von Menschen mit Schädigungen/Behinderungen entstanden ist, hat der Praxisbezug auch in der heutigen Heilpädagogik eine grundlegende Bedeutung: Sie versteht sich als eine Praxiswissenschaft, die für das o. g. Handlungsfeld da ist und die im Dienste dieses Feldes steht. Das genuine Merkmal des Sozialwesens und folglich auch der Heilpädagogik ist, dass die beruflichen Tätigkeiten sich nicht als standardisierte Verfahren/Techniken, sondern in Form von Handlungen »von Mensch zu Mensch« vollziehen. Wird die Handlung als ein solches menschliches Verhalten verstanden, mit dem das handelnde Individuum einen subjektiven Sinn verbindet, dann lässt sie sich als ein Wesensmerkmal des Menschen betrachten: Der Mensch ist alleiniger Urheber seiner auf subjektiver Sinngebung und Entscheidung beruhenden Handlungen. Fazit: Ein Handelnder ist verantwortlich für das, was er tut. Folglich hat die Heilpädagogik als eine berufliche Vollzugsform menschlichen Handelns immer auch eine ethische Dimension.

Von der Verantwortung geht z. B. die psychologische Sichtweise der menschlichen Handlung aus. Als ein autonomes und selbstverantwortetes Subjekt setzt sich der Mensch seine Ziele selbst. Die Handlungen sind ein Mittel zur Erreichung dieser Ziele und als solche werden sie willentlich eingesetzt. Da es meistens mehrere Handlungsalternativen gibt, muss der handelnde Mensch sich entscheiden. Dies macht den subjektiven Sinn der Handlung für ihn aus. Soweit die psychologische Theorie. Aus Erfahrung ist jedoch hinreichend bekannt, dass konsequent rationales, verantwortliches, flexibles und effizientes Handeln im menschlichen Leben relativ selten ist.

2 Professionalität in der Heilpädagogik

In Anlehnung an die Typologie von Habermas (1981) wird für die heilpädagogische Praxis der Handlungstyp des verständigungsorientierten, kommunikativen Handelns als ethisch relevant und verbindlich betrachtet. Leider entsprechen die realen Interaktionen in heilpädagogischen Praxisfeldern diesem Typ nicht immer. Dies ist eine Tatsache, die mit der natürlichen Unvorhersehbarkeit von Wirkungsvariablen in der zwischenmenschlichen Interaktion zusammenhängt: Es gibt immer wieder ein Tun ohne Absicht und Planung, denn die laufenden Stimmungen, Empfindungen und Gefühle regen fast immer Aktivitäten und Handlungen an. Dieses führt gegebenenfalls zu kontingenten Erfahrungen der Handelnden (s. u.).

Die Heilpädagogen agieren im Bereich des sozialen Handelns, d. h. sie führen Handlungen durch, die auf Kommunikation beruhen – ein Handlungsprozess, bei dem beide Partner die Subjektivität des Gegenübers erkennen und respektieren. Da es um ein kooperatives Handeln im gemeinsamen Tun geht, birgt es immer Elemente spontaner Kreativität und einen offenen Ausgang in sich. Folglich lassen sich die heilpädagogischen Handlungen nur punktuell und begrenzt als regelgeleitete Verfahren und Techniken betrachten, die immer den erwünschen Erfolg sichern.

Die heilpädagogische Theorie und Praxis verwendet zwar häufig die Handlungsbegriffe und auch thematisiert sie oft das Handeln. Eine anerkannte fachspezifische Handlungstheorie existiert jedoch noch nicht. Vielmehr ist es die Didaktik und Methodik der Heilpädagogik, die es in ihrer Eigenschaft als wissenschaftliche Handlungslehre versucht, den heilpädagogisch Tätigen eine Orientierungshilfe für berufliche Handlungen zu geben. Dazu gehört u. a. auch die Positionierung des heilpädagogischen Handelns als professionelles Handeln, die Ausarbeitung der heilpädagogischen Handlungskonzepte und der Transfer von heilpädagogisch relevanten Ansätzen in die berufliche Praxis einzelner Heilpädagogen in verschiedenen Tätigkeitsfeldern (vgl. Gröschke, 2007).

Von den heilpädagogisch Tätigen selbst wird häufig fälschlicherweise das heilpädagogische Handeln aktionistisch verstanden, d. h. als ein Mittel zur unbedingten Veränderung, Verbesserung, Förderung. Dabei geht es gerade in der Heilpädagogik um gemeinsames Leben und Erleben, als Daseinsgestaltung unter erschwerenden Umständen, die oft das Vorankommen verlangsamen oder sogar verhindern. Sie gilt es hinzunehmen und zu erdulden, denn sie werden nicht durch Fachpersonen bestimmt, sondern von unbeeinflussbaren Gegebenheiten. Gröschke sagt hierzu zutreffend: »Es macht den Reiz, aber auch die Brisanz des Handlungsbegriffs aus, dass er mitten im Spannungsfeld steht zwischen menschlicher Macht und Ohnmacht, Autonomie und Heteronomie, Schicksal und Verantwortung« (Gröschke, 2007, 315).

Sich auf dieses Merkmal der heilpädagogischen Arbeit bewusst einzulassen und das »bei dir sein« (persönliche Präsenz) als einen der bedeutendsten Bestandteile des Handelns zu erlernen, stellt eine Grundaufgabe bei der Entfaltung der Professionalität in der Heilpädagogik dar.

2.3 Grundaspekte professionellen Handelns in der Heilpädagogik

In den Berufsfeldern der Heilpädagogik sind nicht nur professionell Tätige, sondern auch Aushilfskräfte, ehrenamtliche Mitarbeiter und Laien tätig. Es kommt immer wieder vor, dass diese nicht-professionellen Personen die Arbeit ähnlich erfolgreich verrichten wie die professionellen Helfer. Dies ist schwierig zu ertragen und deshalb beanspruchen die qualifizierten Berufskräfte die alleinige Zuständigkeit für ihr Fachgebiet: Sie sehen sich als Inhaber eines exklusiven Wissen, die über entsprechendes methodisches Know-how verfügen und damit ein Monopol für menschliche Beziehungen sowie die ausschließliche Kompetenz dafür haben. Die Aspekte von Wissen und Know-how stimmen zweifelsohne, nur darf eine wichtige Tatsache nicht übersehen werden: Auch wenn dem qualifizierten Heilpädagogen professionelle Arbeit bescheinigt wird, heißt das noch lange nicht, dass dieser auch genau weiß, wieso sein Handeln gelungen ist. Er hat zwar eine Vorstellung vom gelungenen professionellen Handeln und setzt diese auch um, nur ist es leider nicht selbstverständlich (wie es wünschenswert wäre), dass er die zugrundeliegenden Strukturen, Annahmen und Haltungen reflektiert und mit ihnen bewusst umgeht. Der Berufsalltag bietet nur wenig Zeit für diese Orientierungsprozesse. Folglich wird im heilpädagogischen Berufsalltag oft eine intuitiv-zufällige Art der Anwendung von Wissen, Know-how, Handlungsidealen und Leitbildern praktiziert. Das führt zur Verfestigung zufälliger Lösungen, zur Überbetonung von individuellen Erfahrungen und zwangsläufig auch zu einem Wechselbad zwischen »gut« und »schlecht« hinsichtlich des beruflichen Handelns und seiner Ergebnisse.

Es ist nicht nur sinnvoll, sondern auch erforderlich, an dieser Stelle die relevanten Elemente der Professionalität in sozialen Berufen kurz darzustellen (in Anlehnung an Ondracek 2006, 79 ff.). Es wäre jedoch ein Fehler, sie als etwas ausschließlich Heilpädagogisches zu betrachten. Vielmehr haben sie auch Relevanz für alle Berufe auf den Feldern des Sozialwesens. Nur weisen sie im heilpädagogischen Kontext eine entsprechende Gewichtung auf, was einige Spezifika verdeutlicht, die in anderen sozialen Berufen in dieser Intensität nicht vorhanden sind (dies hängt zwangsläufig mit dem o. g. Aspekt des Besonderen der Heilpädagogik zusammen).

Sie also zu kennen und im Berufsalltag bewusst zu nutzen, zu reflektieren und auch kritisch zu hinterfragen kennzeichnet die Professionalität des heilpädagogischen Handelns. Denn nur so kann der Heilpädagoge begründet, gezielt, systematisch und kritisch das eigene Vorgehen steuern, variieren und weiter im Sinne eines professionellen Handelns kultivieren.

2.3.1 Beziehung und Prozessualität

Die Beziehungsgestaltung ist eines der wichtigsten Unterscheidungsfaktoren, wenn es darum geht, die Differenzen zwischen sozialen Berufen und anderen beruflichen Tätigkeiten zu suchen. Konkret könnte die Frage lauten: »Welche Besonderheiten weist die Dienstleistung eines Heilpädagogen auf im Vergleich z. B. zu der eines Automechanikers?«

Der Unterschied liegt einerseits in der besonderen Art der Beziehung, die Angehörige sozialer Berufe zu ihren Klienten aufnehmen. Während z. B. ein Handwerker damit beauftragt wird, ein Produkt anzufertigen und seine Arbeit am fertigen Resultat bewertet wird, besteht ein wesentlicher Teil der Dienstleistung im sozialen Bereich in der Beziehung zum Klienten. Hier ist auch der zweite wichtige Unterschied zu finden. Zwischen dem Handwerker als Hersteller des Produkts und dem Kunden als Abnehmer dieses Produkts besteht ein unpersönliches Verhältnis. Die Prozessualität fokussiert sich auf die Reihenfolge Bestellung → Herstellung → Lieferung → Bezahlung, wobei eine Beziehungsgestaltung sekundär ist. Dagegen ist es in der Heilpädagogik erforderlich, dass zum Zwecke der Lösung einer persönlich beeinträchtigten Lebenslage (das »Was?« der Dienstleistung) zwischen Klienten und Heilpädagogen ein »Arbeitsbündnis von Person zu Person« besteht. Das Besondere dieser Verbindung liegt darin, dass nicht nur das Resultat, sondern bereits der Prozess der Problemlösung für die Bemessung der Arbeitsqualität ausschlaggebend ist (das »Wie?« der Problemlösung).

Der begründete, bewusste und reflektierte Umgang mit diesen beiden Elementen zeichnet eine wesentliche Basis der heilpädagogischen Professionalität aus. Zugleich stellt er aber auch eine ergiebige Quelle der Desorientierung und Unsicherheit für den heilpädagogisch Tätigen dar (menschliche Beziehungen wie auch Kooperationen verlaufen nie linear oder nach Plan) und begründet damit das nächste Element der heilpädagogischen Professionalität: Variabilität im Denken und Handeln.

2.3.2 Fachwissen und Verstehen

Weitere wichtige Komponenten (welche im Hinblick auf eine heilpädagogische Disziplinbildung in den Rahmen einer Professionstheorie eingebunden sein müssen; vgl. Moser, 2005, 87 ff.) des professionellen Handelns in der Heilpädagogik sind:

- die wissenschaftliche Kompetenz (Verständnis, kritische Reflexion und Anwendung von Theorien) sowie
- die hermeneutische Kompetenz (Verstehen einer persönlichen Lebenslage, die durch eine Schädigung, Beeinträchtigung der Funktionalität und die damit i. d. R. einhergehende Einschränkung der Partizipation [Teilhabe] am gesellschaftlichen Geschehen gekennzeichnet ist).

Beide Komponenten müssen miteinander verbunden werden. Es reicht nicht aus, fachwissenschaftliche Erkenntnisse zu erwerben, ohne gleichzeitig auch die hermeneutischen Fähigkeiten zu entwickeln. Beide Aspekte sind in der heilpädagogischen Praxis unentbehrlich. Wissenschaftliche Erkenntnisse müssen in der konkreten individuellen Situation Anwendung finden, um das individuelle Klientenproblem verstehen und einordnen zu können.

Da die Menschen in beeinträchtigten Lebenslagen i. d. R dann professionelle Hilfe in Anspruch nehmen, wenn sie nicht (mehr) in der Lage sind, ihr Alltagsleben allein zu bewältigen, muss der Heilpädagoge im ersten Schritt eine »Verstehenshilfe« leisten: Gemeinsam mit dem Nutzer bzw. stellvertretend für ihn (wenn die Kommunikation erheblich eingeschränkt ist) bemüht er sich, das Problem des Nutzers bezüglich der Alltagsbewältigung, Gesundheit, des Erziehungsverhaltens u. ä. zu verstehen. Im Anschluss daran werden – möglichst gemeinsam mit dem Nutzer – konkrete hilfreiche Interventionsstrategien überlegt, ausgewählt und angewandt. Dabei müssen verschiedene Handlungsalternativen in Betracht gezogen werden, weil die Lebensrealität keine eindeutige »Wenn-dann-Wirkung« garantiert.

2.3.3 Kommunikation

Auf dem Gebiet eines solchen Transfers zwischen theoretischer Auflistung von alternativen Möglichkeiten der Problemlösung und fallgerechter Praxis funktioniert der Heilpädagoge als ein Bindeglied. Dementsprechend handelt er nicht technologisch, sondern kommunikativ. Die kommunikative Komponente ist deshalb erforderlich, weil sie eine fallgerechte Problembearbeitung ermöglicht (es müssen Informationen über die Lebenslage gesammelt und erörtert werden). Sie steht und fällt mit einem Vertrauensverhältnis zwischen den beteiligten Personen. Deshalb ist die Herstellung einer professionellen Beziehung der erste Schritt zum Aufbau eines Arbeitsbündnisses mit dem Nutzer. An dieser Stelle geht das professionelle heilpädagogische Handeln über die »technologische Wissensanwendung« eines Experten hinaus.

Kommunikative Kompetenz sowie die Fähigkeit zum Fallverstehen begründen ein hermeneutisches Erfassen der beeinträchtigenden Faktoren, welches für die Begründung der zu treffenden Entscheidung erforderlich ist. In diesem Sinne ist das professionelle Handeln in der Heilpädagogik – genauso wie in der gesamten Sozialen Arbeit – durch eine Gleichzeitigkeit von Entscheidungs- und Begründungszusammenhang gekennzeichnet (vgl. Koring 1998, 72).

2.3.4 Stellvertretende Deutung

In Anlehnung an die von Olk und Otto (1989) vertretene Meinung kann gesagt werden, dass die Professionalität in der Heilpädagogik nicht alleine auf dem »Expertentum« des heilpädagogisch Tätigen beruhen darf. Denn das Expertentum birgt zwangsläufig die Gefahr einer Bevormundung des Klienten in sich. Daraus ergibt sich die Frage, was für eine »ent-expertisierte« und nicht bevormundende Professionalität in der Heilpädagogik ausschlaggebend wäre? Eine mögliche Antwort lässt sich aus dem Modell der stellvertretenden Deutung von Ulrich Oevermann herausarbeiten (vgl. Oevermann, 1981).

Er sieht die Lösung des Bevormundungsproblems in einem bewussten Abstand des Praktikers vom normativen Druck seines Theoriewissens hinsichtlich der Erfassung von Lebenslagen des Nutzers zwecks Erarbeitung einer wissenschaftlichen Expertise. Im heilpädagogischen Alltag ist es viel wichtiger, sich um das hermeneutische Fallverstehen in Form einer stellvertretenden Deutung zu bemühen, statt den Experten zu spielen. Im Hintergrund dieser Vorgehensweise steht das Menschenbild des Nutzers als autonom handlungsfähiges und mit sich selbst identisches Subjekt. Will also der heilpädagogisch Tätige die Lebenslage seines Gegenübers verstehen, muss er nach Einsicht in dessen subjektive Wirklichkeit streben. Die Schwierigkeit dabei ist, dass er dabei immer wieder auf seine Wissensbestände zurückgreifen muss, um das, was er über die subjektive Wirklichkeit des Nutzers erfährt, einzuordnen und dies vom Nutzer verifizieren und mit ihm aushandeln muss. Auf diese Art und Weise kann durchaus ein Zukunftsentwurf mit Selbstheilungspotential erarbeitet werden – weil er mit ausschlaggebender Beteiligung des Nutzers entsteht.

Der Aspekt der Stellvertretung bezieht sich vor allem auf die Tatsache, dass der Nutzer das Fachwissen nicht hat und folglich selbst die Erfassung und Einordnung seiner Lebenslage nur begrenzt durchführen kann. Stellvertretend für ihn hat der Heilpädagoge sich das spezifische Wissen angeeignet und stellt es nun in dem Deutungsprozess dem Nutzer zur Verfügung. Eine weitere Tatsache besteht darin, dass die Nutzer in heilpädagogischen Tätigkeitsfeldern häufig eine Beeinträchtigung der kommunikativen Fähigkeiten und Fertigkeiten aufweisen. Wo die Verständigung erheblich eingeschränkt ist, wird das Fachwissen stellvertretend und sehr behutsam eingebracht werden müssen. Hier muss man besonders sensibel mit den Deutungshinweisen umgehen, d. h. sie immer als Hypothesen verstehen, da ihre Verifizierung seitens des Nutzers nur begrenzt bzw. gar nicht möglich ist.

Als ein wichtiger Bestandteil der heilpädagogischen Professionalität ist das stellvertretende Deuten vom Pendeln zwischen der hermeneutischen Kompetenz (Verstehen der subjektiven Nutzerwirklichkeit) und der wissenschaftlichen Kompetenz (kritisches Verständnis von Theorien) geprägt. Will der heilpädagogisch Tätige nicht in die »Bevormundungsfalle« tappen, muss er gleichzeitig die Lebenslage und die lebenspraktischen Probleme des Nutzers verstehen und sie unter dem Rückgriff auf wissenschaftliche Erkenntnisse gemeinsam mit dem Nutzer und unter Berücksichtigung dessen Verifikation (soweit dies kommunikativ möglich ist) erfassen und einordnen.

Diese Merkmale der professionellen Handlungslogik zum genuinen Bestandteil der subjektiven Berufsverständnisses zu machen, ist eine der wichtigsten Aufgaben in der Ausbildung von Heilpädagogen.

2.3.5 Stellvertretendes Agieren

Die Lebenslage des Nutzers und seine Probleme können zwar mit Unterstützung des Heilpädagogen gedeutet, erfasst und eingeordnet, jedoch nicht »für ihn ohne ihn« gelöst werden. In jedem Fall muss der Nutzer die Bereitschaft erkennen lassen, an der Lösung seines Problems kooperativ mitzuarbeiten – etwas wie ein gemeinsames Arbeitsbündnis ist unumgänglich. Auf der anderen Seite bleibt es ihm überlassen, ob er sich für oder aber auch gegen eine Lösungsmöglichkeit entscheidet. Hier hört der Einflussbereich des Heilpädagogen gegenüber einem autonomen Nutzer auf, denn die Umsetzung des gefundenen/vorgeschlagenen Problemlösevorschlags liegt nicht mehr in seiner Verantwortung.

Es ist nicht auszuschließen, dass die heilpädagogische Einflussnahme u. U. in der Form des stellvertretenden Agierens durchgeführt werden muss – auch wenn dies einen Eingriff in die Autonomie des Nutzers darstellt. Beispielsweise sind medizinische Hilfeleistungen oder pädagogisches Handeln oft nicht aufschiebbar, sondern müssen unmittelbar erfolgen, weil durch Gefahr im Verzug ein Zwang zur schnellen Entscheidung entsteht. In solchen Situationen wird meist intuitiv-routiniert statt verstehend-analytisch vorgegangen. Im Nachhinein müssen allerdings eine Reflexion des durchgeführten Handelns sowie seine Begründung gegenüber dem Nutzer erfolgen. Außerdem passiert es im pädagogischen Bereich immer wieder, dass der Praktiker sein Handeln nicht vorher begründen kann – auch deshalb, weil das aktuelle zu lösende Problem noch nicht bzw. nur unzureichend theoretisch erörtert wurde. Der Heilpädagoge ist also im Berufsalltag immer wieder gefordert, trotz eines Theoriedefizits zu handeln: Das Tun darf nicht verweigert werden (vgl. Koring 1998, 92).

2.3.6 Paradoxien

Ein wichtiges Merkmal des heilpädagogischen Handelns kann man als Widersprüchlichkeit der beruflichen Tätigkeit im sozialen Feld nennen. Es geht darum, dass der heilpädagogisch Tätige während der Interaktion mit Nutzern fast ständig in einer zwiespältigen Situation steht, die er aushalten und in der er sich für die eine oder für die andere Alternative entscheiden muss. Deshalb wird von Paradoxien professionellen Handelns in sozialen Berufen gesprochen. Ausführlich behandelt dieses Thema Schütze (vgl. Schütze, 1992).

Hier werden einige ausgewählte Paradoxien dargestellt, die im heilpädagogischen Berufsalltag besonders wirksam zur Entstehung von Handlungs-, Beziehungs-, Kooperations- und anderen Problemen beitragen (vgl. Gildemeister, 1992; Greving und Ondracek, 2014).

- *Polarität Beziehung vs. Methodenanwendung*: Einerseits als Person »von Mensch zu Mensch« mit dem Nutzer eine Beziehung pflegen und andererseits professionelle Kontakt- und Kommunikationstechniken in sozialen Beziehungen anwenden.
- *Polarität Autonomie vs. Abhängigkeit*: Einerseits Hilfe zur Selbsthilfe leisten sowie die Selbstständigkeit des Nutzers fördern und zugleich wissen, dass die geleistete Hilfe die Gefahr der Abhängigkeit und Unselbstständigkeit steigert.
- *Polarität Respekt vs. Aufgabe*: Einerseits den Nutzer als Person respektieren, nicht beeinflussen und seine Selbstbestimmung wahren wollen und zugleich eine Person- bzw. Verhaltensänderungsaufgabe haben und an dessen Erfüllung gezielt arbeiten müssen.
- *Polarität Wissen vs. Verbergen*: Einerseits den Einblick in mögliche nicht abwendbare belastende Entwicklungen in der Lebenslage des Nutzers haben und andererseits dies verschweigen, um ihn zu schützen, was die Vertrauensbasis der Beziehung gefährdet.
- *Polarität Erziehung vs. Therapie:* Einerseits die genuin pädagogischen Aufgaben verfolgen (Potenziale entfalten, Entwicklung unterstützen, Persönlichkeit ausbilden) und andererseits Schädigungen und Defekte mit therapeutischen Mitteln heilen bzw. beseitigen.

- *Polarität Gleichwertigkeit vs. Machtausübung*: Einerseits als Person dem Nutzer »auf Augenhöhe« als einem gleichwertigen Menschen begegnen und andererseits der Träger von vielen Machtelementen sein (physisch, intellektuell, sozial, materiell) sowie diese im Alltag auch einsetzen müssen.

Diese Widersprüchlichkeiten sind in der Natur der sozialen Berufe verankert und lassen sich als solche nicht beheben – die Belastung ist vorprogrammiert. Ein Hinweis auf die Professionalität des Heilpädagogen bzw. der Heilpädagogin lässt sich dem Umgang (z. B. Inanspruchnahme der Supervision) und dem Fertigwerden (Psychohygiene, Selbstsicherheit) mit dieser Belastung entnehmen.

2.4 Zusammenfassung

Beziehungsgestaltung auf persönlicher Ebene, Prozessualität, hermeneutische Fähigkeit, Kooperation, offene Kommunikation und stellvertretendes Agieren sind genauso wie theoretisches Wissen und das Fertigwerden mit den berufsfeldeigenen Polaritäten als Bestandteile heilpädagogischer Professionalität zu betrachten. Einen herausragenden Stellenwert hat dabei das Verstehen des Verhaltens von Personen in beeinträchtigten Lebenslagen (als Bezeichnung für diesen Aspekt könnte der Begriff »Verhaltenshermeneutik« dienen). Deshalb ist für die Förderung der Professionalität neben dem Erwerb der o. g. Elemente insbesondere die Herausbildung einer wissenschaftlich-analytischen und (verhaltens-)hermeneutischen Kompetenz während der professionellen Sozialisation besonders wichtig. Ein in der reflektierten Praxis gewonnener »Erfahrungsschatz« rundet die erforderliche professionelle Handlungskompetenz ab.

Sie offenbart sich in der Form einer adressatengerechten Verbindung von Haltung und Können in der praktischen Tätigkeit und ist gekennzeichnet durch die Dialektik von Berücksichtigung der Grundsätze und Prinzipien (empirische Komponente) und konsequenter Fallbezogenheit (hermeneutische Komponente). Dabei werden sowohl das wissenschaftliche Wissen als auch die »Verfahrensregeln« nicht einfach angewendet, sondern vor der Autonomie des Nutzers relativiert und für das Verstehen und die Einordnung der Verhaltens- bzw. Handlungsweise genutzt. Ein Heilpädagoge arbeitet also induktiv, um die individuelle Lage des Nutzers zu verstehen, wobei dessen Sichtweise für die Verifizierung der Verstehenshinweise unverzichtbar ist (vgl. Ondracek, 2006, 82).

Aufgaben und Anregungen

1. Stellen Sie Ihren beruflichen Werdegang so, wie sich dieser bis zum heutigen Zeitpunkt vollzogen hat, auf einer Zeitleiste dar. Vergleichen Sie diesen mit den theoretischen Aussagen dieses Kapitels. An welchen Stellen gibt es Überschneidungen? An welchen Gemeinsamkeiten?

2. Vergleichen Sie die Aussagen zur Professionalisierung der Heilpädagogik mit der Professionsentwicklung in nicht pädagogischen Berufen? Worin bestehen die größten Unterschiede?
3. Erläutern Sie die unterschiedlichen Ebenen des Modelles zur heilpädagogischen Professionalität von Greving an Beispielen. Stellen Sie hierbei auch Verbindungen zwischen den einzelnen Dimensionen her.
4. Nehmen Sie kritisch Stellung zur angedeuteten Vernetzung von humanistischen und konstruktivistischen Ansätzen in der Begründung einer heilpädagogischen Profession. Begründen Sie Ihre Meinung möglichst ausführlich.
5. Stellen Sie Vermutungen darüber an (und begründen Sie diese mit Aussagen anderer Fachwissenschaften), wie sich die Heilpädagogik in den nächsten 20 Jahren vielleicht entwickeln wird.

3 Humanistische und konstruktivistische Perspektive

In diesem Kapitel wird auf die besondere Bedeutung der humanistischen und der konstruktivistischen Sichtweise für die heilpädagogische Theoriebildung und für eine Didaktik und Methodik der Heilpädagogik eingegangen. Dabei werden auch Hinweise auf die Relevanz der beiden Sichtweisen für professionelles heilpädagogisches Handeln gegeben. Wir gehen davon aus, dass gerade die humanistische und konstruktivistische Perspektive für eine Didaktik und Methodik der Heilpädagogik deswegen nutzbringend sind, weil sie sich in ihrer wissenschaftlichen Positionierung auf erkenntnistheoretischem Hintergrund nicht ausschließen, sondern unserer Meinung nach wechselseitig im besten Sinne ergänzen.

Dies scheint deswegen der Fall zu sein, weil diese beiden Sichtweisen den Menschen als Individuum mit seinem Alltagswissen und Können in den Mittelpunkt der Erkenntnis sowie in den Mittelpunkt seiner Handlungen stellen. Während der Humanismus den Menschen in all seinen biographischen und subjektiven Vollzügen fokussiert, befasst sich der Konstruktivismus mit seiner individuellen Wahrnehmung und Deutung dieser Welt.

Um die Orientierung in dieser komplizierten Materie zu erleichtern, werden die beiden Sichtweisen zuerst in der Relevanz für die Heilpädagogik generell und anschließend für die Didaktik und Methodik der Heilpädagogik erörtert. Der Weg führt hierbei über grundlegende Annahmen des Humanismus zu den relevanten Grundlagen des Konstruktivismus.

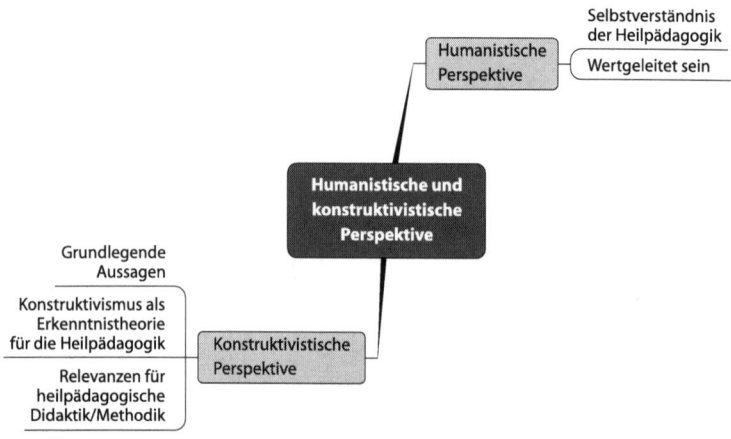

Abb. 8: Humanistische und konstruktivistische Perspektive.

3.1 Humanistische Perspektive auf die Heilpädagogik

Etymologisch betrachtet fließen in die Bezeichnung Humanismus bzw. humanistisch (u. a.) folgende Bedeutungen ein:

- Humanismus: Streben nach Menschlichkeit, Achtung der Menschenwürde; Bestrebungen, die von einer unbegrenzten Entwicklungs- und Bildungsfähigkeit des Menschen ausgehen und die Höherentwicklung und Vervollkommnung der Menschheit zum Ziel haben; an der antiken Kultur orientiertes Bildungsideal des späteren Mittelalters;
- Humanist: Jemand, der Humanismus praktiziert; Anhänger des Humanismus;
- humanistisch: den Humanismus betreffend, zu ihm gehörend, auf ihm beruhend; die Ideale des Humanismus verfolgend;
- humanisieren: menschlicher, menschenwürdiger, sozialer gestalten (Lebens- und Arbeitsbedingungen) (vgl. Microsoft, 2004).

Im Humanismus offenbart sich ein Menschenbild, welches besonders die Wertvorstellungen und die Würde des Menschen hervorhebt. Auch die Aspekte der Toleranz und Selbstverwirklichung haben hier einen wichtigen Stellenwert.

Als Begründer des Humanismus wird der italienische Dichter Francesco Petrarca (1304–1374) betrachtet. Sich auf die philosophischen Schriften der Antike stützend, stellte Petrarca den Menschen ins Zentrum der humanistischen Sichtweise, indem er die mitfühlende Hinwendung zum Mitmenschen als Erziehungsziel formuliert und als Grundaspekt der Gesellschaft postuliert hat. Weitere bekannte europäische Vertreter des Humanismus sind z. B. der niederländische Philosoph Erasmus von Rotterdam (1469–1536) oder der französische Humanist Michel de Montaigne (1533–1592).

Der italienische Humanismus entwickelte sich hauptsächlich im Bereich der Literatur und der Kunst. In Mitteleuropa umfasste die Bewegung auch andere Gebiete. So erarbeiteten die deutschen Gelehrten Johannes Reuchlin und Melanchthon Grundlagen einer humanistischen Theologie und Erziehung. Als wichtigste Vertreter des deutschen Humanismus gelten Friedrich Schiller (1759–1805) und Wilhelm von Humboldt (1767–1835). Die deutsche Bezeichnung Humanismus wurde zu Beginn des 19. Jahrhunderts vom lateinischen Ausdruck »humanitas« (Menschlichkeit) abgeleitet. Genau betrachtet lässt sich Humanismus in der deutschen Ausrichtung eher als eine pädagogische Bewegung einordnen, die auf die Wiederbelebung der klassischen Antike für den Schul- bzw. Universitätsunterricht zielte und sich durch gebildete Bürger eine Humanisierung der Gesellschaft erhoffte. Die angestrebte Humanität im Umgang der Menschen miteinander besteht in der Verinnerlichung einer der Würde des Menschen verpflichteten Gesinnung – ist somit also ein Ideal vollkommener Menschlichkeit.

Das Menschenbild dieser Bewegung besagt, dass jeder Mensch ein lernfähiges Individuum ist und dass der Sinn seiner Existenz darin liegt, diese Eigenschaft für

Bildung zu nutzen – der Existenzgrund des Menschen liegt in seiner Bildung. Ein bestimmtes Maß an Bildung stellt gleichzeitig auch eine Grundlage für die sittliche Qualität der menschlichen Existenz dar (vgl. Microsoft, 2004).

Im Kontext der Heilpädagogik stellt sich die Frage, inwieweit diese Grundansichten des Humanismus auf diejenigen Menschen anwendbar sind, die eine organische Schädigung, Behinderung, chronische Erkrankung, psychische Störung u. ä. aufweisen und infolgedessen aufgrund der stigmatisierenden und ausschließenden Prozesse der Gesellschaft eine Beeinträchtigung im Lebensvollzug zu ertragen haben. Anders gefragt: Lohnt es sich, Entwicklung und Bildung dort zu fördern, wo eigentlich nur sehr wenig bis gar nichts zu machen ist?

Die Antwort ergibt sich aus der Geschichte und dem Selbstverständnis der Heilpädagogik. Von Anfang an hat die beeinträchtigte Lebenslage und ein hiermit verbundenes Leiden der betroffenen Menschen vor allem diejenigen aktiviert, die sich als Philanthropen verstanden (aus dem Griechischen: den Menschen liebend) und sich für ein menschenwürdiges Leben der Ausgestoßenen und Geächteten eingesetzt haben. Gerade in der Heilpädagogik stellt sich die Erforderlichkeit der Humanisierung von Lebensbedingungen Betroffener sehr intensiv: Die humanistische Perspektive auf die Heilpädagogik und das heilpädagogische Handeln stellt ein Grundcharakteristikum des heilpädagogischen Selbstverständnisses dar.

Im Folgenden werden die relevanten Zusammenhänge der humanistischen Grundlegung der Heilpädagogik kurz dargestellt. Hierzu erscheint es uns sinnvoll und notwendig, zuerst einige grundlegende Aussagen zum Selbstverständnis der Heilpädagogik zu formulieren, so wie dieses sich in den letzten zwei Jahrhunderten entwickelt hat.

3.1.1 Selbstverständnis der Heilpädagogik

»Das Wesen der menschlichen Existenz liegt in deren Selbst-Transzendenz.«
(Viktor Frankl)

Die aktuelle Disziplin und Profession der Heilpädagogik ist als ein Ergebnis geschichtlich-gesellschaftlicher Entwicklungen zu sehen, welche vor ca. 200 Jahren im Kontext der Aufklärung begonnen haben. Auch wenn einer der Begründer der Aufklärung, Immanuel Kant, keine expliziten Aussagen zur Pädagogik hinterlassen hat (vgl. Greving/Ondracek, 2014, 37 ff.), so kann doch behauptet werden, dass die philosophische Strömung der Aufklärung nicht nur die Begründung bzw. die Bedingung der Möglichkeit von Heilpädagogik war, sondern auch bis heute tiefe Spuren im Selbstverständnis dieser Disziplin hinterlassen hat. So sind die Stichworte »Mündigkeit«, »Selbstverantwortung« und »Freiheit« für die Begründung der Heilpädagogik notwendig gewesen – ja sie sind auch heute in diesem Kontext noch relevant und ggf. zu verifizieren. Grundlegend kann hierzu festgehalten werden, dass die Aufklärung mit eben der Betonung der Vernunft, der Freiheit und der Menschenwürde den Weg bereitet hat, praktische und theoretische Begründungen der Heilpädagogik zu liefern. Dennoch stehen die Grundannahmen der Heilpädagogik (schon im Zeitalter der Aufklärung) im Widerspruch zu diesen philosophischen Begründungsmustern. So waren für Jean-Jacques Rousseau und Immanuel Kant

Menschen mit Behinderung keine eigentlichen Menschen; mit ihnen müsse sich nicht befasst werden. Erst Johann Heinrich Pestalozzi bezog sich im Kontext des deutschen Idealismus auf die Möglichkeit der Erziehung behinderter Menschen. So entstanden von ihm ausgehend am Ende des 18. Jahrhunderts unterschiedlichste Einrichtungen der Behinderten- und Jugendhilfe (sog. Armenanstalten und – gegründet durch Johann Heinrich Wichern – Rettungshäuser für Menschen, in diesem Falle vor allem Kinder und Jugendliche mit Behinderung). Die erste wissenschaftstheoretische Begründung der Heilpädagogik im Jahre 1861 durch Georgens und Deinhardt ist somit eine logische Konsequenz auf die damals realisierte Arbeit mit Menschen, welche als behindert bezeichnet werden (vgl. Gröschke, 1997, 86 ff.; sowie auf dem Hintergrund eines kritischen Diskurses hierzu: Stöger 2017).

So wie die Begründung der Heilpädagogik mit gesellschaftlichen und historischen Entwicklungsmustern vernetzt ist, so standen auch die ersten Jahre bzw. Jahrzehnte des 20. Jahrhunderts im intensiven Kontext der Vernetzung, ja beinahe der Abhängigkeit der Heilpädagogik von gesellschaftlichen und politischen Gegebenheiten und Bedingungen. Schon das Ende des 19. Jahrhunderts zeichnete sich durch eine stark sozialdarwinistische Färbung aus. Diese sorgte dafür, dass zu Beginn des 20. Jahrhunderts offen über die Vernichtung und Ermordung von Menschen nachgedacht werden konnte, die nicht zur sog. Volksgesundheit beitrugen. Somit ist die Geschichte der Heilpädagogik zumindest zu Beginn des 20. Jahrhunderts eine Geschichte der äußersten Zerrissenheit, der Teilung und der Grenzerfahrungen. Nach dem Scheitern der Weimarer Republik, bedingt durch eine hohe Arbeitslosigkeit und eine intensiv ausgeprägte Notlage während der Weltwirtschaftskrise, konnte die Nationalsozialistische Partei Adolf Hitlers 1933 in Deutschland die Macht ergreifen. Im Kontext des Paradigmas des »Herrenmenschen« der Nationalsozialisten gerieten Menschen mit Behinderung (und anderen sog. Störungen und Auffälligkeiten) in die Situation, aus der Gesellschaft ausgeschlossen, verbannt und ermordet zu werden. Sie – sowie die mit ihnen arbeitenden Pädagogen – wurden als minderwertig betrachtet, sie wurden verfolgt und vernichtet. Diese verbrecherische Vorgehensweise ist zudem als Versuch zu werten, die ersten wissenschaftlichen und praxeologischen Erfolge der Heilpädagogik rückgängig zu machen sowie ihre aufklärerischen, sozialpolitischen und christlich-religiösen Grundlagen auszuhebeln (vgl. Greving/Ondracek, 2014, 49/50). So wurde das zarte Pflänzchen der Heilpädagogik, welches an der Jahrhundertwende zwischen dem 19. und 20. Jahrhundert gewachsen war und sich inhaltlich noch intensiv einer medizinischen Orientierung verbunden fühlte, durch die NS-Euthanasie und die hiermit verbundenen Restriktionen für alle Beteiligten größtenteils vernichtet.

Auch die heilpädagogischen Einrichtungen, welche in dieser Zeit zwar noch nicht als solche bezeichnet wurden, aber dennoch in diesem Kontext arbeiteten, blieben von dieser Strategie nicht unbehelligt. Mehr noch, sie waren – mal mehr, mal weniger – an dieser Vernichtung beteiligt. Entweder haben sie sogar offensiv die Vernichtung der Menschen mit Behinderung betrieben oder sie haben sich nur relativ halbherzig vor sie gestellt, um sie vor Deportation zu schützen. Dieses ist zudem eine Begründung dafür, dass die deutsche Heilpädagogik erst weit nach dem Ende des 2. Weltkrieges (nämlich in der Mitte der 1950er Jahre) wieder zu ihrem theoretischen und praxisbezogenen Profil zurückfinden bzw. ein neues aufbauen und etablieren konnte.

3 Humanistische und konstruktivistische Perspektive

Wesentlich positiver ist die historische Vernetzung der Heilpädagogik mit den Bedingungen in der Schweiz nachzuzeichnen. Zu Beginn der 30er Jahre kam es hierbei (1930) zu einer wichtigen Positionierung der Heilpädagogik durch Heinrich Hanselmann, welcher seine »Einführung in die Heilpädagogik« publizierte. Heinrich Hanselmann besetzte den ersten Lehrstuhl der Heilpädagogik und war zudem auch in der nicht akademischen Ausbildung von Pädagogen tätig. Des Weiteren begründete er ein intensives praxisbezogenes Lehr- und Beratungswesen im Kontext der Pädagogik. Auch der Nachfolger auf seinem Lehrstuhl, Paul Moor, trug zu einer intensiveren Ausprägung der Heilpädagogik bei. Wenn man die grundlegenden Aussagen dieser beiden Gründerfiguren der deutschsprachigen Heilpädagogik zusammenfasst, so lässt sich feststellen, dass sich Heilpädagogik immer ihres medizinischen Bezuges bewusst sein muss – schon deswegen, um nicht ggf. erneut in die Fänge und Fallstricke einer von Pathologien geprägten Diagnostik und Therapie zu geraten. Aber genau dieses ist zu Beginn des 20. Jahrhunderts in Deutschland geschehen: Eine deutlich abstrahierende biologistisch, nihilistisch-medizinische Sprachweise sorgte dafür, dass die Vernichtung der Menschen, welche als behindert bezeichnet wurden, realisiert werden konnte. Des Weiteren hatte diese Vorgehensweise einen hohen Anteil an der weiterhin stagnierenden Entwicklung der Theoriebildung in der (deutschen) Heilpädagogik (vgl. Greving/Ondracek, 2005, 48).

Wie bereits erwähnt, stand die zweite Hälfte des 20. Jahrhunderts in Deutschland im Zeichen des Aufbaus und der Wiederannäherung. Hierbei tat sich die Heilpädagogik noch sehr schwer, so dass erst Mitte der 1950er Jahre intensivere Bemühungen um die Ausbildung, um die Lehre und um die Forschung in der Heilpädagogik realisiert werden konnten. Erschwerend kam hinzu, dass sich in der ehemaligen DDR eine nach wie vor medizinisch geprägte Rehabilitationspädagogik entwickelte, welche mit der westdeutschen Heilpädagogik in keiner Weise kooperierte, jedoch auch nicht kooperieren konnte und durfte. Diese medizinisch und schulisch orientierte Rehabilitationspädagogik duldete zwar heilpädagogisches Gedankengut, wies diesem jedoch einen eindeutigen, eher randständigen und medizinisch-biologisch geprägten Platz im gesamtpädagogischen System zu.

In den vergangenen rund 50 Jahren entwickelte sich dann die Heilpädagogik in einem recht rasanten Tempo: In Anbindung an ein hoch differenziertes Schul- und Ausbildungssystem finden sich nun heilpädagogische Ausbildungen auf Fachschulebene, auf Fachhochschulebene sowie auf Universitätsebene. Ebenso entstanden unterschiedliche wissenschaftstheoretische Ausprägungen in der Heilpädagogik, so eine eindeutig geisteswissenschaftliche Fundierung, welche bis weit in die Zeit der Aufklärung zurück reicht. Diese Begründungsmuster stellen somit einen mächtigen Strang in der Definition und Ausprägung auch der aktuellen Heilpädagogik dar. Sie lässt sich sowohl anbinden an die »Gründerväter« der Heilpädagogik wie Pestalozzi bzw. Deinhardt (und nicht Georgens, wie jüngst Stöger sehr präzise dargelegt hat; vgl. Stöger 2017) als auch festmachen an hermeneutischen Begründungsmustern im Kontext von Wilhelm Dilthey, Andreas Flitner, Herman Nohl u. a. So entwickelte gerade die schweizerische Orientierung der Heilpädagogik eine deutliche geisteswissenschaftliche Ausprägung, welche in den Werken von Heinrich Hanselmann und Paul Moor wiederzufinden ist. Diese Orientierung wurde in der jüngsten heilpädagogischen Vergangenheit von Emil Erich Kobi weitergeführt. Zudem ist sie in den Arbeiten von Dieter Gröschke und Urs Haeberlin wiederzufinden. Der letztgenannte deutet in seinen Arbeiten und Begründungen einer Heilpädagogik aber auch schon auf eine weitere Ausrichtung hin, auf eine deutlich empirische Fundierung und Vernetzung. Diese entstand um ca. 1970 in den Begründungsmustern von Ulrich Bleidick, welcher sich (obwohl sich dieses heute extrem verändert hat) für eine nicht normativ empirisch fundierte Heil- und Sonderpädagogik ausgesprochen hat. Diese wurde von ihm als »Behindertenpädagogik« bezeichnet. Die empirischen Begründungsmuster einer aktuellen Heil- und Sonderpädagogik finden sich somit auch heute noch in den Ausprägungen der Sonderschulpädagogik wieder, welche sich mit Integrationsstrukturen, gesellschaftlichen Notwendigkeiten von Pädagogik und möglichen Bildungswegen und Werdegängen von Kindern und Jugendlichen beschäftigt.

Ebenfalls in den 70er Jahren des letzten Jahrhunderts hat sich die kritisch-materialistische Sonderpädagogik entwickelt. Diese geht zurück auf Georg Feuser und Wolfgang Jantzen, welche im Kontext der sowjetischen Psychologie der sog. »Moskauer Schule« Begründungen für heil- und sonderpädagogisches Tun realisierten. Im weiteren Verlauf dieser Entwicklung kam es zu einer Ausdifferenzierung und zu einer Vernetzung mit empirischen und geisteswissenschaftlichen Aussagen. In diesem Kontext ist vor allem Peter Rödler zu nennen, welcher die Entwicklung eines Modells des sog. »Sprachraumes« für die Sonderpädagogik etabliert hat. In jüngster Vergangenheit werden die Ideen einer rehistorisierenden und kritisch-materialistischen Sichtweise aber auch von Anne-Dore Stein und Willehad Lanwer mit dem Ziel einer inklusiven Pädagogik weiterverfolgt.

Im Verlaufe der letzten 35 Jahre haben sich diese drei Grundorientierungen – die geisteswissenschaftliche, die empirische und die kritisch-materialistische – mehr und mehr einander angenähert und miteinander verwoben, so dass heute, im Kontext einer beinahe postmodernen Beliebigkeit, alles möglich zu sein scheint. Dennoch ist dies nicht so einfach. Folgende Momente können benannt werden, um (jenseits dieser schulspezifischen Ausprägungen einer Heil- und Sonderpädagogik) heilpädagogische Tendenzen zu benennen, so wie sie heute aktuell wiederzufinden sind und wirken:

- Heilpädagogik lässt sich als integrative und wertgeleitete Wissenschaft verstehen. Sie ist hierbei in doppelter Weise integrativ: Erstens bezieht sie sich auf alle Fragestellungen, welche generell menschliches Dasein bedingen, zudem umfasst sie auch sämtliche Teilbereiche oder Systeme der unterschiedlichen Gesellschaftsstrukturen und Gesellschaftsformen sowie die hiermit vernetzten Umwelten. Heilpädagogik weist damit wichtige Merkmale einer Profession auf – mit ihren Voraussetzungen, mit ihrer empirischen Bedeutsamkeit, mit den Organisationen und Zielsetzungen sowie in Bezug auf die Arbeitsweisen und Methoden, welche ihr Handeln ausmachen. Zudem kreiert und prüft sie stets ihre Ausdrucksweise, Begriffe und Zeichensysteme (vgl. Greving/Ondracek, 2014, 57–60).
- Zugleich muss sich Heilpädagogik zu grundlegenden ethischen Werten bekennen und sich von ihnen leiten lassen, sonst kann sie ihr Grundanliegen nicht umsetzen, d. h. Partei zu ergreifen für die Menschen, die nach wie vor – und im Moment wesentlich mehr als noch vor 100 Jahren – von der Gesellschaft ausgeschlossen

werden. In diesem Kontext sind die philosophischen Begründungsmuster von Dieter Gröschke und Urs Haeberlin zu nennen, welche die anthropologisch-ethische Ausrichtung der Heilpädagogik präzise formuliert haben. Diese ist so grundsätzlich, dass Heilpädagogik selbst als Inbegriff ethischer Haltung bezeichnet werden kann. Heilpädagogisches Tun muss sich somit an Zielsetzungen und Normen orientieren, sie ist ohne diese Normierung auch nicht vorstellbar. Die heilpädagogisch Tätigen haben immer wieder auf die ethisch fundierten Fragen der jeweils aktuellen gesellschaftlichen Situation Bezug zu nehmen. In diesem Kontext sind heute die Anforderungen einer Eugenik zu nennen, welche menschliches Leben an den Anfangs- und Endpunkten des Lebens in Frage stellt. Zudem ist die Integration und Inklusion der Menschen mit Behinderung und sog. Verhaltensauffälligkeiten im Kontext der Normalisierungsbestrebungen immer wieder neu zu thematisieren.

- Außerdem ist die Heilpädagogik als kritische Pädagogik zu verstehen, weil sie Kontingenzen und somit Grenzen und Grenzerfahrungen definiert und thematisiert: Die schon erwähnte Annäherung der unterschiedlichen Ausrichtungen einer Heilpädagogik hat dafür gesorgt, dass nicht mehr nur ein pseudowissenschaftlicher ganzheitlicher Blick in den Mittelpunkt gerät – vielmehr sind heute die Grenzen der Lebenswelten von Menschen mit Behinderung sowie die möglichen oder auch unmöglichen Handlungsoptionen der Heilpädagogen zu thematisieren. Eine kritisch-normative Heilpädagogik hat sich hierbei auf die Mikroebene menschlicher Handlungsmuster zu beziehen. Nicht so sehr der große Rahmen – die Demokratie, die Normalisierung, die Integration, die Inklusion – ist somit das herausragende Merkmal, vielmehr sind es die kleinen und kleinsten Möglichkeiten menschlichen Lebens und Handelns, welche sich erst im praktischen Vollzug, in der gemeinsamen Lebensgestaltung ergeben. Aber auch in diesem Zusammenhang haben die Heilpädagogen Fremdbestimmungen abzubauen und die Zwänge möglicher gesellschaftlicher Systemdefinitionen und Bedingtheiten aufzulösen. Die Skepsis, ja die skeptische Haltung nimmt in der Heilpädagogik mehr und mehr zu, sie wird zu einem bedingenden Faktor in ihrer Wahrnehmung und Positionierung (vgl. Kobi, 2004, 235 ff.).

Der Zweifel am »gut sein« des Menschen, der Zweifel an den heilpädagogischen Möglichkeiten, der Zweifel an Allmachtsphantasien des Menschen ist in letzter Zeit zu einer relevanten Größe in der Bestimmung heilpädagogischer Positionen und Methoden geworden. Wir müssen darauf gefasst sein, dass alles auch anders sein kann, als wir es auch mit bestem Wissen und Gewissen geplant haben. Das Eingebundensein der Heilpädagogen erscheint hierbei der Rolle des Sisyphos nicht unähnlich: Dieser Held der griechischen Mythologie rollt nach Maßgabe der Götter immer wieder einen Felsen den Berg hinauf und immer dann, wenn er fast oben ist, entgleitet ihm der Stein und rollt wieder hinab. Sisyphos steht somit vor der lebenslangen Aufgabe, immer wieder das Gleiche zu tun, dennoch müssen wir uns (wie Albert Camus in seinem Essay beschrieben hat) Sisyphos als einen glücklichen Menschen vorstellen, da er beim Hinabgehen in die Ebene einen freien Blick hat und diesen schweifen lassen kann, er in diesem Moment über den Willen der Götter triumphiert und zumindest selber gestalten kann, wie lange er diese Freiheit genießt.

Im Kontext der Heilpädagogik bedeutet das, dass Heilpädagogen eingespannt sind zwischen den Anforderungen der Gesellschaft und den Ansprüchen ihrer jeweiligen »Klientel«, mit welchen sie ggf. methodisch fundiert und orientiert den Gang in die pädagogische Ebene wagen.

Heilpädagogik versteht sich somit aktuell als eine »Heilpädagogik mit dem Gesicht zur Gesellschaft« (Gröschke, 2002, 9). Deshalb kann sie nicht mehr nur unter einer bewussten oder unbewussten stilisierten pädagogischen »Käseglocke« ihr Dasein fristen. Vielmehr geht es darum, in die Mittelpunkte der Gesellschaft zurückzukehren, um dort pädagogisch und politisch zu wirken. So sind die Begriffe einer aktuellen Heilpädagogik nicht mehr nur geprägt von methodischem (Größen-)Wahn, vielmehr beziehen sie sich auf gesellschaftliche Themen und Reflexionsprozesse: Eine Diskussion um Randgruppenarbeit, um Devianz, um Sozialisation und Integration ist nur möglich, wenn die Heilpädagogik Verbindungslinien herstellt zwischen gesellschaftlichen Anforderungen und dem notwendigen pädagogischen Handeln mit ihrem jeweiligen Klientel. Die Professionsdiskussion in der Heilpädagogik verläuft intensiv im Spannungsfeld zwischen den Bedingtheiten und Bedingungen eben dieser individuell subjektiven Ansprüche und den Anforderungen einer Gesellschaft. Das erscheint gerade im Hinblick auf den Begriff der Inklusion als höchst relevant: Dieser wird zwar ggf. als Ablösung des Begriffs der Integration vielfach benannt, dennoch erscheint überhaupt nicht klar zu sein, worin der Erkenntnisgewinn besteht, ihn zu nutzen, bzw. worin überhaupt die Erkenntnis besteht, ihn zu definieren. Vielmehr wird auch er von unterschiedlichsten Ansprüchen geprägt, so dass eine Eindeutigkeit im Kontext der Realisierung inklusiver Phänomene bislang nicht feststellbar ist. An dieser Stelle muss Heilpädagogik aufpassen, dass sie sich nicht zwischen vieldeutigen Ansprüchen und Irrungstendenzen der Gesellschaft und ihrer eigenen Profession im Hinblick auf ein »everything is possible« (und dieses gleichzeitig!) auflöst. Deshalb hat sie nicht nur Individualdiagnostik, sondern auch Organisations- und Gesellschaftsdiagnostik zu betreiben, in welcher sie die Themen der Abhängigkeit und Macht ebenso benennt und untersucht wie diejenigen der Assistenz und pädagogischen Begleitung von Menschen in beeinträchtigten Lebenslagen. Auf diesem Hintergrund ist die bewusste Wahrnehmung der Sprache ein weiteres relevantes Mittel, um die heilpädagogische Profession und Professionalisierung voranzutreiben. Die Art und Weise, wie Heilpädagogik die relevanten Phänomene benennt bzw. wie sie die Sprache nutzt, ob und wie sie ihre Realitäten auf den Begriff bringt, oder erst neue Realitäten durch eine systemimmanente Begriffs(un)logik stilisiert, ist hierbei immer wieder neu zu untersuchen. Die Unübersichtlichkeit der gesellschaftlichen und sprachlichen Muster kann durchaus zu einer Unübersichtlichkeit heilpädagogischer Metatheorien, Konzepten, Methoden und Handlungsweisen führen. Der reflektorische Blick des einzelnen Heilpädagogen hat also nicht nur die eigene Rolle in der Dialoggestaltung pädagogischer Handlungen, sondern auch das Angebundensein dieser Handlungen an organisatorische und gesellschaftliche Strukturen zu konkretisieren und zu überprüfen.

Die aktuellen Gefahren, in welche sich eine Heilpädagogik hierbei begibt, können wie folgt benannt werden (vgl. Greving/Ondracek, 2014, 75 ff.):

- *Eine Abkoppelung in wissenschaftlicher Hinsicht*:
  Heilpädagogik muss sich mit allen relevanten Referenzwissenschaften vernetzen, sie ist darauf angewiesen, mit der Soziologie, der Biologie, der Genetik und der Neurologie zu interagieren und dieses jeweils in Bezug auf auch allgemeinpädagogische Prämissen und Aussagen.
- *Theorieverluste der Praxis:*
  Heilpädagogik muss sich immer auch auf Praxis beziehen, sie darf aber dabei nicht ihre wissenschaftliche Überprüfung/Evaluation eben dieser Praxis vergessen. Eine Vernetzung zwischen Theorie und Praxis erscheint zwar somit banal, ist aber immer wieder zu fordern, da sonst die Praxis ihren theoretischen Impulsen und die Theorie einer möglichen handlungsrelevanten Verortung verlustig geht.
- *Ökonomisierungstendenzen:*
  Die Diskurse um Qualität heilpädagogischer Leistungen gehen auch an einer inhaltlichen Gestaltung nicht vorbei. Gerade der Druck, möglichst effizient und effektiv zu arbeiten, führt immer wieder dazu, heilpädagogische Prämissen aus dem Blick zu verlieren. Hier setzt eine Kritik an, welche Managementphänomene einerseits nutzt, auf der anderen Seite aber auch nicht unhinterfragt und ungeprüft von betriebswirtschaftlichen Kontexten auf heilpädagogische überträgt.
- *Selektionstendenzen der Gesellschaft:*
  Die Verschärfung des Marktwettbewerbes sorgt dafür, dass Menschen mit Behinderung und Verhaltensstörungen aus gesellschaftlich relevanten Systemen ausgeschlossen werden. Diese zum Teil sehr subtil verlaufenden Desintegrationstendenzen müssen von der Heilpädagogik bemerkt, hinterfragt und aufgehalten werden. Die hiermit vernetzten Begrifflichkeiten der Integration und Inklusion sind hierbei ebenso zu überprüfen (vgl. oben) wie die hierzu notwendigen heilpädagogischen Konzepte und Methoden.
- *Ethische Verunsicherungen und Gefährdung durch die Gentechnologie:*
  Die Heilpädagogik hat sich gerade auf dem Hintergrund der Zunahme des Wissens und der Möglichkeiten einer Gentechnologie ethischen Fragestellungen zu stellen. Wie bereits erwähnt, realisiert sich gerade am Anfang und am Ende des Lebens eine deutliche Positionierung der Gentechnologie sowie der Humangenetik. Hierbei muss die Heilpädagogik Flagge zeigen, um für diejenigen Menschen einzutreten, welche dieses noch nicht oder nicht mehr können. Ja, gerade die Persönlichkeiten und Personen, welche es niemals können werden, geraten hierbei in den Blickpunkt heilpädagogischer Bestrebungen. Auch und gerade mit ihnen muss pädagogisch gearbeitet werden, gerade an ihnen haben sich heilpädagogische Theorien und Konzepte auszurichten.

Aus dem oben dargestellten Selbstverständnis der Heilpädagogik ergeben sich drei Grundmerkmale, auf die sich die berufliche Philosophie jedes Heilpädagogen stützt. Sie sind vor allem für praktisches Tun relevant und lassen sich als notwendig, jedoch auch ausreichend betrachten:

- die prinzipielle Ausrichtung auf philosophisch-kulturelle Werte, die vor allem in der Ethik und Anthropologie Ausdruck finden (Quelle des Engagements),

- die Erforderlichkeit des Verstehens für die Erfassung der individuellen Lebenslage von Menschen, die Heilpädagogik unterstützt (Quelle der Orientierung),
- die konsequente Professionalität des eigenen Handelns (Quelle der Wirksamkeit).

Im weiteren Text werden diese grundlegenden Aspekte der heilpädagogischen Berufsausübung kurz dargestellt.

3.1.2 Wertgeleitet sein

»Menschlichkeit ist für die Menschen wichtiger als Feuer und Wasser.«
(Konfuzius)

Anthropologie gilt als ein Grundbereich der Philosophie. Sie beschäftigt sich im Konkreten mit der theoretischen Selbstbestimmung des Menschen sowie seiner Abgrenzung gegenüber der Natur und seinem praktischen Handeln in einer Gesellschaft. Allgemein sucht sie das allgemein Menschliche zu finden und zu formulieren (vgl. Kunzmann et al., 2002, 13). Demnach lautet die anthropologische Grundfrage »Was ist der Mensch?«, und die Anthropologie versteht sich als die Wissenschaft vom Menschen. Die Beantwortung der anthropologischen Grundfrage führt zu Menschenbildern. »Das ›Menschenbild‹ einer Person oder Gruppe bezeichnet das Gesamt all ihrer expliziten oder impliziten Auffassungen über das, was den Menschen ausmacht bzw. ausmachen soll« (Jakobs, 1997, 21). Menschenbilder als Ausdruck der Beantwortung der anthropologischen Grundfrage stehen immer in Abhängigkeit von historischen, gesellschaftlichen, kulturellen und religiösen Variablen und weisen große Unterschiede und Veränderungen auf.

Ethik wird als eine Disziplin verstanden, die Kriterien aufstellt, welche die Frage nach dem Guten und damit die Frage nach Haltungen und Handlungen von Menschen in einer Gesellschaft bestimmen sollen (vgl. Kunzmann et al., 2002, 13). Sie hat also einen konventions-, institutions-, situations- und subjektunabhängigen Anspruch, indem sie nach qualitativ übergeordneten Bewertungskriterien sucht und ihre Aussagen als intersubjektiv nachweisbar und verbindlich ausweisen will. Das Hauptanliegen der Ethik ist eine Aufklärung der Praxis menschlichen Zusammenlebens, eine Einübung ethischer Begründungs- und Argumentationszusammenhänge und schließlich die Hinführung zu einem humanen menschlichen Zusammenleben (vgl. Pieper, 2000, 11 f.).

Die ethischen Antworten auf Fragen nach einem leitenden Kriterium für gutes und schlechtes menschliches Handeln lassen verschiedene Positionen erkennen – so z. B. den Zugang im Sinne der deontologischen, utilitaristischen und diskursethischen Methode (vgl. Antor und Bleidick, 2000, 77 ff.). Es gibt auch die beschreibende (deskriptive) und die vorschreibende (normative) Herangehensweise (vgl. Pieper, 2000, 234 ff.). Wie kompliziert das Gebiet der handlungsleitenden Grundsätze ist, belegt die Tatsache, dass eine Entscheidung für ein bestimmtes ethisches Kriterium immer auch mit der Beantwortung der anthropologischen Grundfrage nach dem Wesen des Menschen einhergeht. In diesem Sinne sind Anthropologie und Ethik eng aneinander gekoppelt.

Im Nachfolgenden werden grundlegende Aspekte der anthropologisch-ethischen Dimension der Heilpädagogik skizziert. Dabei sind die Fragen nach dem Menschenbild im Kontext der Behinderung und den ethischen Kriterien des Handelns von wesentlicher Bedeutung. Zwangsläufig geht mit ihnen das Thema der Möglichkeit oder der Unmöglichkeit des heilpädagogischen Handelns einher, welches immer ein individuell-subjektives Wirken im Spannungsfeld von konzeptionell-methodischen Ausrichtungen, ethischen Werten und gesellschaftlichen Bedingungen ist. Die Ausführungen sollen Orientierungshilfen geben und die Herausbildung einer persönlichen Überzeugung über die Erforderlichkeit des wertgeleiteten Handelns fördern. Es geht also darum, wie Eckpunkte einer Ethik für die Heilpädagogik zu beschreiben und zu konkretisieren sind – einer Konkretisierung, die für berufliches Engagement an den Grenzen des menschlichen Daseins unentbehrlich ist.

Was heißt es, wertgeleitet zu sein? Bei einer ersten Betrachtung kann man diesen Grundaspekt des heilpädagogischen Handelns missverstehen – allgemein gesehen richtet sich doch jeder Mensch im alltäglichen Tun danach, was ihm persönlich wichtig (also wertvoll) ist. Demnach würde das heilpädagogische Handeln einer subjektiven Beliebigkeit unterworfen, die den Raum für jegliche denkbaren Vorgänge öffnet und eine Rechtfertigung nach dem Motto »Was für mich wichtig ist, ist auch richtig!« ermöglicht. Dieser subjektive Grundsatz mag zwar im privaten Leben zutreffen, ist jedoch im beruflichen Tun inakzeptabel. Denn dort sind nicht die »privaten Werte«, sondern ein theoretisch begründeter Werterahmen des jeweiligen Berufs handlungsleitend. In diesem Kontext wird von Berufsethik gesprochen.

Werte sind ideal gedachte Vorstellungen über das Menschsein bzw. die gesellschaftlichen Idealzustände. Allgemein gültige Werte existieren nicht. Vielmehr geht es um nicht beweisbare Annahmen (Postulate), denen sich der Einzelne anschliesst. Es gibt Werte, die in der Gesellschaft weitgehend geteilt werden und deshalb auch als Grundwerte betrachtet werden. Andere Werte werden von verschiedenen gesellschaftlichen Gruppierungen unterschiedlich gewichtet. Im Kontext der eigenen Lebensgeschichte bildet jeder Mensch ein individuelles Wertesystem aus (persönliche, subjektiv sinnergebende Überzeugungen und Bewertungskriterien), welches sein Denken und Handeln beeinflusst. Da die alltäglichen Bewertungen und Entscheidungen im beruflichen Tun dem »privaten Wertesystem« der Mitarbeiter nicht überlassen werden können, formulieren die Berufsverbände zusammen mit den theoriebildenden wissenschaftlichen Disziplinen verbindliche handlungsleitende Werte in und für die Heilpädagogik.

In den drei etabliertesten Berufen der Menschheitsgeschichte (Arzt, Rechtsanwalt, Theologe) kann ohne ein persönliches Bekenntnis zu den jeweiligen handlungsleitenden Werten niemand tätig sein. Als Beispiel sei hier der Eid des Hippokrates genannt, durch den dem ärztlichen Handeln ein hohes Maß ethischen Verantwortungsbewusstseins zugrunde gelegt wird. Analog müsste von den Heilpädagogen ein »Eid der uneingeschränkten Würde und tätigen Solidarität« mit allen individuell beeinträchtigten, gemeinschaftlich ausgesonderten und gesellschaftlich benachteiligten Menschen abzulegen sein. Das sind die Werte, die den Nährboden für heilpädagogische Theoriebildung und Praxis bilden. Folglich besteht die Aufgabe für jeden heilpädagogisch Tätigen darin, sie kennenzulernen, zu erleben, zu verinnerlichen und mit ihnen die eigenen subjektiven Relevanzen und Gewichtungen in Einklang zu bringen. Partei zu ergreifen für die anders seienden und den vorherrschenden Normen nicht entsprechenden Menschen ist gerade heute und auch in der

Zukunft wichtig. Die bisherigen politischen Lösungsversuche aktueller gesellschaftlicher Probleme erzeugen eine Abnahme der Solidarität mit den »Glücklosen« und schränken deren Teilhabe an der Lebensnormalität der »Glückhabenden« ein. Die globalisierte Marktwirtschaft wirkt dabei ursächlich mit und einige philosophische Ansichten versuchen, den »Preis« dieser Lösungstendenz zu rechtfertigen (z. B. Neoliberalismus oder Präferenzutilitarismus).

Es wäre vermessen zu glauben, dass die Heilpädagogik mit konsequentem Auftreten für die o. g. Werte alleine diese Entwicklung aufhalten könnte. Sie ist – und das ist gut so – nur ein Teil der breiten Front, die im Bereich der Sozialen Arbeit, Sozialpolitik, Anthropologie und Ethik, aber auch der Politik und Wissenschaft, einer weiteren Steigerung der Ungleichheit und Benachteiligung entgegen wirkt. Folglich ist das »wertgeleitet sein« weder ein Verdienst noch das Privileg der Heilpädagogik, denn alle, die sich für Würde und Solidarität einsetzen, müssen sich als wertgeleitet verstehen. Sonst könnten sie nicht gegen Lösungen auf Kosten der »Glücklosen« protestieren. Nichtsdestotrotz ist das wertgeleitete Handeln gerade für die Heilpädagogik besonders wichtig. Die Personen und deren Lebenslagen, für die sich Heilpädagogen zuständig fühlen, erfordern im Vergleich mit anderen Berufen durchaus ein Mehr sowohl in qualitativer (Beziehungsoffenheit, innere Stabilität, Respekt, Geduld, ...) als auch in quantitativer (Wissen, Methoden, Know-how, Zeit ...) Hinsicht (vgl. Bundschuh, 1995, 23). Diese Tatsache bedeutet keineswegs, dass sie etwas »Besseres« sind als z. B. Erzieher, Sozialpädagogen oder Lehrer. Vielmehr ergibt sich daraus die besondere Notwendigkeit einer tragenden und Zuversicht gebenden Verankerung in dem erschwerten alltäglichen Erleben und Tun. Hierfür ist die Orientierung an den Werten der uneingeschränkten Würde und der tätigen Solidarität unentbehrlich und gilt als charakteristisches Merkmal des heilpädagogischen Handelns.

Was kann man unter den Begriffen »Würde« und »Solidarität« konkret verstehen? Wieso gelten sie als handlungsleitend für tätige Heilpädagogen? Antworten auf diese Fragen findet man vor allem in den Aussagen der Anthropologie und Ethik. Einige Beispiele dazu werden aus dem Bereich der Sozialpolitik entnommen, die eigentlich als Theorie und Praxis gesellschaftlicher Umsetzung ethischer und anthropologischer Grundsätze verstanden werden kann.

Menschenbilder und Heilpädagogik

Für Aristoteles war der Mensch das Vollkommenste aller Lebewesen – ein »zoón politikon« (ein in Gemeinschaft lebendes Lebewesen) und »zoón logikon« (ein sprechendes bzw. vernünftiges Lebewesen), welches lachen kann und aufrecht geht. Diese Auffassung hat auch das christliche Mittelalter geprägt. Thomas von Aquin begriff den Menschen als naturhaft-rationales Wesen, dem Vernunft und Freiheit von Gott zugeteilt sind.

Rousseau vertritt die Meinung, dass alle Menschen frei sind. Auch für Kant stellen Freiheit und Vernunft charakteristische Merkmale des menschlichen Seins dar. Die Frage »Was ist der Mensch?« betrachtete er als eine der Grundfragen der Philosophie. Darwin ging davon aus, dass der Mensch aus derselben Evolutionslinie wie der Gorilla und der Schimpanse stammt. Damit hat er infragegestellt, dass der Mensch als Ergebnis eines besonderen göttlichen Schöpfungsaktes ein einzigartiges Wesen wäre.

Auch Friedrich Nietzsche kritisierte die alte Auffassung des Menschen als vernünftiges Lebewesen – er sah die menschliche Welt nur als eine ästhetische Welt gerechtfertigt. Weitere Zweifel an der aristotelischen Hervorhebung der Rationalität brachte Sigmund Freud mit dem Begriff des Unbewussten. Demnach ist das menschliche Handeln von unbewussten Triebkräften entscheidend mitbestimmt (vgl. Microsoft, 2004).

Die Mannigfaltigkeit der anthropologischen Ansichten wirft die Frage auf, worauf sich die Heilpädagogik nun stützen soll. Denn sowohl für die heilpädagogische Zielsetzung als auch für entsprechendes Handeln ist die Überzeugung darüber, was der Mensch ist – das Menschenbild – entscheidend. Die heilpädagogisch Tätigen können also erst dann dem Anspruch einer wertorientierten Handlung gerecht werden, wenn sie die eigenen mehr oder weniger bewussten Vorstellungen über das Menschsein reflektieren und an einem paradigmatischen Menschenbild ausrichten, welches das Selbstverständnis der Heilpädagogik prägt. Eine Grundsatzdiskussion unter den Heilpädagogen zu diesem Thema hat Urs Haeberlin angeregt und stark beeinflusst (vgl. z. B. Haeberlin, 1985). Diese hat dazu beigetragen, dass die Heilpädagogik sich heute auf ein Menschenbild stützt, welches folgende Aspekte aufweist:

- Alle Menschen sind nach Gottes Ebenbild geschaffen. Deshalb haben sie einen einzigartigen Wert und eine unverlierbare Würde. Da das menschliche Leben von Gott geschenkt ist, ist es unantastbar. Als Schöpfung Gottes verdient jeder Mensch per se Respekt und Achtung – unabhängig von seinem Zustand, seiner Herkunft, sozialer Stellung, Religion, Leistungsfähigkeit usw.
- Der Mensch ist auch ein endliches und fehlerfähiges Wesen, welches die Endlichkeit und Fehlerfähigkeit des eigenen Lebens weder beseitigen noch wesentlich verändern kann. Demnach gehören physische und psychische Beeinträchtigungen zum Menschsein dazu.
- Jeder Mensch ist ein unverwechselbares Individuum mit eigenen physischen, emotionalen, psychischen, spirituellen und sozialen Eigenschaften – er empfindet, denkt und handelt als unteilbares Wesen in einer Einheit von Körper – Geist – Seele. Der Mensch ist Person mit allem, was er ist und hat, ungeteilt in jeder Schicht des menschlichen Seins.
- Der Mensch ist ein soziales Wesen – hineingeboren in ein soziales, ökologisches und kulturelles Umfeld. Folglich kann er nicht isoliert existieren, sondern steht in einer stetigen Auseinandersetzung mit sich selbst und seiner Umwelt, um sich seinen Anlagen und Neigungen entsprechend entwickeln zu können.
- Allen Menschen sind die gleichen elementaren Bedürfnisse eigen: sich wohl und sicher zu fühlen, einer Gemeinschaft anzugehören, geliebt zu werden, sich Ausdruck zu verleihen und in der Welt etwas zu bewirken. Sie existieren und entwickeln sich im Kontext der Bedürfnisbefriedigung, sie sind ihr Leben lang in ständiger Entfaltung, Bewegung und Veränderung.

Diese Eckpunkte des Menschseins sind für das Empfinden, Denken und Handeln von Heilpädagogen ausschlaggebend. Wichtig ist zu wissen, dass das Menschenbild

3.1 Humanistische Perspektive auf die Heilpädagogik

in der Heilpädagogik alle Menschen umfasst – egal ob mit oder ohne Behinderung. Denn die Einzigartigkeit und Würde gilt für alle. Deutlich formuliert: Ein Mensch mit mehrfacher schwerer Behinderung ist genauso wie ein Mensch ohne Behinderung ein einzigartiges Individuum mit den gleichen elementaren Bedürfnissen und eigenen Potenzialen, obwohl sein Leben einem Außenstehenden vielleicht als sinnlos erscheinen mag. Folglich darf weder seine Existenz in Frage gestellt noch seine alltägliche (Er-)Lebensqualität beeinträchtigt oder seine Teilhabe am gesellschaftlichen Geschehen eingeschränkt werden.

Aus dieser Tatsache ergibt sich das Ziel der Heilpädagogik, die Schädigungen, Behinderungen, chronischen Krankheiten und den mit ihnen verbundenen Prozessen des Leids als einen Bestandteil der menschlichen Existenz zu akzeptieren und die Unterstützung betroffener Personen als Ausdruck der Mitmenschlichkeit und des Respekts vor ihrem Menschsein zu sehen. Der Aspekt des Behindertseins ist im Kontext des Menschseins irrelevant. Um die Behinderung geht es nur im Zusammenhang der mehr oder weniger umfänglichen Beeinträchtigungen in verschiedenen Bereichen des Lebensvollzuges. Das zentrale Anliegen heilpädagogischen Denkens und Handelns geht mit der Sinnfrage des heilpädagogischen Engagements einher. Folglich sind in der heilpädagogischen Praxis die Fragen der Machbarkeit, Effizienz und Rentabilität sekundär, weil im Vordergrund die Sinnfindung und Wertentscheidung stehen.

Die Ausrichtung der Heilpädagogik am Menschenbild der christlich-jüdischen Tradition und am humanistischen Gedankengut steht im krassen Widerspruch zum Menschenbild unserer heutigen nach Glück und Wachstum strebenden Produktions- und Konsumgesellschaft. Das heilpädagogisch relevante Menschenbild begründet zwangsläufig den Widerstand gegen alle Tendenzen in der Gesellschaft, Wissenschaft, Politik und Wirtschaft, die das Lebensrecht des ungeborenen behinderten Menschen aus eugenischen, ökonomischen Überlegungen bzw. auch aus falschverstandenem Mitleid in Frage stellen. Stattdessen tritt die Heilpädagogik dafür ein, dass jeder Mensch mit Behinderung sowie seine Familie ein Recht auf sinnerfülltes Leben haben und dass ein solches Leben auch gelebt werden kann. Das ist der Öffentlichkeit bewusst zu machen und in alltäglichem Tun vorzuleben.

Der heilpädagogische Einsatz im Sinne des o. g. Menschenbildes bedeutet vor allem, sich dem Schutz des Lebens und der Solidarität mit hilfsbedürftigen, schwachen und ausgegrenzten Menschen verpflichtet zu fühlen. Außerdem gilt es für die heilpädagogisch Tätigen, sich

- an den individuellen Fähigkeiten der Betroffenen zu orientieren, d. h. ihre Bedürfnisse wahrzunehmen und sich ihnen vorbehaltlos (ohne Ansehen der Person, Herkunft, sozialer Stellung, Religion oder Leistungsfähigkeit) zuzuwenden,
- zu bemühen, die ganz persönliche Eigenart der Betroffenen ernst zu nehmen, ihre Ausdrucksweise zu verstehen, ihnen Schutz und Geborgenheit zu bieten, ihre Lebenszufriedenheit zu fördern und sie bei der Findung eigener Wege zur Entfaltung von Potenzialen zu ermutigen,
- als Begleiter eines Wachstumsprozesses, einer Entwicklung, die aus dem Menschen selbst kommt, zu verstehen – ohne zu dominieren oder eigene Vorstellungen und Werte in den Entwicklungsprozess einzubringen,

- bei jedem Einzelnen unterstützend, fördernd und begleitend hinsichtlich der Persönlichkeitsbildung, des Erhaltens des Personseins, des Selbstwertgefühls und der Selbstbestimmung zu engagieren,
- auf die Findung von individuellen, sozialen und ökologischen Ressourcen zu konzentrieren und sie als Quelle akzeptabler Lösungen für den Einzelnen, für die Gemeinschaft und für die Gesellschaft zu nutzen,
- dafür einzusetzen, dass alle Betroffenen die Möglichkeit bekommen, ganz »normal« zu leben, zu handeln und am gesellschaftlichen Geschehen teil zu haben, d. h. genauso wie alle anderen Mitglieder der Gesellschaft.

Ethische Normen und Heilpädagogik

Ethik (griech. »ethos«: Gewohnheit, Herkommen, Sitte, Brauch) als Lehre von den moralischen und sittlichen Grundlagen des Verhaltens der Menschen in einer Gesellschaft bildet den Hintergrund für die gesellschaftlich festgeschriebenen sittlichen und moralischen Grundsätze, Normen und Werte. Sie beschäftigt sich also mit dem Handeln des Menschen, insbesondere im Hinblick auf seine wertorientierte Zielsetzung und Rechtfertigung. Demnach lässt sich wertgeleitetes Handeln auch als ein sittliches, moralisches Handeln betrachten.

Menschliches Handeln ist mannigfaltig bedingt – biologisch (Instinkt), historisch (geschichtliche Erfahrung), sozial (gesellschaftliche Verhältnisse) und kulturell-religiös (metaphysische Instanz). Ausschlaggebend sind jedoch die Vernunft und Freiheit des Menschen, die insbesondere beim Handeln eine intensive Reflexion und verantwortliche Orientierung erfordern. Deshalb sollen Entscheidungen über das Tun und Lassen nicht nur intuitiv getroffen werden, sondern bedürfen eines bestimmten Wissens und durchgehender Reflexion.

An dieser Stelle kann man sich fragen, was ausgerechnet Heilpädagogik mit Sittlichkeit und Moral zu tun hat. Denn – den Menschen mit Behinderung geht es in Deutschland gut. Sie sind versorgt, unzählige Fachleute kümmern sich um sie, ihr Anspruch auf Unterstützung ist gesetzlich geregelt, sie sind ein Bestandteil des sozialpolitischen Geschehens. Also was soll das Gerede um Handlungsethik? So ungefähr könnte die Meinung eines Menschen formuliert werden, der sich nur auf das Sichtbare und Hervorgehobene bezieht.

Nur unterliegt der Umgang mit anders seienden Personen immer auch Entwicklungstendenzen in der Gesellschaft, Politik und Wissenschaft, deren zukünftige Konsequenzen für die Betroffenen nicht auf den ersten Blick erkennbar sind. Von dieser Tatsache ausgehend versteht sich die Heilpädagogik nicht nur als eine »Wächterin« des Zeitgeistes hinsichtlich der bedrohlichen Phänomene und Entwicklungen, sondern sie muss auch nach einer Stabilität suchen, die es ihr ermöglicht, gegen diese Bedrohungen aufzutreten. Diese findet sie in der anthropologisch und ethisch verankerten Wertorientierung. Urs Haeberlin formuliert das radikal und zutreffend: »Heilpädagogik ist in ihrem ethischen Grundsatz zum wertorientierten Handeln herausgefordert, will sie sich nicht an der schon voraussehbaren Barbarei der Zukunft – gentechnologisch ermöglichte Züchtung Erwünschter und Eliminierung Unerwünschter – mitschuldig machen« (Haeberlin, 2000, 1).

Demnach sind die heilpädagogisch Tätigen zu Reflexion ihres Handelns und wertbezogenen Stellungnahmen herausgefordert. Sie müssen die Wert- und Zielfragen ihres Wirkens formulieren und beantworten. Wie wichtig das ist, lässt sich am Beispiel der Arbeit mit geistig schwerstbehinderten und mehrfach behinderten Personen verdeutlichen. Gerade im heilpädagogischen Tätigkeitsfeld können die Fachleute in Grenzsituationen geraten, die eine stabilisierende Verankerung erfordern. Die Konfrontation mit unabänderlicher und medizinisch nicht heilbarer Schädigung in der heutigen, von technologischem Machbarkeitsparadigma beherrschten Welt kann sie zur Resignation, Nihilismus und einem Gefühl der Sinnlosigkeit verleiten. Die am ethischen Wert der uneingeschränkten Würde jedes Menschen basierende heilpädagogische Einstellung bietet hier ein innerlich stabilisierendes Element, weil sie sinngebend wirkt und als Quelle der Zuversicht dient (vgl. Gröschke, 1997, 27). Durch diese Wertorientierung bekommen die heilpädagogisch Tätigen ein gesichertes anthropologisch-philosophisches Fundament für ihr berufliches Handeln.

In diesem Kontext verweist Haeberlin auch auf den dialogischen Aspekt heilpädagogischen Handelns im Sinne von Martin Buber. Die Annahme des Gegenübers, das Vertrauen in sein Potenzial und seine Fähigkeiten und die Echtheit im Moment des Kontaktes und der Kommunikation mit ihm sind als tätige Ausdrucksformen der o.g. ethischen Wertorientierung zu verstehen (vgl. Haeberlin, 1996, 37 ff.).

Ein Beispiel für eine ethische Grundlagendiskussion ist die Frage nach der Manipulation an Föten im Interesse der Genetik und Medizin oder die Tötung bei der Abtreibung. Eine Antwort wird im Zusammenhang mit der wissenschaftlichen Diskussion gesucht, was Leben ist und wann es beginnt (vgl. Microsoft, 2004). Die Ausführungen des australischen Philosophen Peter Singer werden vom Standpunkt einer wertorientierten Heilpädagogik prinzipiell abgelehnt. In seinem Werk »Praktische Ethik« formuliert er eine utilitaristische Ethik (sog. Präferenzutilitarismus), die besagt, dass nur die Menschen einen Anspruch auf Lebenserhaltung haben, die ein Minimum an Intelligenz, Explorationsdrang, Selbstbewusstsein, Zeitgefühl und Kommunikationsfähigkeit aufweisen (vgl. Singer, 1984). Damit ist die Entwertung und Entwürdigung von Menschen mit Behinderungen, die diese Kriterien nicht erfüllen, vorprogrammiert. Der Präferenzutilitarismus stellt cinc philosophische Strömung dar, die » ... an jenem Punkt angelangt, an dem sie tödlich wird« (Haeberlin, 1996, 30 f.).

Deshalb kann als Grundanliegen einer ethisch-anthropologischen, wertgeleiteten Heilpädagogik die »Parteinahme für die Würde behinderter Menschen« (Haeberlin, 1996, 28) betrachtet werden. Die Aufforderung zur mitmenschlichen Solidarität mit den Betroffenen gilt allerdings nicht nur für die Heilpädagogik, sondern auch für die Gesellschaft. Eine wichtige Bedingung für die Herausbildung einer solchen Solidarität ist ein für alle Menschen gültiges Menschenbild. Deshalb muss den behindertenspezifischen Menschenbildern eine deutliche Absage erteilt werden (vgl. Haeberlin, 1996, 68).

Zusammenfassend sollen nun aus den obigen Darstellungen die wichtigsten ethisch-anthropologischen Grundsätze des beruflichen Denkens und Handelns in der Heilpädagogik abgeleitet werden. Beispielhaft bündig hat der Berufsverband der

Heilpädagogen (BHP) e. V. vier Aspekte hervorgehoben, die hier durchaus als ein Fazit dieses Themas verwendet werden können.

Es ist unabdingbar, dass jeder heilpädagogisch Tätige sich in seinem Handeln von folgenden Überzeugungen leiten lässt. Diese sind allen methodischen, technischen, organisatorischen und strukturellen Gegebenheiten übergeordnet. Folglich müssen sie bei jeder Einflussnahme auf Personen, Zustände und Prozesse berücksichtigt werden. Nur dann steht das persönliche Handeln im Einklang mit dem Selbstverständnis der Heilpädagogik:

- Jeder Mensch hat eine unantastbare Würde sowie das Recht auf sein individuelles Leben und dessen Schutz.
- Jeder Mensch hat eine einzigartige Persönlichkeit und Recht auf die Entwicklung seiner Identität.
- Jeder Mensch ist erziehungs- und bildungsfähig und hat Anspruch auf die dafür notwendigen Hilfen.
- Jeder Mensch hat Recht auf die Teilhabe am Leben der Gesellschaft (vgl. BHP, 2005, 7).

In diesem Sinne gilt die Heilpädagogik sowohl in ihrer Theoriebildung als auch hinsichtlich des heilpädagogischen Handelns als grundlegend humanistisch ausgerichtet.

3.2 Konstruktivistische Perspektive auf die Heilpädagogik

In diesem Abschnitt werden zuerst die grundlegenden Elemente zum Konstruktivismus beschrieben. Im Anschluss hieran wird der Konstruktivismus als grundlegende Erkenntnistheorie für die Heilpädagogik differenziert und dargestellt. Besonders relevant erscheint uns in diesem Kontext die Darlegung der ethischen Basis des Konstruktivismus für die Heilpädagogik. Dieses Kapitel schließt ab mit der Skizzierung einer kritischen Sichtweise des Konstruktivismus bzw. offenen Fragen zu den konstruktivistischen Aspekten des heilpädagogischen Handelns.

3.2.1 Grundlegende Aussagen zum Konstruktivismus

Etymologisch betrachtet fließen in die Bezeichnung Konstruktivismus bzw. konstruktivistisch (u. a.) folgende Bedeutungen ein:

- Konstruktion: Entwurf, Plan; Denkgebäude, Vorstellungskomplex; etwas Erfundenes oder Ausgedachtes; weit geholter, wenig sinnvoller Zusammenhang;
- Konstrukt: Denkmodell, gedankliche Hilfskonstruktion;

- konstruieren: entwerfen, planen; sich etwas theoretisch überlegen, sich etwas ausdenken; mühsam künstliche und komplizierte Zusammenhänge herstellen (vgl. Microsoft, 2004).

Die Bezeichnung »Konstruktivismus« wird als Sammelbegriff für unterschiedliche erkenntnistheoretische Konzepte verwendet, die davon ausgehen, dass Menschen mit ihren Wahrnehmungen nicht einfach eine objektiv existierende Welt »abbilden« können, sondern sie erst subjektiv »konstruieren«.

Die Wahrnehmung spiegelt nicht einfach die äußere Welt, sondern stellt einen Prozess dar, in dem Informationen zu einer selbst erzeugten Erfahrungswirklichkeit des Beobachters verarbeitet werden. Konstruktivismus fragt, wie man Wissen über die Welt erlangt, und geht davon aus, dass es keine à priori gegebene Objektivität gibt – kein Mensch kann ausschließen, dass es neben seinem eigenen Erfahrungs- und Erkenntnisweg nicht noch andere Wege geben könnte. Nichtsdestotrotz wird der Begriff der Objektivität aus dem konstruktivistischen Vokabular nicht gänzlich gestrichen.

Obwohl unsere Wahrnehmung nur ein Konstrukt subjektiver Wirklichkeit herstellt, ist es erstaunlich, wie viele Gegenstände und Bilder mit denen anderer Menschen scheinbar übereinstimmen und von diesen auch so bestätigt werden. Demnach lassen sich der Austausch von Erfahrungen und die intersubjektive Wiederholung von Erlebnissen als Grundlage der Entstehung einer kommunikativ erarbeiteten »objektiven« Wirklichkeit betrachten. Folglich werden im Sinne des Konstruktivismus solche Meinungen und Vorstellungen als »objektiv« bezeichnet, die von möglichst vielen Subjekten bzw. lebenden Systemen geteilt werden.

Die heute diskutierten konstruktivistischen Positionen entstanden in den 60er und 70er Jahren des vergangenen Jahrhunderts, gehen philosophiegeschichtlich allerdings bis auf Vico und Kant zurück. Aus philosophischer Sicht ist der Konstruktivismus keine Lehre des Seins (also keine Ontologie), sondern eine Epistemologie, d. h. eine Form der Erkenntnistheorie, welche Möglichkeiten und Grenzen menschlicher Erkenntnisse und Reflexionsprozesse zu bestimmen versucht. Die erkenntnistheoretischen Fragen hierbei können auch als anthropologische und ethische Fragen bestimmt werden: »›Was können wir wissen?‹ ist nicht zu trennen von ›Wer sind wir?‹ und ›Wie sollen wir handeln?‹« (Siebert, 2005a, 7).

Die Vorläufer dieser Erfassung menschlicher Erkenntnis reichen weit zurück in die Philosophiegeschichte (vgl. ebd.): Bis hin zu den Skeptikern der griechischen Philosophie, welche starke Zweifel darüber hegten, ob die Welt wirklich erkannt werden kann sowie ob der Mensch jemals wissen kann, was wirklich ist, kann die Geschichte des Konstruktivismus zurückverfolgt werden. So waren z. B. Sokrates und Pyrrhon von Elis die ersten Philosophen, welche versucht haben, die Möglichkeit des Nichtwissens bzw. der skeptischen Wahrnehmung der Welt als Grundlagen ihrer Philosophie zu benennen.

Weitere Vertreter einer skeptischen Weltsicht fanden sich im Mittelalter, so z. B. Wilhelm von Ockham, welcher in seiner Philosophie die Gültigkeit allgemeiner Begriffe in Frage stellte. Er geht hierbei – schon sehr modern konstruktivistisch – davon aus, dass die menschliche, begriffliche und abstrakte Sprache keinesfalls die äußere Welt wahrheitsgemäß wiedergebe, vielmehr erschaffe sie eine eigene Welt.

Realität sei hierbei nicht abstrakt, sondern in hohem Maße konkret, die Welt bestehe nur aus den besonderen, aus denjenigen Dingen, die der Einzelne für sich erfassen kann (vgl. ebd., 9). Einen ähnlichen erkenntnistheoretischen Weg wählte Georg Berkeley, der begründete, dass nur das für den Menschen existiert, was er wahrnimmt, d. h. was in sein Erkenntnissystem hineinpasst und folglich diesem passend erscheint. Er geht davon aus, dass es keine logischen Beweise dafür gibt, dass die materialistische Position, also die Position, dass es eine Welt außerhalb unseres Bewusstseins gäbe, logisch beweisbar ist. Nach ihm ist »alles Sein [...] Bewusstsein, unser Bewusstsein erzeugt nichts als Vorstellungen. Es sind keine Erkenntnisgegenstände ohne das erkennende Subjekt denkbar. Unsere Wirklichkeit ist beobachtungsabhängig« (ebd., 9). Auch dies ist eine Aussage, welche in hohem Maße mit denjenigen moderner Konstruktivisten deckungsgleich erscheint (s. u.).

Zwei eminent wichtige Philosophen des 18. Jahrhunderts haben sich ebenfalls mit den Erkenntnissen des Menschen bzw. mit der Unmöglichkeit, menschliches Erkennen vom Menschen zu trennen, auseinandergesetzt: Immanuel Kant und Arthur Schopenhauer. Nach Kant ergibt sich die Erkenntnis des Menschen aus der Art und Weise seiner Sinneseindrücke bzw. aus der Möglichkeit seines Erkenntnisvermögens. Das Erste bezeichnete er als »Stoff«, das Zweite als »Form«. Beide Anschauungsformen, wie z. B. Raum und Zeit, existieren ohne jegliche Vorerfahrung. Somit ist nur im Rahmen dieser realisierbaren Anschauungsformen Denken und Erkennen überhaupt möglich. Seiner Meinung nach ist Erkennen nur denk- und realisierbar auf dem Hintergrund der Erfahrungen der Menschen, welche das, was ist, in diesen Dingen wiederfinden. Der Erkenntnis- und Wahrnehmungsprozess des Menschen erscheint nicht als fotografischer Abbildungsprozess einer Welt des Äußeren. Vielmehr handelt es sich um subjektive und individuelle Erzeugungen eigener Wirklichkeiten. Auch Arthur Schopenhauer erläutert in seinem wichtigsten Werk »Die Welt als Wille und Vorstellung« die Grundlegung, dass die gegebene Welt eine konstruierte Welt, eine Welt des jeweils individuellen menschlichen Bewusstseins sei. Hierbei bekommt die Vernunft einen relativ zweifelhaften Stellenwert: Die Vorstellungen zur Welt werden vom Willen des Menschen gesteuert, und zwar relativ unabhängig von seinen Vernunftsprozessen (vgl. ebd., 11).

Ein weiterer wichtiger Vertreter des Konstruktivismus war Jean Piaget, welcher aus dem Blickwinkel der Entwicklungspsychologie seine Form der Erkenntnistheorie formuliert hat. In der Tradition Immanuel Kants stehend, bezeichnete er seine Form der Erkenntnistheorie in der Tat als »Konstruktivismus«: »Wie Kant transzendiert er den Gegensatz von Realismus und Idealismus. Betonte Kant, dass wir die Natur nur im Rahmen unserer Anschauungsformen und Kategorien erkennen, so ist Piaget ähnlich überzeugt, dass unsere kognitiven Strukturen und unsere Schemata (z. B. bestimmte Muster der Wahrnehmung und des Denkens) unsere Erkenntnis beeinflussen. Im Unterschied zu Kant ist Piaget jedoch der Auffassung, dass diese Begriffe des Erkennens nicht a priori, d. h. unabhängig von menschlicher Erfahrung, entstanden sind« (ebd., 13). Piaget geht also schon von einer Passung subjektiver Erkenntnis mit (scheinbar) äußerer Wirklichkeit aus.

Weiterhin steht im Mittelpunkt seiner Erkenntnistheorie die Art und Weise, wie Erkenntnis entsteht. Piaget geht davon aus, dass jede kognitive Struktur eines Wahrnehmungs- und Erkenntnisprozesses eine eigenständige biographische Entstehungsgeschichte hat. Menschen konstruieren, bewerten und beobachten im Laufe ihres Lebens ihre Geschichte immer wieder neu. Dieses wird von ihm als »genetischer Relativismus« bezeichnet: Es gibt keine endgültigen Wirklichkeiten und Wahrheiten, die unabhängig von dem biographischen Entwicklungsstand sind. »Erkenntnis ereignet sich in der Wechselwirkung von Subjekt und Objekt, so dass von einem ›hermeneutischen Zirkel‹ gesprochen werden kann. Jede Aussage über die Realität ist von unseren Vorkenntnissen und von früheren Erfahrungen abhängig« (ebd., 14).

Weitere Philosophen, die sich mit grundlegenden Erkenntnissen des Konstruktivismus beschäftigt haben, waren K.R. Popper, welcher die Relativität wissenschaftlicher Erkenntnisse (also die Abhängigkeit dieser Erkenntnisse von Forschungsinstrumentarien und -methoden) erarbeitet hat, sowie Wolfgang Welsch, welcher im Rahmen eines Diskurses zur »Vernunft« eine sog. transversale Vernunft entwickelt hat, welche in ihrer Pluralität keine Ordnung des Ganzen mehr leistet, sondern anerkennt, dass es im Rahmen menschlicher Wirklichkeiten eben genau diese, nämlich Wirklichkeiten und Perspektiven unterschiedlichster Couleur, gibt.

Im Kontext dieser z. T. unterschiedlichen Begründungen der konstruktivistischen Sichtweise haben sich im Laufe der letzten 100 Jahre sehr differenzierte und differenzierende Formen konstruktivistischer Erkenntnisse entwickelt (auf diese kann in diesem Kontext aber nicht weiter eingegangen werden). Konstruktivismus wird in diversen Forschungsbereichen als relevant erachtet, so z. B. in der Wissenschaftstheorie (u. a. bei Mittelstraß), in der Gehirnforschung (bei Roth und Singer), in der Emotionsforschung (nach Ciompi), in der Sprachwissenschaft (bei Wygotski), in der Philosophie und in der Pädagogik. Grundlegende Autoren in diesem Kontext sind u. a. die Neurobiologen Maturana und Varela, die Kognitionsforscher von Glasersfeld und Mandl, die Soziologen Luckmann und Searle, die Psychologen Stierlin und Simon und der Sozialpsychologe Gergen. Ein wichtiger Vertreter in diesem Kontext ist auch der deutsche Soziologe Niklas Luhmann. Er hat für den Bereich der Erkenntnis der Gesellschaft eine systemtheoretische Vorgehensweise entwickelt, die stark mit konstruktivistischen Anteilen durchsetzt ist.

Was sind nun aber die eigentlichen Grundaussagen des Konstruktivismus?

- Der Konstruktivismus geht von folgender Tatsache aus: Die gegenwärtigen Kulturen und Gesellschaften weisen solch unstrukturierte und komplexe Formen auf, dass es in ihnen kaum Gewissheiten zu geben scheint (wie dieses in der sog. Postmoderne z. Z. der Fall ist). Folglich berücksichtigt er in seiner Erkenntnis über den Menschen auch das Nichtwissen, die Skepsis und die Möglichkeit des Scheiterns bzw. sogar seine logische Notwendigkeit. Ohne hier auf die unterschiedlichen Schulen und Ausprägungen des Konstruktivismus konkreter eingehen zu können (vgl. hierzu ausführlich: Siebert, 2005b, 11 ff.), kann er mit folgender Grundaussage charakterisiert werden:
- »Die Kernthese des Konstruktivismus lautet: Menschen sind autopoietische, selbstreferenzielle, operational geschlossene Systeme. Die äußere Realität ist so sensorisch und kognitiv unzugänglich. Wir sind mit der Umwelt lediglich strukturell gekoppelt, d. h. wir wandeln Impulse von Außen in unserem Lernsystem ›strukturdeterminiert‹, d. h. auf der Grundlage biographisch geprägter psycho-physischer, kognitiver und emotionaler Strukturen, um. Die so erzeugte

Wirklichkeit ist keine Repräsentation, keine Abbildung der Außenwelt, sondern eine funktionale, viable Konstruktion, die von anderen Menschen geteilt wird, und die sich biographisch und gattungsgeschichtlich als lebensdienlich erwiesen hat. Menschen als selbstgesteuerte ›Systeme‹ können von der Umwelt nicht determiniert, sondern allenfalls pertubiert, d. h. ›gestört‹, und angeregt werden« (Siebert, 2005b, 11).

Wie durch diese umfassende Definition deutlich geworden ist, kann der Konstruktivismus nicht als eine von anderen Erkenntnisansätzen streng getrennte Wissenschaftsdisziplin bezeichnet werden. Vielmehr ist er als eine Leitidee zu verstehen, welche inter- und transdisziplinär versucht, sich von allgemeingültigen Wahrheitsansprüchen zu distanzieren. »Wirklichkeit ist beobachterabhängig – dies ist der kleinste gemeinsame Nenner dieser Diskussion« (ebd., 11). Auf diesem Hintergrund verbindet der Konstruktivismus sowohl natur- als auch sozialwissenschaftliche Erkenntnisse, für ihn waren (wie dieses schon in der kurzen Beschreibung der Geschichte des Konstruktivismus deutlich geworden sein sollte) diese Unterscheidungen immer von Menschen gemacht – die Grenzen werden nun fließend. Die aktuellen Vertreter des Konstruktivismus sind also nicht eindeutig einer bestimmten Forschungsrichtung zuzuordnen – z. B. sind die Biologen Maturana und Varela gleichzeitig auch Philosophen, Heinz von Foerster ist sowohl Philosoph wie auch Mathematiker und Psychologe (vgl. Kersting, 1997, 57 ff.).

3.2.2 Konstruktivismus als Erkenntnistheorie für die Heilpädagogik

Der Konstruktivismus stellt nicht nur einen Erkenntnisansatz dar, er ist zugleich auch (in vorsichtiger Art und Weise formuliert) eine Handlungstheorie. Dies ist auf die Tatsache zurückzuführen, dass Erkennen und Handeln immer miteinander verbunden und untrennbar aufeinander bezogen sind. Die Erkenntnis ist grundlegende Voraussetzung für den Handlungsprozess, Erkennen stellt sogar eine Form des Handelns dar, diese wirkt wiederum sofort auf die Erkenntnisprozesse zurück. Eine Trennung von Emotionen und Kognitionen ist in diesem Kontext gar nicht möglich – sie stellt eine Grundlegung der conditio humana auf dem Hintergrund der Erkenntnistheorie des Konstruktivismus dar. Für Humberto Maturana (einer der Begründer der biologischen Sichtweise des Konstruktivismus) stellt z. B. das Beobachten eine soziale Handlung dar. Er spricht von einem »doppelten Blick« der Erkenntnistheorie: »Einerseits der psychische Aspekt menschlichen Erkennens, anderseits der Aspekt des sozialen Verhaltens« (Siebert, 2005b, 21). Diese Erkenntnis weist eine deutliche Relevanz für die Didaktik und Methodik der Heilpädagogik auf: Das heilpädagogische Handeln ist weder ohne das handelnde Subjekt noch ohne das Subjekt des Gegenübers (an und mit welchem gehandelt wird) dar- und vorstellbar. Beide Individuen bewegen sich in einem fortschreitenden Zirkel eines wechselseitigen Erkenntnisprozesses zwischen Handeln und Erkennen und Erkennen und Handeln aufeinander zu. Hierdurch entsteht eine (wie auch immer gestaltete) Identität der Handlungspartner.

3.2 Konstruktivistische Perspektive auf die Heilpädagogik

Der Konstruktivismus geht davon aus, dass die Handlungen der beteiligten Personen auf dem Hintergrund eines ganz bestimmten Sinns erfolgen: Der Mensch ist individuell und subjektiv davon überzeugt, dass das, was er tut, für ihn (und vielleicht auch für andere) sinnvoll und sinnhaft gestaltbar ist. Zudem wird diese Art des Sinns von gesellschaftlichen und historischen Bedingungen und Bedingtheiten umfasst und eingegrenzt (vgl. so z. B. die Überlegungen von Berger und Luckmann sowie von Kenneth Gergen; vgl. Siebert, 2005b, 22 f.). Von den Aussagen von Emil E. Kobi ausgehend (vgl. Kobi, 2004) kann die Sinnfrage im Kontext heilpädagogischer Handlungen als eine zentrale Kategorie der heilpädagogischen Denk- und Handlungsweise betrachtet werden. Für den Konstruktivisten Siegfried Schmidt stellt dieser Sinn sogar eine »konstruktivistische Schlüsselkategorie« (Siebert, 2005b, 23) dar. Er geht davon aus, dass jede Konstruktion von Wirklichkeit auf der grundlegenden Basis der individuellen und kulturellen Sinngebung basiere.

Diese abgemilderte Form eines sozialen interaktionistischen Konstruktivismus ist in hohem Maße für die Didaktik und Methodik der Heilpädagogik relevant und erhält einen noch höheren Stellenwert, wenn sie mit humanistischen Annahmen und Vollzügen gekoppelt wird. Diese Kombination würde sicherlich zu einer Überwindung der (leider immer noch obligatorischen) Trennung zwischen humanistischen und entwicklungspsychologischen Grundlagen beitragen.

Jede Konstruktion der Wirklichkeit wird immer im kommunikativen Prozess zwischen Einzelnen, Gruppen und auch in der Gesellschaft mittels Kommunikation ausgehandelt/erarbeitet. Demnach stellt die Kommunikation einen grundlegenden Begriff konstruktivistischer Theorie dar. Für Niklas Luhmann ist Gesellschaft in Reinform Kommunikation, »obwohl Menschen als autopoietische Systeme sich nur bedingt verstehen und verständigen können, so dass Missverstehen der Normalfall ist« (ebd., 24). Kommunikation ist die »conditio sine qua non« für die Koordination sozialer Handlungen. Sie basiert auf Sprache, gleichwohl im heilpädagogischen Kontext damit sowohl Verbalsprache als auch Körpersprache gemeint sind. All das, was Sprache und Sprechen ausmacht, ist kulturell vorgegeben und ausgezeugt. Deshalb finden sich in den jeweiligen Kommunikationsprozessen unterschiedliche Konstrukte eben dieser Kultur wieder. Kommunikation unterschiedlichster Menschen ist also immer (unabhängig von Behinderung oder Nichtbehinderung) auf den Prozess wechselseitiger Verständigung, ja wechselseitigen Verständnisses sowie die Annahme, dass jede Kommunikation scheitern kann, angewiesen.

In diesem Kontext ist der Begriff einer »Viabilität« (Passung) von Bedeutung. Er bezieht sich auf Handlungen, die im Kontext einer bestimmten Gesellschaftsstruktur und im Rahmen eines individuellen Handelns funktionell nützlich sind. Dabei gilt: Es muss nicht immer zu einer Passung zwischen gesellschaftlicher Nützlichkeit und persönlicher Nützlichkeit kommen. Nur so viel: Das, was im Rahmen kommunikativer Strukturen geschieht, geschieht immer dann sinnvoll, wenn es zu einer Passung dieser unterschiedlichen Kommunikationsmöglichkeiten kommt. Auch dies ist ein wichtiger Hinweis sowohl für die theoretische Ausrichtung der Didaktik und Methodik als auch für heilpädagogisches Handeln.

Die Sichtweise des Konstruktivismus erfährt eine interessante Erweiterung bzw. Ergänzung durch den Ansatz des Dekonstruktivismus (vgl. ebd., 26 ff.): Diese philosophische Richtung bezieht sich auf den französischen Philosophen Jacques Derrida. Sie geht davon aus, dass eine Dekonstruktion allgemein verbindlicher Sätze unabdingbar ist für die neue Konstruktion der Wirklichkeit: Das, was einmal geschrieben und gesagt wurde, muss dekonstruiert werden, indem es in jeweils unterschiedlichen Kontexten und Konstellationen neu interpretiert wird (vgl. ebd., 269). Um eine neue Wirklichkeit konstruieren zu können (wenn es denn diese überhaupt gibt), müssen also die bereits vorhandenen Erkenntnis- und Deutungsmuster von Welt und Wirklichkeit erst dekonstruiert werden.

Diese Sichtweise spielt im Kontext einer heilpädagogischen Didaktik und Methodik insbesondere dann eine wichtige Rolle, wenn es darum geht, neue Elemente zu erlernen, neue Methoden zu realisieren und neue Kontexte für ein gemeinsames Leben und Handeln zu erschließen. Mit Siebert (ebd., 27) ist davon auszugehen, dass die Konstruktionsprozesse vor allem dann stattfinden, wenn neue soziale oder berufliche Kontexte realisiert werden müssen, d. h. wenn z. B. lieb gewonnene Erfahrungsmuster als nicht mehr passend gelten, da eine neue Beziehung, ein Berufswechsel oder die Auseinandersetzung mit einer Krisen- und Konfliktsituation dazu herausfordern.

Gerade kritische Lebensereignisse wie Krankheiten, Behinderungen usw. erfordern es, dass Menschen sich auf neue »Bedeutungen« einlassen müssen. Hierbei ist vor allem die emotionale und soziale Eingebundenheit relevant, weil sie die Chancen für De- und Rekonstruktionsprozesse in hohem Maße erhöht. In diesem Kontext lässt sich sagen, dass auch die Identität eines Menschen immer wieder neu konstruiert, d. h. de- und rekonstruiert werden muss. Emotionale, kognitive und soziale Gegebenheiten dienen u. a. auch dazu, dass der Mensch für sich selbst immer wieder anschlussfähig bleibt bzw. wird. Demnach müsste ein von dieser Annahme ausgehendes heilpädagogisches Handeln immer wieder emotionale, kognitive und soziale Prozesse – in transparenten und nachvollziehbaren Verläufen – aufeinander beziehen und entwickeln.

Dieses Modell zeigt nicht nur Relevanzen, sondern regt auch kritische Fragen an: Wie sind die als subjektiv geltenden Konstrukte einer Person vom jeweils individuellen Bezugspartner subjektiv zu entschlüsseln und mit zu konstruieren? Nimmt dieser wirklich das wahr, was die Person mit ihrer Handlung offenbaren will? Dieser erkenntnistheoretische gordische Knoten wird sich vermutlich nicht wirklich auflösen lassen. Trotzdem bleibt als ein wichtiges Charakteristikum des heilpädagogischen Handelns die konstruktivistisch zu verstehende Vernetzung von Selbst und anderen, von Selbst in gesellschaftlichen Kontexten, von Selbst und anderen in gesellschaftlichen Kontexten bestehen.

Konstruktivistisches Denken stellt auch ein »systemtheoretisches Erklären« dar (Simon, 2006, 12). Denken, Erklären und Handeln gehen ineinander über und sind miteinander verschränkt. Für die konstruktivistische Ausrichtung der Didaktik und Methodik der Heilpädagogik (die als ein theoretischer Hintergrund des heilpädagogischen Tuns zu betrachten ist) erscheinen diese Vernetzungen zwischen Kognitionen, Emotionen und Handlungen als notwendig: Das, was getan werden muss, wird nicht nur deshalb getan, weil es eine Person will, sondern weil das immer nur in der Form von Kommunikations- und Handlungsprozessen zwischen zwei Personen passieren kann, die immer in einem historisch-gesellschaftlichen Kontext eingebunden sind, über Gefühle und Emotionen verfügen, sich austauschen und gemeinsam Handlungen entwickeln. Diese Handlungen erzeugen für beide Personen einen Sinn, der allerdings relativ zu verstehen ist. Es muss nicht immer von außen erkennbar sein, dass das, was getan wird, sinnvoll ist. Vielmehr sind diese Prozesse auf dem Hintergrund einer Sinnhaftigkeit der individuellen Vollzugs-, Kommunikations- und Handlungspartner zu verstehen und zu deuten.

Folglich ist ein Sinn nicht unbedingt dann ein Sinn, wenn er sich erschließt, sondern vielleicht eher dann ein Sinn, wenn er – sogar selbst für die Handelnden – verborgen bleibt. Diese Tatsache begründet die didaktisch-methodische Absage an lineare und kausale Erklärungsmuster des heilpädagogischen Handelns. Der konstruktivistische Blickwinkel hebt vielmehr die zirkulären Erklärungen der Handlungen hervor. Auch dürfte klar sein, dass nicht Objekte an- und miteinander handeln, sondern dass die Relationen und Beziehungen zwischen den Personen in den Kontext der Erklärungen und des Handelns treten (vgl. Simon, 2006, 13).

Soziale Handlungen in der Heilpädagogik sind immer auch »konstruierte Wirklichkeiten« (Gergen, 2002). Alle Handlungen und Vollzüge sind sozial eingebunden und primär von der Geschichte der je aktuellen Befindlichkeit der Partner abhängig. Ungeachtet der Unterscheidungen zwischen radikalem Konstruktivismus und sozialem Konstruktionismus kann hier zusammenfassend festgehalten werden, dass die konstruktivistische Sichtweise sich in folgender Grundannahme offenbart (Lindemann und Vossler, 1999, 14 f.): Die Beobachtung des Menschen liefert ihm keinen deutlichen und direkten Zugang zur Realität und deswegen ist eine Aussage über diese Realität relativ unmöglich.

- Alle Beobachtungen werden von einem Menschen durchgeführt, der wiederum sich selbst in diese Beobachtungsprozesse einbringt. Alles Wissen und alles Tun sind subjektiv bestimmt und nicht von dieser Subjektivität loslösbar.
- Wahrnehmungs- und Erkenntnisprozesse sind Konstruktionsleistungen eines immer wieder aktiv seienden Subjektes. Das Subjekt handelt deshalb, weil ihm das Handeln in der Sache als sinnvoll erscheint bzw. weil es von diesen Handlungen mit Sinn erfüllt wird. Der Mensch konstruiert auf diesem Hintergrund das, was er erlebt, erfährt, ja sogar das, was er im Letzten ist.
- Die Prozesse der Wissenserzeugung sollen nicht die Realität abbilden, sie sind vielmehr dafür nutzbar, offene Wege zu subjektiv sinnvollem Handeln zu schaffen. Was hierbei als effektiv und sinnvoll erscheint, wird nur durch den einzelnen Handelnden bestimmt.
- Da alle Handlungen subjektiv gedeutet sind, führen auch viele Wege nach Rom: Die Unterschiedlichkeit und Widersprüchlichkeit des Handelns in der Verfolgung eines bestimmten Ziels ist also als Normalfall und nicht als Ausnahme zu betrachten.
- Jedes konstruierende Subjekt hat eine unlösbare Verantwortung für seine Konstruktionen und Handlungen. Das, was ist, entsteht nicht durch die Verpflichtung von außen, sondern durch eine innere Motivation, durch die Wahrnehmung des Individuellen von innen.

Der Konstruktivismus als Erkenntnistheorie teilt sich auf in radikal-konstruktivistische, sozial-konstruktivistische, konstruktionistische und systemtheoretische sowie weitere vielfältige, höchst unterschiedliche Ausprägungen. In dieser Hinsicht bleibt er seinen Grundaussagen treu, was seinen Stellenwert steigert und ihn sympathisch macht: Die eigene Sichtweise selbst immer wieder neu zu hinterfragen, verlangt nach Mut und Offenheit, genauso, wie der Frage nicht auszuweichen, ob die Konstruktionsprozesse im Hinblick auf die Erklärung der Wirklichkeit als passend bezeichnet werden können. Also gilt auch für die Erkenntnistheorie des Konstruktivismus: »Ohne den Beobachter gibt es nichts – alles Gesagte ist gesagt« (Maturana und Pörksen, 2002, 24).

Die Heilpädagogik kann die Erkenntnisse des Konstruktivismus gut integrieren. Diese Tatsache lässt sich mit folgenden Gegebenheiten der heilpädagogischen Theorie und Praxis begründen:

1. Die Heilpädagogik als Wissenschaft und Handlungstheorie befindet sich in einer gesellschaftlichen Zone der Unsicherheit. Das, was Heiko Kleve für die Soziale Arbeit beschrieben hat, kann auch für die Heilpädagogik angenommen werden: Alle Menschen können zu Klienten, besser: Nutzern der Heilpädagogik werden. Dies kann deshalb so formuliert werden, weil Heilpädagogik den Menschen bei Sinnkrisen und individuellen Problemen begleitet und hierfür auch mit entsprechenden didaktisch-methodischen Maßnahmen ausgestattet ist. Die gesellschaftliche Zone der Unsicherheit geht einher vor allem mit der Tatsache, dass »die Pluralisierung der Lebenswelten sowie die funktionale Ausdifferenzierung der Gesellschaft […] zu der Zunahme von sozialer Komplexität (im Sinne einer Vielheit von Sprachen, Modellen, Systemlogik, Verfahrensweisen, Denk- und Lebensformen, Handlungs- und Wissenskonzepten […]) führt, die sich z. B. in der Gestaltung immer unterschiedlicherer individueller Wirklichkeiten mit den dazugehörigen Normen und Orientierungen offenbart« (Kleve, 1996, 22). Was bedeuten unterschiedliche individuelle Wirklichkeiten konkret?

Erstens wird die Norm als Reflexionsmedium jedweder Tätigkeit im Sozial- und Gesundheitswesen zusehends unscharf. »Was heute als individuelle oder soziale Orientierung normal ist, kann schon morgen wieder obsolet sein« (Kleve, 1996, 23). Im postmodernen Kontext unterschiedlicher Spiegelungen und Spiegelbilder, welche häufig auch Zerrspiegel zu sein scheinen, scheint es so etwas wie eine durchgängige Normalität nicht mehr zu geben. Dies erfordert von der Heilpädagogik eine plurale Wirkung, statt Fokussierung nur einer einzelnen Sichtweise. Heilpädagogik stellt sich somit als »Heilpädagogik im Epochenumbruch« (Speck, 2003, 32) dar. Ein Umbruch, welcher in hohem Maße das Selbstverständnis der Heilpädagogik bedingt bzw. sogar in Frage stellt. Die Sinn- und Handlungssysteme einer Gesellschaft werden für alle Gesellschaftsmitglieder fraglich und fragil, der Einzelne kann sich nicht mehr auf sie verlassen. Dies stellt die sie umgebenden, doch eigentlich Halt gebenden Strukturen in hohem Maße in Frage, sie werden brüchig und machen gegebenenfalls haltlos. Das, was ist, ist möglich, aber nicht mehr unbedingt notwendig.

An dieser Stelle ist nicht von einem kulturpessimistischen Verfall von Religion, Sitten und familiären Sinnsystemen zu reden, vielmehr handelt es sich um eine recht objektive Darstellung der Tatsache, dass Leben immer »anders sein« bedeutet, und dass der Mensch sich diesem Anderssein (z. T. hilflos) ausgeliefert fühlt. Was ist, wandelt sich, und der Mensch ist gezwungen, mitzuwandeln und sich mitzuverwandeln, wenn er nicht einer gesellschaftlichen und individuellen Sinnlosigkeit anheimfallen will. Hierauf muss und kann die Heilpädagogik reagieren.

2. Darüber hinaus verstärkt sich in der Gesellschaft eine Tendenz zur sog. funktionalen Ausdifferenzierung. Dies bedeutet Pluralisierung – die Gesellschaft gliedert sich zunehmend »in unterschiedliche Teilsysteme, die jeweils eigenständige gesamtgesellschaftliche Funktionen ausführen (z. B. Wirtschaft, Wissenschaft, Religion, Politik, Intimität usw.). Die Gesellschaft wird als Sozialsystem aufgefasst, welches die verschiedenartigen Funktionen der Teilsysteme innerhalb eines umfassenden Kommunikationszusammenhangs erschließt (Kleve, 1996, 24 f.).

Heilpädagogik wirkt nicht nur in dieser funktional differenzierten Gesellschaft. Sie ist auch ein Bestandteil von ihren unterschiedlichen Teilsystemen (sie kann als zugehörig zum System der Erziehung eingeordnet werden), die sich zwar selbst als in sich abgegrenzt betrachten, aber dennoch kommunikativ aufeinander bezogen sind. Diese Funktionssysteme agieren auf den Grundlagen eines sog. binären Codes: So geht es in der Wirtschaft z. B. darum, ob man Kaufkraft besitzt oder nicht, in der Wissenschaft geht es um Erkenntnis, d. h. um Wahrheit oder Unwahrheit, in der Religion um Glaube oder Nichtglaube, in der Politik um die Realisation von Macht bzw. Ohnmacht usw. (vgl. Kleve, 1996, 25; Kleve, 2005, 79 f.).

Folglich müsste auch die Heilpädagogik am gesellschaftlichen Geschehen mit einem binären Code teilnehmen. Die Frage ist nur, mit welchem? Realisiert sie sich z. B. in der Umsetzung von »Hilfe vs. Nicht-Hilfe« oder indem sie Menschen vom Blickwinkel des Kriteriums »Klient vs. Nicht-Klient« betrachtet? (vgl. Kleve, 2005, 80 f.). Eines steht fest: Die Heilpädagogik operiert an der Schnittstelle zwischen Gesellschaft und Individuum. Diese Schnittstelle stellt möglicherweise sogar den grundlegenden Kommunikationszusammenhang bzw. den binären Code, mit welchem Heilpädagogik immer wieder ihre Sisyphos-Aufgabe vollzieht, dar (vgl. Greving/Gröschke, 2002).

Eine Didaktik und Methodik der Heilpädagogik hätte sich diesen Fragen zu stellen, zumal sie sehr relevant sind, wenn es darum geht, an die zukunftsträchtigen Themen Inklusion und Exklusion heranzugehen. Wenn man diese gesellschaftlichen Phänomene systemtheoretisch deutet, wird klar, dass sie mit Kommunikationsmöglichkeiten unterschiedlicher Systeme zu tun haben. So stellen sich dann sehr deutlich einige Fragen: Ist Heilpädagogik ein eigenständiges Kommunikationssystem, ist sie bzw. soll sie dazu in der Lage sein, Kommunikationszusammenhänge herzustellen, um inklusive Tendenzen zu realisieren?

3. Neben der Pluralisierung von Welt und Gesellschaft erscheint ein weiteres Thema aus konstruktivistischer Sicht von Bedeutung zu sein: Das, was die Gesellschaft als soziale Probleme definiert, entsteht exakt in dieser Gesellschaft. Die Probleme werden in der Gesellschaft in sog. »kommunikativen Definitions- oder Bedeutungsprozessen« aufgezeigt (Kleve, 1996, 37). Auf diesem Hintergrund entstehen Organisationen (u. a. der Heilpädagogik), welche sich mit den Problemen befassen. Sie verbalisieren die Probleme und arbeiten mit betroffenen Menschen, d. h. mit denjenigen, die z. B. aus rechtlichen, intellektuellen oder sonstigen psycho-

sozialen Gründen aus dem Funktionssystem der Gesellschaft herausgefallen sind (vgl. Kleve, 1996, 37; Kleve, 2005, 77 ff.). Dieser Vorgang ist in dem Sinne zwiespältig, dass die Heilpädagogik einerseits selbst die Nutzer und ihre Probleme definiert und andererseits »davon lebt«, dass sie eben diese Probleme vorgibt zu lösen.

Die Sichtweise von Problemlagen wie auch die Formen der Kommunikation bzw. der Nicht-Kommunikation werden i. d. R. häufig von den in diesem Prozess vermeintlich stärkeren Kommunikationspartnern definiert – und diese sind nur sehr selten die Menschen mit Behinderung, psychischen Erkrankungen oder anderen beeinträchtigten Lebenslagen. Die Definitionsmacht der Heilpädagogik schafft somit (wenn dies unreflektiert geschieht) eigenständige Problematisierungs- und Kommunikationszusammenhänge, welche dann oft dafür sorgen, dass der Ausgeschlossene eine andere Form von Exklusion über sich ergehen lassen muss – wo doch vornehmlich Inklusion stattfinden sollte (vgl. hierzu weiterführend Merten, 2005, 39 ff.).

Diese kurze systemtheoretische Erörterung gesellschaftlicher Tendenzen und ihrer Relevanz für die Heilpädagogik fordert natürlich auch von professionell tätigen Heilpädagogen eine intensive Auseinandersetzung mit ihrer professionellen Identität. In Anlehnung an Harmsen (2004, 204 ff.) werden hier folgende Elemente einer solchen Überprüfung des eigenen Selbstverständnisses kurz erörtert:

- Subjektive Konstruktionsleistungen der Heilpädagogen: Auf dem Hintergrund eigener biographischer Erfahrungen gilt es, die eigene Konstruktion bzw. die eigenen Konstruktionsleistungen nachzuvollziehen und zu eruieren. Das, was geschieht, ereignet sich vor allem im Kontext der eigenen Geschichte. Sie und auch der aktuelle und sich permanent im Berufsvollzug aktualisierende Zustand basieren auf grundlegenden Orientierungen und Wertvorstellungen. Diese sind ebenfalls im Vollzug des individuellen, gesellschaftlichen und institutionellen Geworden-Seins zu betrachten und zu reflektieren. Hieraus formuliert der Heilpädagoge seine Arbeitsrolle, definiert Arbeitsbeziehungen und versucht viable Anpassungsprozesse, damit es zu einer wechselseitigen Zufriedenheit und zu einem subjektiv sinnvollen Umgang mit Aufgaben, Belastungen, Krisensituationen usw. kommt. Diese – durch bewusste Überprüfung eigener Konstruktionsleistungen erfassbare – Subjektivität lässt sich »als Grundlage professioneller Identität« betrachten (Harmsen, 2004, 225). Dass diese unbedingt auch noch von plausiblen und transparenten Kriterien eines wissenschaftstheoretisch umfassten Berufs untermauert und begleitet werden muss, ist selbstverständlich.
- Sog. »flexible Professionalität« (Harmsen, 2004, 302): Die Heilpädagogik agiert immer wieder in relativ uneindeutigen Situationen bzw. an der Grenze unterschiedlicher Lebens- und Handlungsvollzüge. Dies erfordert von den Heilpädagogen ein hohes Maß an Flexibilität und folglich auch Reflexivität. Die Konstruktion einer professionellen Identität in der Heilpädagogik ist abhängig von vielfältigen Gesichtspunkten, wie z. B. den politischen und kulturellen Einflüssen und Rahmenbedingungen, den Anforderungen, den jeweiligen heilpädagogischen Organisationen sowie den Anfragen durch die sog. Klienten und Nutzer.

3.2 Konstruktivistische Perspektive auf die Heilpädagogik

Demnach ergibt sich die berufliche Identität von heilpädagogisch Tätigen im Kontext eines beruflichen (und vielfach auch privaten) Prozesses, in welchem die fortwährenden Veränderungen permanent wahrgenommen, reflektiert, kognitiv eingeordnet und praxisbezogen umgesetzt werden müssen. Dies vollzieht sich allerdings – konstruktivistisch gesehen – nicht im stillen Kämmerlein und unabhängig von der Welt. Vielmehr ist die professionelle Identität von Heilpädagogen in ganz bestimmten ethischen Leitvorstellungen verankert.

- Die ethische Grundlegung, aber auch die Realisation eines ethischen Vollzuges aus konstruktivistischer Perspektive, vollzieht sich hierbei im Dialog zwischen professionell Tätigen und den jeweiligen Bezugspartnern: Es handelt sich hierbei um eine dialogisch-konstruktivistische Ethik: »Eine Ethik, die ihre handlungsrelevanten wie handelnden Regeln und Konstruktionen auch vor dem Hintergrund der Frage nach ihrer Gangbarkeit vollzieht, somit die übergeordnete Bedeutung eines der konstruktivistischen Zentralbegriffe, der Viabilität, bestätigt« (Müller-Commichau, 2003, 76 f.). Die Kommunikation zwischen den Handlungspartnern in der Heilpädagogik offenbart immer wieder eine Ethik, welche die Entstehung eines Verhältnisses dieser dialogischen Kommunikation ermöglicht. Diese ist allerdings weder voraussagbar noch nach Plan steuerbar, sondern – und das ist für das heilpädagogische Handeln sehr wichtig – immer wieder vom Scheitern gefährdet, da sie sich an Schnittstellen menschlichen Lebens und Handelns vollzieht: Deshalb ist es sinnvoll, diese Tatsache didaktisch-methodisch zu erfassen und in jeder Interaktion zwischen dem heilpädagogisch Tätigen und seinem Gegenüber einzukalkulieren.
- Heilpädagogik realisiert sich häufig dort, wo Problemstrukturen entstehen, wo Menschen in Krisensituationen geraten, wo das Leben selbst, wo Behinderung, wo psychische Erkrankung als Dauer- bzw. als Sinnkrise erfasst werden. Es kann hier von einer Kontingenz des Lebens gesprochen werden (dieses ereignet sich an Schnittstellen von Möglichkeiten und Zufallselementen, was auch die Krisen im Leben als seinen natürlichen Bestandteil erscheinen lässt). Der oder die heilpädagogisch Handelnde hat sich also immer wieder kreativ mit dieser kontingenten Natur des menschlichen Lebens auseinanderzusetzen. Kreativität heißt an dieser Stelle auch, dass die Handlungsmöglichkeiten niemals endgültig ausgeschöpft bzw. Prozesse nie endgültig aufgelöst werden können, da sich Leben immer wieder neu und anders vollzieht. Zudem bezieht sich Kontingenz darauf, dass die Angebote, welche durch die Heilpädagogik (vor)gegeben sind, vom anderen Menschen nicht unbedingt angenommen werden müssen: Er ist es, der das Recht dazu hat, auszuwählen, ob das, was ihm angeboten wird, für seine Lebenssituation viabel, also passend erscheint. Folglich sind die didaktisch-methodischen Ziele immer vom Blickwinkel beider Partner zu betrachten. Dies ist deswegen erforderlich, weil diese Ziele nicht unbedingt von beiden Partnern gleich gesehen werden müssen. An dieser Stelle spielt die Selbstbestimmung beider Handlungspartner in deren Kommunikation und Interaktion eine wichtige Rolle. Beide entscheiden darüber, ob und wie sie im Vollzug heilpädagogischer Handlungen miteinander kommunizieren wollen, ob somit die Situationen des Spiels, der Beratung, der lerntheoretischen Vollzüge und vieles andere mehr die Lebenssituation des einen Handlungspartners bereichern bzw. vom anderen Handlungspartner viabel bereitgestellt werden. Wie dieses jeweils bewertet wird,

geht auf den Hintergrund der Geschichte und der selbstbestimmten Wahrnehmung und Kommunikation dieser Partner zurück. Ja mehr noch: Es handelt sich um Ko-Konstruktionenn der Handelnden: Sie erfahren vom jeweils anderen, wie sie im Kontext von Welt oder Weltgestaltung wahrgenommen werden. Erst hierdurch entsteht so etwas wie ein gemeinsam vollzogener Sinn. Dieser kann dann im Rahmen wechselseitiger Handlungsprozesse zu Sinnstrukturen führen, welche im weiteren Verlauf auch gesellschaftliche Relevanz gewinnen können. Folglich ist die heilpädagogische Professionalität nicht als nur monologisch konstruierte zu vollziehen, sie entsteht immer im dialogischen Kontext sozialer Konstruktionsprozesse, immer im Vollzug der Arbeit und des Lebens mit dem anderen (für den dieses gleichfalls gilt).

Nach Kobi ist Wirklichkeit immer als »rahmenabhängiges Konstrukt« (Kobi, 2004, 26) wahrzunehmen und zu definieren. Die Rahmenbedingungen verantworten immer mit, was in ihnen geschieht. Der Rahmen (d. h. die Geschichte der Gesellschaft, die Kultur, die Politik usw.) gibt das vor, was der Einzelne im Kontext seiner Verfasstheit wahrnimmt und wie er hierbei subjektiv reagiert bzw. agiert. Pädagogische Prozesse sind hierbei relativ und relational (vgl. ebd., 31 f.):

Die Relativität der Erziehung ist in ihrer Abhängigkeit von Entscheidungen darüber, was sie im konkreten Einzelfall realisieren soll, begründet. Demnach wird auch das heilpädagogische Handeln definiert und erzeugt durch das, was sie im konkreten Einzelfall gestaltet. Heilpädagogik ist des Weiteren relational, d. h. sie entsteht in der Relation zweier oder mehrerer Handlungspartner, und sie ist nicht nur an sich und für sich, d. h. im luftleeren Raum, operierend.

Heilpädagogisches Handeln stellt einen Beziehungsmodus menschlicher Subjekte dar, »welche als existenzielle Klammer deren Gegenwart (als gedeutetes So-Sein) und Zukunft (als erhofftes Werden-Können) umfasst« (Kobi, 2004, 31). Die Konstrukte in der Heilpädagogik entstehen somit an den Schnittpunkten dreier Dimensionen:

- »Der subjektiven Dimension, unter welcher die behinderte Person, deren Befindlichkeit und Leiden zu respektieren sind;
- der normativen Dimension, unter welcher Krankheit und Leiden, Gebrechen und Behinderung ihre Definition und Wertung, Haltungen und Handlungsweisen, ihre Sinndeutung und Zielorientierung erfahren;
- der objektiven Dimension, unter welcher die eine Behinderung, ein Gebrechen, eine Krankheit charakterisierenden Merkmale und Zustandsgrößen zu erfassen sind« (ebd., 33).

In der permanenten Verschmelzung sowie im ständigen Aufeinander-verwiesen-Sein dieser Dimensionen konstruieren die Handlungspartner ihr Bild von Welt, von sich selbst und von der Notwendigkeit, heilpädagogisches Handeln zu erfahren bzw. gestaltbar werden zu lassen. In Abwandlung eines Titels von Lindemann und Vossler kann nun behauptet werden, dass die heilpädagogische Notwendigkeit im Kopf und Herzen des Heilpädagogen beginnt (genauso wie die Behinderung im Auge des Betrachters liegt; Lindemann und Vossler, 1999). Der Behinderungsbegriff als einer der

3.2 Konstruktivistische Perspektive auf die Heilpädagogik

grundlegenden Begriffe heilpädagogischen Handelns kann nicht mehr objektivierbar verstanden werden. Im Grunde ist dieser Begriff im Rahmen einer konstruktivistischen Betrachtung gar nicht mehr begründbar und darstellbar. Das, was der Mensch vollzieht, vollzieht er immer im Rahmen seiner eigenen Geschichte, und Behinderung ist hierbei ein Teil seiner Geschichte, genauso wie alle anderen Facetten seines Lebens eben auch. In dieser Sichtweise »stellen alle Wirklichkeitskonstrukte und Handlungen den Weg dar, den der Mensch als gangbar konstruiert, um sein Leben sinnvoll zu organisieren, auch wenn sie einem Außenstehenden als gestört, verrückt oder widersinnig erscheinen mögen. Behinderung existiert somit als Erklärungsmodell, als eine Beschreibung, die ein Beobachter anfertigt, um von ihm beobachtete Zusammenhänge zu benennen. Diese Zusammenhänge sind von seiner Sichtweise geprägt und nicht Ausdruck tatsächlicher Gegebenheiten« (ebd., 117). Menschen sind also nicht behindert, sondern werden es erst im Kontext wechselseitiger (radikal sach- und sinnlogisch falscher) Konstrukte und Zuschreibungen. Dass diese Zuschreibungsprozesse dann dennoch wiederum so etwas wie Wirklichkeit und scheinbare Wahrheit im gesellschaftlichen Kontext erschaffen, muss an dieser Stelle nicht weiter ausgeführt werden.

Wie können nun aber die Prozesse der Viabilität unter ethischen Gesichtspunkten realisiert werden? Nach Lindemann und Vossler (1999, 150 ff.) sind hierbei folgende konstruktivistische Kriterien sinnvoll:

- Das sog. Toleranzangebot: Dieses geht davon aus, dass alle Menschen als Konstrukteure ihrer eigenen Wirklichkeit betrachtet werden müssen. Die Unterschiede zwischen diesen Menschen sind dann nicht darauf zurückzuführen, dass sie im Kontext von Wirklichkeit und Wahrheit agieren, sondern vielmehr darauf, dass auch andere Handlungsoptionen möglich sind. »Das Toleranzangebot betont die Gleichwertigkeit der Konstruktionen aller Menschen in Bezug auf ihre jeweilige Viabilität. Eine Konsequenz hieraus [...] ist, dass jeder Mensch, der in einer trivialen Sichtweise ›gestört‹ angesehen wird, innerhalb seiner Wirklichkeit Motive für sein Handeln hat. Diese Zuschreibung von Sinn ermöglicht es, die Gleichwertigkeit von Lebenswirklichkeiten als subjektiv viable Konstrukte anzunehmen und dem jeweiligen Gegenüber im Wissen um die Sinnhaftigkeit seines ›störenden‹ Verhaltens gegenüberzutreten« (Lindemann und Vossler, 1999, 150).
- Ein weiterer Punkt ist die Verantwortungsakzeptanz: Da jedes Handeln subjektiv generiert ist, muss das einzelne Subjekt auch die Verantwortung für genau dieses Handeln übernehmen. Findet das Handeln an kontingenten Stellen (vgl. oben) statt, hat der Einzelne davon auszugehen, dass sein Handeln Konsequenzen zeitigt, die von ihm immer wieder neu verantwortet werden müssen. Gerade diese Akzeptanz stellt im Rahmen einer Didaktik und Methodik der Heilpädagogik ein intensives Problem dar, da nie genau klar ist, welche Konsequenzen bestimmte pädagogische Handlungen nach sich ziehen. Dieses Postulat ist nicht unbedingt als permanent konkretisierbar zu verstehen, vielmehr handelt es sich um einen »roten Faden«, der die Motivationslage des jeweils Handelnden permanent reflektiert und reflexiv begleitet.
- Ein dritter und letzter Punkt besteht in der sog. Begründungspflicht: Diese besagt, dass jeder Handelnde sein Tun und Denken so begründen soll, dass es auch vom jeweiligen Handlungspartner verstanden wird. Es geht hierbei u. a. um eine

»Offenlegung der Motive und Interessen, aus denen heraus eine Handlung entsteht, damit andere Menschen die Möglichkeit haben, diese hinsichtlich der subjektiven Sicht des Handelnden beurteilen zu können. Die Begründungspflicht unterstreicht, dass es prinzipiell keine Konstruktion oder Handlung gibt, die ›selbst-verständlich‹ ist« (Lindemann und Vossler, 1999, 151 f.). Diese ethischen Begründungen laufen im Letzten auf ein Postulat von Heinz von Foerster hinaus bzw. lassen sich in selbigem bündeln: »Handle stets so, dass die Anzahl der Möglichkeiten wächst« (von Foerster, 1996, 49).

Der Begriff der Behinderung stellt sich als eine Wirklichkeitskonstruktion dar. Als solche wird sie i. d. R. von demjenigen Handlungspartner ins Spiel gebracht, der – gesellschaftssystemisch betrachtet – als der wichtigere von beiden gilt und folglich imstande ist, die Spielregeln zu bestimmen. Wie dieses konkret geschieht, haben Palmowski und Heuwinkel in ihrer Studie »Normal bin ich nicht behindert!« (2002) sehr deutlich feststellen können. Sie stellen hierbei umfassend dar, was geschieht, wenn Menschen mit Behinderung Wirklichkeitskonstruktionen der Gesellschaft annehmen oder ablehnen bzw. für diese Prozesse zu bestimmten pädagogischen Prozessen (um)gestaltet werden. Die »kulturell konstruierte Behinderung« (Pellegrini, 2006, 31) deutet darauf hin, wie der scheinbar nicht behinderte Mensch den behinderten Menschen wahrnimmt: Unsere Wahrnehmung, unsere Blickkontakte, welche scheinbar normalisierend und gleichbleibend sind, definieren doch das, was wir auf der anderen Seite der Kommunikation als behindert, als anders, als auffällig stilisieren. Eine heilpädagogische Didaktik und Methodik hätte einen Wahrnehmungswechsel zu vollziehen, welcher von Thomas Becker aus der Perspektive einer kultursoziologischen Betrachtung von Behinderung wie folgt beschrieben wird: »Vom Blick auf den deformierten Menschen zum deformierten Maßstab der Beobachter« (Becker, 2007, 151). Das heilpädagogische Handeln ist also definiert und differenziert sich durch den Umgang mit Andersheit sowie durch die Wahrnehmung von Gleichheit im Vollzug unterschiedlicher Wahrnehmungen. Die subjektive Sicht- und Denkweise prägen also (auch im Sinne einer Verzerrung) die Wahrnehmung des heilpädagogisch Handelnden und begründen die Art und Weise, wie er die Didaktik und Methodik definiert und nutzt. Auf diesem Hintergrund können nun vier Elemente benannt werden, in welchen der Konstruktivismus als grundlegende Erkenntnistheorie für die Heilpädagogik relevant wird:

- Sprache stellt sich als Konstrukt dar (vgl. von Glasersfeld, 1998, 132 ff.; Maturana, 1998, 93 ff.). Deshalb lässt sich jedes Wort, jedes Zeichen, jeder Satz als Konstruktionsleistung eines Individuums im Kontext seiner persönlichen Verfasstheit verstehen. Was der heilpädagogisch Tätige z. B. unter den Begriffen »behindert«, »verhaltensgestört«, »Spiel«, »Mobilität«, »Integration« oder »persönliches Budget« nachzuvollziehen in der Lage ist bzw. nachvollziehen will, hängt unmittelbar damit zusammen, wie er diese Begrifflichkeiten im Rahmen seiner persönlichen Verfassung erfahren hat und füllt. Ob und wie viele Begriffe nun gehört, gesagt bzw. durch körpersprachliche Variablen weitergegeben werden, ist im jeweils individuell-subjektiven Kontext immer wieder neu zu eruieren und zu erfahren. Dieses leitet über zum zweiten Punkt:

- All das, was wir als kulturgegeben kennzeichnen, d. h. die Art und Weise, uns zu geben, Räumlichkeiten und Orte zu bezeichnen, Dokumente auszuweisen usw., ist im Rahmen von kulturell und biographisch definierten Konstruktionsprozessen zu verstehen. Die Heilpädagogik setzt sich zeichensetzend mit ihrer Wirklichkeit auseinander bzw. schafft durch die Art und Weise, wie sie Zeichen benutzt, diese Wirklichkeit. Ob und wie nun die Begriffe der Heilpädagogischen Übungsbehandlung, der Therapie, des Lernens usw. benutzt werden, ist im Rahmen einer Didaktik-Methodik der Heilpädagogik immer wieder neu zu eruieren, besser: Beide Handlungspartner müssen versuchen, die Art und Weise der Zeichenverwendung aneinander abzugleichen, damit auch diese für einen gemeinsamen Kommunikationsprozess als dialogisch passend erscheinen.
- Auch die Kategorien der Heilpädagogik erscheinen als Konstrukte. Das, was wir als geistige Behinderung, als Körperbehinderung, als Verhaltensstörungen oder -auffälligkeiten bezeichnen, ist doch im Rahmen der Wissenschaftsgeschichte der Heilpädagogik konstruiert worden. Hierbei ändern sich Begrifflichkeiten im Laufe der Jahrzehnte und Jahrhunderte. Ob jedoch auch die Inhalte und Zuschreibungen sich verändern, müsste noch überprüft werden.
- Konstrukte verändern sich, also auch die Auffassung von Behinderungen. Das, was wir als Behinderungen definieren, so z. B. die Trisomie 21 oder bestimmte Syndrome, verändert sich im Laufe der Zeit immer wieder. Dieses wird z. B. deutlich an den unterschiedlichen Bezeichnungen und Füllungen der Begriffe Mongolismus, Down-Syndrom, Trisomie 21, Zappelphilipp, ADHS usw. Interessant ist dabei, dass die Betroffenen von den Konstruktionsprozessen ihrer ureigenen Lebenswirklichkeit beinahe ausgeschlossen sind. Sie werden dann vielfach nur noch bezeichnet, ohne die Möglichkeit einer Revision dieser Bezeichnung zu haben.

3.2.3 Relevanzen des Konstruktivismus für heilpädagogische Didaktik/Methodik

In aller Kürze können nun auch mögliche relevante Hinweise des Konstruktivismus für die Didaktik-Methodik der Heilpädagogik wiedergegeben werden (diese werden in den nachfolgenden Kapiteln dieses Buches weiter differenziert):

- Die Bedeutung der Wahrnehmung: All das, was geschieht – wie schon öfter dargestellt –, geschieht und wird zugleich konstruiert durch den Beobachter. Beobachtungen stellen sich also »als Konstruktion von Wirklichkeit« (Siebert, 2003, 11) dar. Davon ausgehend ist für die heilpädagogische Einflussnahme sehr wichtig, ob es den Handlungspartnern jeweils gelingt, die Prozesse der Beobachtung zu reflektieren bzw. einen Perspektivenwechsel anzunehmen.
- Die Bedeutung der Kommunikationsprozesse: Die Kommunikation des einen Handlungspartners beeinflusst immer auch die Kommunikation des anderen. Hierbei wirken die Prozesse der Beobachtung mit, welche wiederum Kommunikationsprozesse modifizieren und zu weiteren Beobachtungen und Kommunikationsprozessen usw. führen. Hiervon ausgehend ist für die heilpädagogische

Tätigkeit relevant, wie und wodurch es den Handlungspartnern gelingt, im Kontext der Lebenskontingenz die Kommunikation nachzuvollziehen bzw. wie und wodurch die Prozesse des Einschlusses bzw. des Ausschlusses provoziert, differenziert, ausgehalten und verändert werden. Dienen z. B. die Vorgänge und Wirkungsmittel des Spiels, der Psychomotorik, der Rhythmik usw. dazu, Kommunikationsprozesse zu realisieren, oder sind sie eher ein Hilfsmittel, um sich den Menschen mit Behinderung bzw. Verhaltensstörung eine handbreit vom Leib zu halten?

- Die Bedeutung des Lernens und Lehrens: Für die Didaktik und Methodik der Heilpädagogik stellen sich die Fragen, wie Lernprozesse konstruiert bzw. dekonstruiert oder rekonstruiert werden (vgl. Reich, 2002, 118 ff., 256 ff.): Die wechselseitigen Lernprozesse gehören untrennbar zu den heilpädagogischen Modellen und didaktisch-methodischen Konzepten. Folglich sind auch diese Konzepte und Modelle auf ihre jeweiligen Konstruktionsmechanismen hin zu überprüfen. Es geht darum, ob und wie die kognitiven und sozialen Prozesse miteinander verdrahtet sind und wie es zu einer »Konstruktion pädagogischer Wirklichkeit« (Herzog, 2002) kommt.
- Mit Siebert (2005b, 29 f.) lässt sich die Bedeutung folgender Tatsache hervorheben: Die subjektive Wirklichkeit besteht aus Erfahrenem und Gelerntem – der Mensch ist das, was er gelernt hat. Diese gelernte und erfahrene Wirklichkeit ist unsere gemeinsame Lebenswelt. Auf diesem Hintergrund sind Weltbild und individuelle Geschichte unmittelbar und untrennbar miteinander vernetzt. Das Entstehen einer gemeinsamen Identität vollzieht sich darin, wie wir diese Vernetzungen reflektieren und verbal und nonverbal weitergeben. Hierbei stellt sich Lernen als »sinnhafte Selbst- und Weltkonstruktion« (Siebert, 2005b, 30) im Kontext eines lebenslangen Prozesses dar. Wichtig sind in diesem Lernprozess die unterschiedlichen Perspektivbeschränkungen und Perspektivwechsel: Diese müssen – von beiden Handlungspartnern – immer wieder neu und anders eingeübt werden.

Fazit: Auch die Didaktik und Methodik der Heilpädagogik stellen eine Konstruktion dar, die dialogisch das Ziel einer Sinngebung im Rahmen ko-konstruktiver Prozesse verfolgt und im besten Falle verwirklichen kann. Diese Ko-Konstruktionen realisieren sich auf dem Hintergrund von heilpädagogischen Konzepten, welche als real verortete Konstruktionen der beteiligten Handlungspartner zu verstehen sind. Folglich existiert nie allein das Konzept einer z. B. »Heilpädagogischen Übungsbehandlung« oder des »Spiels« oder der »Beratung«. Vielmehr entwickeln sich diese Konzepte im Rahmen einer wechselseitigen Verschränkung. Das gemeinsame Tun, Lernen und Leben kann nur gelingen, wenn alles, was vom heilpädagogisch Tätigen angeboten und von der Organisation vorgehalten wird, in deren Auftrag er tätig ist, von seinem Gegenüber immer wieder auf Kompatibilität mit dem subjektiven Wirklichkeitskonstrukt überprüft wird.

Nicht nur die subjektiven Wirklichkeiten der beteiligten Personen sind als Konstrukte zu betrachten, sondern auch die Organisationsstrukturen und Organisationen in der Heilpädagogik. Sie entstanden während der letzten ca. 150 Jahre im Rahmen der Institutionalisierung der Hilfeprozesse. Die gesamtgesellschaftlichen Konstruktionsmechanismen waren dabei bereits vorgegeben. Das Konstrukt einer

»Behinderung« oder »Störung« beinhaltet schon Hinweise darauf, wie eine hierfür zuständige Organisation zu sein hat. Häufig kommt es dazu, dass diese in ihrer Form und was die Ablaufprozesse betrifft dem gesellschaftlich üblichen Umgang mit dem gesellschaftlichen Konstrukt entsprechen. Beispielsweise gehört das Phänomen der Exklusion im Umgang mit Andersseienden auch in den Institutionen und Organisationen der Behindertenhilfe (noch) zum Alltag. Ob bzw. inwieweit sich hier die Polarität von Macht und Ohnmacht bei den beteiligten Menschen offenbart, kann an dieser Stelle nur gefragt werden (vgl. hierzu ausführlich: Greving, 2000, 81 ff.).

Sich diese Frage immer wieder bewusst zu stellen und die laufenden Prozesse im Sinne dieser Frage eingehend zu prüfen, ist eine grundlegende Aufgabe für die professionell handelnden Heilpädagogen.

Abschließend zu dieser kurz gefassten Grundlegung des Konstruktivismus für die heilpädagogische Didaktik und Methodik müssen einige noch nicht genannte Aspekte des Konstruktivismus erwähnt und auch kritisch betrachtet werden. Es handelt sich um folgende Nachfragen:

- Inwieweit ist mit sog. harten Daten und Fakten umzugehen? Gibt es bestimmte neurologische Prozesse, welche zu Wahrnehmungsveränderungen führen? Oder sind auch diese als Konstrukte zu bezeichnen? Wie ist mit der »Welt da draußen« (Gergen, 2002, 275) umzugehen, wenn diese Welt eine konstruierte Welt sei? Wie sind die Erfahrungen konstruktivistisch zu definieren, wenn sie auf bestimmte neuronale Prozesse rückführbar sind – geht es hier um Visionen, Phantasien oder nebulöse Konstrukte? Oder können diese Erfahrungszustände operationalisiert und damit für didaktisch-methodisch begründetes, heilpädagogisches Handeln nutzbar gemacht werden? Wie ist in diesem Kontext die Conditio Humana als humanistische Verfasstheit (s. u.) zu bewerten und einzubringen?
- Ist mit dem Konstruktivismus alles einem absoluten Relativismus anheimgestellt? Oder gibt es fixe Größen, auf welche heilpädagogische Maßnahmen reagieren können? Wie ist es z. B. mit dem Eingebunden-Sein der Heilpädagogik in gewisse ökonomische und ökologische Prozesse? Sind auch diese zu relativieren oder können sie (im Rahmen einer weicheren Ausprägung des Konstruktivismus) als vorhanden angenommen werden?
- Ist es möglich, aus der Selbstreflexivität und Selbstbestimmung des konstruktivistischen Denkens (vgl. Kleve, 2005, 85 f.) herauszukommen, oder erstarrt das heilpädagogische Handeln im Kontext dieser wechselseitigen »Never-ending-story« von Konstruierung und Reflexivität? Besteht möglicherweise eine Gefahr der permanenten Selbstbespiegelung, die alle Handlungspartner in einer Beliebigkeit des Sowohl-als-auch zurücklässt? Sind z. B. die Hoffnungen von Eltern völlig unberechtigt, dass ihr Kind vielleicht doch Entwicklungsfortschritte macht oder sind diese im Rahmen der subjektiven Entwicklung des Kindes immer gegeben, auch wenn sie nicht wahrnehmbar erscheinen?
- Ist die Heilpädagogik schon so weit, dass sie im Kontext interdisziplinärer Handlungen sich selbst als Disziplin versteht und damit in Kommunikation zu anderen Wissenschaftsbereichen gehen kann? Ist deshalb das Verlangen des Konstruktivis-

mus nach permanent interdisziplinären Denken (vgl. ebd., 89) problematisch, weil die Disziplinbildung der Heilpädagogik noch nicht so weit vorangeschritten ist, dass sie interdisziplinär auf andere zugehen kann? Sind somit die Konstruktionsmechanismen in einer heilpädagogischen Didaktik-Methodik immer nur vorläufig?
- Besitzen vielleicht die konstruktivistischen Prinzipien mehr Relevanz für die Disability Studies? Wie ist es um die doch z. T. unterschiedlichen Wahrnehmungsprozesse von Menschen mit Behinderung bestellt, welche sich im Rahmen einer Vernetzung von »Körper, Kultur und Behinderung« (Dederich, 2007) realisieren? Wie sind hierbei die Konstruktionen und Erfahrungen der Menschen mit Behinderung wahr- und ernst zu nehmen? Wie entstehen ihre Konstruktionen »zwischen Norm und Normalität« (ebd., 127)?
- Wie können die systemisch-konstruktivistischen Annahmen mit handlungstheoretischen Annahmen im Sozialwesen (vgl. Staub-Bernasconi, 2007, 157 ff.) vernetzt werden? Ist es möglich, eine Didaktik-Methodik als Handlungswissenschaft der Heilpädagogik aus einem konstruktivistisch-systemischen Kontext heraus zu verstehen, oder erscheint eine Vernetzung in Verbindung dieser beiden Positionen als wissenschaftstheoretisch obsolet?

Welche Konsequenzen zeigt nun eine konstruktivistisch-humanistische Vorgehensweise der Heilpädagogik für konkretes didaktisch-methodisches Handeln? Dieser Frage soll in Kapitel 4 ausführlich nachgegangen werden.

3.3 Zusammenfassung

Die Verbindungen zwischen einer humanistischen und einer konstruktivistischen Sichtweise bestehen in folgenden Aussagen:

- Beide Theorien entstanden beinahe zeitgleich in der Mitte des letzten Jahrhunderts, entsprangen somit einer wissenschafts- und geistesgeschichtlich ähnlichen Situation (wobei der Humanismus etwas früher »an den Start gegangen ist«).
- Der Humanismus wie auch der Konstruktivismus stellen die Individualität des Menschen in den Mittelpunkt seiner Betrachtung und Erklärung von Welt und Leben. Die Entwicklung seiner Person und seiner Persönlichkeit geschieht beiden theoretischen Entwürfen zufolge durch selbstverwirklichende Prozesse des einzelnen Menschen (natürlich immer im Kontext der jeweilgen Gesellschaft, in welcher er lebt).
- In beiden Theorien wird der Mensch als grundsätzlich und unbegrenzt bildungsfähig betrachtet, ja mehr noch: Die Bildung stellt ein wesentliches Ziel humanistischer und konstruktivistischer Bestrebungen (zumindest auf dem Hintergrund pädagogischer Prozesse) dar.
- Hierzu sind wiederum Lernprozesse von grundlegender Bedeutung: Der Humanismus postuliert dieses Lernen und nimmt eine grundsätzliche Bereitschaft und

Fähigkeit bei allen Menschen hierzu an, der Konstruktivismus erklärt die hierfür notwendigen Lernvorgänge.
- Für beide Theorien kann eine anthropologische und ethische Grundannahme skizziert werden, welche von der Toleranz für den jeweiligen Anderen bzw. für das sich jeweilig anders darstellende Leben ausgeht. Jeder Mensch ist somit in seiner Individualität zu akzeptieren und in seinem So-Sein anzuerkennen. Dieses leitet über zu einer weiteren Gemeinsamkeit, welche vor allem für heilpädagogisches Denken und Handeln relevant ist:
- Niemand, ganz gleich, wie er in Bezug auf seine Gesundheit, seine sexuelle und politische Orientierung, sein Geschlecht, seine Nationalität etc. lebt, kann und darf von den gemeinsamen Lebensprozessen ausgeschlossen werden. Der Humanismus, wie auch der Konstruktivismus, verfolgen somit das Ziel einer Integration und Teilnahme aller Menschen an einem gemeinsamen Leben.
- Die Kommunikation (aller) steht des Weiteren im Mittelpunkt dieser beiden Theorien. Wie Menschen eine passende (viable) Kommunikationsstruktur entwickeln können, wie diese dazu beitragen kann, ein menschenwürdiges bzw. -würdigeres Leben für alle zu entwickeln, steht im Mittelpunkt beider theoretischer Ansätze.
- Wenn die Grundannahmen beider Theorien stringent zu Ende verfolgt werden, kann behauptet werden, dass sie die Objektivität der Wahrnehmung und des Lebens (und des Urteilens und Handelns etc.) zugunsten einer dichten und individuellen Subjektivität aufgeben. Wobei abschließend festgehalten werden muss, dass der Konstruktivismus hierzu wesentlich deutlichere und empirisch sichere Aussagen macht als der Humanismus, aber dieses ist den Entwicklungsprozessen der jeweiligen Theorie geschuldet.

Natürlich gibt es auch Unterschiede zwischen diesen beiden Theorien, so z. B. in den verschiedenen Prämissen und Ansätzen, welche diese im Hinblick auf die Forschung einnehmen. So agiert der Konstruktivismus eher im empirischen und z.T. sogar naturwissenschaftlichen Bereich, der Humanismus wählt demgegenüber eher eine geisteswissenschaftlich-hermeneutische Vorgehensweise. Des Weiteren haftet damit dem Konstruktivismus (im Rahmen seiner systemtheoretischen Begründung) noch immer das Diktum einer technokratischen Sicht- und Vorgehensweise an. Der Humanismus sei demgegenüber eher auf den Menschen ausgerichtet und alles andere als technologisch ausgerichtet. Beide Vorurteile erscheinen jedoch aktuell nicht (mehr) haltbar, da sich die Grenzen zwischen den Wissenschaften zusehends aufzulösen scheinen und mehr und mehr das Verbindende in den Blick (der Forschenden und Handelnden) gerät. Somit erscheinen diese Unterschiede nicht als grundlegend. Vielmehr sind es die oben skizzierten Gemeinsamkeiten, welche beide Ansätze in ihrer Bedeutung für heilpädagogisches Denken und Handeln relevant werden lassen.

3 Humanistische und konstruktivistische Perspektive

Aufgaben und Anregungen

1. Arbeiten Sie die Gemeinsamkeiten und die Unterschiede einer humanistischen und einer konstruktivistischen Betrachtungsweise heraus.
2. Welche Relevanzen haben diese erkenntnistheoretischen Begründungen jeweils für das praktische Tun in der Heilpädagogik?
3. Welche Gründe könnten dagegen sprechen, die Perspektiven des Humanismus und des Konstruktivismus miteinander zu verknüpfen? Begründen Sie Ihre Meinung ausführlich.
4. Welche weiteren theoretischen Begründungen zum Humanismus und zum Konstruktivismus (auch aus der Philosophie oder der Psychologie) kennen Sie? Wie haben sich diese evtl. auf die Entstehungen heilpädagogischer Konzepte und Methoden ausgewirkt?
5. Nehmen Sie Stellung zu folgender Aussage: »Es ist doch egal, von welcher Theorie ich meine Methoden ableite. Hauptsache ist doch, dass ich diese gut beherrsche!«

4 Konzepte und Kompetenzen

»Konzipieren ist nichts anderes, als die Suche nach der besten Methode zur Herbeiführung eines zufälligen Ergebnisses.«
(Frei nach Ambrose Bierce: From the Devils Dictionary)

In diesem Kapitel werden zuerst grundlegende Erläuterungen zu Konzepten und zur Konzeptentwicklung in der Heilpädagogik dargelegt. Im Anschluss hieran wird der Kompetenzbegriff als ein möglicher handlungsleitender Begriff zur Erarbeitung und zur Umsetzung von Konzepten bzw. didaktisch-methodischen Hinweisen konkretisiert. Dadurch werden die bisher dargestellten Grundlagen einer konstruktivistisch-humanistischen Heilpädagogik um diese beiden wichtigen Eckpunkte des heilpädagogischen Handelns erweitert. In diesem Kontext wird der theoretische Hintergrund einer Didaktik-Methodik der Heilpädagogik präzisiert, indem hier vor allem Elemente einer relationalen Soziologie sowie einer hermeneutischen Heilpädagogik dargestellt werden. Das ermöglicht es anschließend, eine – in weiten Teilen – geisteswissenschaftlich orientierte Begründung von Kompetenzen zu erarbeiten.

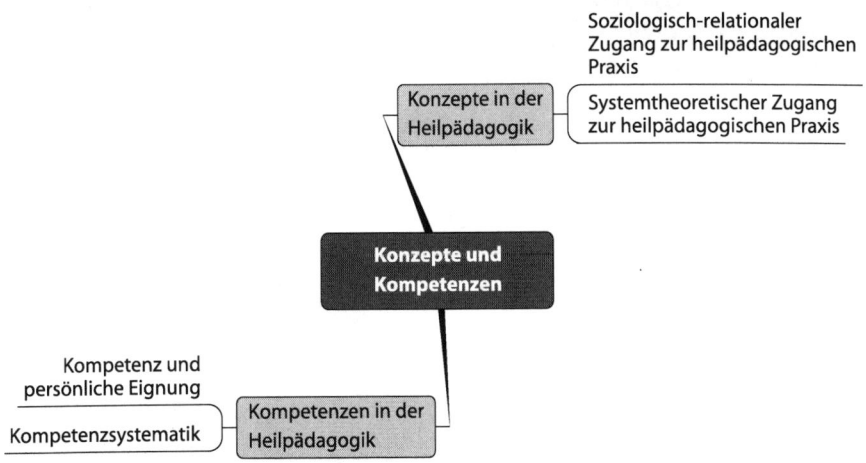

Abb. 9: Konzepte und Kompetenzen.

4.1 Konzepte in der Heilpädagogik

Etymologisch betrachtet fließen in die Bezeichnung Konzept (u. a.) folgende Bedeutungen ein:

- Konzept (aus dem Lateinischen »conceptio«, »conceptus«): Plan, Programm; Entwurf, Skizze (z. B. einer Rede).
- Konzeption (aus dem Lateinischen »concipere«): Grundvorstellung, Leitidee, (besonders künstlerische) Auffassung einer Arbeit; Planung, Entwurf eines planvollen Vorgehens (vgl. Microsoft, 2004).

Von diesen Bedeutungen ausgehend kann hier festgehalten werden, dass der Begriff Konzept im Rahmen der Didaktik-Methodik der Heilpädagogik als Bezeichnung für eine handlungsleitende Leitidee bzw. für einen Handlungsentwurf oder Handlungsplan (Handlungskonzept) verwendet wird (vgl. Gröschke, 2007, 67). Handlungsleitende und handlungsvorbereitende Konzepte jedweder Art beziehen sich immer auf eine Praxis, in welcher sie dann agierend tätig sind. So ist es an dieser Stelle relevant zu überlegen, wie diese Praxis in der Heilpädagogik ist, was sie bestimmt und wie sie definiert werden kann.

Die Entwicklung eines Konzeptbegriffes, welcher sich auf eine ganz bestimmte Art von Praxis bezieht, verlangt danach, die Zusammenhänge und das Wechselspiel zwischen Gesellschaft, Praxis, Pragmatik und Methodik bzw. zwischen Gesellschaft, Praxis und Methodologie zu beschreiben und zu erfassen. Konkret geht es darum, die Heilpädagogik sowohl im Kontext ihrer ganz bestimmten gesellschaftlichen Positionierung als auch im Kontext ihres entsprechenden Verständnisses von Praxis zu beschreiben. Dieses zielt auf die Gesellschaft, reflektiert sie und begründet die Heilpädagogik. Hiervon wiederum wird eine ganz bestimmte Form des Handelns und der Methodik abgeleitet. Da der gesellschaftliche Kontext eine variable Größe ist, muss diese Methodik immer wieder erneut begründet und differenziert erarbeitet werden. Erst auf diesem Hintergrund entstehen dann heilpädagogische Konzepte. In der konkreten Umsetzung dieser Konzepte und durch sie wird die Reflexion des einzelnen heilpädagogisch Tätigen in einem hohen Maße relevant. Denn seine Reflexionsprozesse (individueller wie auch institutionell-organisatorischer Art) bilden ein Kreislaufmodell, welches auf die Wahrnehmung der Gesellschaft rückgebunden werden kann bzw. werden muss.

Von diesen Aspekten ausgehend definiert dann eine ganz bestimmte Didaktik-Methodik ein ganz bestimmtes professionelles Vorgehen in der Heilpädagogik, wobei dieser Verlauf auch umkehrbar erscheint: Eine ganz bestimmte Form von Professionalität im Kontext des gesellschaftspolitischen Gewordenseins der Heilpädagogik differenziert sich wiederum in einer ganz bestimmten Art und Weise, didaktisch-methodisch zu handeln. Die Entwicklung einer professionellen Didaktik-Methodik der Heilpädagogik ist somit im Rahmen eines mehrdimensionalen Verständnisses von Praxis zu entwickeln: Praxis und professionelles berufliches Handeln stellen hierbei organische Variablen eines Teilfeldes von Gesellschaft dar. Folglich muss Heilpädagogik – als Profession und Disziplin – sowohl gesellschaftlich als auch in Beziehungen sowie individuell handeln und agieren.

4.1.1 Soziologisch-relationaler Zugang zur heilpädagogischen Praxis

Die Praxis als Grundlage für Konzeptentwicklung lässt sich vom Blickwinkel der Heilpädagogik anhand folgender vier Dimensionen darstellen, für die hier in Anlehnung an die relationale Soziologie von Pierre Bourdieu die Bezeichnung »Feld« verwendet wird. Er versucht, die Beziehungen zwischen Gesellschaft und Individuum im Rahmen eines neuen Verständnisses, nämlich von Habitus und Feld, zu erfassen (vgl. Bourdieu, 1998a, 15 ff.).

Der soziale Raum als Feld der Praxis

Nach Bourdieu lässt sich die konkrete soziale Welt als ein mehrdimensionaler Raum beschreiben, »dem bestimmte Unterscheidungs- bzw. Verteilungsprinzipien zugrunde liegen; und zwar die Gesamtheit der Eigenschaften [...], die innerhalb eines fraglichen sozialen Universums wirksam sind, das heißt darin ihrem Träger Stärke bzw. Macht verleihen. Die Akteure [...] sind anhand ihrer relativen Stellung innerhalb dieses Raumes definiert [...] (Ihre Position) ist [...] unter Zugrundelegung eines mehrdimensionalen Systems von Koordinaten bestimmbar« (Bourdieu, 1985, 9 ff.). Mit dem Terminus des »Sozialen Raumes« bezeichnet Bourdieu hierbei die objektiven Lebensbedingungen und die hiermit verbundenen normativen Vorstellungen, wie sie jeder Mensch seit seiner Geburt erfährt. Einerseits prägen sie das Individuum und die Persönlichkeit, andererseits können sie umgekehrt auch von ihr modifiziert werden. Dieser soziale Raum lässt sich des Weiteren mit den Begriffen der sozialen Lage, der Klasse oder des Milieus deuten und analysieren. Die individuellen Bedingungen dieser Varianten regeln die Bedürfnisstrukturen, Urteilsprozesse und Verhaltensweisen des einzelnen Menschen (vgl. Schwingel, 1998, 53 ff.; Heuer, 1997, 1 ff.).

Aufgrund der genannten Aspekte geht Bourdieu davon aus, dass die soziale Wirklichkeit sich nur in Relationen beschreiben und erfassen lässt:

»In Feldbegriffen denken, heißt relational denken [...]. Analytisch gesprochen wäre ein Feld als ein Netz oder eine Konfiguration von objektiven Relationen zwischen Positionen zu definieren. Diese Positionen sind in ihrer Existenz und auch in den Determinierungen, denen die auf ihnen befindlichen Akteure oder Institutionen unterliegen, objektiv definiert, und zwar durch ihre aktuelle und potentielle Situation, [...] in der Struktur der Distribution der verschiedenen Arten von Macht (oder Kapital), deren Besitz über den Zugang zu den in diesem Feld auf dem Spiel stehenden spezifischen Profiten entscheidet, und damit auch durch ihre objektiven Relationen zu anderen Positionen (herrschend, abhängig [...] usw.)« (Bourdieu und Wacquant, 1996, 126 f.).

Im Kontext des professionellen Handelns in der Heilpädagogik und folglich auch für die Didaktik und Methodik der Heilpädagogik (die als theoretischer Handlungshintergrund dient) bringt diese Darstellung der sozialen Wirklichkeit ziemlich viel Brisanz ins Spiel: Sie macht auf die Phänomene Macht, Institution, Profit, Abhängigkeit usw. aufmerksam und regt deren Hinterfragung an.

Für Bourdieu wird die Struktur eines (sozialen, politischen, wissenschaftlichen etc.) Feldes durch das Aushandeln (oder »Aus-Spielen«) der Machtverhältnisse bestimmt. Diese sind es, welche den einzelnen »Feld-Spielern« ihre »relative Stärke [...] (und) Position im Raum des Spiels und auch [...] (ihre) Spielstrategien« (ebd., 128 f.) formen und gegebenenfalls modifizieren lassen. Ein zentraler Faktor stellt dabei das Kapital des einzelnen Spielers bzw. seiner Gruppe dar – hierauf wird weiter unten noch ausführlicher Bezug genommen. Allerdings werden die Grenzen eines solchen Feldes von Bourdieu nur ungenau beschrieben, was aber durchaus in der Natur eben dieser Felddefinition zu liegen scheint:

»Es mag gefährlich nach einer Tautologie klingen, aber ich kann nur sagen, dass man ein Feld als einen Raum verstehen kann, in dem ein Feldeffekt wirksam ist, so dass sich das, was einem Objekt widerfährt, welches durch diesen Raum hindurchgeht, nicht vollständig durch seine intrinsischen Eigenschaften erklären lässt. Die Grenzen des Feldes liegen dort, wo die Feldeffekte aufhören. Folglich muss man in jedem einzelnen Fall und mit wechselnden Mitteln versuchen, den Punkt zu vermessen, an dem diese statistisch fassbaren Effekte nachlassen oder ganz aufhören« (ebd., 131).

An diesem Punkt kann vermutet werden, dass das Feld der »Heilpädagogik« als solches weder trennscharf analysiert ist, noch sind seine Bezüge und Überlappungen zu anderen Feldern präzis erfasst. Es scheint, dass nicht einmal eindeutig bestimmt und bestimmbar ist, ob es dieses Feld a priori – im Sinne Bourdieus – tatsächlich gibt... An dieser Stelle wird es allerdings erforderlich sein, dieses Konstrukt anzunehmen, um weitergehende Hypothesen und Fragestellungen zu einer Begründung der Didaktik und Methodik der Heilpädagogik abzuleiten.

Folgende weiteren und konkreten Eigenschaften weisen die »Felder« im Sinne von Bourdieu auf (vgl. Bourdieu, 1993, 107 ff.):

- Jedes Feld lässt sich dadurch bestimmen, dass in und durch ihm bestimmte und spezifische konkrete Interessen aufgezeigt und abgegrenzt sind, welche »nicht auf die für andere Felder charakteristischen Interessen und Interessensobjekte reduzierbar sind (man wird einen Philosophen nicht mit Interesseobjekten für Geographen auf Trab bringen) und von jemandem, der für den Eintritt in dieses Feld nicht konstruiert ist, nicht wahrgenommen werden« (Bourdieu, 1993, 107 f.). Schon durch diese Aussage wird die Vernetzung des Feldes mit den Positionen der hierin Handelnden (weiter unter als »Habitus« erläutert) deutlich.
- Der Strukturierungsgrad bzw. die Form einer Feldstruktur bildet den Status Quo der Machtverhältnisse aller Beteiligten ab. Dieser befindet sich in einer ständigen Veränderung, da die Verteilung des Kapitals in einem Feld (Wissen, Geld, Status, Kultur...) einer permanenten Neuregulierung bedarf und immer wieder Auseinandersetzungen (und Kämpfe) um die Verteilung dieses Kapitals stattfinden.
- Alle in einem Feld lebenden und handelnden Akteure verfügen über einen bestimmten Kanon von gemeinsam geteilten Grundinteressen, welche letztlich die Existenz des Feldes als solches bedingen. Ein Aufgeben dieser Interessen würde

langfristig einem Aufgeben des jeweiligen Feldes gleichkommen: »Wer sich am Kampf beteiligt trägt zur Reproduktion des Spiels bei, indem er dazu beiträgt, den Glauben an den Wert dessen, was in diesem Spiel auf dem Spiel steht, je nach Feld mehr oder weniger vollständig zu reproduzieren« (Bourdieu, 1993, 109).
- Neuhinzukommene Teilnehmer (dieses Feldes) geraten über bestimmte Initiationsriten in den inneren Kreis eines Feldes: Sie haben Eintrittspreise (im Sinne eines bestimmten Kapitals) zu entrichten und müssen sich – selbst bei scheinbar gegenteiliger Meinung und Ausrichtung – an den Spielregeln dieses Feldes orientieren und diese befolgen.
- In jeder Handlung (in und mit den Strukturen) eines Feldes ist dieses in seiner gesamten Geschichte gegenwärtig; d. h. es ist den einzelnen Akteuren unbewusst-bewusst, dass sie sich in dieser Historie bewegen, diese wird in den konkreten Handlungsvollzügen erneut er- und geschaffen.
- Ein wichtiger Ertrag eines solchermaßen verstandenen Feldbegriffes besteht darin, dass man eine Konzeption, eine Begründung oder Handlung eines Feldes nicht verstehen kann, ohne ein Bewusstsein über die konkrete Geschichte dieses Feldes zu besitzen.

Bourdieu beschreibt folgende sozialwissenschaftlich und heilpädagogisch relevante Felder: das Feld der Macht, das Feld der Wissenschaft und das Feld des Kapitals.

Das Feld der Macht

Bei diesem Feld geht es um den »Raum der Machtverhältnisse zwischen verschiedenen Kapitalsorten oder [...] zwischen Akteuren, die in ausreichendem Maße mit einer der verschiedenen Kapitalsorten versehen sind, um ... das entsprechende Feld beherrschen zu können« (Bourdieu, 1998a, 51). Hierbei ist der Kampf um die Erhaltung oder die Modifikation des »Wechselkurses« zwischen den einzelnen Kapitalsorten eminent wichtig: Geld gegen Produktionskraft, soziale Stellung gegen Wissen, Wissen gegen Beziehungen usw. Die heilpädagogische Relevanz dieses Feldes besteht in der Frage, welche Kapitalsorten hätten die heilpädagogisch Tätigen und/oder die Nutzer der heilpädagogischen Leistungen zwecks Beherrschung des Feldes einzubringen.

Das Feld der Wissenschaft

Dieses Feld stellt eine Welt dar, welche Anforderungen, Konflikten und Zwängen ausgeliefert ist, »Zwänge [...], die allerdings einigermaßen unabhängig sind von den Zwängen der sie umgebenden sozialen Welt« (Bourdieu, 1998b, 19). An dieser Stelle muss gesagt werden, dass diese Feststellung hinsichtlich der Unabhängigkeit recht polemisch erscheint, denn gerade in der heutigen Zeit lässt sich darüber vortrefflich diskutieren – dieser Diskurs kann aber im Rahmen dieses Buches (leider) nicht weiterverfolgt werden. Der Austausch des Kapitals im Feld der Wissenschaft, der Kampf um die Aufteilung der Kapitalsorten der institutionalisierten Macht (herausgehobene Stellen, Leitungsfunktionen, Zugriff auf Forschungsgelder u. ä.) und der Kampf um das Prestige, ist hierbei immer ein »Kampf zwischen Gegnern, die sich zumindest darin einig sind, auf eine Art letztinstandliches Urteil zu verweisen, auf das Urteil, das die Erfahrung verhängt, auf das ›Wirkliche‹« (ebd., 29). Das Urteil, als Bestimmung und Bestimmtheit der Wirklichkeit ist das bindende und verbindende Glied auf dem Feld der Wissenschaft, wobei diese ihre Wahrnehmung von Wirklichkeit im Kontext ihrer Interessen immer wieder neu zu bestimmen in der Lage ist. Doch man kann auch auf dem Hintergrund konstruktivistischer Prämissen fragen: Wie wirklich ist die Wirklichkeit? (vgl. Watzlawick, 1982)

Das Feld des Kapitals

Im Folgenden soll der Begriff des Kapitals kurz dargestellt und differenziert werden (vgl. Bourdieu, 1997, 49 ff.; Schürz, 2001). Es handelt sich um vier Arten des Kapitals:

- Das ökonomische Kapital: Es bezieht sich direkt und beinahe ausschließlich auf Geld, institutionalisiert Eigentumsrechte und dient häufig dazu, die anderen Kapitalsorten zu stützen, in Frage zu stellen oder zu (ver-)nichten.
- Das kulturelle Kapital: Es kann zwar in ökonomisches verwandelt werden, wird aber häufiger zur Institutionalisierung des im Feld Handelnden in Bezug auf Zeugnisse und Titel benutzt. Dieses Kapital existiert in drei Formen: Der inkorporierten Form, im Sinne verinnerlichter Möglichkeitsräume und tatsächlicher Fertigkeiten; der objektivierten Form von Kulturgütern, »Bildern, Büchern [...] oder Maschinen, in denen bestimmte Theorien [...] Spuren hinterlassen oder sich verwirklicht haben« (Bourdieu, 1997, 53); und der institutionalisierten Form in Bezug auf die oben schon erwähnten Titel, Zeugnisse, Lizenzen u. ä.
- Das soziale Kapital: Es beschreibt die Ressourcen, auf welche die Akteure eines Feldes aufgrund eines »dauerhaften Netzes von [...] institutionalisierten Beziehungen gegenseitigen Kennens oder Anerkennens« (Bourdieu, 1997, 63) zurückgreifen können. »Das Gesamt-Kapital, das die einzelnen Gruppenmitglieder besitzen, dient ihnen allen gemeinsam als Sicherheit und verleiht ihnen – im weitesten Sinne des Wortes – Kreditwürdigkeit« (ebd.). Dieses Sozialkapital kann auch gesellschaftlich institutionalisiert sein, wenn z. B. ein Name oder eine Funktionsbezeichnung übernommen wird, welcher oder welche die Zugehörigkeit zu einer ganz bestimmten sozialen Gruppierung ausmacht.
- Das symbolische Kapital: Es kann als eine Bündelung der Konkretionen der ersten drei Kapitalarten gedacht werden: »[...] als wahrgenommene und als legitim anerkannte Form der drei vorgenannten Kapitalien (gemeinhin als Prestige, Renommee, usw. bezeichnet)« (Bourdieu, 1985, 11).

In unserem Kontext wäre nun zu analysieren, welche Kapitalarten eine heilpädagogische Didaktik und Methodik charakterisieren und wie sie das professionelle heilpädagogische Handeln bedingen. Mehr noch: Welches Kapital kann in den wissenschaftstheoretischen Begründungen des didaktisch-methodischen Vorgehens nutzbringend sein? Ist eine solche Begründung – wie wir diese im Rahmen dieses Buches auf dem Hintergrund einer konstruktivistischen und humanistischen Bezugnahme versuchen – am Markt der sozial- und erziehungswissenschaftlichen Handlungen sinnvoll und zielführend? Ist sie wirkungsvoll? Wodurch wird sie wirksam? Gibt es hierbei einen Weg, welcher durch die einzelnen Kapitalarten begründet werden kann und welcher in ihnen wiederzufinden ist?

Individuelle Möglichkeiten und Grenzen – Habitus

Neben dem Begriff des sozialen Feldes mit den Dynamiken und Dynamisierungen, den Machtverhältnissen und deren Verschiebungen sowie den Ausprägungen unterschiedlicher Belohnungs-, Entlohnungs- und Kapitalsorten befasst sich Bourdieu auch mit dem individuell verfügbaren Möglichkeitsraum der einzelnen Akteure in diesem Feld. Hierfür verwendet er den Begriff des »Habitus« und bewegt sich dabei zwischen den erkenntnistheoretischen Dichotomien des Objektivismus und des Subjektivismus.

Der Habitus einer Person stellt ihre Potenzialität dar, in einer ganz bestimmten sozialen Situation etwas ganz Bestimmtes zu denken, zu vermuten oder zu tun. Der Habitus dient zur Orientierung in diesem sozialen Raum oder diesem Feld (vgl. Schwingel, 1998, 53 ff.). Der Habitus stellt eine Eigenschaft oder ein Dispositionssystem dar, welches die Wahrnehmungen sowie die Denk- und Handlungsweisen des einzelnen Menschen in hohem (in letzter Radikalität bei Bourdieu: ausschließlichem) Maße bedingt.

Der Prozess des Erwerbs bzw. der Entwicklung des gesellschaftlichen wie auch des individuellen Habitus ist seinem Träger selbst nicht bewusst, d. h. er ist für den individuellen Menschen kaum nachvollziehbar, da er i. d. R. die grundlegenden Existenzbedingungen und ihre weitere Ausformung durch die soziale Entwicklung und Kultur vergessen hat. Der Einzelne hat also keine oder nur sehr begrenzte Spielräume, diesen Habitus zu modifizieren: Erstens wurde er in ein bestimmtes soziales Feld hineingeboren und zweitens bestehen und wirken Habitus und Feld in einer unauflöslichen Dialektik (vgl. Bourdieu, 1998a, 152; 1994, 281; Schwingel, 1998, 53).

Die Bedingungen des jeweiligen Feldes werden tradiert, der Einzelne erfährt hierdurch eine Sozialisation, welche ihn von Anbeginn an prägt. Es ist eine sehr unscheinbare, beinahe »stille Pädagogik« (Bourdieu, 1997, 128), welche selber in den Bedingungen des eigenen Feldes gefangen ist und folglich nicht zu wissen scheint, wie sie agiert und was sie hervorbringt. Dieses »Gefangen-Sein« lässt sich wiederum auf den einzelnen sozialen Akteur übertragen, da der Habitus für ihn nicht nur ein Möglichkeits-, sondern auch ein Unmöglichkeitssystem darstellt: »Wer den Habitus einer Person kennt, der spürt oder weiß intuitiv, welches Verhalten dieser Person verwehrt ist. Mit anderen Worten: der Habitus ist ein System von Grenzen« (ebd., 33).

In einem sozialen Feld bzw. an der Überschneidung mehrerer Felder werden sowohl die eigenen als auch die fremden Dispositionen und Begrenzungen ausgehandelt. Dass dabei immer wieder die Macht bzw. die Herrschaft der Einzelnen bzw. »ihres« Feldes im Mittelpunkt der Betrachtungs- und Wirkweisen stehen, liegt in der Natur jeder Verhandlung. Die konkreten Handlungen des Menschen – Bourdieu verweist an dieser Stelle vor allem auf die Sprache (vgl. Bourdieu, 1990, 11 ff.; 1997, 81 ff.) – legen auf dem Markt der sozialen Möglichkeiten die Position im Raum sowie den Austausch von Kapital fest. Mehr noch: Sie werden schon per se dieses Kapital sein.

Der Habitus stellt nicht nur ein nicht gewahrwerdendes System von Dispositionen und deren Begrenzungen bereit. Er wirkt zugleich auch als »reales Prinzip der Praktiken« (Bourdieu, 1998a, 153), indem er bestimmt, wie in diesem Feld gehandelt werden soll. Bourdieu sagt, dass »die meisten Handlungen der Menschen etwas ganz anderes als die Intention zum Prinzip haben, nämlich erworbene Dispositionen, die dafür verantwortlich sind, dass man das Handeln als zweckgerichtet interpretieren kann und muss, ohne deshalb von einer bewussten Zweckgerichtetheit als dem Prinzip dieses Handelns ausgehen zu können (hier ist das ›alles spielt sich so ab, als ob‹ besonders wichtig)« (Bourdieu, 1998a, 167 f.).

Der Habitus strukturiert somit die jeweilige Praxis im jeweiligen Feld dadurch, dass er jeweils die Grenzen der Handlungen, nicht aber die Handlungen als solche vorgibt. Demnach ist der Habitus als eine »strukturierende Struktur (modus operandi)« (Bourdieu, 1994, 281) zu verstehen, welche die konkreten Ausführungsmodalitäten der Handlungspraktiken und nicht so sehr die Inhalte derselben bedingt (vgl. Schwingel, 1998, 64 f.). Zusammenfassend lässt sich zur Bourdieus Sichtweise Folgendes festhalten:

1. Es handelt sich um »eine Theorie der Praxis als Produkt eines Praxis-Spiels« (Bourdieu und Wacquant, 1996, 153). Praxis und Theorie entstehen und sind miteinander verwoben auf dem Hintergrund eines Möglichkeitsraumes der sozialen Akteure. Hierbei kommt den (meta-)theoretisch begründeten methodischen Handlungen im Rahmen der Praxis der Heilpädagogik eine ganz besondere Rolle zu.
2. Weil diese Theorie das Spannungsverhältnis von Gesellschaft und Individuum bzw. von Objektivismus und Subjektivismus zu überwinden sucht, müssen Feld und Habitus immer aufeinander bezogen gedacht, konstruiert und analysiert werden. An deren Stelle tritt »das Komplementärverhältnis von Leib gewordener Gesellschaft und Ding gewordener Gesellschaft, von Habitus und Feld« (Schwingel, 1998, 75).
3. Bourdieu entwickelt ein generatives System der sozialen Entwicklung (vgl. Heuer, 1997, 3), welches aufgrund der subjektiven und überindividuellen Unbewusstheit kaum durchbrochen werden kann. Konkret heißt es, dass der Habitus den Habitus produziert und reproduziert, beinahe im Sinne der altgriechischen Sage der Schlange, welche sich permanent selber frisst und gebiert. Hierdurch trägt Bourdieu »[...] dem beobachtbaren Phänomen Rechnung, dass die Individuen die (Macht-)Verhältnisse, in denen sie agieren, oft auch verinnerlichen und damit unbewusst zu ihrer Reproduktion beitragen« (Hasenjürgen, 1996, 26). Eine Didaktik und Methodik der Heilpädagogik hätte sich hier zu fragen, welche Ausrichtung des heilpädagogischen Handelns sie präferiert: Ob sie system- und feldstabilisierend ausgerichtet ist und folglich immer den einzelnen Nutzer heilpädagogischer Leistungen bestimmt, oder ob sie auf Reflexion und Analyse von Prozessen ausgerichtet ist und folglich immer einen offenen Möglichkeitsraum aller Handelnden zu generieren sucht.

Welche Hinweise und Denkanstöße ergeben sich durch die Übertragung des Konzepts von Bourdieu auf die Heilpädagogik und das heilpädagogische Handeln?

- Das heilpädagogische Handeln entspringt einerseits dem Habitus des professionell agierenden Heilpädagogen, und andererseits wird es von dem beruflichen Praxisfeld, in welchem er tätig ist, in hohem Maße bedingt.
- Zwischen diesen beiden Grundelementen kommt es zu vielen Bezügen, Bezogenheiten und Bezugnahmen. Zudem realisieren sie sich im Rahmen eines ganz bestimmten Verständnisses von Kapital (nach Bourdieu), welches auf diesem Hintergrund sehr wohl durch die Konzepte bzw. Methoden gelebt werden kann.
- Diese vier Elemente (also der Habitus des heilpädagogisch Tätigen, das berufliche Praxisfeld, die unterschiedlichen Bezüge zwischen diesen Elementen sowie die unterschiedlichsten Formen des Kapitals) stehen nun in Bezug zur historischen Gesellschaftsentwicklung, von welchem die heilpädagogische Praxis nie losgelöst ist. Genau betrachtet agiert die Heilpädagogik jeweils nur und ausschließlich im Rahmen eines ganz bestimmten gesellschaftlichen Auftrages (vgl. Greving und Gröschke, 2002). Demnach ist das berufliche Praxisfeld der Heilpädagogik als ein Teilfeld des gesellschaftlichen Feldes zu verstehen.

4.1.2 Systemtheoretischer Zugang zur heilpädagogischen Praxis

Die Praxis der Heilpädagogik bzw. der explizite Begriff der Praxis für die Heilpädagogik wird hier vom Blickwinkel der Systemtheorie nach Niklas Luhmann hinterfragt. Zuerst ist die Grundfrage zu beantworten: »Ist die Pädagogik bzw. in unserem Falle die Heilpädagogik überhaupt als eigenständiges System zu verstehen?« Da hierzu noch weitreichende Forschungen ausstehen, können wir zuerst vorsichtig davon ausgehen, dass dieses der Fall sein dürfte. Wie alle Systeme steht auch die Heilpädagogik immer wieder in Kommunikation (aber auch in Konkurrenz) zu anderen Systemen und agiert dabei auf dem Hintergrund von System-Umwelt-Differenzierungen bzw. an Systemgrenzen (vgl. Luhmann, 1996, 242 ff.).

In diesem Kontext kann man sagen, dass die Heilpädagogik nicht nur »intern« z. B. über Personen kommuniziert, sondern sie organisiert auch Kommunikation bzw. organisiert sich Kommunikation systemtheoretisch mit anderen Systemen (Umwelt):

- im Rahmen wirtschaftlicher und medizinischer Interessen (welches zur Zeit nicht unproblematisch zu sein scheint),
- im Rahmen ökonomischer Bedingtheiten,
- auf dem Hintergrund politischer Bedrängnisse, Engführungen und manchmal sogar Nötigungen,
- an den Systemgrenzen ihrer jeweiligen Klientel.

Die Heilpädagogik ist – systemtheoretisch gesehen – immer wieder dazu aufgefordert, sich selber im Rahmen dieser System-Umwelt-Differenzierungen bzw. -Kommunikationen zu hinterfragen, neu zu entwickeln und neu zu sehen. Das Verhältnis System-Umwelt beschreibt Niklas Luhmanns folgendermaßen: »Die weiteren Analysen der Differenz von System und Umwelt werden von der Annahme ausgehen, dass die Umwelt immer sehr viel komplexer ist als das System selbst. Dies ist bei allen Systemen, an die wir denken können, der Fall. Es gilt auch für das Gesamtsozialsystem der Gesellschaft« (Luhmann, 1996, 249).

Demnach hat die Heilpädagogik auf eine Überkomplexität von Umwelt zu reagieren. Das geschieht vor allem durch die Professionalisierung des heilpädagogischen Handelns mittels theoretischer Begründung und Realisierung von Didaktik-Methodik – wobei die Entwicklung ganz bestimmter Konzepte eine entscheidende Rolle spielt. Bei der Umsetzung konkreter methodischer Inventarien bzw. Konzeptbegriffe sind die systemtheoretischen Konnotationen sehr hilfreich, wie z. B. die Begriffe der »Inklusion« und der »Exklusion« zeigen. Beide haben eine unverkennbare systemtheoretische Begründung und beide sind nicht nur heilpädagogisch relevant, sondern für die Heilpädagogik geradezu zukunftsweisend (hierauf wird hier nicht weiter eingegangen).

Die Systemtheorie sieht die Praxis als Kommunikation von Systemen. Diese differenzieren und definieren wiederum unterschiedliche Kommunikationsvorgänge der einzelnen Protagonisten. Eine Konzeptentwicklung wird von ihnen immer und ausschließlich im Rahmen einer Differenzierung von Kommunikationsprozessen an den Systemgrenzen verstanden bzw. umgesetzt. Um sich der ständigen Bezugnahme und Wechselseitigkeit zwischen System und Umweltdifferenz gewahr zu werden, müssen auch diese Prozesse von den einzelnen Handelnden reflektiert werden.

Vom Blickwinkel des Konstruktivismus betrachtet (▶ Kap. 3) kann die Praxis als Konstrukt der Akteure verstanden werden, welches wiederum durch gesellschaftshistorisch bedingte Felder und Habitus gekennzeichnet ist (siehe die relationale Soziologie von Pierre Bourdieu) und im Rahmen von Kommunikationsprozessen unterschiedlicher Systeme entsteht (siehe die systemische Betrachtungsweise von Niklas Luhmann). Der Praxisbegriff der Heilpädagogik weist also sowohl allgemeine als auch besondere Variablen auf. Vor allem das Besondere wird in den Augen des Betrachters immer wieder neu differenziert und definiert. Von den genannten erkenntnistheoretischen Schulen ausgehend lässt sich die Praxis – im Zusammenschluss dieser unterschiedlichen Bezugnahmen – als »Lebenswelt« betrachten (Gröschke, 1997, 144).

Im Verstehen und Einordnen der unterschiedlichen Bedingungen und Wirkungsweisen, welche auf die heilpädagogische Praxis Einfluss nehmen, geschieht und generiert sich dann immer wieder individuelles heilpädagogisches Handeln. Dieses Handeln realisiert sich aber erst im Dialog, im Gespräch und in der Interaktion mit dem jeweils anderen Menschen: »In der Lebenswelt finde ich die Welt als eine mit anderen gemeinsame vor« (Gröschke, 1997, 146). Folglich müssen heilpädagogische Konzeptionen von einem Praxisbegriff ausgehen, in welchem dieses immer wieder neu zu entwickelnde Gemeinsame eine entscheidende Rolle spielt. Der Praxisbegriff in der Heilpädagogik wird im dreifachen Sinne verstanden:

- als eine theoriegestaltende Variable (gesellschafts-politisch), die sich auf ein historisches und zugleich immer wieder neu auszurichtendes Feld bezieht,

- als eine konzeptionell-methodische Variable, welche die Kommunikation zwischen unterschiedlichen Systemen und Teilsystemen berücksichtigt, sowie
- als eine reflektorische Variable, welche die Konstruktionsprozesse der wechselseitigen Bezugnahmen immer wieder neu in den Blick nimmt.

Diese drei Variablen konstituieren dann eine solche Erfassung der Praxis, die Bezug nehmen kann auf das gemeinsame Leben aller Beteiligten mit allen Gemeinsamkeiten und Differenzen. Ein solcher Praxisbegriff kann didaktisch und methodisch das heilpädagogische Handeln gut begründen, konzeptionell ausrichten und reflexiv präzisieren. Praxis ist somit »Ursprung und Bewährungsfeld heilpädagogischer Konzepte« (Gröschke, 1997, 122). Folglich müssen sich die Konzepte immer auf diese Praxis beziehen und aus ihr erwachsen. Anders gesagt können die Konstruktionsmechanismen dieser Konzepte sich nur auf dem Hintergrund eines Verständnisses von Praxis entwickeln. Nach Gröschke (1997, 110 ff.) können Konzepte durch vier Parameter beschrieben werden:

- Kognition (Fachwissen): Der heilpädagogisch Handelnde muss um das Feld seines Handelns, muss um Handlungsoptionen, muss um wissenschaftlich begründete kognitive Momente wissen und sie als Grundlagen seines Handelns verstehen.
- Gewissen: Der heilpädagogisch Handelnde muss sich deutlich machen, von welchen Stellungnahmen er (sowohl individuell als auch gesellschaftlich) ausgeht, welche sein Handeln leiten.
- Motive und Absichten: Der heilpädagogisch Handelnde muss ein klares und deutliches Verständnis davon haben, warum er handelt und was er mittels seiner Handlung erreichen will.
- Bewusste Umsetzung: Der heilpädagogisch Handelnde muss die drei genannten Parameter in die Kommunikation und Interaktion mit allen Beteiligten einfließen lassen.

Der so erfasste Konzeptbegriff erfüllt nach Gröschke eine Brückenfunktion zwischen Theorie und Praxis. Diese Brücke wird von drei Pfeilern getragen (vgl. Geißler und Hege, 2001, 22 ff.):

Grundbegriff des Konzeptes

Als Konzepte sind Handlungsmodelle zu verstehen, in welchen unterschiedliche Ziele, Inhalte, Methoden und Verfahren in einem je individuell sinnhaften Zusammenhang zu bringen sind. »Dieser Sinn stellt sich im Ausweis der Begründung und der Rechtfertigung dar« (Geißler und Hege, 2001, 23). Wie auf dem Hintergrund der Begründungen und Analysen zum Praxisbegriff deutlich geworden sein sollte, ist jedes Konzept somit in einen gesellschaftlichen und historischen Entstehungs- und Begründungszusammenhang zu setzen, welcher dann wiederum einen weiteren Anwendungskontext definiert. Heilpädagogische Konzepte sind einerseits »Resultat der jeweiligen sozio-historischen Bedingungen [...], andererseits aber auch Handlungsmodelle, die gesellschaftliche Erscheinungen beeinflussen (z. B. verstärken oder verändern). Nicht zuletzt können Konzepte, werden sie geschichtlich begriffen, als Möglichkeiten verstanden werden, unter anderen gesellschaftlichen Bedingungen auch in anderer Form zu wirken (konkrete Utopie)« (ebd., 24).

Natürlich vollziehen sich nun diese wechselseitigen Abhängigkeiten zwischen gesellschaftlicher Begründung und jeweils individuellem Handeln nicht deutlich und gradlinig, so dass es auch bei einer scheinbar identischen Konzeption zu unterschiedlichsten Realisationsmöglichkeiten kommen kann. Wie diese Prozesse verlaufen, wurde unter Bezugnahme zu konstruktivistischen Begründungen schon gezeigt (▶ Kap. 3).

Methoden

Formal betrachtet ist jede Methode ein konstitutiver Teilaspekt eines Konzepts (oder aber auch mehrerer Konzepte). Sie erfüllt die Funktion eines vor der jeweiligen Handlung vorausgedachten Plans einer möglichen Vorgehensweise. Eine Methode hat also immer mit der Planbarkeit pädagogischer Handlungsabläufe zu tun. Den methodischen Anteil eines Konzepts bezeichnet Gröschke als die »Interventionslehre des Konzepts«. Unter Intervention versteht er »eine geplante und gezielte methodische Einwirkung [...], die im Hinblick auf ein Ziel eingeleitet wird« (Gröschke, 2007, 75). Eine so aufgefasste Methode offenbart sich in Form von konkreten Handlungsregeln, die vom Handelnden bestimmte Handlungsschritte verlangen, um methodisch korrekt und unter Berücksichtigung der gegebenen Situation das angestrebte Ziel zu verfolgen.

»Ein unverzichtbarer Bestandteil methodischen Handelns ist die Zielgerichtetheit, wobei sich Ziel und Methode in einem Prozess gegenseitiger Wechselwirkung entfalten und entwickeln (in der Didaktik ist dieses Verhältnis als Implikationszusammenhang von Ziel, Inhalt und Methode bekannt geworden)« (Geißler und Hege, 2001, 25). Zu bedenken ist allerdings, dass die jeweiligen Ziele immer im gemeinsamen Vollzug der Handlungspartner entwickelt und konstruiert werden sollen. Nur so können sie sowohl für den Klienten als auch für den Heilpädagogen als Grundlage des gemeinsamen und dialogischen Handelns dienen.

Da die Methoden immer im Kontext der jeweiligen Konzeption stehen, ist eine Vernetzung zwischen theoretischer Begründung, konzeptioneller Äußerung und methodischer Umsetzung unumgänglich. Geschieht dieses nicht, kann eher von einem dilettantischen, denn professionellen heilpädagogischen Handeln gesprochen werden. Eine bestimmte Methode ist also immer auf ein bestimmtes Handlungsfeld bezogen, welches wiederum ganz bestimmte handelnde Personen zusammenführt. Es wäre heilpädagogisch undeutlicher (und unprofessioneller), eine Methode auf ein Handlungsfeld zu beziehen, für welches sie nicht gedacht ist. Genauso kontraproduktiv wäre es, eine Methode in der Arbeit mit Menschen anzuwenden, die andere Fragestellungen haben, als diese Methode bzw. der heilpädagogisch Tätige mittels dieser Methode zu beantworten in der Lage ist.

Wichtig ist zu wissen, dass im Sozialwesen allgemein und in der Heilpädagogik besonders die Methoden kein »Handwerkszeug« sind. Im Kontext des heilpädagogischen Handelns dienen sie vielmehr als Vorgänge bzw. Handlungshilfen zum

Zwecke einer »Erfahrungsannäherung« (Kobi, 2004, 352). Dieser Aspekt der Gestaltung von Kommunikation und Interaktion stellt ein grundlegendes Charakteristikum heilpädagogischer Methoden dar: Aus bestimmten Gründen gehen Menschen aufeinander zu, sie gehen offen und bemüht ums Verstehen des Gegenübers miteinander um und sie handeln gemeinsam. Diese Art ermöglicht es ihnen, sich im wechselseitigen Dialog ihrer Erfahrungen teilhaftig zu werden.

Da es sich hier um die didaktisch-methodischen Grundlagen von praxisbezogener professioneller Berufstätigkeit handelt und nicht um die Erörterung und Differenzierung des Methodenbegriffes im Rahmen wissenschaftlicher Methodologie der Heilpädagogik, wird auf den wissenschaftlichen Erkenntniskontext nicht näher eingegangen. Für interessierte Leser kann hier das Standardwerk zur Heilpädagogik von Kobi (2004) empfohlen werden, in dem der Autor dieses Thema ausführlich behandelt.

Verfahren und Techniken

Während Methoden als »systematisierter Komplex von Vorgehensweisen« (Geißler und Hege, 2001, 29) begriffen werden, stellen die Verfahrensvorgänge und Techniken einzelne Elemente dieser Methoden dar. Was damit gemeint ist, erörtern Geißler und Hege: »z. B. die Technik der Deutung in der Methode der Konfliktanalyse innerhalb des psychoanalytischen Konzeptes oder der Feedback-Technik in der Methode des Sensivity-Trainings im gruppendynamischen Konzept« (ebd., 29). Folglich kann eine Technik nie von der Methode losgelöst und eindimensional bzw. nur als Selbstzweck für sich gestellt angewendet werden. Dieses Verlangen der Didaktik und Methodik der Heilpädagogik ist deshalb so wichtig, weil es der (momentan im gesamtgesellschaftlichen Rahmen deutlich spürbaren) Tendenz zur Technologisierung pädagogischer Vollzüge entgegenwirkt. Das heilpädagogische Handeln ist also dann als professionell zu verstehen, wenn der Heilpädagoge darauf achtet, dass die auszuwählenden Vorgänge und Techniken

- im Rahmen der Methoden und Konzepte logisch ableitbar und
- auf dem Hintergrund einer konstruktivistischen Betrachtungsweise für die beteiligten Personen viabel sind (zu ihnen passen bzw. in dieser Handlungssituation als passend erscheinen).

Fazit

Heilpädagogik ist als theoretisch untermauerte, professionalisierte Praxis zu betrachten. Als solche muss sie wissenschaftlich begründete, wirksame und lehr- bzw. lernbare Formen praktischer Tätigkeiten vorweisen. Diese werden als Praxiskonzepte bezeichnet. Die Didaktik und Methodik der Heilpädagogik hat die Aufgabe, von diesen Maßgaben ausgehende Praxiskonzepte zu erarbeiten, sie in der Anwendung zu prüfen und als einen verbindlichen Rahmen des heilpädagogischen Handelns in den handlungsleitenden Hintergrund zu implementieren. Wichtig sind hierbei die Vernetzung und eine enge Kooperation zwischen Wissenschaftlern und Praktikern der Heilpädagogik, denn auch bzw. besonders für die Heilpädagogik gilt die Tatsache, dass die Theorie ohne die Praxis leer ist und die Praxis ohne die Theorie blind bleibt. Das Aufeinander-angewiesen-Sein von Theorie und Praxis stellt also eine grundlegende Bedingung für die Entwicklung von heilpädagogischen Handlungskonzepten. Die von der Didaktik und Methodik der Heilpädagogik erarbeiteten Orientierungs- und Handlungshilfen für heilpädagogisch Tätige stehen immer in einem Kontext, in welchem

- die theoretischen Begründungen ganz bestimmte Konzepte differenzieren,
- diese wiederum relevante Methoden generieren und
- diese sich in viablen Verfahren und Techniken organisieren und umsetzen lassen.

Die Reflexionsprozesse der handelnden Fachperson fokussieren die Planungsvorgänge dieser Vollzüge immer wieder neu, um zu verstehen, warum und wodurch gehandelt worden ist und demnächst werden soll. Sie haben auch die Aufgabe, die Gründe und Bedingungen des Zustandekommens von Kontingenzen und Schwierigkeiten an bestimmten Bruchstellen nachzuvollziehen. Erst wenn dieses geschieht, kann von einer professionellen Vorgehensweise im Rahmen einer heilpädagogischen Didaktik und Methodik gesprochen werden.

Die heilpädagogische Praxis stellt einen kooperativen Prozess des gemeinsamen und von Achtung sowie Respekt geprägten Tuns dar: Die Beteiligten lernen, arbeiten, spielen, bewältigen den Alltag, leben gemeinsam. Deshalb verdeutlichen die oben dargestellten Zugänge zur Didaktik und Methodik der Heilpädagogik nicht nur die Orientierung auf die Lehr- und Lernprozesse sowie die Entwicklung eines gemeinsamen Lehr- und Lernhintergrundes (didaktisches Anliegen), sondern auch das Selbstverständnis als eine Disziplin, die immer einen Weg zu beschreiben sucht, auf welchem beide bzw. mehrere Handlungspartner gemeinsam gehen können (methodische Grundausrichtung).

Mit der Erörterung und Einordnung von Konzepten, Methoden und Verfahren bzw. Techniken allein ist die Orientierungs- und handlungsleitende Aufgabe einer Didaktik und Methodik der Heilpädagogik noch nicht ganz erfüllt. Ein weiteres wesentliches Merkmal des professionellen Handelns im Berufsfeld der Heilpädagogik stellen die Kompetenzen dar, die auf der Ebene von konkreten handelnden Personen angesiedelt sind. Im weiteren Text wird der Frage nachgegangen, welche Kompetenzen von der Didaktik-Methodik der Heilpädagogik als handlungsrelevant hervorzuheben und als »persönlich-methodische« Grundausstattung von Heilpädagogen zu vermitteln bzw. zu fördern sind.

4.2 Kompetenzen in der Heilpädagogik

Etymologisch betrachtet hat der Ausdruck Kompetenz mit Sachverstand, Fähigkeit, Vermögen bzw. mit Zuständigkeit, Eignung, Befugnis (Gegensatz: Inkompetenz) zu tun (vgl. Microsoft, 2004). Der ursprünglichen Bedeutung des Wortes (lat. »competentia« = zusammenführen) und der historisch belegten Verwendung in der Juristensprache im 18. Jahrhundert ist zu entnehmen, dass mit »Kompetenz« zwei zusammenhängende Merkmale einer Person auf einmal erfasst werden: Die gesellschaftliche Position und die mit ihr verbundene Entscheidungsmacht. Die zweite Bedeutung im Sinne von Fähigkeit, Vermögen, Eignung hängt offensichtlich mit der ersten Bedeutung zusammen (vgl. Stahlmann, 2007, 35). Im Sozialwesen (und folglich auch in der Heilpädagogik) werden beide Bedeutungen verwendet. Die Frage nach Zuständigkeit in der heilpädagogischen Praxis stellt einen immer wieder zu reflektierenden und zu bestimmenden Aspekt dar. Auf der konkreten didaktisch-methodischen Handlungsebene wird der Begriff der Kompetenz i. d. R. im Sinne von Fähigkeit, Vermögen, Eignung verwendet. Im weiteren Text wird diese zweite Bedeutung dargestellt.

Über Kompetenzen wird im Sozialwesen seit längerer Zeit diskutiert – in der Bedeutung von Fähigkeiten wurden sie seit ca. Anfang des 20. Jahrhunderts in der Entwicklungspsychologie, Pflegewissenschaft, Sprachphilosophie und -wissenschaft vor allem im Kontext der Aneignung und Verwendung von technisch-instrumentellen und sozial-kommunikativen Fähigkeiten (Sprache, Kognition, Moral, Kommunikation) benutzt. In der Pädagogik findet der Begriff Kompetenz erst seit Ende des 20. Jahrhunderts seine Bedeutung.

Nachdem in den 80er Jahren des 20. Jahrhunderts die Frage der Handlungskompetenz in der sozialen Arbeit thematisiert und z. T. kontrovers diskutiert wurde, verbreitete sich der Begriff sehr schnell in vielen Feldern der Erziehungswissenschaft. Seine Verbreitung und Verwendung ist z. Z. fast übertrieben – neben Fach-, Methoden-, Selbst- und Sozialkompetenz wird auch von Handlungskompetenz, Sachkompetenz, personaler Kompetenz oder Humankompetenz, Informationskompetenz, interkultureller Kompetenz, Internetkompetenz, Lese- und Schreibkompetenz, Kompetenz und Performanz in der Sprachwissenschaft, Medienkompetenz, Kompetenzkompetenz, Kompetenzmanagement, ökologischer Kompetenz und Demokratiekompetenz gesprochen (ebd., 35 f.).

4.2.1 Kompetenz und persönliche Eignung

Im Feld der Heilpädagogik tätig zu sein heißt nicht nur, eine Qualifikation im Sinne des Abschlusses einer Berufsausbildung nachzuweisen. Es wird immer auch darauf geschaut, inwieweit die Fachperson von ihrem Menschsein, ihrer Persönlichkeit her für die Ausübung eines solchen sozialen Berufs geeignet ist. Die Zeiten, in denen die Bewerber um eine Stelle Persönlichkeitstests ausfüllen mussten, gehören zwar der Vergangenheit an. Im Vorstellungsgespräch wird allerdings umso genauer wahrgenommen, wie sich derjenige als Person gibt und inwieweit er dem Anforderungsprofil entspricht, welches die Einrichtung für die Stelle erarbeitet hat.

Dies hängt mit der Tatsache zusammen, dass überall dort, wo Menschen mit Menschen arbeiten, ihre Rolle und Position von einem Gefälle zwischen Hilfsbedürftigkeit einerseits und Hilfegewährung andererseits bestimmt wird. Für den Umgang mit der Macht, die die Fachperson gegenüber dem Klienten besitzt, sind die

Persönlichkeitsmerkmale ausschlaggebend. Ebenso hängt die Wirksamkeit von Methoden und Vorgängen direkt oder indirekt von der Beziehung der beiden ab. Deshalb ist es nach wie vor von wesentlicher Bedeutung, sich selbst, d. h. die eigene Person als Hauptwerkzeug der eigenen Wirksamkeit einzusetzen. Aus diesem Grund werden im Sozialwesen neben den objektiven Faktoren (wie z. B. Fachwissen oder methodisches Know-how) immer auch weitere – subjektive – Faktoren beachtet.

Als eine der wichtigsten Handlungskompetenzen in den Berufen des Sozialwesens, also auch in der Heilpädagogik, wird also die Fähigkeit des heilpädagogisch Tätigen betrachtet, sich selbst als Person ins Geschehen einzubringen. Dies ist das wesentliche Merkmal der o. g. »Eignung als Person«. Außerdem spielt in den sozialen Berufen auch noch die aufgabenrelevante Erfahrung eine bedeutende Rolle. Unter Umständen können sogar diese beiden Faktoren eine fehlende Berufsausbildung ausgleichen. Diese Tatsache ist nach Hiltrud von Spiegel sogar im sog. Fachkräfteparagraph verankert – und zwar im § 72 Ab 1 SGB VIII (vgl. von Spiegel, 2006, 80). Wie auch immer: In den Berufen des heutigen Sozialwesens lässt sich eine Abkehr von dem formalisierten Begriff »Qualifikation« (z. B. auf ein bestimmtes Praxisfeld bezogener Berufsabschluss) hin zum flexibler in verschiedenen Praxisfeldern und Positionen verwendbaren Begriff der »Kompetenz« beobachten. Ein weiterer Grund für die Hervorhebung des Begriffs Kompetenz besteht darin, dass seit ca. 20 Jahren vor allem in der Heilpädagogik (aber auch in Psychologie oder Pflegewissenschaft) im Kontext der Förderungs-, Bildungs-, Erziehungs- und Begleitungsaufgabe ein Zugang zum Nutzer vom Blickwinkel vorhandener Stärken, Fähigkeiten (Kompetenzen) und Ressourcen favorisiert wird – mit dem Ziel, diese zu stärken. Auch die Fertigkeiten und Fähigkeiten von professionellen Heilpädagogen werden als Kompetenzen bezeichnet.

Diese Sichtweise in der Heilpädagogik ist allerdings nicht ganz neu – bereits Paul Moor hat sie schon mit seinem Leitsatz unmissverständlich zum Ausdruck gebracht: »Nicht gegen den Fehler, sondern für das Fehlende« (Moor, 1965, 22). Stahlmann vermerkt dazu kritisch, dass Paul Moor wohl die heutige »Kompetentionalisierung« der heilpädagogischen Theorie und Praxis nur schwer nachvollziehen könnte. Was ihm besonders wichtig war, ist die Beziehung zwischen dem Pädagogen und dem Kind sowie einfühlsames Verstehen und Ergriffenheit seitens des Pädagogen. Also Aspekte, die vor allem mit dessen Haltung und Einstellung zum Kind und nur wenig mit seinen operationalisierten und eingeübten Fähigkeiten (Kompetenzen) zu tun haben.

Ein weiterer Kritikpunkt geht davon aus, dass Kompetenzmodelle mit Handlungsanleitungen verwechselt werden können, die eine Handlungs- und Ergebnissicherheit garantieren. Dies ist deshalb fraglich, weil es in heilpädagogischen Handlungsfeldern eine solche Sicherheit de facto nicht gibt und nicht geben kann (vgl. Stahlmann, 2007, 37).

Nichtsdestotrotz gehört der Begriff Kompetenz untrennbar zu der aktuellen Handlungstheorie der Heilpädagogik und zur Didaktik/Methodik der Heilpädagogik – als eine wichtige Quelle der Informationen darüber, in welchen Bereichen die heilpädagogisch Tätigen ihre Fähigkeiten entfalten und kultivieren sollen, wenn sie den Ansprüchen des professionellen heilpädagogischen Handelns gerecht werden wollen. Nicht mehr und nicht weniger. Wichtig ist auf jeden Fall, dass der Begriff

Kompetenz nur in seiner beschreibenden und hinweisenden Funktion verstanden und verwendet wird und sich nicht eigendynamisch zu einer bestimmenden Norm entwickelt. Deshalb ist es erforderlich, dass der Stellenwert des Kompetenzbegriffs von den heilpädagogisch Tätigen behutsam eingeschätzt wird und dass sie sich der möglichen Verzerrungen in seiner Auslegung und Bewertung bzw. seiner normativen Gefahr gewahr werden.

Im weiteren Text werden die Kompetenzen im Kontext des heilpädagogischen Handelns so thematisiert und dargestellt, wie sie gegenwärtig in der Fachwelt verstanden werden. Auch wenn die geschichtliche Entwicklung des Begriffs Kompetenz interessant und spannend ist, wird auf sie hier nicht näher eingegangen. Interessierten Lesern empfehlen wir für nähere Informationen das Buch »Methodisches Handeln in der Sozialen Arbeit« von Hiltrud von Spiegel, in dem sie nicht nur die Entwicklungen, sondern auch weitere Inhalte und Aspekte der Kompetenzthematik sehr gut, d. h. verständlich, überschaubar und nachvollziehbar beschreibt (vgl. v. Spiegel, 2006, 80 ff.).

4.2.2 Kompetenzensystematik

Wenn nach einer bestimmten Kompetenz eines Menschen gefragt wird, kann man eigentlich (alltagssprachlich) fragen, ob er »imstande ist« – nämlich seine bestimmten Ressourcen in bestimmten Handlungssituationen zu verwenden. Dies ist erst dann gut möglich, wenn ein Bezug zwischen folgenden Elementen hergestellt wird:

- die erforderlichen Kenntnisse (aus dem individuellen Gesamtbestand des Wissens),
- die hilfreichen Fähigkeiten und Fertigkeiten (aus dem individuellen Gesamtbestand des Könnens),
- die Interessen, Anlässe und Motive (aus dem Gesamtbestand der Haltungen, Einstellungen und des Wollens),
- die situativ bedingten Möglichkeiten und Grenzen (aus den Bedingungen sowie Anforderungen bzw. Einschränkungen seitens der Umwelt).

Von dieser Tatsache ausgehend kann der Kompetenzbegriff durchaus als ein Bezugsbegriff verstanden werden, welcher kaum normiert werden kann. Deshalb gibt es weder eine allgemein gültige Definition von Kompetenz noch eine allgemein gültige Systematik. Stattdessen existieren viele verschiedene Auffassungen und Differenzierungen – je nach Autor und Berufsfeld. Aus den vielen Versuchen, Kompetenzen zu definieren, lässt sich folgender gemeinsamer Nenner exzerpieren: Die Verfügbarkeit von bestimmten Handlungsmustern, welche bestimmte Kenntnisse, Erkenntnisse und Erfahrungen erfordern. Der Bezug zwischen relevanten Fähigkeiten und Fertigkeiten und dem spezifischen Wissen und Können ist hierbei ausschlaggebend. Diese Kompetenzelemente – und das ist sehr wichtig – können real nur in der persönlichen Ausprägung einer konkreten Person verfügbar sein. Also geht es bei Kompetenz nicht um das praktische Handeln per se, sondern um das persönliche »Eigentum« (man auch sagen »das individuelle Konstrukt«) der Kompetenzelemente. Der Heilpädagoge hat sie oder nicht und nutzt sie, oder aber auch nicht.

All diese Merkmale erschweren die Systematik von Kompetenzen enorm. Wie lässt sich etwas, was auf einer Vielzahl von Kenntnissen, Werten, Erfahrungen, Fähigkeiten und Handlungsantrieben basiert (und zwar in individueller Ausprägung und dazu noch situationsbedingt und abhängig von der jeweiligen kulturhistorischen Situation), verallgemeinern und systematisieren? Diese Schwierigkeit steht im Hintergrund der Versuche, statt viele Kompetenzen zu sortieren lieber wenige, berufs- und aufgabenunabhängige Fähigkeiten zu finden und zu beschreiben, die für qualifizierte Tätigkeiten in allen Arbeitsfeldern gebraucht werden. Diese übergeordneten Fähigkeiten wurden als »Schlüsselkompetenzen« bezeichnet.

Schlüsselkompetenzen

Es handelt sich bei Schlüsselkompetenzen um Kenntnisse, Fähigkeiten und Fertigkeiten, von denen die Ausübung von speziellen beruflichen Tätigkeiten nicht abhängig ist, gleichwohl sie durchaus im Kontext dieser Tätigkeiten hilfreich sind. Sie sind relevant für solche Situationen und Anforderungen, in denen unspezifisch gedacht und gehandelt werden muss (z. B. bei der Notwendigkeit, auf unvorhersehbare Änderungen angemessenen zu reagieren). Als Beispiele für die in diesem Sinne verstandenen Schlüsselkompetenzen können hier z. B. die »Kommunikationskompetenz«, »professionelle Handlungskompetenz«, »Teamkompetenz«, »Reflexionskompetenz«, »soziale Kompetenz« u. ä. genannt werden.

Eine Schlüsselkompetenz hat im Sozialwesen einen guten Bekanntheits- und Akzeptanzgrad erreicht: die »berufliche Kompetenz« (ursprünglich ausgearbeitet von J. Schilling). Nach Hiltrud von Spiegel besteht sie aus folgenden vier Elementen (von Spiegel, 2006, 84):

- instrumentelle Kompetenz (Ausstattung mit Fachwissen und Fertigkeiten sowie Planungs-, Durchführungs- und Reflexionstechniken),
- reflexive Kompetenz (Empfänglichkeit für das Verhalten, den situativen und gesellschaftlichen Kontext sowie deren Analyse und Interpretation),
- soziale Kompetenz (Einfühlungsvermögen/Fähigkeit zur Empathie anderen und sich selbst gegenüber bei gleichzeitiger Wahrung angemessener Rollendistanz),
- Handlungskompetenz (Handeln als begründetes, zielgerichtetes, gekonntes, angemessenes und reflektiertes intentionales Verhalten, in dem die anderen drei Elemente zusammenfließen).

Die Handlungskompetenz weist zwei grundlegende Kontexte auf: Den intrapersonalen Kontext (Persönlichkeit, Personsein und der soziokulturelle Hintergrund des Heilpädagogen) und den interpersonalen Kontext (berufliches Umfeld mit Nutzern und deren Angehörige, Team, Nachbarschaft usw.). Der handlungskompetente Heilpädagoge soll imstande sein, die o. g. Elemente so einzusetzen bzw. zu nutzen, dass er sowohl sich selbst als Person als auch seine berufliche Umwelt wahrnehmen, analysieren, interpretieren, reflektieren und im gemeinsamen Tun das umsetzen kann, was er mit seinem Gegenüber aus der Analyse und Interpretation als wichtig, sinnvoll und erstrebenswert erkannt hat. Wichtig ist dabei, auf Unterschiede (bzgl.

Sozialisation, Lebenswelt, Erfahrungen und Lebenslage etc.) zwischen den eigenen soziokulturellen Normen und Werten und denen der Nutzer seiner Leistungen zu achten und sie zu berücksichtigen.

Betrachtet vom Blickwinkel der Transaktionalität spielen also in der Handlungskompetenz neben den Anteilen der handelnden Person (Potenziale) auch die Anteile der Umgebung (Anforderungen, Bedingungen) eine wichtige Rolle und zwar in deren Zusammenwirken. Diese Auffassung hebt das Arrangement (also adaptive Verhaltensweisen) im Kontext bestimmter äußerer Anforderungen hervor, wobei die handelnde Person sowohl die eigenen Ressourcen als auch die der Umwelt nutzt. Von diesem Blickwinkel her betrachtet handelt es sich hier weniger um bestimmte Eigenschaften von Personen, sondern vielmehr um das Nutzen sowohl der eigenen Ressourcen als auch der Umweltressourcen (Olbrich, 1999, 29):

- materielle und instrumentelle Faktoren und Bedingungen sowie Verhaltensmodelle, die der handelnden Person bei der Koordination eigener affektiver, kognitiver und konativer Potenziale nützlich sind (Ressourcen der Umwelt),
- generelle und spezifische Fähigkeiten sowie subjektive »Programme« (Vorgänge) der handelnden Person, die der Mobilisierung, Koordination und Aktualisierung dieser Fähigkeiten nützlich sind (Ressourcen der Person).

An dieser Stelle tritt sehr deutlich der hohe Stellenwert von Fähigkeiten und Kompetenzen hervor, die vor allem in der Person des professionellen Handelnden verankert sind. Wie schon oben erwähnt, ist dieser selbst als »Hauptwerkzeug« seiner Wirkung in die beruflichen Interaktionsprozesse involviert und reagiert sowohl bewusst als auch nicht bewusst auf alles, womit er in Berührung kommt. Die wichtigsten Quellen der subjektiven Belastung bzw. Grenzerfahrung sind folgende (vgl. Weiß, 2004, 137 ff.):

- belastendes bzw. störendes Verhalten der zu betreuenden Menschen und ihrer sozialen Umwelt,
- außergewöhnliches Leid, welches im Hintergrund dieses Verhaltens steht bzw. als seine Folge entsteht (ein für heilpädagogisches Handeln höchst relevanter Sachverhalt),
- Übertragungs- und Gegenübertragungsprozesse in alltäglichen Interaktionen mit den zu betreuenden und assistierten Menschen,
- Verwicklungen aus der eigenen Lebensgeschichte bzw. privaten Lebenssituationen des Pädagogen, die im Kontext dieser Interaktionsprozesse aktiviert werden.

Belastungsquellen erkennen, aufgreifen, angehen, überwinden und aufarbeiten kann der heilpädagogisch Tätige vor allem dann, wenn er in sich selbst gut orientiert ist und die erforderliche Selbstkompetenz erwirbt, um als begründet, zielbewusst, selbstsicher, reflektierend zu gelten und auf den zu betreuenden Menschen ausgerichtet handeln zu können. Dies zu tun ist bereits im Verlauf der beruflichen Ausbildung sinnvoll. Gleichwohl muss sie auch später im Berufsleben weiterhin gepflegt und vertieft werden.

Grundkompetenzen

Ein weiterer Systematisierungsversuch spricht von »Grundkompetenzen«. Diese werden in vier Hauptbereiche als Fach-, Methoden-, Sozial- und Selbstkompetenz aufgeteilt und können dann mit berufsrelevanten Inhalten gefüllt werden. Bezogen auf heilpädagogisches Handeln lassen sie sich in folgende Grundkompetenzen aufschlüsseln:

Wer als heilpädagogisch tätige Fachperson über Grundkompetenzen verfügt, soll imstande sein,

- über heilpädagogisches Grundwissen sowie heilpädagogisches Spezialwissen zu verfügen (Fachkompetenz),
- die Kenntnisse und Fähigkeit der Anwendung verschiedener Methoden entsprechend den Erfordernissen einzusetzen (Methodenkompetenz),
- Beziehung aufzubauen, aufrechtzuerhalten und zu beenden, im Team kooperativ mitzuarbeiten u. ä. (Sozialkompetenz),
- eigenes Empfinden, Denken und Handeln zu reflektieren und zu hinterfragen, sich bewusst zu steuern sowie sich weiter zu entwickeln (Selbstkompetenz).

Die Grundkompetenzen ermöglichen und bedingen eine effektive Auseinandersetzung mit konkreten Handlungssituationen. Sie sind jedoch nicht mit der Handlung selbst gleichzusetzen. So verstanden sind sie vielmehr prinzipielle Fähigkeiten von heilpädagogisch Tätigen und als solche müssen sie erst in der Praxis angewendet werden und sich im konkreten Tun bewähren.

Demnach sind diese Kompetenzen weder direkt beobachtbar noch messbar. Sie offenbaren sich im Handeln, welches die handelnde Person mit ihren Einstellungen, Gedanken, Empfindungen und Zielen erkennen lässt. In diesem Sinne gibt es hinsichtlich Kompetenzen keine hamletsche Polarität des »entweder haben oder nicht haben«. Vielmehr geht es darum, mehr oder weniger kompetent zu sein. Und dies ist nicht nur von den erworbenen Fähigkeiten, Fertigkeiten, dem methodischen Knowhow und den Personmerkmalen, sondern auch von dem Gegenüber, der Situation und der Tagesform des Kompetenzträgers abhängig. Als Gesamtausdruck des »personalen Könnens« offenbart sich die Kompetenz bei den im Sozialwesen tätigen Fachpersonen (also auch bei Heilpädagogen) in folgenden Aktivitäten (vgl. Olbrich, 1999, 97 ff.):

- Regelgeleitetes Handeln in der Form von Durchführung praktischer Tätigkeiten: Es erfordert Übung, Zeit, Erfahrung und beinhaltet manchmal auch ritualisierte Abläufe. Es muss immer wieder auf Sinn und Unsinn im Kontext seiner Wirkung überprüft werden.
- Reflektieren in der Form von »Über-sich-Nachdenken«, eigenes Handeln und Verhalten beurteilen, sich eigene Gefühle sowie die Befindlichkeit des Gegenübers bewusst machen, über den Sinn eigener Tätigkeit nachdenken u. ä. In diesem Sinne handelt es sich um eine kognitive Leistung, die eine innere Distanzierung erfordert. Reflektieren dient der Verarbeitung von Wissen und Erfahrung, dem Aufbau persönlicher Identität und der Stärkung der Selbstwirksamkeit.

- Umgang mit eigenen und fremden Emotionen in der Form des Fühlens und Mitfühlens, der Sensibilität für das, was subjektiv wichtig ist, sowie des nicht bewertenden Ausdrucks der wahrgenommenen Empfindungen und Bedeutungen.
- Wertgeleitetes Handeln in der Form von bewusster Berücksichtigung eines anthropologischen und ethischen Menschenbildes – der zu fördernde Mensch muss offen, d. h. als unvorhersagbar und als anders bzw. einmalig in seinem Sein gesehen werden. Erst diese Dimension bündelt die anderen Aktivitäten zu einer ganzheitlichen personalen Kompetenz, die in der beruflichen Interaktion positiv wirkt.

Hierbei ist es wichtig zu wissen, dass diese Grundkompetenz nicht nur den Fachpersonen vorbehalten ist. Vielmehr steht sie auf einem – für alle Menschen gleichen – Fundament: Von der Auffassung des Handelns als intentionaler Aktivität ausgehend, sind Denken, Fühlen und Wollen bei den Handlungen aller Menschen immer involviert. Nur bei Instinktverhalten, Reflexen oder antrainiertem bzw. automatisiertem Verhalten spielen sie keine oder nur eine geringfügige Rolle. Es scheint somit beinahe gleich zu sein, ob Menschen als qualifizierte Fachpersonen oder aber als Privatpersonen bzw. Laien etwas mit mehr oder weniger bewusster Absicht tun. Ohne Beteiligung von Denken, Fühlen und Wollen kommt kein Handeln im o. g. Sinne zustande. Der wichtigste Unterschied hierbei besteht allerdings in der Verpflichtung der Fachpersonen, als professionell Tätige mit den Offenbarungsbereichen ihrer Grundkompetenz bewusst umzugehen.

Tab. 1: Personbezogene Offenbarungsbereiche der Grundkompetenz

Ebene	Aktivität	Ausdruck
Kognition	Denken	wahrnehmen, reflektieren, vergleichen, beurteilen
Emotion	Fühlen	empfinden, mitempfinden (empathisch sein), spüren
Motivation	Stellung-Beziehen, Wollen	wertgeleitet beabsichtigen, planen, tun
Aktion	Handeln	routiniert vorgehen (begründet, zielorientiert, gekonnt)

Konkretisierung am Beispiel der Selbstkompetenz

Von den vier Hauptbereichen der Grundkompetenzsystematik (Fach-, Methoden-, Sozial- und Selbstkompetenz) wird im Folgenden beispielhaft die Selbstkompetenz in den Kontext des heilpädagogischen Handelns gebracht. Damit soll dargestellt werden, dass allein die Systematisierung auf der übergeordneten Ebene noch nicht ausreicht, um konkretere Fähigkeits- und Fertigkeitshinweise zu bekommen. Hierfür müssen die in einer systematisierten Übersicht angegebenen Kompetenzarten immer spezifiziert werden.

Die Selbstkompetenz lässt sich als die Fähigkeit des heilpädagogisch Tätigen, mit eigener Person umzugehen, beschreiben. Hierunter kann recht Vieles und Unterschiedliches verstanden werden, weil das Selbst eines Menschen sich in mehreren

Wirkungsgebieten offenbart. Deshalb ist eine Beschränkung auf das Wesentliche erforderlich. In weiterem Text wird die Selbstkompetenz auf folgende vier Teilbereiche unterteilt: Selbstreflexion, Selbstwirksamkeit, Psychohygiene und Selbstsicherheit.

Selbstreflexion

Selbstreflexive Kompetenz zu haben heißt, imstande zu einer Bewusstseinerlangung von sich selbst zu sein. Dies bedeutet Auseinandersetzung mit der eigenen Person und schließt das Bewusstsein gesellschaftlich-sozialer und beruflicher (einschränkender oder förderlicher) Faktoren ein. Nicht also nur Bedingungen, Verfahrensabläufe, Prozesse und Ergebnisse sind zu reflektieren. Der personale Handlungsaspekt der Selbstreflexion gehört ebenfalls zum professionellen Handeln, weil er die Entfaltung subjektiver Identität sichert und sowohl die Steuerung des eigenen Verhaltens als auch die bewusste Einflussnahme im bzw. auf das berufliche Umfeld bedingt.

Das Anliegen der Selbstreflexion zielt auf die Entfaltung subjektiver Identität durch eine bewusste Beschäftigung mit eigener (nicht oder nur zum Teil bewusster) Lebensgeschichte, aktueller Situation und subjektiv bedeutsamer Zukunft. Selbstreflexives Verfahren setzt voraus, dass das selbstreflektierende Subjekt imstande und bereit ist, sich selbst zu hinterfragen und sich mitzuteilen. Die Selbstreflexion verläuft und gelingt i. d. R. besser, wenn sie mit der Selbsterfahrung einhergeht bzw. auf Ergebnissen der Selbsterfahrung aufbaut. Diese zielt darauf ab, Zusammenhänge zwischen den lebensgeschichtlichen Gegebenheiten und Ereignissen, inneren Erfahrungen und Überzeugungen sowie gesellschaftlich-sozialen Faktoren sichtbar zu machen und Strategien zur Veränderung des eigenen Verhaltens, aber auch des Umfelds zu entwickeln.

Hilfreiche Ansätze für die Selbstreflexion und Selbsterfahrung sind u. a. die Themenzentrierte Interaktion (Ruth Cohn), die Gesprächspsychotherapie (Carl Rogers) und die Tiefenpsychologie (Sigmund Freud, Alfred Adler). Ein möglicher Prozessablauf weist folgende Phasen auf: Selbsterfahrung (Darstellung der eigenen Person und Lebensumstände), Fremderfahrung (Konfrontation mit Vergleichbarem anderer Menschen), Analyse (Durcharbeitung), Schlussfolgerung für eigene Person (vgl. Schieck, 2005). Bedingt durch ihre Bedeutung für das professionelle Handeln stellen die Selbsterfahrung sowie die Entfaltung der Fähigkeit zur Selbstreflexion einen integralen Bestandteil der Berufsausbildung und -ausübung im Bereich des Sozialwesens und somit auch der Heilpädagogik dar.

Selbstwirksamkeit

Selbstwirksam zu sein heißt, so zu agieren, dass Einfluss auf den Verlauf der Dinge genommen wird und die Problemlösung sowie Bewältigung von Herausforderungen erfolgreich verläuft. Wer oft erlebt hat, dass er wichtige Dinge trotz Anstrengung nicht zum Guten wenden konnte (erlernte Hilflosigkeit), traut sich in schwierigen Situationen wenig zu. Dagegen macht die Erfahrung, dass man etwas mit eigenen

Mitteln erfolgreich bewältigen kann (erlernte Selbstwirksamkeit), zuversichtlich für zukünftige Situationen und Aufgaben. Dies kann in folgenden Zusammenhängen geschehen:

- bestimmte Tätigkeiten wie Beruf, Sport, Hobby u. ä. (spezielle und berufliche Selbstwirksamkeit),
- Interaktion mit Freunden bzw. Kollegen (soziale Selbstwirksamkeit),
- mannigfaltige alltägliche Angelegenheiten (allgemeine Selbstwirksamkeit).

Im Berufsalltag würde sich die Selbstwirksamkeit in der Antwort auf die Frage »Was kann ich bewirken, so, wie ich bin?« offenbaren – wenn sich die heilpädagogisch Tätigen diese Frage stellen würden. In der Arbeitswelt wird allerdings genauso selten danach gefragt, wie das Gelungene thematisiert wird. Vielmehr hält man es für selbstverständlich, dass man die Arbeit ordentlich, gewissenhaft, verantwortlich und effizient erledigt. Die Ungewissheit hinsichtlich der eigenen Selbstwirksamkeit kann mit Hilfe der Reflexion beseitigt und in eine Orientierung »Das schaffe ich gut – das läuft weniger gut« umgewandelt werden. Bei der Reflexion des eigenen Handelns gilt es also, immer auch nach dem Gelungenen zu suchen und sich der eigenen Selbstwirksamkeit gewahr zu werden. Als Beispiel für selbstwirksame Einstellung eines Menschen lassen sich folgende Aussagen betrachten, die wichtige Selbstwirksamkeitsaspekte zum Ausdruck bringen (vgl. Krellhaus, 2004, 30 ff., sowie Schwarzer und Jerusalem, 1999):

- Es bereitet mir keine Schwierigkeiten, meine Absichten und Ziele zu verwirklichen.
- Meine Aufgaben erledige ich aufgrund meiner Fähigkeiten und kann dabei mit anderen zusammenarbeiten.
- Ich gehe an Schwierigkeiten heran, weil ich meinen Fähigkeiten vertrauen kann. Im Nachhinein arbeite ich sie immer auf, um für die Zukunft vorbereitet zu sein.
- Wenn eine neue oder unerwartete Situation auf mich zukommt, weiß ich, wie ich mir eine Orientierung verschaffen kann.
- In Problemlagen habe ich meist mehrere Ideen, wie ich es lösen kann.

Sich als selbstwirksam zu erleben trägt nicht nur zur Befriedigung des wichtigen Bedürfnisses nach Selbstverwirklichung bei, sondern steigert auch die für heilpädagogisches (und selbstverständlich auch anderes) Handeln sehr relevante Selbstsicherheit des Heilpädagogen. Dies geschieht allerdings nicht automatisch, sondern mittels sachlichen Gewahrwerdens von wirklich gelingenden Momenten im Berufsalltag. Übrigens: Es ist durchaus legal, sich dabei wohl zu fühlen – dies ist als Ausdruck der Selbstwertschätzung zu verstehen und keineswegs als übersteigertes Selbstlob.

Psychohygiene

Als Psychohygiene wird die Theorie und Praxis der Erhaltung der seelischen Gesundheit verstanden (vgl. Microsoft, 2004). Im Rahmen der Heilpädagogik geht es darum, dass der heilpädagogisch Tätige für die Erhaltung seiner seelischen Stabilität sorgt, denn diese steht im direkten Zusammenhang mit seiner Handlungsfähigkeit. Imstande zu sein, die eigene körperliche und seelische Stabilität aufrechtzuerhalten, lässt sich als Ausdruck der selbstfürsorglichen Einstellung betrachten: »Ich bin verantwortlich...

- für mein seelisches und körperliches Wohlergehen, für die Befriedigung meiner Bedürfnisse, für das Lösen meiner Probleme,
- dafür, dass ich genug Zeit für Spaß und Entspannung habe,
- dafür, was ich tue und was ich anderen erlaube, mir anzutun – ich verdiene weder Missachtung noch Misshandlung und toleriere sie nicht.«

In sozialen Berufen ist immer wieder eine übermäßige Ausrichtung auf Versorgung der Nutzer zu beobachten – meistens auf Kosten der eigenen Selbstfürsorge. Der »Preis« dafür kann sehr hoch sein. Die intensive Versorgung anderer verbraucht nämlich viele physische und seelische Kräfte der heilpädagogisch Tätigen. Ohne Regeneration dieser Kräfte ist es dann bis zum »Burnout« nicht mehr weit. Deshalb ist Psychohygiene als Quelle der inneren Kraft und Stabilität sehr sinnvoll und u. U. sogar ein »Muss«. Ihre konkreten Formen sind immer individuell und folglich sehr mannigfaltig. Eigentlich dürfte es nicht allzu kompliziert sein, für sich zu sorgen. Im Wesentlichen geht es darum (vgl. Konnerth, 2005)

- sich selbst zu schätzen: Wer sich wertschätzt, kann sich auch mal ausdrücklich etwas Gutes gönnen – und zwar ohne schlechtes Gewissen;
- sich selbst für das Geleistete zu belohnen (die soziale Umwelt bringt nur selten von sich aus eine Anerkennung zum Ausdruck): Hier ist der Phantasie freier Lauf gelassen – von einem schönen Buch bis zu Annehmlichkeiten wie ein heißes Bad oder ein Saunabesuch ist alles möglich;
- die inneren Dialoge positiv zu gestalten: Wer nett und freundlich mit sich selbst umgeht, fühlt sich besser und wird selbstbewusster. Sobald ein einseitig selbstkritischer Gedanke auftaucht (z. B. »Das war dumm und inkompetent, was ich gerade gemacht habe!«) gilt es, ihn positiv zu ergänzen (z. B. »Zum Glück muss ich nicht immer perfekt sein.«).

Die Bedeutung der Psychohygiene für die heilpädagogisch Tätigen kann mit dem Motto »Wer nicht die eigenen Kräfte regeneriert, der bricht früher oder später zusammen« verdeutlicht werden. Die konkreten Vorgänge und Formen der Selbstfürsorge sind individuell und folglich sehr mannigfaltig. Jeder professionelle Helfer muss deshalb nach einer Art und Weise suchen, die ihm subjektiv am besten ermöglicht, für sich zu sorgen und handlungsfähig zu bleiben.

Selbstsicherheit (assertiveness)

Selbstsicherheit weist nicht nur allgemein eine deutliche Handlungsrelevanz auf, sondern ist auch für seelische Gesundheit wichtig. Wer selbstsicher ist und in der alltäglichen Kommunikation mit der sozialen Umwelt entsprechend auftritt, beugt psychischen Belastungen und seelischen Problemen sowohl bei sich selbst als auch bei seinen Interaktionspartnern vor. Als erwiesen gilt auch, dass Menschen, die das eigene Tun und Lassen im sozialen Kontext selbst bestimmen, weitgehend unabhängig und frei von Zwängen, Manipulationen, Zweifeln u. ä. leben. Ein selbstsicheres Auftreten in der Kommunikation und Interaktion mit der sozialen Umwelt wächst aus der Orientierung in sich selbst, im Anliegen des Kommunikationspartners und in der gemeinsamen Situation. Weitere Wurzeln der Selbstsicherheit sind die Unabhängigkeit von der Beurteilung seitens anderer und der Mut, eigene Entscheidungen zu treffen und die Verantwortung für ihre Folgen zu tragen.

Heilpädagogisch gesehen hat Selbstsicherheit ebenfalls eine hohe Relevanz, weil sie zwischenmenschliche Beziehungen beeinflusst. Orientierung, innere Stabilität, sicheres Auftreten und einschätzbares Verhalten sind wichtige Bestandteile dessen, was Paul Moor als »äußeren Halt« bezeichnet hat. Ohne den äußeren Halt kann nach Moor die innere Stabilität und Selbstsicherheit beim Kind (der »innere Halt«) nicht entstehen, welche als Merkmale einer gut entwickelten Persönlichkeit gelten. Deshalb verlangt er danach, dass Pädagogen an ihrer inneren Stabilität gezielt arbeiten – er spricht von der Notwendigkeit der »Erziehung der Erzieher« (vgl. Moor 1967; 1958).

Das Thema »Selbstsicherheit« ist in den USA im Kontext der behavioralen Therapie und des Trainings sozialer Fähigkeiten von Führungskräften entstanden (vgl. Smith, 1993). Das englische Wort für selbstsicheres und durchsetzungsorientiertes Auftreten eines Menschen heißt »assertiveness« und seine exakte und eindeutige Übersetzung ins Deutsche ist problematisch. Was ist darunter konkret zu verstehen? Der selbstsichere Mensch ist imstande,

- auch komplizierte zwischenmenschliche Problemlagen zu ertragen,
- klar und angemessen eigene Gefühle zu äußern,
- ein klares Ja oder Nein im Einklang mit eigener Meinung zu sagen,
- zu verlangen, was er braucht, und eventuelle Ablehnung zu akzeptieren,
- Kritik ohne Selbstabwertung anzunehmen, aber sie auch zu äußern,
- sich über Anerkennung zu freuen und auch anderen positive Rückmeldung zu geben,
- eigenes Anliegen zu äußern und zu vertreten,
- sich um das Verstehen des Gegenübers in Bezug auf seinem Standpunkt zu bemühen,
- nach einem annehmbaren Konsens zu suchen und sich darauf zu einigen.

Aufgrund dieser Fähigkeiten sind selbstsichere Menschen sehr gut in der Lage, mit anderen lösungsorientiert und meistens auch zur beidseitigen Zufriedenheit zusammenzuarbeiten. Selbstsicher zu kommunizieren ist einerseits als Ausdruck der positiven Grundeinstellung des Menschen zu sich und der Umwelt zu verstehen. Andererseits fördert sie bei den beteiligten Personen ebenfalls die Entwicklung einer solchen Grundeinstellung (dies ist besonders wichtig in der Erziehung, aber auch generell in der sozialen Arbeit).

4 Konzepte und Kompetenzen

Die o. g. Fähigkeiten deuten auf die Art hin, mit der ein Mensch mit positiver Grundeinstellung seine Kommunikation und Interaktion mit anderen Menschen gestaltet. Er zeigt insbesondere

- Spontaneität und Echtheit,
- Eigenständigkeit und Unabhängigkeit,
- Beständigkeit und Stabilität,
- Klarheit und Verbindlichkeit.

Es ist eine wichtige Aufgabe des heilpädagogisch Tätigen, die Selbstsicherheit des zu betreuenden Menschen zu stärken und ihn beim Erlernen der selbstsicheren Kommunikation zu unterstützen. Dies ist besonders dann gut möglich, wenn er auch seine eigene Selbstsicherheit stärkt. Ein sicheres Ich-Bewusstsein führt zur Fähigkeit, sozial zu denken, zu empfinden und zu handeln. Ein Mensch, der orientiert, unabhängig und mutig ist, kann nicht nur die eigenen Werte und Rechte wahren, sondern ist auch imstande, dieselbigen bei anderen zu respektieren. Dies ermöglicht und fördert das Mitwirken der beteiligten Personen. Mag sein, dass er wegen seiner Gradlinigkeit und manchmal auch Hartnäckigkeit nicht von allen geliebt wird, dafür bringen ihm viele Menschen Respekt entgegen.

Metakompetenzen

Eine so aufgefasste Grundkompetenz kann durchaus die Gefahr einer »technisierten« Instrumentalisierung des heilpädagogischen Handelns verringern oder sogar verhindern. In der heilpädagogischen Praxis spüren die Fachpersonen nämlich immer wieder das Bedürfnis nach Sicherheit gebenden Handlungsanleitungen und nach zuverlässig den Erfolg bringenden methodischem Werkzeug. Dies ist in Anbetracht der dort naturgemäßen Unklarheit, Unsicherheit, Kontingenz, Unberechenbarkeit, Orientierungsschwierigkeit und eingeschränkter bis gänzlich fehlender Voraussagbarkeit absolut verständlich. Nur gibt es solche Hilfen nicht, denn wo Menschen mit Menschen zu tun haben, funktioniert das Verfahrensprinzip des »Wenn–Dann« person- und situationsabhängig immer anders und hochgradig flexibel.

Als einen möglichen Ausweg aus dieser schwierigen methodischen Situation schlägt Martin Stahlmann vor, dass die heilpädagogisch Tätigen sich auf Metakompetenzen besinnen, um mit ihrer Hilfe im Kontext der praxisimmanenten Unsicherheiten die Lage überprüfen, eine Entscheidung treffen und handlungsfähig bleiben zu können (vgl. Stahlmann, 2007, 41 ff.). Als »Metakompetenz« wird die Fähigkeit verstanden, sich in kurzer Zeit durch Erfassung neuer Zusammenhänge, neuen Wissens, spezifischer situations- und personenrelevanter Hintergründe, infrage kommender Handlungsalternativen und Wirkungsmittel soweit zu orientieren, dass trotz Unsicherheit Entscheidungen möglich sind. Im Wesentlichen geht es also um die Selbstorganisations- und Selbststeuerungsfähigkeit des heilpädagogisch Tätigen. Selbstverständlich kann eine solche Metakompetenz nur dann zum Tragen kommen, wenn die anderen hier erwähnten Schlüssel- bzw. Grundkompetenzen vorhanden sind und im Dienste der Metakompetenz genutzt werden. Im Folgenden werden vier Metakompetenzen, die Strahlmann auflistet, behandelt.

Hermeneutische Metakompetenz

Ausgehend vom Begriff der Hermeneutik als eine »ars interpretandi« (Auslegekunst), bezieht sich diese Kompetenz auf die ureigene Handlungsvoraussetzung in der Heilpädagogik, die von Paul Moor im Sinne einer Aufforderung hervorgehoben wurde: Der heilpädagogisch Tätige hat zuerst das Kind zu verstehen, bevor er es anfängt zu erziehen. Ihr Grundprinzip besteht also in der Fähigkeit, den Nutzer als Person in seiner Lebenslage in der individuellen Einmaligkeit zu begreifen – und zwar unter Anwendung eines als allgemein geltenden Wissens. Das Spezifische und Schwierige zugleich besteht darin, dass dabei die Informationserhebung mittels Diagnostik, Beobachtung u. ä. und die Interpretation bzw. Deutung ineinander greifen (Dialektik von Allgemeinem und Besonderem) – und dieses auf dem Hintergrund grundlegend unterschiedlicher und nicht immer stimmig zu interpretierender Konstrukte der Handlungspartner.

Im Kontext der humanistischen Grundlegung der Heilpädagogik und ihrer Didaktik/Methodik stellt das hermeneutische Bemühen um das Verstehen eine logische Handlungskonsequenz dar, denn jeder Mensch besitzt als bio-psycho-soziale Einheit eine eigene individuelle Konstellation von Anlagen und Potenzialen, deren Entfaltung es (heil-)pädagogisch zu begleiten und zu fördern gilt. Erst wenn diese Konstellation erkannt (d. h. verstanden) wird, kann der Heilpädagoge mit dem Menschen, welcher über unterschiedlichste Entwicklungspotentiale verfügt, über die Möglichkeiten und Grenzen ihrer Realisierung entscheiden und im gemeinsamen Tun handeln.

Im Kontext der konstruktivistischen Grundlegung der Heilpädagogik und ihrer Didaktik/Methodik besteht die hermeneutische Aufgabe darin, das Konstrukt subjektiver Wirklichkeit des Nutzers kennen zu lernen, zu erfassen und – gemeinsam mit ihm bzw. stellvertretend – zu deuten, d. h. zu verstehen. Auch das eigene Wirklichkeitskonstrukt des heilpädagogisch Tätigen gilt es zu deuten, denn dieser soll wissen und verstehen, durch welche subjektiven »Interpretationsraster« er Sachverhalte und Personen betrachtet.

Auf die Frage nach dem Beitrag der hermeneutischen Kompetenz für den Umgang mit unsicheren Praxissituationen lässt sich antworten, dass sie dem heilpädagogisch Tätigen ermöglicht, die Potenziale, Ressourcen, Ansichten und Anliegen, die ein Individuum, eine Gruppe oder eine Familie hat, zu erkennen.

Heuristische Metakompetenz

Ausgehend von dem Begriff Heuristik als eine »ars inveniendi« (Kunst des Findens), bezieht sich diese Kompetenz auf die Gewinnung neuer wissenschaftlicher Erkenntnisse und auf Möglichkeiten zur Problemlösung (vgl. Microsoft, 2004). Konkret bezeichnet sie die Fähigkeit des heilpädagogisch Tätigen, mit der Fülle an Informationen und Wissen umzugehen. Im Kontext der (systemisch begründeten)

Tatsache, dass es in der Heilpädagogik nicht mehr eine bestimmte, bekannte, klare Lösung für eine Fragestellung gibt, sondern immer mehrere Möglichkeiten auszuloten sind, stellt die heuristische Metakompetenz eine Art Auswahlkompetenz dar. Da die heilpädagogische Praxis und auch die einzelnen heilpädagogisch Tätigen über mehrere theoretischen Perspektiven und viele konkrete methodischen Arbeitsweisen verfügen, stehen sie oft unterschiedlichen Zugangsmöglichkeiten zu den unterschiedlichen Fragestellungen gegenüber.

In solchen Situationen gewinnt die heuristische Metakompetenz enorm an Bedeutung, denn sie ermöglicht es, einen gangbaren Weg durch die sich zeigenden Optionen zu suchen und zu finden: Nämlich aus der Menge von theoretischen Konzepten, Methoden, Verfahren usw. diejenigen auszuwählen, die für den konkreten Fall passend sein können. Dabei gilt es, diese Orientierung in Wissen, Perspektiven, Lösungsmöglichkeiten usw. dialogisch zu gestalten, denn weder der heilpädagogisch Tätige noch der Nutzer sind für sich allein imstande, für beide Seiten akzeptable Wege zu finden. Dies kann nur unter Beteiligung sowohl verschiedener Fachrichtungen (interdisziplinär und multiprofessionell) als auch des Heilpädagogen, des Nutzers und (was häufig vergessen wird) seiner sozialen Umwelt gelingen. Dieses begründet und führt langfristig zu einer echten Partizipation.

Im gleichen Maße wie bei der hermeneutischen Metakompetenz ist auch die heuristische Kompetenz humanistisch und konstruktivistisch relevant. Die Erforderlichkeit der Partizipation bei der Suche nach Erkenntnissen und Konzepten zwecks eines Ausweges aus einer schwierigen Situation belegt diese Relevanz deutlich.

Auf die Frage nach dem Beitrag der heuristischen Kompetenz für den Umgang mit unsicheren Praxissituationen lässt sich antworten, dass sie dem heilpädagogisch Tätigen und seinem Gegenüber eine Orientierung in lösungs- bzw. auswegsrelevanten Erfahrungs-, Wissens- und Methodenbeständen vermittelt und ihnen damit hilft, über weitere Vorgehensweisen zu entscheiden. Damit trägt diese Kompetenz zur Aufrechterhaltung bzw. Wiederherstellung von Handlungsfähigkeit bei.

Mediative Metakompetenz

Ausgehend von dem Begriff Mediation als »in der Mitte sein« (lat. »mediare«) und »Vermittler« (engl. »to mediate«), bezieht sich diese Kompetenz auf die Aufgabe, Kommunikation und Interaktion von zwei oder mehreren Personen oder Parteien bei der Kooperation bzw. im Zusammenleben oder bei gemeinsamen Erleben und Tun zu unterstützen. Es liegt in der Natur heilpädagogischer Praxis, und diese Tatsache zieht sich durch den Lebensalltag allgemein, dass es keine Person gibt (ob Heilpädagoge, Mensch mit Behinderung oder sonst jemand), die auf alle Fragen Antworten weiß, alle Probleme lösen und alles schaffen kann. Vielmehr gilt es, dass die Antworten auf Lebens- und sonstige Fragen oder die Problemlösungen hierzu viel eher gefunden werden, wenn die beteiligten Menschen gemeinsam danach suchen.

Die Heilpädagogen sind also weder allwissende Experten noch alles schaffende Macher. Das heilpädagogische Handeln umfasst viel profanere Aufgaben: Beziehungsarbeit, Gestaltung von Bedingungen, Förderung, Begleitung, Assistenz oder Pflege von Menschen mit Behinderungen oder Beeinträchtigungen usw. gehören genauso dazu wie in der Rolle eines Mitmenschen, »nur« präsent zu sein und Situationen auszuhalten, in denen kaum oder gar keine Entwicklung sichtbar ist. Darüber, da diese nicht auf der Ich-Du-Ebene mit Nutzern angesiedelt, sondern mehr auf der Ebene der Vernetzung bzw. Vermittlung zwischen verschiedenen Fachgebieten bzw. Lebenswelten konkretisiert wird, steht die sog. Mediation.

Der heilpädagogisch Tätige verfügt dann über die mediative Metakompetenz, wenn er imstande ist, betroffenen Menschen in einer komplizierten Lage zu einer einvernehmlichen Vorgehensweise zu verhelfen. Es kann z. B. um die Koordination der Beteiligung von verschiedenen Fachpersonen am Geschehen gehen oder um die Herstellung und Aufrechterhaltung einer einigermaßen funktionierenden Vernetzung »Nutzer-Pädagoge-Schule-Eltern«. Ein typisches Feld für mediative Kompetenz ist die interdisziplinäre Frühforderung: Neben dem Kind und seinen Eltern müssen noch Fachpersonen aus dem medizinischen, sozialarbeiterischen und heilpädagogischen Bereich in ihrem Einsatz koordiniert werden, um aufeinander bezogen arbeiten zu können.

Auf die Frage nach dem Beitrag der heuristischen Kompetenz für den Umgang mit unsicheren Praxissituationen lässt sich antworten, dass sie vor allem auf die Interdisziplinarität, die Multiprofessionalität und den Kompetenztransfer unmittelbar fokussiert ist. Auf diesem Feld verlangt sie dem heilpädagogisch Tätigen weitere Fähigkeiten ab, die hier als Teilkompetenzen zu betrachten und dieser Metakompetenz dienlich sind, z. B. Gesprächs-, Methoden-, Selbst- und Wissenskompetenz.

Berufsbiographische Metakompetenz

Ausgehend davon, dass die Berufsbiographie als »subjektiver Hintergrund beruflichen Selbstverständnisses« betrachtet werden kann, bezieht sich diese Kompetenz auf die Aufgabe, sich auf die eigene berufliche Identität im Kontext des professionellen Handelns bewusst zu stützen. Das bedeutet vor allem, die eigenen Fähigkeiten und Unzulänglichkeiten, die eigenen Stärken und Schwächen, die inneren Handlungsmotive und Intentionen, die Erfahrungen und Kenntnisse, das Wissen und Know-how usw. wahrzunehmen, zu berücksichtigen, zu hinterfragen, zu realisieren sowie auf- bzw. auszubauen. Die biographische Metakompetenz fokussiert also die Selbstkenntnis und Selbststeuerung des heilpädagogisch Tätigen (Selbstorganisationsfähigkeit) und seine auf Werten basierende spezifische heilpädagogische Haltung. Sie stellt das zentrale Kompetenzfeld dar, auf dem sich alle Fähigkeiten (o. g. Teilkompetenzen) manifestieren, die für Entscheidungen in Situationen der Unsicherheit erforderlich bzw. hilfreich sind. Sie entsteht aus der Bereitschaft, aktuelle fachliche Wissensbestände mit berufsbiographisch begründeter subjektiver Sinngebung zu verbinden, um dann das eigene Selbstverständnis – dieser Verbindung entsprechend – zu positionieren. Es geht hier also um den Umgang mit eigener Berufsidentität (zu der u. a. auch Bedrohungen, Brüche, Wechsel und damit zusammenhängende Unsicherheiten gehören).

Die berufsbiographische Kompetenz offenbart sich auch in der Fähigkeit des heilpädagogisch Tätigen, eine ethisch definierte und begründete Position innerhalb der Heilpädagogik zu beziehen und im Sinne dieser Position zu handeln. Was nichts anderes bedeutet, als Verantwortung zu übernehmen (hierzu siehe auch: Haeberlin, 1996). Denn das allgemein menschliche Phänomen des Angewiesenseins ist in der Heilpädagogik besonders stark und stellt die heilpädagogisch Tätigen vor die Herausforderung, als (Fach-)Personen Verantwortung für den anderen zu tragen. Die hat nichts mit »sozialtechnologischer« Ausführung von Methoden bzw. Verfahren zu tun, sondern mit Wahrnehmen, Verstehen, Entwerfen, Verhandeln, Gestalten u. ä. Denn gerade in den Praxisfeldern der Heilpädagogik stellt das Handeln immer auch ein Wagnis dar: Es lässt sich nicht genau sagen und festlegen, was geschehen und was am Ende zustande kommen wird. Die Erfahrung aus dem Umgang mit dieser unversiegbaren Unsicherheitsquelle lässt sich als stärkste Entwicklungskraft der Berufsbiographie und als eine der wichtigsten Grundlagen der Handlungsfähigkeit jedes heilpädagogisch Tätigen betrachten. Dreh- und Angelpunkt der berufsbiographischen Metakompetenz ist die Fähigkeit zur Reflexion, ohne die eine berufsbiographische Orientierung und der Umgang mit der beruflichen Identität nicht möglich sind. Sie ermöglicht es erst, alle anderen Meta- und Teilkompetenzen zu einer subjektiv sinnvollen Handlungsgrundlage zu bündeln.

Auf die Frage nach dem Beitrag der berufsbiographischen Metakompetenz für den Umgang mit unsicheren Praxissituationen lässt sich antworten, dass sie es dem heilpädagogisch Tätigen ermöglicht, alle die o. g. Teil- und Metakompetenzen im Sinne der eigenen Berufsidentität zusammenzusetzen und sie zu einer subjektiv sinnvollen Handlungsgrundlage zu bündeln. Das ermöglicht ihm, als »spezialisierter Generalist« (Ondracek und Trost, 1998) kompetent zu handeln, statt auf der »sozialtechnischen« Ebene einer expertenhaft-funktionalen Anwendung von diversen Methoden, Vorgängen und eigenen spezifischen Fertigkeiten zu agieren.

Personbezogene Alltagsforschungskompetenz

Ausgehend von dem Begriff »Forschung« als methodische und systematische Suche nach neuen Erkenntnissen über ein bestimmtes Gebiet, stellt diese Kompetenz eine Fähigkeit des heilpädagogisch Tätigen dar, gezielt diejenigen Aspekte zu untersuchen, die für eine Orientierung in der subjektiven Erlebens-, Denk- und Handlungsweise einer Person im Kontext ihrer Lebenslage relevant sind. Im Unterschied zu einer wissenschaftlichen Forschung, in der es vordergründig um objektiviertes Wissen geht (Systeme, Regeln oder Theorien mit einem erforderlichen Mindestmaß an Allgemeingültigkeit), ist diese Suche nach relevanten Informationen subjektiv ausgerichtet und die Ergebnisse lassen sich nicht verallgemeinern. Folglich besteht der Erkenntniszuwachs der personbezogenen Alltagsforschung in der subjektiv bedeutsamen Wissenserweiterung. Diese ist ausschließlich der individuellen Begleitung, Unterstützung, Förderung oder sonstiger heilpädagogischen Einflussnahme auf Personen und deren Lebenslagen dienlich.

Die Idee zur Aufnahme dieser Kompetenz in den hier dargestellten Kompetenzkatalog wurde angeregt in der heilpädagogischen Praxis. In unzähligen Einzel- und Teamberatungen sowie bei Fallbesprechungen haben die Heilpädagogen immer wieder danach gefragt, wie sich die Alltagskommunikation und Interaktion mit dem zu betreuenden Menschen so gestalten ließe, dass dieser sich (bewusst oder unbewusst) auf den Kontakt mit der sozialen Umwelt und der Alltagsbewältigung im gemeinsamen Tun einlassen kann. Anders gesagt, wurden in diesem Sinne (positiv) wirkende Faktoren des dialogisch gestalteten Daseins von Fachpersonen und Nutzern im heilpädagogischen Berufsalltag gesucht. Das theoriegestützte Eingehen auf diese Fragestellung hat Folgendes hervorgebracht:

Ausgehend vom humanistischen Menschenbild und von den theoretischen Hinweisen aus den Fachgebieten der Psychologie, Soziologie und des Konstruktivismus sind folgende Faktoren herausgearbeitet worden, die für jeden Menschen (ob mit Behinderung oder ohne) die Kommunikation und Interaktion mit anderen zu einem befriedigenden und zufriedenstellenden Kontakterlebnis machen:

- als Subjekt wahrgenommen, gehört und ernst genommen zu werden (»Ich bin...«),
- auf Inhalte, Verlauf und Ergebnisse Einfluss zu haben (»Ich kann...«) sowie
- ein einschätzbares und wohlwollend-mitmenschliches Gegenüber zu erleben (»Ich werde angenommen...«).

Aus dem gleichen Theorien-Pool sind auch noch subjektiv bedeutsame Faktoren ausgearbeitet worden, die das Selbstbild jeder Einzelperson prägen, sich auf ihr Erleben, Denken und Handeln auswirken und das kommunikative bzw. interaktive Verhalten mitbestimmen:

- Ausmaß und Qualität der alltäglichen Bedürfnisbefriedigung (lebensgeschichtlich wie auch aktuell),
- innere, i. d. R. nicht bewusste Überzeugung über eigene Qualitäten im Kontext der Lebensbewältigung und der Gemeinschaft (Selbstwertgefühl) sowie
- die erlernten Handlungsstrategien zur subjektiv geglaubten und erfahrenen Art der Sicherung von Bedürfnisbefriedigung bzw. Steigerung des Selbstwertgefühls oder aber zur Kompensation dessen, was als nicht gegeben oder möglich erscheint (Selbstwirksamkeit).

Die ersten drei Faktoren stellen das Medium und die anderen drei Faktoren den Gegenstand einer personbezogenen Alltagsforschung dar.

Die nach Hinweisen auf positiv wirkendes »Werkzeug« fragenden Heilpädagogen können die Aufgabe bekommen bzw. sich dieser stellen, die betreffende Person und ihre gewordene Lebenslage im Rahmen des Alltagsgeschehens zu »erforschen«. Es sind hierzu weder Fragebögen, Tests oder andere technische Forschungsmittel erforderlich, noch muss man sich mit Forschungsdesign- oder Forschungsprojektfragen befassen. Die Aufgabe besteht schlichtweg darin, weiterhin wie bisher tägliche Kontakte mit dieser Person zu gestalten. Nur soll dies mit einem »erweiterten Anliegen« realisiert werden. Der heilpädagogisch Tätige prüft also aufmerksam und – fachlich begründet wie auch menschlich ausgerichtet – interessiert im alltäglichen Setting gemeinsam mit der zu erforschenden Person und in einer nicht von vornherein bestimmten, sondern situativ bedingten bzw. auszuhandelnden Reihenfolge:

- Wie unter den gegebenen Bedingungen bei ihr die Befriedigung von wichtigen Grundbedürfnissen erfüllt werden (kann),
- welche Selbstwertüberzeugung sie aus welchen Gründen verinnerlicht hat und wie dazu das aktuelle Geschehen beiträgt und
- mit welchen Handlungen bzw. Verhaltensweisen, aus welchem Grund und mit welchem Ziel sie Einfluss auf das Geschehen ausübt.

Dieses Vorgehen steht und fällt mit dem Interesse, der Aufmerksamkeit und der Einstellung des »Alltagsforschers« der zu erforschenden Person gegenüber sowie mit seinem Fachwissen hinsichtlich der Selbstbild- und Handlungsfaktoren. Mogeln kann man hierbei nicht, denn die alltägliche Kommunikation und Interaktion verläuft bekanntlich in einem engen Rahmen und die einzelnen zu erforschenden Faktoren sind z. T. sehr intimer Art, sodass die betreffende Person früher oder später erkennt, ob der heilpädagogisch Tätige seinerseits ein wirkliches Interesse hat oder dieses nur vortäuscht.

Die im Prozess der personbezogenen Alltagsforschung gewonnenen Informationen, Erfahrungen und Erkenntnisse dienen als Grundlage für die Erarbeitung eines Konzepts zur eventuell als erforderlich und sinnvoll erscheinenden Veränderung von Bedingungen, Konstellationen, Prozessen usw. im Alltagsgeschehen der erforschten Person. Dies ist der eine »Gewinn«, den diese Forschungstätigkeit bringen soll. Zugleich können (und i. d. R. geschieht dieses auch) begleitende Veränderungen bei dieser Person stattfinden – sie erlebt durch Interesse und Aufmerksamkeit im personbezogenen Kontakt eine Stärkung ihres Personseins (was bekanntlich jedem Menschen gut tut). Außerdem kann sie sich zunehmend in ihrem Selbst orientieren und das ermutigt sie und öffnet für sie den Raum für neue Erfahrungen, Lernprozesse und Selbstüberzeugungen.

Es liegen zwar (noch) keine exakten Daten vor, die eine positive Wirksamkeit der hier kurz dargestellten personbezogenen Alltagsforschung belegen. Was allerdings unbestritten ist und die Präsentation dieser Kompetenz als eines von den Professionalitätsmerkmalen des heilpädagogischen Handelns rechtfertigt, sind die Reflexionen und Rückmeldungen der heilpädagogisch Tätigen, die sich als »Alltagsforscher« verstehen und entsprechendes »Forscher-Interesse« in fachlicher wie auch menschlicher Sicht in alltäglichen Kontakten mit den zu betreuenden Personen zeigen. Hinsichtlich der in den Mittelpunkt der Aufmerksamkeit gerückten Person berichteten die meisten über das Auftauchen unvermuteter Ressourcen, über Erweiterungen des Verhaltens- und Handlungsrepertoires und über Stärkung der Sozialkompetenzen.

Diese Auswirkungen sind vermutlich vielen Heilpädagogen aus der eigenen Berufserfahrung bekannt. Manche nutzen die personbezogene Alltagsforschung immer wieder, allerdings nicht als einen genuinen Bestandteil ihres alltäglichen Handelns, sondern erst bzw. nur wenn sie das Gefühl haben, in eine Sackgasse geraten zu sein und nicht mehr weiter zu kommen. Vielleicht scheint wegen der Alltäglichkeit die personbezogene Alltagsforschungskompetenz zu selbstverständlich, zu unspezifisch und folglich nicht der Rede wert. Dabei macht gerade ihre Alltagstauglichkeit sie besonders wichtig und wertvoll: Wird doch der heilpädagogische Alltag vor allem mit diversen (überwiegend einfachen) Formen der Daseinsgestaltung, mit der einfachen persönlichen Präsenz, mit der geläufigen Kommunikation und Interaktion im Kontext der Lebensbewältigung u. ä. gefüllt und besteht nicht aus einer Kette spezialisierter Expertenhandlungen. Deshalb stellt sie den eigentlichen methodischen Grundstock des heilpädagogischen Handelns dar.

Auf die Frage nach dem Beitrag der personbezogenen Alltagsforschungskompetenz für den Umgang mit heilpädagogischen Praxissituationen lässt sich antworten, dass sie Orientierung bietet und Handlung ermöglicht – und zwar in natürlichsten Rahmen, den es in den heilpädagogischen Praxisfeldern gibt: im alltäglichen gemeinsamen Tun. Sie ist somit also nicht als besondere »Behandlung« (oder gar Therapie), sondern als natürliche Ressource des Alltagsgeschehens und hinsichtlich der humanistischen und konstruktivistischen Grundlegung der didaktisch/methodischen Sichtweise hoch relevant.

Als solche muss die personbezogene Alltagsforschungskompetenz zwecks Synergieeffekte und gegenseitiger Unterstützung nicht nur mit den anderen hier dargestellten Grund-, Teil- und Metakompetenzen, sondern auch mit den in anderen Methodiken des Sozialwesens erfassten Kompetenzen – soweit diese auch heilpädagogisch relevant sind – vernetzt werden. Eigentlich stellt sie eine Grundausstattung aller Fachpersonen dar, die beruflich mit Menschen arbeiten.

Fazit

Das Thema Kompetenzen ist generell sehr unübersichtlich. Zur Orientierung muss also der Kompetenzbereich in der Didaktik/Methodik der Heilpädagogik hinsichtlich der Inhalte, Formen, Voraussetzungen, Wirkung, Bedeutung u. ä. für das jeweilige Tätigkeitsfeld strukturiert werden. Das erfolgte hier unter Berücksichtigung des humanistischen und konstruktivistischen Hintergrunds der Heilpädagogik (d. h. auf das Menschenbild bezogen sowie auf die erkenntnistheoretischen Begründungen hierzu). Selbstverständlich könnten noch andere Strukturierungskriterien eine gute Orientierung schaffen (z. B. im Hinblick auf die Erfordernisse der pädagogisch-therapeutischen Konzepte). Diese wären jedoch nur für bestimmte Segmente konkreter heilpädagogischen Handlungen zutreffend und nur begrenzt oder gar nicht auf andere übertragbar. Und gerade dieser – eher in einem allgemein-heilpädagogisch zu verstehenden Sinne – Funktionalität sollen die hier dargestellten Kompetenzbereiche bzw. -arten entsprechen.

> **Aufgaben und Anregungen**
>
> 1. Stellen Sie die theoretischen Begründungen zu den Konzepten anhand von Beispielen aus dem heilpädagogischen Alltag dar. Erläutern Sie diese auch in Bezug auf unterschiedliche heilpädagogische Handlungsfelder. An welchen Stellen erkennen Sie Gemeinsamkeiten, an welchen Unterschiede?
> 2. Warum ist eine gesellschaftspolitische und soziologische Begründung von Konzepten sinnvoll und notwendig? Was ist an einer solchen Betrachtungsweise eher problematisch? Stellen Sie Vermutungen zu beiden Aussagekomplexen an.

3. Welche Kompetenzen benötigen Sie, um aktuelle heilpädagogische Konzepte zu realisieren? Wie und wodurch können diese Kompetenzen erlernt werden?
4. Entwickeln Sie ein didaktisches Modell für die Ausbildung und das Studium der Heilpädagogik, in welchem und durch welches heilpädagogisch relevante Kompetenzen vermittelt und erlernt werden können. Überprüfen Sie dieses Modell anhand der Ihnen bekannten Ausbildungs- und Studienstruktur.
5. Welche Kritik könnte an dem Modell der »Metakompetenzen« geäußert werden? Begründen Sie Ihre Aussagen ausführlich.

4.2.3 Orientierungskompetenz: heilpädagogische Erfassung individueller Wirklichkeit statt Diagnostik

Im Kontext der gegenwärtigen Diskussion um den Stellenwert der Heilpädagogik im Zeitalter der Inklusion ist u. a. auch der bisher wichtige Bereich heilpädagogischer Tätigkeit – nämlich das Untersuchen und Diagnostizieren – als nicht mehr zeitgemäß in Verruf geraten. Salopp formuliert bedeutet die Inklusion, dass alle Menschen so wie sie sind akzeptiert werden, dazu gehören und über gleiche Rechte verfügen. Als ein wichtiges Anliegen steht eine uneingeschränkte Teilhabe am gesellschaftlichen Leben für alle.

Vor diesem Hintergrund kann man relativ leicht zu der Meinung kommen, dass – wenn alle Menschen so wie sie sind akzeptiert werden – keine Veränderungen bei Personen mit Beeinträchtigung/Behinderung notwendig seien. Denn nicht das andersseiende Individuum braucht sich an geläufige Normen und Erwartungen anzupassen, sondern die Gesellschaft muss ihre Haltung ihm gegenüber verändern. Also braucht man bei dem Individuum nichts zu untersuchen oder zu diagnostizieren. Folglich braucht man keine Diagnostik, die auf das Feststellen von Störungen/Defiziten und Normabweichungen sowie deren Zuordnung nach einem Krankheitssystem und Erstellung eines Therapieplans ausgerichtet ist. Und überhaupt – braucht man in der »inklusiven Zukunft« überhaupt eine sich auf Diagnosen stützende, ergo (evtl.) defizitorientierte Heilpädagogik?

Die inklusive Philosophie ist schon richtig, dagegen gibt es nichts einzuwenden. Nur manche Schlussfolgerungen (wie die hier formulierte) scheinen an der Lebensrealität vorbeizugehen. Analog könnte doch konsequent »inklusionistisch« behauptet werden, dass auch erkrankte oder verletzte Menschen in ihren Zustand so akzeptiert und angenommen werden müssen, wie sie sind. Folglich braucht man weder Diagnose noch Therapie, also auch keine Ärzte...

Diese Sichtweise ist selbstverständlich mehr als überspitzt formuliert. Sie dient der Verdeutlichung der Tatsache, dass man bei allen Entwicklungen und Verbesserungen des gesellschaftlichen und sozialen Zusammenlebens immer auch die individuellen Beschaffenheiten und Bedürfnisse der Personen in Betracht ziehen muss, um die es geht. Nämlich, dass bei Menschen mit Behinderungen das »akzeptieren so, wie sie sind« die sichtbar irreparablen Schädigungen und Beeinträchtigungen fokussiert (es bleibt in der Tat nichts anderes übrig, als sie zu akzeptieren) und dabei das, was jedem Menschen sozusagen axiomatisch eigen ist, übersieht, nämlich:

- das Streben nach Vollkommenheit bzw. Vervollkommnung (beschrieben am Anfang des 20. Jahrhunderts von Alfred Adler, dem Begründer von Individualpsychologie) und
- das existentielle Bedürfnis nach Dazugehörigkeit (beschrieben in der Mitte des 20. Jahrhunderts von Abraham Maslow, einem der Mitbegründer der Humanistischen Psychologie).

Diese inneren Kräfte motivieren das Individuum einerseits zur Entfaltung von eigenen Potentialen und andererseits zu Anpassungsaktivitäten sowie sozialen Arrangements. Mit dem Ziel, den eigenen Zustand zu verbessern und inmitten der Gemeinschaft/Gesellschaft zu leben. Ein ziemlich komplexes Anliegen, welches am besten bzw. nur mit Unterstützung vom sozialen Umfeld gelingen kann. Den individuellen Zustand bzw. die Eigenart zu akzeptieren und Rechte zu garantieren ist schon viel, jedoch noch nicht alles. Gerade Menschen in beeinträchtigten Lebenslagen sind oft auf Unterstützung von außen angewiesen.

Hier setzen die heutige und die zukünftige Heilpädagogik an. Da es nicht um eine allgemeine Art der Unterstützung geht, sondern um eine sozusagen »maßgeschneiderte« Begleitung, müssen die heilpädagogisch Tätigen gemeinsam mit der zu unterstützenden Person orientiert und zielgerichtet vorgehen. Hierfür ist eine Erfassung der sowohl individuellen als auch sozialen Möglichkeiten und Grenzen unentbehrlich. Von einer diagnostischen Untersuchung zu reden wäre bei diesem Orientierungsanliegen falsch. Denn Diagnostik als Begriff hat Ursprung und Hauptverwendung in der Medizin und in der klinischen Psychologie. Wenn in der gegenwärtigen Heilpädagogik nach wie vor vom Diagnostizieren geredet wird, ist das irreführend, weil es eigentlich darum geht, mit medizinisch und psychologisch erstellten Diagnosen sachkundig und korrekt bei der genuin heilpädagogischer Erforschung von individuellen Potentialen, Entwicklungsmöglichkeiten, unüberwindbaren Grenzen, sozialen Ressourcen, Resilienzen, Stärken und Schwächen usw. umzugehen. Also keine diagnostische Untersuchung, sondern Erfassung individueller Wirklichkeit, die als Dreh- und Angelpunkt der Orientierung und zielgerichteter Begleitung dient.

Es handelt sich um ein prozessuales Geschehen, das der heilpädagogischen Unterstützung innewohnt: Eine flexible, variable, individuums- und damit bedürfnisorientierte Anwendung diverser Verfahren zum Zwecke der Erfassung von Faktoren und Bedingungen, die sich beeinträchtigend auf die o. g. individuelle Wirklichkeit bei Menschen mit Behinderung auswirken.

Diese Aufgabe lässt sich nur in partnerschaftlicher Kooperation zwischen dem zu unterstützenden Menschen, seiner sozialen Umwelt und der heilpädagogisch tätigen Fachperson erfüllen. An dieser Stelle wird die Bedeutung von Dialog deutlich: Statt expertenhaft zu diagnostizieren, gilt es, mit dem zu unterstützenden Menschen dialogische Beziehung im gemeinsamen Tun zu gestalten, und in diesem Setting nach Erkenntnissen über seine individuelle Wirklichkeit zu suchen. Hierbei spielt das Verstehen eine entscheidende Rolle.

Ein weiteres spezifisches Merkmal dieser heilpädagogischen Erforschungsweise besteht in ihrer Ausrichtung auf die beeinträchtigende Auswirkung der vorhandenen Schädigung auf die nicht geschädigten bio-psycho-soziale Bereiche, um dort nach dem Veränderbaren zu suchen (siehe den Leitsatz von Paul Moor: »Nicht gegen das Fehlerhafte, sondern für das Fehlende, für das, was werden könnte…«).

Bemerkung: In der Fachliteratur wird hinsichtlich einer möglichst frühen Erkennung von bisher nur wenig bzw. noch gar nicht vollzogenen Entwicklungen bei Kindern von einer heilpädagogischen Förderdiagnostik gesprochen. Diese Bezeichnung ist zwar nicht ganz unumstritten. Nichts desto trotz sind die einschlägigen Lehrbücher für die Erfassung der zu entfaltenden Potentiale durchaus hilfreich und zu empfehlen, weil sie einige brauchbare Vorgehensweisen beschreiben. Hier zwei Literaturhinweise:

- »Lehrbuch diagnostischer Grundlagen der Heil- und Sozialpädagogik« von Christina Reichenbach und Helge Thiemann, herausgegeben im verlag modernes lernen, Dortmund 2013.
- »Diagnose und Planung; Diagnostic and Planning« von Petr Ondracek, Norbert Störmer und anderen, herausgegeben im Verlag Frank & Timme, Berlin 2018.

Da es in hier um die Grundsätze heilpädagogischer Sicht-, Denk- und Handlungsweise geht, werden an dieser Stelle nur einige ausgewählte Eckpunkte einer heilpädagogischen Erfassung individueller Wirklichkeit kurz aufgelistet.

Bei den Hauptfeldern handelt es sich u. a. um:

- Subjekt/Person
- Entwicklung
- Dialog und Kooperation
- Subjektive Realität
- Kompetenzen und Ressourcen
- Coping-Strategien
- Resilienzen
- Daseinsform und Verhalten
- gegenwärtige Lebenslage
- Lebensgeschichte
- gegenwärtige Interaktion
- Vernetzung in Systemen.

Bei den Hauptinstrumenten handelt es sich u. a. um:

- Beobachtung
- Gespräch
- biographische Unterlagen
- Akten/Schriftstücke
- projektive Vorgänge
- Fragebögen
- Einschätzung des Behinderungszustandes.

Genau betrachtet hat die heilpädagogisch tätige Fachperson (um zu einer umfassenden Orientierung zu gelangen) keine diagnostische Aufgabe zu erfüllen, sondern muss eine person-bezogene Forschung betreiben. Dabei ist es selbstverständlich nicht verboten, gegebenenfalls auch auf die Erkenntnisse und Vorgänge der herkömmlichen medizinischen und psychologischen Diagnostik zurück zu greifen, um die Orientierung zu präzisieren. Das setzt entsprechendes Fach- und Methodenwissen voraus. Eines darf allerdings durch die Verwendung medizinischer/psychologischer Diagnostik auf keinen Fall ersetzt werden: das o. g. Verstehen individueller Wirklichkeit. Denn erst aus diesem Verstehen heraus kann eine positiv wirkende heilpädagogische Unterstützung entstehen.

Zu dem letztgenannten Instrument ein praktischer Hinweis:

Das Modell des Behinderungszustandes von Kobi bietet eine gute Grundlage für die Erforschung individueller Wirklichkeit. In seinem Lehrbuch »Grundfragen der Heilpädagogik« hat er bereits vor knapp 50 Jahren dieses Modell beschrieben. Der Behinderungszustand ist nicht gleichzusetzen mit den Defiziten und Defekten des betroffenen Individuums. Vielmehr ist er sozial bedingt, weil er durch die Wirkung der beeinträchtigenden Reaktionen der sozialen Umwelt auf das sichtbar »defizitäre« und folglich andersseiende Individuum zustande kommt. Selbstverständlich spielen auch die subjektiven Faktoren eine wichtige Rolle, denn das betreffende Individuum reagiert immer auf diese (i. d. R. bewertenden) Signale aus seinem sozialen Umfeld.

In der Verringerung bzw. Verhinderung der Teilhabe am Leben der Gesellschaft sieht Kobi die Hauptwirkung des Behinderungszustandes. Deshalb verlangt er von den heilpädagogisch Tätigen, dass sie sich mehr mit den beeinträchtigenden Reaktionen als mit Defiziten und Defekten auseinandersetzen. Gleichwohl er in ihrer Kompensation bzw. Überwindung einen sehr wichtigen positiven Einfluss auf die Beseitigung des Behinderungszustandes sieht.

Das Anliegen des heilpädagogischen Handelns besteht demnach darin,

- das Alltagsleben der zu unterstützenden Personen zu »Entbeeinträchtigen« (mittels individueller Unterstützung, Kompensation, Begleitung u. ä. bei Überwindung von schädigungsbedingten Erschwernissen),
- in Kooperation mit allen Beteiligten den Behinderungszustand aufzulösen, und dadurch
- die Teilhabe der betroffenen Menschen am Leben der Gesellschaft zu ermöglichen.

Aus diesem Modell lässt sich eine Art »Checkliste« erarbeiten, die der Heilpädagogin bzw. dem Heilpädagogen eine systematische und geordnete Orientierung in der individuellen Wirklichkeit des zu unterstützenden Menschen ermöglicht (vgl. Kobi, 1993: Grundfragen der Heilpädagogik, S. 98 ff, hier bearbeitet und ergänzt):

Bezugsfelder, in denen die zu unterstützende Person sich und andere Menschen erlebt. Dies ist nur bei präziser Beschreibung des Umgangs mit sich selbst, mit anderen Menschen und mit der materiellen Umwelt möglich, aber auch der Interaktion, Bewertungen, Hilfemaßnahmen und anderer Gegebenheiten, die für die subjektive Lebenslage charakteristisch sind.

I. Liegt eine Beeinträchtigung der Kommunikation vor? Ausschlaggebend sind das Vorhandensein, der Umfang und die Intensität von Verzerrung geläufiger Kommunikationsprozesse. Konkret sind folgende Aspekte zu prüfen:

- kognitive Verständnisschwierigkeiten,
- Wahrnehmungsstörungen,
- Beeinträchtigung der visuellen und akustischen Sinnesorgane,
- Beeinträchtigung der verbalen und nonverbalen Verständigungsmöglichkeiten,
- tabuisierte Kommunikationsinhalte,
- gehemmte oder blockierte Gefühlsäußerung.

II. Liegt eine Beeinträchtigung des Sozialisationsprozesses vor? Ausschlaggebend sind das Vorhandensein, der Umfang und die Intensität einer von der Gesellschaft empfundenen (jedoch nicht notwendig realen) sozialen Bedrohung und Belastung. Konkret sind folgende Aspekte zu prüfen:
- Beeinträchtigung der Leistungsfähigkeit in allen Bereichen,
- Notwendigkeit besonderer Hilfsmittel und Hilfemaßnahmen,
- belastende bzw. störende Verhaltensweisen.

III. Liegt eine Abweichung von normativen Bezugsformen vor? Ausschlaggebend sind das Vorhandensein, der Umfang und die Intensität einer Abweichung von den vom Individuum (und der Gesellschaft) gesetzten Vorstellungen über Normen. Konkret sind folgende Aspekte zu prüfen:
- Abweichen von gesellschaftlichen Normvorstellung,
- subjektiv empfundene Leistungsminderung,
- subjektiv wahrgenommenes »Ich bin anders als eine Norm« (normwidrige Präsentation),
- vermindertes Selbstwertgefühl,
- normwidrige Verhaltensweisen.

IV. Liegt eine Beeinträchtigung der Existenzform des betroffenen Menschen vor? Ausschlaggebend sind das Vorhandensein, der Umfang und die Intensität der Erlebensweise von Schädigung als einer absurden oder minderwertigen Existenzart, die den Sinnhorizont vermindert. Konkret sind folgende Aspekte zu prüfen:
- Diskriminierung,
- beeinträchtigte Alltags- bzw. Lebensbewältigung,
- eingeschränkte bzw. verhinderte Erfüllung des Lebenssinns in den grundlegenden Bereichen Liebe/Partnerschaft, Arbeit/Beruf und Dazugehörigkeit.

Wichtig ist hierbei: Bei der Überlegung zur möglichen Einwirkung des Behinderungszustandes auf die individuelle Wirklichkeit müssen Behutsamkeit und Vorsicht walten. Es gelten folgende Grundsätze:

- Entscheidend für die Einschätzung ist das subjektive Erleben des betroffenen Menschen: Erlebt er in dem einen oder anderen bzw. in allen Bezugsfeldern reale Beeinträchtigung in seinem Alltags- und Lebensvollzug?
- Damit von einem (drohenden) Behinderungszustand gesprochen werden kann, muss eine (drohende) Chronifizierung der Beeinträchtigungen vorliegen.

Anhand der Checkliste die subjektive Wirklichkeit der zu unterstützenden Person zu erforschen ist im dreifachen Sinne vorteilhaft:

- Offenbart sich eine Bedrohung durch den Behinderungszustand, lässt sich die heilpädagogische Unterstützung konkret und präzis begründen.
- Aus der Orientierung in einzelnen Beeinträchtigungsfeldern lassen sich personbezogene Ziele und konkrete Aufgaben formulieren.
- Die erlangten Erkenntnisse sind ausgesprochen nützlich bei Erstellung von Berichten und Plänen.

Trotz der o. g. Unterschiede zwischen der medizinischen/psychologischen Diagnoseerstellung und der heilpädagogischen Orientierung in der individuellen Wirklichkeit haben beide Vorgänge gemeinsame wichtige Informationsquellen – Gespräch und Beobachtung.

In der Medizin und Psychologie wird eine Orientierung in biographischen Kontexten der Symptomatik zum Zwecke einer Verifizierung/Präzisierung der Diagnose gesucht (offizielle Bezeichnung hierfür ist Anamnese).

Der bzw. die heilpädagogisch Tätige präzisiert keine Diagnose, sondern erforscht – zu einem besseren Verstehen der individuellen Wirklichkeit des Gegenübers – dessen wichtige Lebensereignisse, Bedürfnisse, Bewältigungsstrategien, Beziehungen, Handlungskompetenzen, Stärken, Schwächen, Potentiale, Ressourcen, Resilienzen, charakteristische Verhaltensweisen usw. Diesem Anliegen dient neben der alltäglichen Kommunikation und Interaktion am besten das sog. narrative Interview. Beide Vorgänge unterscheiden sich in ihren Anliegen, haben jedoch einen gemeinsamen Nenner: das (strukturierte) Gespräch. Die Gesprächsführungskompetenz stellt eines der wichtigsten methodischen Ausstattungsmerkmale von heilpädagogisch tätigen Fachpersonen dar.

Geht man zum Hausarzt und beklagt sich über Halsschmerzen, schaut dieser dem Patienten in den Mund und Rachen, um anhand der Schlammhäutefärbung die Verdachtsdiagnose »Angina« zu verifizieren. Er muss bewusst wahrnehmen, also beobachten. Auch der klinische Psychologe muss imstande sein, die körpersprachliche Gefühlsausdrücke und das Verhalten des Klienten während des Gesprächs bzw. der Testuntersuchung bewusst wahrzunehmen, also zu beobachten. Dies ist für die Erstellung einer zutreffenden Diagnose unumgänglich.

Auch der/die heilpädagogisch Tätige kommt bei der Erforschung individueller Wirklichkeit des Gegenübers ohne Beobachtung nicht weiter. Er muss während der vielen alltäglichen Kontakte mit dem zu unterstützenden Menschen Vieles beobachten, also bewusst wahrnehmen.

Der Unterschied zwischen der medizinischen/psychologischen und der heilpädagogischen Beobachtung liegt im Setting:

Der Hausarzt aus dem o. g. Beispiel wie auch der Psychologe haben nur eine begrenzte Zeit zur Verfügung (die Untersuchungs- bzw. Behandlungseinheit). Sie müssen diese Zeit nutzen, um eine Störung/Normabweichung zu diagnostizieren und einen Therapieplan zur Behebung dieser Störung bzw. zu einer Normalisierung der Abweichung zu erstellen.

Heilpädagogisches Handeln vollzieht sich überwiegend im gemeinsamen Tun während diverser Situationen im Rahmen von Alltagsbewältigung. Selbstverständlich gibt es in der Heilpädagogik auch zeitbegrenzte Fördereinheiten, wo auch beobachtet werden muss. Das Hauptanliegen dabei ist weder Diagnose noch Therapie, sondern die Orientierung in sowie das bessere Verstehen von individueller Wirklichkeit des Gegenübers.

Auch hier ist die Situation ähnlich wie beim Gespräch: Unterschiede gibt es im jeweiligen Setting und dem Anliegen, der gemeinsame Nenner heißt bewusst wahrnehmen, was da ist. Die Beobachtungkompetenz ist ebenfalls eine der grundlegenden methodischen Ausstattungsmerkmale von heilpädagogisch tätigen Fachpersonen.

Näheres und Konkreteres zu den Themen Gesprächsführung und Beobachtung lässt sich den beiden o. g. Lehrbüchern entnehmen. Auch bei Lotz (vgl. Lotz 2007, 331 f) sind knapp und gut die wichtigsten Beobachtungsaspekte beschrieben.

Abschließend noch einige Bemerkungen zu dem Stellenwert von psychologischen Tests in der Heilpädagogik:

Vorauszuschicken ist die Tatsache, dass sie bei der Erforschung von individueller Wirklichkeit als ergänzende Orientierungsquellen sehr hilfreich, im Einzelfall sogar u.U. unentbehrlich sind. Es handelt sich um Methoden zur Ermittlung der individuellen Beschaffenheit eines Menschen insbesondere was seine Entwicklung, Begabung, Intelligenz, Leistung und Persönlichkeit betrifft. Sie liefern brauchbare Informationen hinsichtlich diverser Fähigkeiten und Kompetenzen (beispielsweise was Wahrnehmung, Motorik, Sprache, Emotionalität, Bewegungsfunktionen und gesteuerte Bewegungsvorgänge betrifft), die dann heilpädagogisch gefördert werden können.

Andererseits kann die Verwendung von psychologischen Tests durchaus leicht die Aufmerksamkeit des/der heilpädagogisch Tätigen auf Defizite lenken. Ebenfalls ist wichtig zu wissen, dass sie – bedingt durch ihre Standardisierung/Normierung – nicht imstande sind zu erfassen, was konkret die Lage der getesteten Person beeinträchtigt und von welchen Faktoren ihr Erleben und Verhalten bestimmt wird.

Fazit: Die Verantwortung für den Umgang mit den Testergebnissen und -erkenntnissen liegt immer bei der Fachperson. Ob sie zu einer besseren Orientierung in der individuellen Wirklichkeit des zu unterstützenden Menschen, zu seiner Selektion, zur Vorurteilsbildung oder sogar zu seiner Stigmatisierung verwendet werden – das hängt immer von dem Anwender ab. Um sie in der Heilpädagogik zu nutzen, muss man sie nicht nur sehr gut kennen, sondern sie ausschließlich und verantwortungsvoll im Sinne der Erforschung individueller Wirklichkeit der zu unterstützenden Person verwenden.

Näheres und Konkreteres zum Thema Tests lässt sich neben den beiden o. g. Lehrbüchern auch bei Lotz (vgl. Lotz 2007, 332-335) finden.

5 Referenzwissenschaften der Didaktik/ Methodik der Heilpädagogik

In diesem Kapitel werden die wichtigsten Referenzwissenschaften der Didaktik/ Methodik der Heilpädagogik erläutert. Es handelt sich hierbei um die Philosophie, die Psychologie, die Soziologie, die Medizin und die Pädagogik. Nicht nur deren Relevanz für die humanistische und konstruktivistische Grundlegung der Didaktik/Methodik der Heilpädagogik, sondern auch ihre gegenseitige Bezogenheit werden hier skizziert. Damit dies gelingt, werden historische Wurzeln jeder Referenzwissenschaft kurz dargestellt, ihre theoretischen Begründungen erläutert und diese dann vom Blickwinkel der Nutzbarkeit und Umsetzung für das heilpädagogische Handeln betrachtet. Bei diesen theoretischen Erörterungen steht nicht der Bezug auf den Konstruktivismus bzw. auf den Humanismus im Vordergrund (dies ist in den Kapiteln 3 und 4 dieses Buches bereits ausführlich geschehen). Vielmehr werden die Spezifika dieser Referenzwissenschaften erläutert, die eine Relevanz für heilpädagogisches Handeln haben. Dieses Kapitel schließt ab mit einem kurzen Fazit.

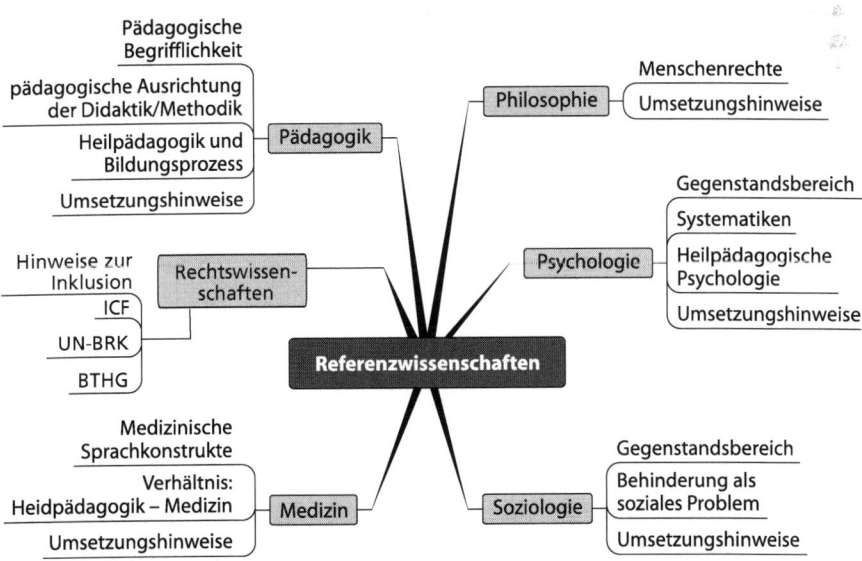

Abb. 10: Referenzwissenschaften der Heilpädagogik.

5.1 Philosophie

Die bereits an anderer Stelle dargestellte Sichtweise der Systemtheorie bzw. des Konstruktivismus offenbart ein bestimmtes Verständnis vom Menschen. Diese Auffassung hat Konsequenzen für das Menschenbild, d. h. also für die philosophische, anthropologische und ethische Betrachtung des menschlichen Wesens. Konstruktivistisch betrachtet stellt der Mensch ein autonomes kommunikatives und soziales Wesen dar, welches sein Leben nach subjektiven Wahrnehmungen gestaltet, sich kommunikativ mit weiteren autonomen Menschen auseinandersetzt und diesen gegenüber Akzeptanz und Respekt zeitigt. »In dem Bewusstsein des Wir entwickelt sich die Ko-Ontogenese (Ontogenese = die Entwicklung eines Individuums von der Eizelle bis zum Tod; Microsoft, 2004) des Menschen, das Soziale Wesen. Wollen Menschen miteinander koexistieren, so setzt dies den Verzicht einer absoluten Wahrheit voraus. Es wird akzeptiert, Erkenntnisphänomene subjektiv wahrzunehmen, wenn der Einzelne diskursfähig bleibt. Geschieht das nicht, was die andere Person negieren würde, ist ein Konflikt die Folge. Dieser Konflikt lässt sich nur überwinden, wenn die beteiligten Konfliktparteien mit anderen Personen nach einer gemeinsamen Perspektive suchen« (Joswig, 2007, 49). Ein konstruktivistisch ausgerichtetes philosophisches Menschenverständnis geht also davon aus, dass die unterschiedlichen ethischen Bezugnahmen dem sozialen Bewusstsein der Menschen entspringen. Dieses soziale Bewusstsein begründet sich wiederum darin, den anderen Menschen in seiner Verschiedenheit (ganz gleich ob behindert oder nicht) zu akzeptieren, ihn wahrzunehmen, um gemeinsam mit ihm Daseinsräume zu gestalten.

Die o. g. Auffassung von Joswig bezieht sich auf Maturana und Varela und geht von folgenden Annahmen aus:

- Die Welt, in der die Menschen leben, ist nicht die eine objektive und gegebene Welt, sondern nur eine potentielle mögliche Welt, welche mit anderen hervorgebracht wird.
- Diese Welt kann sich nur ändern, wenn sich die Menschen, von denen sie hervorgebracht wird, mit ihr ändern.
- Die Menschen haben das Wissen um das Hervorgebracht-Sein dieser Welt zu akzeptieren und mit dieser Tatsache zu leben (vgl. Joswig, 2007, 50).

Diese drei Aspekte begründen die Erforderlichkeit, dass jeder Mensch sich grundlegend nach dem Prinzip menschlicher subjektiver Autonomie ausrichtet und auch dieser Autonomie einem anderen Menschen gegenüber Respekt zollt.

Ein weiteres Prinzip besteht in der »Ganzheitlichkeit« (auch wenn dieser Begriff nicht unbedingt das trifft, was er zu treffen vorgibt!). Jeder Mensch lebt im Kontext der unaufhebbaren Wechselwirkung zwischen sich und der natürlichen wie kulturellen Umwelt. Demnach ist jeder Mensch den anderen Menschen wechselseitig verpflichtet und verantwortet dies auch der Gemeinschaft und Gesellschaft gegenüber.

Die Umsetzung dieser beiden Prinzipien im Handeln kann vor allem in einem vernunftgesteuerten Prozess gelingen. Gleichwohl ist es aber wichtig, gleichzeitig diese Vorgänge mit der erforderlichen Emotionalität zu realisieren (Maturana und Varela sprechen an dieser Stelle von »Liebe«). Hierbei ist der Mensch jedoch nicht frei davon zu versagen: »Systemische Ethik fordert den Einzelnen auf, den Prozess des Erkennens korrekt zu führen. Logische Irrtümer ergeben sich zwangsläufig, wenn Begriffe wie Macht, Gewalt, Manipulation, Kontrolle aber auch Integration im heilpädagogischen Diskurs nicht ausreichend reflektiert werden« (Joswig, 2007, 50 f.). Joswig, dem wir an dieser Stelle ausdrücklich folgen, beschreibt des Weiteren mit Bezug auf Otto Speck ein Menschenbild, welches ökologisch-reflexiv bzw. konstruktivistisch begründet wird (ebd., 128 f.). Ein solchermaßen formuliertes Menschenbild zeitigt nun mindestens nachfolgende Konsequenzen:

- Es begründet ein Menschenbild, welches das Ziel der Relevanz für alle Menschen verfolgt: Unabhängig von seiner Verfasstheit stellt der Mensch eine autonome Einheit dar, ein subjektiv autonomes Wesen. Hierbei ist es also irrelevant, ob er als behindert, verhaltensgestört oder anderweitig stigmatisierend bezeichnet wird.
- Davon ausgehend stellt der Begriff einer so genannten Behinderung eine Kategorie der Beobachtung dar, welche das abweichende Erscheinungsbild bzw. Verhalten als eine mögliche Ausprägung des Menschseins und des Menschlichen skizziert. Behinderung ist somit so normal wie die Körpergröße, wie die Haarfarbe usw.
- Bedingt durch die o. g. Betrachtungsperspektive (Merkmale und Auffälligkeiten von Menschen werden nicht mehr als Symptome möglicher Behinderungen aufgefasst), wird der Begriff »Behinderung« neu konstruiert. Diese Konstruktion kann die Erlebens-, Denk- und Handlungsweise bei Menschen, die im Kontakt mit andersseienden Personen stehen, nachhaltig verändern.
- Demnach können z. B. die scheinbar unverständlichen Verhaltensweisen eines Menschen als grundlegende Fähigkeit verstanden werden, natürlich-menschliche Bedürfnisse der Selbstorganisation und der Autonomie zu befriedigen bzw. lebendig werden zu lassen. »Es gibt kein sinnloses Verhalten« (Joswig, 2007, 128).

An dieser Stelle wird eine erste Relevanz der obigen menschenbildlichen Präzisierungen für heilpädagogisches Handeln bzw. für eine Didaktik/Methodik der Heilpädagogik deutlich: Alle Kommunikations- und Interaktionsprozesse müssen mit Blick auf die – durch Selbstorganisations- und Autonomiebestreben bedingten – Motivations- und Interessenslagen des einzelnen Subjektes beschrieben und organisiert bzw. durchgeführt werden.

Die konstruktivistisch-systemtheoretische Positionierung des Menschenbilds hängt mit bestimmten ethischen Grundlagen und Prinzipien zusammen. Diese werden in Anlehnung an Speck (vgl. Speck, 2003, 153 ff.) im Folgenden dargestellt.

5.1.1 Menschenrechte

Es handelt sich um ein solches Menschenrechtsbewusstsein, welches über die reine biologische Verfasstheit des Individuums hinausreicht und jeden Menschen – unbeachtet des Erscheinungsbilds, der Leistung, des Verhaltens usw. – deshalb akzeptiert, weil er zwar spezifische Merkmale einer naturgemäßen Unvollkommenheit aufweist, jedoch trotzdem ein menschliches Wesen im Sinne einer bio-psycho-sozialen Einheit ist. Das Hauptanliegen besteht darin, jedem Menschen, der sich in kontingenten Grenzbereichen und Unzulänglichkeiten befindet, ein Lebensrecht zu sichern. Dies wird durch bzw. in heilpädagogischen Organisationen und mittels heilpädagogischer Unterstützung und Begleitung mit Bezug auf seine Bildung und seine soziale Zugehörigkeit hin verwirklicht.

Ein Menschenrechtsbegriff ist also zielführend und darauf ausgerichtet – gerade in einer postmodernen und wertepluralen Gesellschaft wie der heutigen – das Menschliche zu reflektieren, wo es in Frage gestellt wird. Menschenrechte sind bekanntlich als unverzichtbar und unantastbar zu wahren bzw. anzunehmen. Ein zentrales Menschenrecht ist hierbei die Bildung, die eine grundlegende Relevanz für die Heilpädagogik hat. Wenn alle Menschen Recht auf Bildung haben (im Sinne einer freien Entfaltung der Potenziale und der Persönlichkeit und zwar im Kontext einer umfassenden gesellschafts-kulturellen Teilhabe [Partizipation] – in Anlehnung an DIMDI, 2005, 155 ff.), gilt das auch für Menschen mit Beeinträchtigung.

Demnach gilt es in der heilpädagogischen Praxis nicht nur reine Lernprozesse zu initiieren. Vielmehr muss hier zielführend ein umfassendes Bildungsideal hervorgehoben und angestrebt werden (so, wie es einmal Alexander von Humboldt beschrieben hat). Auch die Teilhabe (Partizipation) an und die Veränderung des gesellschaftskulturellen Geschehens stellt ein unabkömmliches Anliegen der Heilpädagogik dar: »Indem sie jeden Menschen unabhängig von seiner individuellen Bildbarkeit an der jeweiligen Kultur teilhaben lässt – in welcher Form auch immer –, trägt sie dazu bei, dass jeder wirklich Mensch im Sinne seiner ihn einschließenden Kultur werden und eine Kulturgemeinschaft der unterschiedlichen, der je starken und schwachen, entstehen kann. Ein Ausschluss aus dem Bildungssystem schlösse den betreffenden Menschen aus dieser Kultur und damit aus der Menschengemeinschaft aus« (Speck, 2003, 155).

Es geht hierbei nicht darum, den Menschen in dieser Kultur zu dulden, vielmehr sollen und müssen alle Menschen einen aktiven Beitrag leisten in dieser Kultur zu leben, sie zu erleben, sie vielfältig zu gestalten, sich aber auch von ihr gestalten zu lassen. Diese Form der Menschenrechte (und Bildung stellt nur einen Teil dar) ist nun nicht von bestimmten Bedingungen abhängig. Vielmehr ist sie schon vor allen rationalen Begründungsmustern und Reflexionsprozessen als gültig anzuerkennen, denn Menschenrechte sind die Rechte aller Menschen und folglich dürfen sie nicht von bestimmten Kriterien abhängig gemacht werden.

Die unbedingte Achtung vor dem Wertsein des Anderen

Mit Bezug auf Emanuel Levinas erläutert Speck die logische Konsequenz des ethisch begründeten Menschenbildes, nämlich die Wahrnehmung und Beachtung des anderen Menschen in seiner Leiblichkeit, in seinem Antlitz. Dieses Menschenbild hebt die (Gleich-)Wertigkeit aller Menschen hervor und wirkt grundlegend-konstitutiv in jeder Begegnung von Mensch zu Mensch: Das Wertvolle des Anderen, den Wert des anderen Menschen zu beachten heißt, ihn in seinem Antlitz wahrzunehmen, d. h.

ihm unverstellt zu begegnen. In wechselseitiger Wahrnehmung und Kommunikation, im Prozess einer Bezugnahme aufeinander als gleichwertige und per se wertvolle Wesen offenbart sich die Einstellung, welche gar nicht anders kann, als den Menschen in seinem Wertsein zu achten. Ganz gleich, um welchen Menschen es sich hierbei zu handeln scheint.

Die unbedingte Zugehörigkeit jedes Menschen

Die soziale Verankerung des Menschen stellt ein wichtiges Wesens- und Lebensmerkmal dar. Folglich ist der Mensch immer Mensch unter anderen. Nicht nur, dass ein Individuum immer zu bestimmten Personen bzw. Gruppen zugehörig ist. Jeder Mensch ist auch – ohne dass das jeweils überprüft oder in Frage gestellt wird – ein Teil einer allumfassenden Menschheit. Er ist als ein Bestandteil des Ganzen in diese integriert (ohne den pädagogischen Begriff der Integration an dieser Stelle weiter zu strapazieren), er gehört zu anderen Menschen und existiert bzw. koexistiert mit ihnen. Dieses ist nicht in Frage zu stellen, ist nicht aufzuheben und nie aufhebbar.

Die gerechte Verteilung der sozialen Güter

Im gemeinsamen Leben und Erleben aller Menschen gehört die Ordnung des Gemeinwesens in hohem Maße dazu und diese »fußt auf sozialer Gerechtigkeit« (Speck, 2003, 167). Ohne eine gerechte Verteilung der Güter wäre es nicht möglich, dass jeder Mensch, der einem Gemeinwesen angehört (und dies trifft in der Tat auf jeden Menschen zu), seine Teilhaberechte an den Gütern dieser Gemeinschaft ohne Einschränkung wahrnehmen kann (ebd.). Leichter umzusetzen bzw. einzuklagen ist die Verteilung sozialer Güter in einer überschaubaren Gemeinschaft (z. B. Familie, Gruppe) als in einer breiten und ausdifferenzierten Gesellschaftsstruktur, welche in Systeme und Teilsysteme aufgeteilt ist. Auf der anderen Seite wird das Prinzip der gerechten Verteilung sozialer Güter in kleinen und relativ abgegrenzten Gemeinschaften leichter zu missachten sein. Ob so oder anders – von dem konstruktivistisch-systemtheoretischen Menschenbild ausgehend hat jeder Mensch als natürliches Gesellschaftsmitglied wie auch als gewordenes Gemeinschaftsmitglied ein Anrecht auf Teilhabe an den Gütern der Gesellschaft bzw. dieser Gemeinschaft.

Dialogische Verständigung

Die heutige normativ-plural gestaltete Gesellschaft kann nur dann stabil bleiben und sich entfalten, wenn die Menschen in wechselseitigem Respekt und in gemeinsamer Toleranz leben. Dass dies nicht immer in vollem Umfang realisierbar ist, scheint deutlich zu sein. »Persönlich nicht akzeptable Sinn-Systeme können dem anderen nicht aufgedrängt werden. Andererseits können sich partikulare Lebenswelten (ökologische Nischen) nicht abkapseln, wenn sie lebendig und zugehörig sein wollen. Indem sie sich nach außen öffnen, haben sie sich dem Dialog zu stellen« (Speck, 2003, 170). Dieser Dialog ist unumgänglich dafür, dass alle Menschen am Prozess der

Weiterentwicklung der einzelnen Teilsysteme einer Gesellschaft und somit letzten Endes der Gesamtgesellschaft teilhaben und teilnehmen. Heilpädagogisch betrachtet hat dieses Prinzip vor allem hinsichtlich der Gleichberechtigung von Menschen mit Behinderung und Menschen ohne Behinderung einen hohen Stellenwert. Folglich stellt die dialogische Verständigung ein wichtiges heilpädagogisches Anliegen auf zwei Ebenen dar: Als Ziel (einen dialogischen Prozess anstreben) und als Mittel (wechselseitige Kommunikation praktizieren). Sie hilft den Beteiligten dabei, einseitige Überstülpungen und möglicherweise Paternalismen von subjektiven Sinn-Systemen zu verhindern sowie die Bildungsprozesse in wechselseitiger Verlaufsform zu gestalten.

Bei der Übertragung der hier kurz dargestellten konstruktivistisch-systemischen Positionierung von philosophischen und ethischen Aspekten des Menschenbildes auf heilpädagogische Praxis werden – hinsichtlich des konkreten Handelns – vor allem folgende Themenbereiche zu beachten sein (erarbeitet in Anlehnung an Dederich, 2007, 214 f.):

- Umgang mit dem zu betreuenden Menschen als Person: Jedem Gegenüber hat der heilpädagogisch Tätige so zu begegnen, dass sein subjektiv erlebtes Personsein erhalten bleibt und gestärkt/stabilisiert wird.
- Menschenrechte und Menschenwürde: Jedes Gegenüber des heilpädagogisch Tätigen ist als Mensch mit Würde und mit Rechten ausgestattet, die nicht nur beachtet, sondern auch u. U. durchgesetzt, eingeklagt und verteidigt werden müssen.
- Alte und neue Eugenik: Der heilpädagogisch Tätige hat sich gegen das sozialdarwinistische Denken und den Utilitarismus einzusetzen, um die damit verbundene Infragestellung des Lebensrechts für sein Gegenüber als Träger der Menschenwürde und Inhaber von Menschenrechten abzuwenden.
- Die Zukunft der menschlichen Natur: Der heilpädagogisch Tätige wird mit den Auswirkungen des technischen Fortschritts in Form von »Kreieren« des Menschen nach Wunsch und Bedarf konfrontiert. Abgesehen von der Tatsache, dass dies immer mit Gefahr einer Fremdbestimmung für den betroffenen Menschen verbunden ist, offenbart sich hier klar der damit einhergehende Abbau der Wahrung von Vielfalt, Differenzen und naturgemäßen Subjektivitäten. Setzt sich also der heilpädagogisch Tätige für die Aufrechterhaltung der Mannigfaltigkeit menschlicher Natur im Allgemeinen und der Eigenbestimmung des Individuums im Speziellen ein, trägt er damit dem konstruktivistisch-systemtheoretisch positionierten Menschenbild Rechnung.

Die Begründung heilpädagogischer Handlungsprozesse auf dem Hintergrund einer konstruktivistischen Ethik scheint somit deutlich zu machen, dass Prozesse der Anerkennung von Vielfalt und Differenz bzw. der Koexistenz von Menschen in hohem Maße relevant sind, um heilpädagogisches Handeln für alle Beteiligten als philosophisch begründbar und ethisch vertretbar werden zu lassen. Eine heilpädagogische Vorgehensweise, eine Didaktik/Methodik der Heilpädagogik hätte immer wieder von diesen Brennpunkten ethischer Reflexion in der Heilpädagogik auszugehen (vgl. Gröschke, 1993, 16). Sie hätte eine heilpädagogische Ethik als »Berufsethik der Heilpädagogen« (ebd., 127) zu realisieren, welche die Berufsrolle aller heilpädagogisch Handelnden positioniert und von welcher aus es möglich ist, heilpädagogisch zu handeln.

An dieser Stelle erscheint es weder als altertümlich noch als überholt, von heilpädagogischen Haltungen und heilpädagogischen Tugenden zu sprechen. Mit Bezug auf den didaktisch-methodischen Hintergrund des professionellen heilpädagogischen Handelns erscheinen hier vor allem drei Komplexe relevant (ebd., 146 ff.): Die pädagogische Gerechtigkeit, der pädagogische Takt sowie der pädagogische Humor. Diese drei Handlungsmerkmale bewirken, dass der heilpädagogisch Tätige auf dem Hintergrund einer Verteilungsgerechtigkeit mit jedem zu betreuenden Menschen taktvoll und humorvoll kommuniziert und interagiert. Der Ausgangspunkt dieser Fähigkeit ist ein Gespür für die Würde des anderen Menschen. Diese gilt es, taktvoll wahrzunehmen und sie als Grundlage des gemeinsamen Tuns anzunehmen. Der nächste Punkt ist die Bereitschaft, sich selbst auch einmal in Frage zu stellen und über sich selbst zu lachen. Dieser wahre Humor, diese gelassene Heiterkeit kann dazu beitragen, dass die Grenzbereiche heilpädagogischen Handelns nicht als Konfliktfelder, sondern als Felder des gemeinsamen unangestrengten Lernens betrachtet werden können. Allein mit lustig ist es allerdings nicht getan. Der heilpädagogisch Tätige sollte bei allem, was er tut und lässt, ein Mindestmaß an Skepsis beibehalten, denn es kann alles immer auch anders sein, und ein Scheitern lässt sich nie gänzlich ausschließen (vgl. ebd., 162). Ein eventuelles Scheitern ist sicherlich unangenehm, darf jedoch nicht in Verzweiflung enden. Es ist aus dem Grund lehrreich, weil es Grenzen der Machbarkeit erfahren lässt – ein grundlegendes Charakteristikum aller heilpädagogischen Tätigkeiten. Diese Grenzerfahrungen sind eine nicht weg zu denkende natürliche »Conditio Humana« jener Berufe, in denen Menschen mit Menschen dialogisch und gemeinsam handelnd zu tun haben.

5.1.2 Didaktisch-methodische Umsetzungshinweise

Auf die Frage, wie sich die oben dargestellte philosophische (und damit auch die ethische) Sichtweise im heilpädagogischen Handeln konkret bemerkbar macht, lässt sich kurz bilanzierend antworten: Vor allem in der Wahrnehmung des Gegenübers (Menschenbild) und seiner Bewertung (Einstellung). Beides hängt zusammen und beeinflusst die Kommunikation sowie das dialogisch ausgerichtete gemeinsame Tun. Sowohl die Vorstellung darüber, was der Mensch sei, als auch darüber, was subjektiv sinnvoll ist und einen persönlichen Wert hat, ist während der jeweiligen Lebensgeschichte im sozialen Lebensfeld vermittelt worden. Folglich können das Menschenbild und die Wertehierarchie als angeeignetes »Eigentum« des heilpädagogisch Tätigen betrachtet werden.

Es handelt sich um Konstrukte der Wirklichkeit, die für das berufliche Handeln ausschlaggebend sind. Deshalb ist es hilfreich, sie kennen zu lernen und möglichst bewusst an die o. g. Merkmale, Grundsätze und Ausrichtungen anzunähern. Damit ist hier nicht der »durchgehende Untersuchungsprozess eigener seelischer Abgründe« gemeint, dem sich der heilpädagogisch Tätige zu unterwerfen hätte. Vielmehr geht es darum, in bestimmten Situationen nicht automatisch »aus dem Bauch heraus« zu agieren, sondern sich die hier dargestellte heilpädagogische Sichtweise zu vergegenwärtigen und sich an ihr zu orientieren – und sei es auch zum »Preis« der aktuellen Zurückstellung der eigenen automatisierten Reaktion.

Als Beispiel kann hier Verweigerungsverhalten des zu betreuenden Menschen genannt werden. Es stellt den Wert des heilpädagogisch Tätigen »etwas erreichen/bewirken« infrage und bringt ihn i. d. R. fast automatisch dazu, den Druck auf den Verweigerer zu erhöhen oder sich eine List auszudenken. Die bewusste Annäherung an die handlungsleitenden philosophisch-ethischen Hintergründe würde hier bedeuten,

1. sich diesen (an sich normalen und legalen) eigenen Wert des Wirksamseins (samt seiner Kraft) einzugestehen (»Ich habe mein subjektiv berechtigtes Konstrukt...«),
2. dem Gegenüber die Existenz von (an sich normalen und legalen) Werten zuzugestehen, die es zur Verweigerung bringen (vielleicht ist das derselbe Wert?) (»Du hast dein subjektiv berechtigtes Konstrukt...«) und
3. gemeinsam zu schauen, unter welchen Umständen/Bedingungen diese jeweils subjektiv wichtigen Werte mehr beachtet und ernst genommen werden könnten (»Lass uns gemeinsam schauen, was die beiden Konstrukte gemeinsam haben bzw. was sie unterscheidet und aus ihnen ein – nur für diese Situation geltendes – Problemlösungskonstrukt kreieren!«).

Ob der sich gerade verweigernde Mensch sich darauf einlässt, sei dahin gestellt. Wichtig ist, dass er einen menschenwürdigen Umgang seitens einer »VIP« (very important person) erlebt hat – und das zählt viel mehr, als sich der »automatisierten Druckausübung« seitens einer Machtperson ausgesetzt und von ihr »besiegt« zu fühlen.

An diesem Beispiel wird deutlich, dass es auf die Einstellung des Heilpädagogen ankommt, denn in der Einstellung offenbaren sich das Menschenbild und die eigene Wertehierarchie unvermittelt. Hier muss man aufpassen, denn häufig wird nur die eine Seite der Münze ins Auge gefasst – nämlich die Einstellung zum Gegenüber. Dabei hat diese immer auch eine zweite Seite, und zwar die Einstellung des heilpädagogisch Tätigen zu sich selbst. Salopp formuliert: »Das, was ich von dir halte, entspringt (u. a.) immer auch dem, was ich von mir selbst halte...« Diese Tatsache macht es u. U. enorm schwierig, sich auf der Schnittstelle zwischen »Ich-bezogen« und »Du-bezogen« zu orientieren. Es ist zwar erklärte Aufforderung der heilpädagogischen Theorie, dass jeder heilpädagogisch Tätige daran arbeiten soll, aber die Realität steht der Umsetzung sehr oft im Wege: Beginnend mit Aufgabenflut und Zeitmangel, über Personalnot oder Dokumentationswahn bis hin zur Unlust oder sogar Angst, sich mit unangenehmen bzw. verdrängten Situationen und Ereignissen zu befassen – all das erschwert den bewussten Umgang mit eigenen Einstellungen.

Umso wichtiger ist es zu üben, das Wissen um die heilpädagogische Sichtweise in der alltäglichen Kommunikation und Interaktion zu nutzen. Der Clou des philosophisch-ethisch begründeten Vorgehens besteht darin, auch dem Gegenüber die Existenz von Konstrukten und Werten zuzugestehen, sie mit ihm gemeinsam zu erforschen und ebenfalls gemeinsam mit ihm zu versuchen, für beide Seiten akzeptable neue Konstrukte zu kreieren.

Zu der häufig gründlich missverstandenen Aufforderung zur Selbsterkenntnis der heilpädagogisch Tätigen nur folgende Bemerkung: Wenn ich mir z. B. die Wichtigkeit von »etwas erreichen/bewirken« bewusst mache, muss ich nicht unbedingt sofort in der laufenden Interaktion auch noch danach suchen, wieso es mir so wichtig ist! Das wäre sogar dialogisch-kontraproduktiv, weil ich mich dabei auf den »Selbsterforschungstrip« begebe und folglich bei mir und nicht bei meinem Gegenüber sein kann. Aus diesem Grund müsste diese Suche nach den tieferliegenden oder lebensgeschichtlichen Gründen für persönliche Werte prinzipiell für Supervision oder vielleicht eine Lebensberatung aufgehoben werden.

Die Bedeutung der Einstellung von Personen, die praktische physische oder emotionale Unterstützung, Fürsorge, Schutz, Hilfe und Beziehungen zu anderen Personen geben, betont auch die von der Weltgesundheitsorganisation (WHO) erarbeitete Internationale Klassifikation der Funktionsfähigkeit, Behinderung und Gesundheit (ICF). Interessant ist, dass im Kapitel »Unterstützung und Beziehungen« zwar konkrete Personen aufgelistet sind, jedoch beziehen sich die Kriterien für die Einschätzung ihrer Wirkung nicht auf sie, sondern darauf, was ihre Einstellung bewirkt. Die Autoren betonen ausdrücklich, dass es nicht vordergründig um die Merkmale einer Person geht, die eine Einstellung hat, sondern um das Ausmaß an physischer und emotionaler Unterstützung, die sie gibt (vgl. DIMDI, 2005, 239). Hier wird also deutlich, dass es nicht möglich ist, dass eine bestimmte Art von Menschsein (Person, Persönlichkeit) für eine hilfreich wirkende Einstellung ausschlaggebend ist (etwas wie eine Kategorisierung oder Typologisierung ist also nicht möglich). Vielmehr können diese Einstellungswirkung im subjektiv und situativ bedingten Ausmaß unterschiedliche Personen und Persönlichkeiten aufweisen.

Einstellungen lassen sich als allgemeine oder spezifische Meinungen und Überzeugungen von Menschen bezeichnen, die eine bestimmte Person oder andere Dinge (z. B. soziale, politische und ökonomische Themen) betreffen und die individuelles Verhalten und Handlungen beeinflussen. Sie entstehen aus Sitten, Bräuchen, Weltanschauungen, Werten, Normen sowie familiären, religiösen und sonstigen Ansichten und beeinflussen sowohl individuelles Verhalten als auch das soziale Leben auf allen Ebenen (zwischenmenschliche Beziehungen, Kontakte in der Gemeinde, politische, wirtschaftliche und rechtliche Strukturen). Es gibt auch gesellschaftliche Einstellungen, die sich als Überzeugung von Gesamtgesellschaft oder Gesellschaftsschichten hinsichtlich bestimmter Phänomene des gesellschaftspolitischen Zusammenlebens offenbaren. Sowohl die individuellen als auch die gesellschaftlichen Einstellungen wirken sich in Bewertung von Personen, Ereignissen, Situationen, Phänomenen, Prozessen usw. und im auf diese Bewertung bezogenen Umgang aus.

Ob also eine Person (z. B. der Junge mit Trisomie 21 aus der Nachbarschaft) eine annehmend-positive oder aber ablehnend-diskriminierende Bewertung erfährt und ihr folglich Kontakt mit anderen ermöglicht (Einladung zur Geburtstagsfeier der Tochter) oder aber streitig gemacht (aus dem Kinderspielplatz »rauskeln«) wird, hängt mit der Einstellung der sie bewertenden Menschen ihr gegenüber zusammen. Die Stigmatisierung, Stereotypisierung, Marginalisierung, Vernachlässigung u.ä. von Menschen ist also immer eine Frage der Einstellung (vgl. DIMDI, 2005, 242).

Der heilpädagogisch Tätige wird in der ICF unter »Persönliche Hilfs- und Pflegepersonen« aufgenommen, kann aber auch – je nach dem, wo er arbeitet – der

Gruppe »Fachleute der Gesundheitsberufe« angehören. Auf jeden Fall stellt er zugleich eine »Autoritätsperson« dar (vgl. DIMDI, 2005, 240 f.). Natürlich sind es Positionen, die der Wirkung seiner Einstellung gegenüber dem zu betreuenden Menschen entsprechendes Gewicht verleihen und die immer mitbedacht werden müssen, wenn es um die Gestaltung der Kommunikations- und Interaktionsprozesse geht. In diesem Sinne ist der Heilpädagoge nicht ganz frei, denn sein Tun und Lassen werden immer auch durch das »Vergrößerungsglas« seiner Rollen gedeutet.

Aus dem Wesen der Einstellung (s. o.) geht hervor, dass auch sie ein subjektives Konstrukt darstellt. Durch die Menge von Gleichgesinnten bei gesellschaftlichen Einstellungen lässt sich zwar ein gewisses Objektivitätsgewicht ableiten, nur bedeutet es nicht, dass diese Einstellungen so etwas wie eine allgemein gültige Wahrheit darstellen würden. Auch sie sind nicht mehr und nicht weniger als Konstrukte. Folglich besteht der didaktisch-methodische Hinweis zum professionellen Umgang mit den Einstellungen in der gleichen Handhabung, wie bereits oben beim Thema »Werte« dargestellt wurde:

- sich die Existenz der aktuell bestimmenden Einstellung eingestehen,
- dem Gegenüber die Existenz seiner Einstellung zugestehen,
- die Gemeinsamkeiten, Unterschiede und Wirkung der beiden Einstellungen wahrnehmen und eine für beide Seiten akzeptable Einstellung ausloten und (sei es nur temporär) einnehmen.

5.2 Psychologie

Zwischen Heilpädagogik und Psychologie besteht ein multidimensionales, multiperspektivisch angelegtes Verhältnis. In den letzten 40 Jahren haben sich zahlreiche Vernetzungen seitens der Heilpädagogik hin zur Psychologie entwickelt. Sie sind begründet in der Tatsache, dass Heilpädagogik die Erkenntnisse, Ansichten und methodischen Ansätze der Psychologie braucht, um dem eigenen humanistisch und konstruktivistisch ausgerichteten Selbstverständnis gerecht zu werden.

Psychologie beschäftigt sich mit Zuständen bzw. Prozessen, die dem Menschen (evtl. auch anderen Lebewesen) zugeschrieben werden, jedoch nicht anorganischen Gebilden (z. B. Steinen). Aus wissenschaftlicher und alltagstheoretischer Sicht heben sich psychische Vorgänge von anorganischen und organischen Vorgängen also dadurch ab, dass sie immaterieller Natur zu sein scheinen. Zugleich sind sie auf die Existenz eines Organismus und dessen zentralen Nervensystems angewiesen. Die moderne Psychologie im europäischen Raum geht davon aus, dass psychische Phänomene mit dem Körper verbunden sind und ihren Ursprung in organischen Prozessen haben.

Genauso wie die Medizin stellt auch die Psychologie wissenschaftlich erforschte und überprüfte Erklärungen menschlichen Erlebens und Verhaltens zur Verfügung. Wenn im heilpädagogischen Alltag dialogisch, verstehend, kommunikativ, entwicklungsfördernd, therapeutisch, normalisierend, integrativ, im gemeinsamen Tun usw. gearbeitet und gewirkt werden soll, sind die Erkenntnisse der Psychologie als einer Wissenschaft vom menschlichen Erleben, Denken, Handeln, Verhalten u. v. m. für die heilpädagogische Anwendung geradezu prädestiniert. Sie werden vor allem als Orientierungshilfe für heilpädagogisch Tätige gebraucht: Bei Fragen hinsichtlich Personen, Verhaltensweisen, Handlungen, Interaktionen, Einflussnahmen, Prozesse u. ä.

5.2.1 Gegenstandsbereich der Psychologie

Gehen wir davon aus, dass Psychologie sich mit den Phänomenen des »Seelischen« bzw. des »Psychischen« beschäftigt, müssen wir danach fragen, wie diese sich konkret bei einer Person offenbaren. Beim Blick in die Geschichte der Psychologie sind (zwar unterschiedlich gewichtet, jedoch immer als grundlegend betrachtet) zwei Aspekte erkennbar: Das Erleben und das Verhalten (vgl. Pongratz, 1984). Der erste Aspekt stellt die innere und der zweite Aspekt die äußere Seite des Seelenlebens dar.

Als Erleben wird also die innere, subjektive Seite des psychischen Lebens bezeichnet, die in Form von Empfindungen, Gefühlen und Stimmungen vom Subjekt wahrgenommen wird. Jeder Mensch weiß z. B., wie sich das Eintauchen in warmes oder aber in kaltes Wasser »anfühlt«, jeder Mensch hat gute oder bedrückende Stimmung erlebt, kennt Freude, Wut, Entspannung und weiß, wie es ist, in diesen unterschiedlichen Zuständen zu sein (vgl. Gadenne, 2004, 20). Dies kann allerdings exakt nur von der subjektiven Innenperspektive erfahren werden – hierin ist der Aspekt der Subjektivität begründet (»Ich empfinde Freude«). Auf diese Tatsache stützt sich die methodische Ausrichtung einiger psychologischer Strömungen, die die Innenperspektive (bezeichnet als Introspektion) als Hauptzugang zur seelischen Welt eines Menschen betrachten. Oft ist mit dem Begriff »Erleben« automatisch auch ein Bewusstwerden gemeint. Dem ist zwar oft so, nur darf nicht vergessen werden, dass das Erleben auch vor- bzw. unbewusste psychische Vorgänge umfasst.

Die Erkenntnisse zu psychischen Phänomenen gänzlich auf das subjektive Erleben zu beschränken wäre allerdings zu einseitig. Denn dem subjektiven Erleben ist zugleich auch ein Objektbezug eigen, weil Erleben meist im Kontext der »(Ein) Wirkung von etwas« zustande kommt. Aus diesem Objektbezug ergibt sich der eher passive Aspekt des Erlebens (»Mich berührt etwas«). Außerdem gibt es neben dieser »Erste-Person-Perspektive« auch noch die »Dritte-Person-Perspektive«: Das eigene Lachen samt allen zusammenhängenden Regungen subjektiv zu erleben ist etwas anderes als die Aussage einer anderen Person (»Du lachst«).

Als Verhalten wird i. d. R. die Gesamtheit der beobachtbaren, beschreibbaren und messbaren Aktivitäten eines Organismus in der sozialen und materiellen Welt verstanden. Als solches stellt es die äußere, objektivierbare Seite des Psychischen dar. Vom Behaviourismus, einer der Grundausrichtungen der Psychologie, wird das Verhalten als der einzige wissenschaftlich erfassbare Gegenstandsbereich der Psychologie betrachtet. Es wird zwar nicht bestritten, dass es innere psychische Vorgänge gibt. Da sie nicht objektivierbar seien, kommen sie für eine wissenschaftliche Erforschung psychischer Phänomene nicht in Frage.

Die verhaltenspsychologische Sichtweise kann am Beispiel sozialer Interaktionen folgendermaßen dargestellt werden: Vom Blickwinkel der Reiz-Reaktions-Analyse her gilt es zu erfassen, auf welche Menschen wir treffen (die sozialen Reize), welche Reaktionen wir diesen Menschen gegenüber ausführen (belohnende, bestrafende oder neutrale), welche Reaktionen diese Menschen daraufhin uns gegenüber zeigen (positive, negative oder neutrale) und welchen Einfluss die einzelnen Reaktionsarten auf die Interaktion haben (vgl. Atkinson et al., 2001, 12).

Die Unterschiede zwischen Erleben und Verhalten führen dazu, dass die Psychologie beim Zugang zu den psychischen Phänomenen zwei Perspektiven einnimmt: Die Innenperspektive und die Außenperspektive. Sie begründen zwei grundlegende Anliegen in der Verwendung psychologischer Erkenntnisse. Diese sind nützlich, wenn es darum geht, das Erleben und Verhalten von menschlichen Subjekten zu verstehen und zu erklären (vgl. Aschenbach, 1984; Groeben, 1986; 1997). Diese Unterscheidung steht nicht nur im Einklang mit dem berühmten Satz von W. Dilthey aus dem Jahre 1894: »Die Natur erklären wir, das Seelenleben verstehen wir« (zit. nach Groeben, 1997, 1), sondern weist auch für die konstruktivistische Begründung der Didaktik/Methodik der Heilpädagogik eine hohe Relevanz auf.

Neben dem Aspekt des Erlebens und Verhaltens betrachtet Psychologie das menschliche Seelenleben auch von einem weiteren grundlegenden Blickwinkel her – es geht um die Frage nach dem Stellenwert von Bewusstsein bei psychischen Prozessen: Wie klar kann eine Person ihr Erleben oder Verhalten reflektieren? Sind ihr entscheidende Impulse bewusst oder bleiben sie ihr verborgen? Hier geht es um die Unterscheidung von bewusst und unbewusst.

Vor allem die Psychoanalyse betont die Bedeutung unbewusster Vorgänge (z. B. Freud, 1938). Dass dem Menschen nicht alles, was in ihm geschieht, bewusst sein muss, ist heute unbestritten und vor allem im Bereich der physiologischen Prozesse oder motorischen Abläufe auch vorteilhaft. Wenn wir z. B. die Koordination aller beteiligten Muskelgruppen beim Gehen bewusst steuern müssten, würden wir nicht weit kommen. Für diese Tatsache wird gerne das Bild eines Eisbergs benutzt – das Ausmaß und die Wirkungsmacht der unbewusst verlaufenden Prozesse sind unter Wasser und stellen den wesentlich größeren Anteil dar, als die über dem Wasser sichtbare Spitze der bewussten Prozesse.

Die Psychoanalyse hat diese Sichtweise weiterentwickelt und spricht dem Unbewussten Dynamik zu. Damit wird bezeichnet, dass die unbewussten (d. h. aus dem Bewusstsein verdrängten) Anteile nicht im Verborgenen bleiben, sondern auf sich in veränderter Weise aufmerksam machen. Sie manifestieren sich z. B. in Träumen, in sprachlichen Fehlleistungen, in Phantasien und Assoziationen oder in körperlichen oder psychischen Auffälligkeiten. Die Existenz und Wirkung der nicht-bewussten Vorgänge gilt heute als unbestritten und wird in verschiedenen Forschungsbereichen mit teilweise unterschiedlichen Bezeichnungen belegt: Implizit vs. explizit, intuitiv vs. rational oder automatisch vs. kontrolliert (vgl. Grawe, 1998, 123 ff.). Übrigens hat das Bewusstsein in der Psychoanalyse – trotz der Hervorhebung des Unbewussten – einen hohen Stellenwert. Freud sah in der psychoanalytischen Psychotherapie die wachsende Einsicht des Klienten (also das Bewusstwerden von Gegebenheiten, Zusammenhängen, Entwicklungen, Erlebnissen, Erfahrungen usw.) als wichtigste Bedingung für das Zustandekommen von Heilungsprozessen an. Auch in gesellschaftlichen Fragen verstand er sich als Aufklärer und setzte auf die Reflexionsfähigkeit und -bereitschaft seiner Mitmenschen.

5.2.2 Systematiken psychologischer Fachgebiete

Es gibt mehrere Psychologien, die einen festen Platz in der Systematik psychologischer Fachgebiete haben. Als Beispiel kann hier die Aufteilung aus dem Lexikon der Psychologie dargestellt werden (vgl. Wenninger, 2002):

- Allgemeine Psychologie
- Biologische Psychologie
- Sozialpsychologie
- Differentielle Psychologie/Persönlichkeitspsychologie
- Entwicklungspsychologie
- Klinische Psychologie
- Pädagogische Psychologie
- Arbeits-, Betriebs- und Organisationspsychologie
- Angewandte Psychologie.

Psychologie bzw. ihre Disziplinen zu systematisieren ist ein kompliziertes Unterfangen. Auch die o. a. Auflistung wirft Fragen auf, die kaum alle beantwortet werden können. Beispielsweise könnten die Klinische, die Pädagogische und die Arbeits-, Betriebs- und Organisationspsychologie durchaus unter die Bezeichnung »Angewandte Psychologie« eingeordnet werden. Wieso haben sie also bei Wenninger den Rang von eigenständigen psychologischen Disziplinen? Diese Zuordnung obliegt dem jeweiligen Autor, der Leser kann es hinnehmen oder darüber nachdenken, aber eine eindeutige Antwort lässt sich offensichtlich nicht finden.

Das Gebiet der Angewandten Psychologie ist deswegen kompliziert, weil die psychologischen Erkenntnisse auf allen Feldern genutzt werden können, wo Menschen mit Menschen zu tun haben. Um eine Orientierung ins Spiel zu bringen, verwenden Frey, Hoyos und Stahlberg das Kriterium der Anwendungsgebiete. Sie unterscheiden (vgl. Frey et al., 1988; dargestellt in Wenninger, 2002):

- Anwendungsgebiet Arbeit und Beruf (z. B. Arbeits- und Organisationspsychologie)
- Anwendungsgebiet Markt, Werbung, Volkswirtschaft (z. B. Ökonomische Psychologie oder Werbepsychologie)
- Anwendungsgebiet Umwelt (z. B. Verkehrspsychologie oder Umweltpsychologie)
- Anwendungsgebiet Öffentlichkeit und Gesellschaft (z. B. Politische Psychologie, Polizeipsychologie, Rechtspsychologie, Wehrpsychologie oder Gemeindepsychologie)
- Anwendungsgebiet Gesundheit (z.B. Gerontopsychologie, Gesundheitspsychologie oder Medizinische Psychologie)
- Anwendungsgebiet Kultur und Freizeit (z. B. Freizeitpsychologie, Kulturpsychologie, Religionspsychologie, Medienpsychologie, Musikpsychologie oder Sportpsychologie).

Eine weitere – allgemein verbreitete – Aufteilung des psychologischen Fachgebiets geht von drei Aspekten aus, nach denen der Mensch mit seinem Erleben, Denken und Handeln vordergründig betrachtet und erklärt wird:

- Die intrapsychische Dynamik der bewussten und der unbewussten seelischen Inhalte (Erlebnisse, Gefühle, Werte, Motive, Anliegen, …), die im Kontext der Auseinandersetzung zwischen den gegebenen natürlich-triebhaften Kräften und den sozial bedingten Kontrollmechanismen entstehen. Es ist die Tiefenpsychologie mit ihrem Blick auf die im Unbewussten verborgenen Steuerungsmechanismen des menschlichen Erlebens, Fühlens und Handelns.
- Die neuronalen Verbindungen im zentralen Nervensystem (ZNS), welche im Verlauf des Lebens ständig entstehen und entweder mittels weiterer Beanspruchung verstärkt, vermengt und funktionsfähig gehalten oder aber bei Nichtbeanspruchung geschwächt und ausgelöscht werden. Es ist die Lernpsychologie mit ihrem Blick auf die Lernprozesse, Verstärkungen und Löschungen, die als ausschlaggebend für das menschliche Verhalten betrachtet werden.
- Die natürliche Potenziale des Menschen mit seiner nach Entfaltung strebenden inneren Kraft ist – in Abhängigkeit von den sozial bestimmten Lebensbedingungen – entscheidend für die Entwicklung jedes Individuums. Strebt seine Naturkraft nach einer Verwirklichung der Potenziale in konstruktiver Kooperation mit anderen Individuen, können die Lebensbedingungen diese Entwicklung entweder unterstützen oder aber ausbremsen und seine an sich positive Ausrichtung zum Negativen verleiten. Es ist die Humanistische Psychologie mit ihrem Blick auf das Positive der menschlichen Natur, welche sich im Rahmen einer annehmenden, nicht bewertenden und ehrlichen sozialen Umwelt im Erleben, Denken und Handeln des Individuums offenbart.

5.2.3 Heilpädagogische Psychologie

Ob wir die eine oder die andere Systematik betrachten, eines ist klar: Eine »Heilpädagogische Psychologie« wird seitens der Psychologie selbst leider nicht explizit genannt. Das bedeutet allerdings nicht, dass es sie nicht gäbe! Eine Heilpädagogische Psychologie existiert auf jeden Fall, und das ist gut so. Ausgehend von der Positionierung der Heilpädagogik als »applied science« (angewandte Wissenschaft) kann und muss sie dem bunten Fachgebiet der »Angewandten Psychologien« zugeordnet werden. Sie ist aus den Bedürfnissen der Heilpädagogik entstanden bzw. erarbeitet worden. Nicht nur, dass dabei ausgewählte und relevante Erkenntnisse, Ansätze, Hinweise und Vorgänge der Psychologie in die heilpädagogische Praxis transferiert und brauchbar gemacht wurden. Es ist vor allem die Hervorhebung des subjektiven Erlebensaspekts und der psychologische Zugang zum Menschen in beeinträchtigter Lebenslage, die in der Heilpädagogik sehr brauchbar sind und einen der Grundsteine der Heilpädagogischen Psychologie darstellen.

Die Heilpädagogische Psychologie weist eine jahrzehntelange Entwicklung auf. Ein erstes Werk gleichen Namens erschien 1951 (Bd. 1) bzw. 1958 (Bd. 2) und wurde von Paul Moor verfasst. Diese »Heilpädagogische Psychologie« kann als sein

Hauptwerk betrachtet werden (vgl. Gröschke, 2005, 64). In Band 1 dieses Werkes sind die »Grundtatsachen einer allgemeinen pädagogischen Psychologie« dargelegt, Band 2 beschäftigt sich mit der »Pädagogischen Psychologie der Entwicklungshemmungen«. Moor verfolgt mit seiner Begründung einer Heilpädagogischen Psychologie die Aufbereitung einer »in erster Linie methoden- bzw. mittelgebenden Disziplin« (Gröschke, 2005, 64). Der Kernbereich von Paul Moors heilpädagogischer Psychologie bildet seine Theorie des »inneren Halts«. An dieser Stelle fällt schon eine grundlegende Problematik seiner Heilpädagogischen Psychologie auf: Moor entwickelt eigentlich eine heilpädagogische Theorie und vermengt diese mit psychologischen Grundannahmen. Dies wird auch kritisch betrachtet und diskutiert (vgl. hierzu ausführlicher Gröschke, 2005, 65).

Grundlegend gilt, dass die Heilpädagogische Psychologie sich im Kontext einer Entwicklung der Heilpädagogik auf der einen Seite und der Psychologie auf der anderen Seite konstituiert hat. Ausgehend von den existierenden Vernetzungen zwischen Psychologie und Pädagogik entwickelte sich im Verlaufe der letzten Jahrzehnte eine Heilpädagogische Psychologie, die ihren Platz unter den unterschiedlichen Referenzwissenschaften der Heilpädagogik behaupten musste und behaupten konnte (vgl. Fengler, 1999, 17 ff.; Gröschke, 2005, 64 ff.; Bundschuh, 2002, 24 ff.). Für die Heilpädagogische Psychologie sind folgende Aspekte der psychologischen Wissenschaft ausschlaggebend:

Die Psychologie definiert sich wie jede Wissenschaft durch eigene Theorien und Forschungsmethoden, welche dann im Hinblick auf eine bestimmte Handlungsrelevanz (in unserem Falle in einer Relevanz für heilpädagogisches Handeln) umgesetzt werden. Der Gegenstand bzw. die Gegenstände der Psychologie sind hierbei vor allem die Erlebensweisen, Verhaltensweisen und Kognitionen des Menschen mit allen möglichen Variablen, in denen und mit welchen er denkt, fühlt und handelt. Die entsprechenden Erkenntnisse werden in der Psychologie mit Hilfe von folgenden Vorgängen gewonnen (vgl. Fengler, 1999, 17):

- Beschreibungen und Klassifikation
- Erhebungen und Experimente
- Verhaltensbeobachtungen und Exploration
- Einschätzung und Test
- Beurteilung und Evaluation
- Diagnose und Prognose
- Verstehen und Interpretation
- Hypothesenformulierung und Bildung neuer Theorien.

Psychologie erforscht die Bausteine all dessen, was die psychische (seelische) Ebene des menschlichen Erlebens, Denkens und Handelns ausmacht. Die Untersuchungsergebnisse werden auf Allgemeingültigkeit überprüft. Ausgehend von den Aussagen der Allgemeinen Psychologie über die Grundlagen und Zusammenhänge der Emotionalität (Empfinden), Kognitivität (Denken) und Konativität (Handeln) haben sich seit dem Ende des 19. Jahrhunderts nach und nach unterschiedliche Teildisziplinen der Psychologie entwickelt. Sie alle sind mit ihren jeweils spezifischen Sichtweisen und Zugängen zum menschlichen Wesen für die Heilpädagogik relevant, z. B. die Entwicklungspsychologie, die Differentielle Psychologie, die Sozialpsychologie sowie auch die Organisationspsychologie (vgl. Fengler, 1999, 17). Auch in den anderen Anwendungsgebieten der psychologischen Erkenntnisse wurden im Laufe der Zeit Ansätze und Vorgänge erarbeitet, die für das heilpädagogische Handeln durchaus dienlich sind.

Als solche erweisen sich insbesondere unterschiedliche psychologische Diagnoseverfahren, Aussagen über Persönlichkeits- und Leistungsmerkmale des Menschen, Erörterung und Evaluierung menschlicher Lehr- und Lernprozesse, Hintergründe und Zusammenhänge des Arbeits- und Freizeitverhaltens, Ursachen, Formen und mögliche Folgen von Delinquenz und Rehabilitation sowie die Erkenntnisse über Verhalten von Menschen im Kontext von Gefährdung bzw. Selbstgefährdung sowie Behandlung und Salutogenese (ebd., 18).

Ulrich Bleidick entwickelte zu Beginn der 70er Jahre des letzten Jahrhunderts eine »Pädagogik der Behinderten«, welche auch psychologische Betrachtungsweisen mit einschließt bzw. diese weiter vorantreibt. »Die Unterteilung in voneinander abgegrenzte Behinderungsformen und die universitäre Etablierung ihnen zugeordneter ›Sonderpädagogiken‹ führte auch zur Akkumulierung zahlreicher behinderungsspezifischer, im Einzelnen nur noch schwer überschaubarer psychologischer Einzelbefunde mit mehr oder weniger großer Relevanz für eine ›Heilpädagogische Psychologie‹« (Gröschke, 2005, 68). Sich von dieser Vorgehensweise abgrenzend haben dann Gröschke (zuletzt 2005) und Bundschuh (in einer dritten Auflage 2002) Einführungen in eine Heilpädagogische Psychologie vorgelegt. Die Sichtweisen beider Autoren unterscheiden sich. Gröschke vertritt eine eher psychologische und anthropologische Auffassung der Heilpädagogischen Psychologie, während Bundschuhs Perspektive sich eher auf die Ansichten der Lernbehindertenpädagogik stützt.

Unabhängig von ihrer Ausrichtung lässt sich eine Heilpädagogische Psychologie immer als »multidimensionaler Wissenschaftsbereich im Arbeitsfeld der Sonder- und Heilpädagogik« verstehen (Bundschuh, 2002, 28). Sie ist also auf unterschiedliche Bezugnahmen anderer psychologischer Disziplinen auf heilpädagogisch relevante Aspekte, Lebenslagen und Prozesse angewiesen, um die Grundlagen des (heil-)pädagogischen Handelns erarbeiten zu können. Genauso wie die Heilpädagogik es tut, muss auch die Heilpädagogische Psychologie die Ganzheit des Menschen sowie sein subjektives Verhältnis zur Welt in den Mittelpunkt des Interesses stellen. Dies bedeutet, dass nicht nur einzelne Symptome des Menschen zu betrachten sind. Sie müssen im Kontext seiner Lebens-, Erlebens- und Entwicklungsbedingungen und mit Berücksichtigung der momentanen institutionellen und organisatorischen Gegebenheiten gesehen und untersucht werden. Erst dann kann man die gesamte Lebenssituation des zu betreuenden Menschen erfassen, heilpädagogische Konsequenzen ableiten und heilpädagogisches Handeln konzipieren (ebd., 26 f.).

Die hier bereits dargelegte humanistische und konstruktivistische Ausrichtung der Didaktik/Methodik der Heilpädagogik stellt folgende Anforderung an die Heilpädagogische Psychologie: Sie hat bei der Erarbeitung der psychologischen Grundlagen heilpädagogischen Handelns stets auch von den subjektiven Konstrukten des Menschen in seiner Welt auszugehen. Diese dienen als Grund- und Bezugsfeld des heilpädagogischen Handelns, welches die individuelle Situation einer Person und Persönlichkeit genauso in den Blick zu nehmen hat wie sein Eingebettetsein in einen gesellschaftlichen Kontext. Hieraus abgeleitetes Handeln entspricht deshalb auch den humanistischen Prinzipien, weil es sich auf die individuelle Situation des Menschen bezieht. Es regt weitere Konstruktionsphänomene und Mechanismen an, welche es gilt, psychologisch zu begründen und weiter auszudifferenzieren.

Ohne diese humanistische und konstruktivistische Verankerung würde sich die Heilpädagogische Psychologie sowohl von ihrer »Mutterdisziplin« Heilpädagogik als auch von ihrer »Schwesterdisziplin« Didaktik/Methodik der Heilpädagogik trennen und nur noch als »Selbstzweckkreation« da stehen. Zwischen der Heilpädagogik und einer Heilpädagogischen Psychologie bestehen folgende Verknüpfungspunkte (vgl. Fengler, 1999, 19 f.): Die Heilpädagogische Psychologie

- kann als ein eigenständiges Fach der Angewandten Psychologie gekennzeichnet werden;
- ist für die Heilpädagogik eine Grundlagenwissenschaft; als solche stellt sie ihr Forschungserkenntnisse aus ausgewählten und für sie relevanten Gebieten zur Verfügung;
- kann auch als eine »Folgewissenschaft« der Heilpädagogik verstanden werden, da sie Fragestellungen der Heilpädagogik psychologisch zu erörtern und zu beantworten sucht.

Fazit: Heilpädagogische Psychologie ist eine Wissenschaft, die eng mit der Heilpädagogik zusammenarbeitet und in einem partnerschaftlichen Dialog versucht, Lösungen für heilpädagogisch relevante Probleme individueller und gesellschaftlicher Art zu entwickeln.

Problematisch erscheint an dieser Stelle die leider immer noch bestehende Orientierung der Heilpädagogischen Psychologie an einer kategorialen Sichtweise pädagogischer Probleme. So bezieht sie sich (wie z. B. bei Fengler, 1999) auf die Aufteilung und Kategorisierung in unterschiedliche Behinderungsformen. Dadurch kann der Eindruck entstehen, dass es spezielle Psychologien in der Heilpädagogik gibt, z. B. eine Psychologie für Lernbehinderungen, für geistige Behinderungen, für Menschen mit Sprachbehinderungen usw., was unserer Meinung nach jedoch nicht der Fall ist.

Eine Heilpädagogische Psychologie hätte sich vielmehr auch bei unterschiedlichen Problemlagen auf alle psychologischen Aspekte eines Menschen(lebens) auszurichten, so wie es Gröschke in seiner Auffassung der psychologischen Grundlagen für die Heilpädagogik gelingt (vgl. Gröschke, 2005, 201 ff.). Es handelt sich hierbei um die Begriffe der Entwicklung, der Wahrnehmung, des Lernens, der Motivation, der Emotion, der Kognition, der Sozialisation, des Handelns und der Persönlichkeit. Diese Vorgehensweise trägt deutlich der heilpädagogisch relevanten Vorgehensweise Rechnung, die immer das Gesamte des Menschseins im Blick hat, statt den zu betreuenden Menschen speziellen Kategorien zuzuordnen. Damit entspricht die Heilpädagogische Psychologie von Gröschke auch den normalisierenden und integrativen Anliegen der Heilpädagogik.

5.2.4 Didaktisch-methodische Umsetzungshinweise

Es wird davon ausgegangen, dass das Wissen um die psychologischen Zugänge zum Menschen für das professionelle Handeln in der Heilpädagogik hilfreich und seine Anwendung im heilpädagogischen Alltag unumgänglich ist. Hierbei gilt es zu beachten, dass es dabei grundlegende Doppelseitigkeiten gibt:

Erstens geht es um die Innen- und Außenperspektive. Die beiden beteiligten Personen – das Gegenüber des heilpädagogisch Tätigen genauso wie der heilpädagogisch Tätige selbst – sind Menschen mit psychischer Ausstattung und verfügen folglich über die gleichen Fähigkeiten: zu erleben, zu denken, zu handeln, zu reflektieren. Sicherlich immer in einer subjektiv unterschiedlichen Ausprägung, aber im Prinzip gleich beschaffen. Aus dieser Tatsache ergibt sich die Erforderlichkeit, nicht nur den zu betreuenden Menschen mithilfe psychologischen Wissens zu verstehen (was, weshalb und wozu er empfindet, denkt und handelt). Genauso ist es wichtig, auch bei sich selbst auf die eigenen psychischen Phänomene im Kontext der Interaktion mit ihm zu schauen, um sich bewusst und begründet steuern zu können.

Zweitens geht es um die Polarität des menschlichen Wesens, die stets mitgedacht und beachtet werden muss. Jeder Mensch ist zugleich ein Organismus und ein Geistwesen, zugleich ein Individuum und ein Sozialwesen, zugleich evolutionsbedingt und kulturschaffend, zugleich das »Produkt« der konkreten Lebenslage und ihr »Produzent« (vgl. Groeben, 1997, 5). Folglich gilt es, bei der Anwendung psychologischer Erkenntnisse sozusagen um das Gegenüber (am besten mit ihm gemeinsam) »forschend zu tanzen« und es von allen diesen Blickwinkeln her zu betrachten. Nur so kann es verstanden werden, nur so kann ihm geholfen werden, sich selbst zu verstehen.

Ausgehend von dem Zusammenhang zwischen Orientierung und Handeln (eine Orientierung erleichtert effizientes Handeln) sowie Orientierung und Verstehen (das Verstehen erleichtert die Orientierung) kann man folgende These formulieren: Erkenntnisse der Psychologie weisen hermeneutische Relevanz hinsichtlich der heilpädagogischen Erforderlichkeit auf, das subjektive Erleben und Denken sowie das Verhalten der zu betreuenden Person zu verstehen. Sie öffnen dadurch den Raum für konkrete konzeptionelle Überlegungen und Entscheidungen hinsichtlich des heilpädagogischen Handelns.

Die heilpädagogisch Tätigen nutzen also das psychologische Wissen und das Know-how im Sinne einer »psychologischen Verhaltenshermeneutik«. Im Wesentlichen beziehen sich die folgenden Erörterungen auf die Ausführungen von Ondracek (2006, 29 ff.). Die Verwendung der Erkenntnisse der Psychologie im Kontext des heilpädagogischen Handelns wird hier als Orientierungs- und Handlungshilfe in Anlehnung an die immer noch geltende Unterteilung der psychologischen Schulen in Tiefenpsychologie, Lernpsychologie sowie Humanistische Psychologie kurz dargestellt. Auf andere, durchaus interessante Ansätze und Ausrichtungen innerhalb der psychologischen Paradigmen wird hier aus Platzgründen nicht näher eingegangen.

Das behavioristische Paradigma (Konzept des Lernens)

Verhaltenshermeneutische Relevanz: Der Behaviorismus richtet den Blick auf das beobachtbare Verhalten (engl. »to behave« = sich verhalten) und untersucht es experimentell als Reaktion auf Reize. Verhalten unterliegt den Gesetzmäßigkeiten der Lernprozesse, die im Wesentlichen vor dem Hintergrund der positiven und negativen Verstärkung stattfinden. Deshalb ist ein durchdachter und konsequenter Einsatz der Verstärkung erforderlich, wenn ein Mensch sein Verhalten verändern soll.

Die Lerntheorie unterscheidet drei Formen der Verhaltensbeeinflussung: Verbindung natürlicher organismischer Aktivität mit einer Anregung, die dann diese Aktivität startet (Klassisches Konditionieren nach Pawlow), Verbindung bestimmter Verhaltensform mit verstärkender bzw. abschwächender Anregung (Operantes Konditionieren nach Skinner) sowie Übernahme bestimmter Verhaltensform aus dem Verhaltensrepertoire eines Vorbildes (Lernen am Modell nach Bandura). Sie zu kennen erleichtert sowohl das Verstehen des Verhaltens als auch die Einflussnahme auf das Verhalten anderer Personen. Dies bezieht sich ebenfalls auf das eigene Verhalten und Handeln des heilpädagogisch Tätigen – mit dem Wissen um die Lernprozesse im Hintergrund des Verhaltens kann er sich selbst besser reflektieren, verstehen und steuern.

Klassisches Konditionieren nach Pawlow

Der russische Wissenschaftler Iwan Petrowitsch Pawlow hat herausgefunden, dass wiederholte Koppelung von spezifisch-physiologischen Reaktionen mit unspezifischen Reizen dazu führt, dass die spezifische Reaktion automatisch durch den unspezifischen Reiz hervorrufen wird. Demnach lässt sich ein bestimmtes Empfinden und das damit verbundene Verhalten (z. B. Entspannung und ruhiges Sitzen) – wenn es wiederholt mit einem Begleitreiz (z. B. klassische Musik) verbunden wird – allein von diesem Begleitreiz anregen.

Eine Verständnishilfe in Bezug auf menschliches Verhalten stellt das Konzept der klassischen Konditionierung im Sinne eines Hinweises auf mögliche »Startwirkung« eines unspezifischen Reizes bei scheinbar unbegründeten Verhaltenstendenzen dar. Beispielsweise regt eine Person sich in einer friedvollen Situation stark auf und fängt zu schimpfen an, ohne dass ihr vorher irgendjemand dazu einen offensichtlichen Anlass gegeben hätte. In diesem Falle lohnt es sich zu prüfen, ob diese Person möglicherweise in anderen, angespannten und belastenden Situationen immer wieder in Frage gestellt bzw. angegriffen wurde und dabei auch immer wieder einen bestimmten Begleitreiz (Geräusch, Duft o. ä.) wahrgenommen hat. Wenn dem so ist, dann lässt sich das »unbegreifliche Verhalten« durchaus verstehen und als eine automatische Reaktion des sich so verhaltenden Menschen auf den Begleitreiz einordnen.

Für die heilpädagogische Arbeit ist Klassisches Konditionieren insbesondere dann nützlich, wenn es um die Einflussnahme auf emotionale Zustände und Reaktionen eines Menschen geht. Beispielsweise kann einer Person mit kognitiver Beeinträchtigung, die mit Angst und Unruhe auf die Fahrt im Auto reagiert, durch solche Begleitreize geholfen werden, die sie aus ruhigen und angenehmen Situationen kennt – z. B. aus einer Tonbandkassette »ihre« Musik laufen lassen, bei der sie sich wohl fühlt.

Operantes Konditionieren nach Skinner

Wenn auf ein bestimmtes Verhalten regelmäßig eine bestimmte Konsequenz folgt, wird es mit hoher Wahrscheinlichkeit – je nach dem, ob die Folge positiv oder negativ ist – entweder wiederholt (bei Belohnung) oder unterlassen (bei Bestrafung). Der amerikanische Wissenschaftler Burrhus Frederic Skinner hat mehrere Wirkungsfaktoren des operanten Lernens beschrieben (positive Verstärkung, Strafreiz, negative Verstärkung, Sättigungs- und Deprivationseffekt, indirekte Bestrafung usw.).

Eine Verstehenshilfe in Bezug auf menschliches Verhalten stellt das Konzept der operanten Konditionierung im Sinne eines Hinweises auf die von dem sich verhaltenden Menschen gemachte Erfahrung mit den Folgen einer bestimmten Verhaltensweise dar. Wenn also – wie in dem o. g. Beispiel – eine Person sich in einer friedvollen Situation scheinbar grundlos aufregt und anfängt zu schimpfen, lohnt es sich zu prüfen, ob sie möglicherweise immer wieder die Erfahrung gemacht hat, dass dieses Verhalten automatisch die Aufmerksamkeit der anwesenden Menschen auf sich zieht. Falls sie in der friedvollen Situation ein unüberwindbares Bedürfnis nach Aufmerksamkeit spürt, »greift« sie mit hoher Wahrscheinlichkeit auf »das Bewährte« zurück und verhält sich so, dass andere auf sie aufmerksam werden. Wenn dem so ist, dann lässt sich das »unbegreifliche Verhalten« durchaus verstehen und als eine Verwendung des bewährten Verhaltens zum Zwecke der Bedürfnisbefriedigung einordnen.

Für die heilpädagogische Arbeit ist das Lernen durch Konsequenzen insbesondere dann nützlich, wenn es um Festigung von erwünschten bzw. Veränderung von unerwünschten Verhaltensweisen geht. Dabei zeigt sich in der Praxis die positive Bestätigung (Lob, kleine Belohnungen und vor allem Aufmerksamkeit und Anerkennung) wirksamer als Bestrafung, die i. d. R. kurzfristig wirkt und unerwünschtes Verhalten nur unterdrückt, aber nicht verändert.

Wenn z. B. der Grundschüler Fritz von der Lehrerin eine positive Rückmeldung über seine Hausaufgabe bekommt (»Du hast zu Hause geübt und jetzt kannst du die Dreier-Reihe gut aufsagen. Ich freue mich mit dir darüber und kann deine Arbeit mit einer guten Note bewerten. Weiter so!«), wird er mit hoher Wahrscheinlichkeit zu Hause weiter lernen. Der erreichte Erfolg motiviert ihn dazu. Strafreize und negative Verstärkungen können allerdings dann hilfreich sein, wenn ein bestimmtes unerwünschtes Verhalten aktuell verhindert werden soll.

Lernen am Modell nach Bandura

Während seiner Existenz im sozialen Feld lernt der Mensch, indem er beobachtet und erlebt, was ein anderer Mensch mit bestimmtem Verhalten in bestimmten Situationen bei bestimmten Personen bewirkt bzw. erreicht. Der amerikanische Wissenschaftler Albert Bandura hat die beobachtete und imitierte Person als Lernmodell bezeichnet. Die Modellwirkung hängt von mehreren Faktoren ab (Ähnlichkeit, soziale Macht, Attraktivität, Beziehung usw.). Auch die beobachteten Folgen des Modellverhaltens wirken verstärkend – man lernt eben nicht nur aus eigenem Schaden oder Nutzen, sondern auch aus dem miterlebten Schaden und Nutzen von anderen Personen. Wichtig ist in dieser Hinsicht die Tatsache, dass nicht nur das beobachtbare Verhalten, sondern auch die mit ihm zusammenhängenden Einstellungen, Gefühle und Meinungen wahrgenommen und nachgeahmt werden. Eine Modellwirkung besitzen auch einige in den Medien dargestellten Figuren oder Personen (Bücher, Filme, Zeitschriften).

Eine Verstehenshilfe in Bezug auf menschliches Verhalten stellt das Konzept des Lernens am Modell im Sinne eines Hinweises auf mögliche Identifizierung mit einem Vorbild dar. Wenn also die Person aus dem o. g. Beispiel sich aufregt und anfängt zu schimpfen, lohnt es sich zu prüfen, ob sie möglicherweise dieses Verhalten bei einem für sie persönlich sehr wichtigen Menschen (z. B. Vater) als erfolgreiche Strategie der Selbstbehauptung im Gruppenkontext erlebt hat. Vielleicht ist in der aktuellen – friedvoll erscheinenden – Situation jemand neu, d. h. ohne klare Rangposition mit dabei, was zum Anlass genommen werden kann, ihm gegenüber mit Aufregung und Schimpfen zu zeigen, wer hier das Sagen hat. Ist dem so, dann lässt sich das »unbegreifliche Verhalten« als nachgeahmte Form der Selbstbehauptung verstehen.

Der heilpädagogisch Tätige erfüllt mehrere Voraussetzungen eines Lernmodells, z. B. verfügt er über hohe soziale Attraktivität einer Bezugsperson, ist ein Teil der institutionellen Macht, besitzt Fachwissen und fachliche Kompetenz usw. Sein Verhalten und Handeln sind im beruflichen Kontext immer modellwirksam. Aus dieser Tatsache ergibt sich eine besondere Verantwortung für das eigene Verhalten und Handeln in der Interaktion gegenüber dem zu betreuenden Menschen.

Die Umsetzung der Lerntheorie in der praktischen Arbeit mit Menschen findet Ausdruck in den Methoden der Verhaltensmodifikation. Sie versuchen, auf das Anpassungs- und Interaktionsverhalten eines Menschen Einfluss zu nehmen. Ihre Ausgangsposition dabei ist, dass jedes Verhalten erlernt wurde und durch entsprechendes Umlernen verändert werden kann. Seit den 70er Jahren des 20. Jahrhunderts wurden die Vorgänge der Verhaltensmodifikation weiter entwickelt – heute sind sie als Selbstmodifikationsmethoden bekannt (vgl. Stoffer, 2004). Insbesondere im Schulwesen sind bei den Versuchen, Disziplinprobleme im Unterricht zu lösen, viele Konzepte erarbeitet worden, die auf dem Modell des operanten Lernens von Skinner basieren. Ein gutes Beispiel hierfür stellt das Kapitel »Verhaltensmodifikation. Techniken, die auf dem operanten Lernen basieren« im Buch »Die disziplinierte Schulklasse« von Stanislav Bendl dar (Bendl, 2005, 152 ff.). Diese Konzepte sind wirksam, das ist unbestritten, nur lösen sie alleine die Verhaltensprobleme der Schüler nicht. Dazu müsste sich auch das gesamte System »Schule« verändern…

In der Praxis scheint die anfänglich fast euphorische pädagogische Anwendung der Verhaltenspsychologie inzwischen einer skeptischen Haltung gewichen zu sein. Trotz einer kritischen Haltung, die zu Recht die Subjektlosigkeit des Behaviourismus kritisiert, sollten jedoch sinnvolle und auch für pädagogische und soziale Arbeit nützliche »Verhaltensregeln« nicht vergessen werden, beispielsweise:

- die Beobachtung des Verhaltens anderer Menschen nicht durch Phantasien über sie ersetzen;

- bei Berichten zwischen Beschreibung und Interpretation zu trennen versuchen;
- neben kausalen (»warum«) auch prozessuale (»wie«) Aspekte des Verhaltens beachten;
- die Bedeutung früherer Umwelterfahrungen und gegenwärtiger Umstände für das Erleben und Verhalten nicht unterschätzen.

Das tiefenpsychologische Paradigma (Konzept verborgener Kräfte)

Verhaltenshermeneutische Relevanz: Die Tiefenpsychologie geht davon aus, dass das Verborgene, also das, was dem Menschen nicht bewusst ist, sein Verhalten und Handeln im Wesentlichen beeinflusst. Deshalb ist es erforderlich, das Verborgene aufzudecken und der bewussten Handhabung zugänglich zu machen, wenn ein Mensch sein Verhalten verändern soll. Die tiefenpsychologischen Ansätze gehen davon aus, dass es im Leben des Menschen fast zwangsläufig Probleme oder Konflikte in der Interaktion mit der sozialen Umwelt gibt, die im Zusammenhang mit den eher nicht bewussten organismisch-triebhaften Motiven und Intentionen des menschlichen Verhaltens und der sozialen Kontrolle entstehen. Die Erfahrung mit der Wirkung dieser Konflikte und deren Bewältigung steht im Hintergrund der Entwicklung von Ich-Stärke bzw. Ich-Schwäche.

Den Einfluss von unbewussten Motiven und Intentionen auf das Verhalten und Handeln bei der Alltagsbewältigung gewahr werden zu lassen ist das Hauptanliegen der tiefenpsychologischen Psychotherapie. Dies ist deshalb so wichtig, weil der Mensch trotz der ihm gegebenen Rationalität immer von Bedeutungen und Beweggründen mitgesteuert wird, die ihm nicht bewusst sind und zu Wahrnehmungs-, Erlebens- und Handlungsverzerrungen führen. Folglich kann man das Verhalten eines Menschen allein mit rationalen Motiven weder erklären noch prognostizieren. Nur mit einer auf das Bewusstwerden von unbewussten Motiven und Intentionen ausgerichteten Selbstreflexion kann der sich verhaltende Mensch sie erkennen und ihren Einfluss verringern. Die Hypothesen und Erkenntnisse der Tiefenpsychologie sowie die Gedanken und Vorgänge der Verringerung des psychischen Leids haben die Theorie und Praxis vieler humanwissenschaftlichen Disziplinen – insbesondere die Praxis der Kindererziehung – in vielerlei Hinsicht sehr befruchtend beeinflusst (vgl. Mertens, 2000).

Psychoanalyse nach Freud

Der Begründer der Psychoanalyse, Sigmund Freud, geht davon aus, dass alle Formen des normalen und auch gestörten Erlebens und Verhaltens des Menschen von der unbewussten Auseinandersetzung dreier Kräfte mit beeinflusst werden: Biologisch verankerte Bedürfnisse (das Es), rationales Denken (das Ich) und normative Maßstäbe (das Über-Ich). Diese wirken aktiv im seelischen Leben jedes Menschen – sowohl innerhalb als auch außerhalb des unmittelbaren Bewusstseins – und formen die Persönlichkeit. Da sie sich gegenseitig beeinflussen, sind Konflikte zwischen ihnen unvermeidlich, was wiederum Anpassungen untereinander notwendig macht. Gelingende Anpassungsprozesse fördern die Reifung der Persönlichkeit, misslingende wirken sich hemmend aus. Folgende Aspekte der Betrachtung vom Menschen sind für psychoanalytische Sichtweise wesentlich:

- die Bedeutung der seelischen Dynamik für Gefühle, Impulse, Träume, Handlungen u. ä.;
- die Bedeutung der nicht bewussten Beeinflussung des Erlebens und Handelns;
- die Bedeutung der Art und Qualität von der Mutter-Kind-Beziehung vom Lebensbeginn an für die Entwicklung des Individuums.

Je nach dem, wie sich die Mutter-Kind-Beziehung gestaltet und wie das sich herausbildende Ich des Kindes ein Arrangement mit den unbewussten psychischen Prozessen sucht und findet, entwickelt das Individuum die Fähigkeit zu einer mehr oder weniger erfolgreichen alltäglichen Auseinandersetzung mit den biologischen, seelischen und sozialen Anforderungen des Lebens. Hierbei spielen die psychoanalytischen Konzepte der Abwehr, der Übertragung und Gegenübertragung, des Wiederholungszwangs und des Kontinuums zwischen Gesundheit und Krankheit eine wichtige Rolle (vgl. Ahrbeck, 2000, 127 ff.).

Eine Verstehenshilfe in Bezug auf menschliches Verhalten stellt vor allem die psychoanalytische Persönlichkeits- und Entwicklungslehre dar. Sie gibt Hinweise auf mögliche seelische Konfliktdynamik im Hintergrund des auf den ersten Blick nicht verständlichen bzw. nachvollziehbaren Verhaltens. Ebenfalls hilft sie dem heilpädagogisch Tätigen dabei, sich seiner eigenen unbewussten Regungen und Handlungstendenzen im Umgang mit dem sich belastend bzw. störend verhaltenden Menschen gewahr zu werden und sie bewusst in der Kommunikation und Interaktion mit dem zu betreuenden Menschen zu handhaben.

Es geht darum, die eigene seelische Dynamik während der Interaktion mit dem Gegenüber wahrzunehmen, um von einem automatisch-unbewussten Reaktionsverhalten zu einem professionellen begründet-bewussten Handeln zu wechseln. Ohne diese selbstreflektorische Aufgabe zu erfüllen, ist es schwierig bis unmöglich, persongerecht mit den Phänomenen der Übertragung und Gegenübertragung sowie des Flashbacks oder der Re-Inszenierung umzugehen.

Die unbewusste Aktualisierung der Gedächtnisinhalte kommt oft im Kontext der Übertragung zustande. Sie lässt sich als Einwirkung von früheren Beziehungsrepräsentanzen eines Menschen betrachten, die seine Wahrnehmung, das Erleben, die empfundenen Gefühle und den handelnden Umgang mit gegenwärtigen Personen beeinflussen – ohne dass diese einen konkreten Anlass für diese Gefühle gegeben haben. Handelt es sich bei den übertragenen Gefühlen um Liebe, Zuneigung etc., so spricht man von einer positiven, werden dagegen Ablehnung oder Hass erkennbar, von einer negativen Übertragung.

Übertragung ist ein allgemein-menschliches Phänomen der unbewussten Vergegenwärtigung von Erlebnisinhalten, Phantasien, Gefühlen und Verhaltenstendenzen im Kontext aktueller Beziehungen. In der Psychoanalyse ist die Arbeit mit Übertragungen ein wichtiger Bestandteil des Therapieprozesses. In der Heilpädagogik stellt das Bewusstwerden der Übertragung in alltäglichen Interaktionen eine wichtige Bedingung für die erforderliche professionelle Distanz zu spontan-automatischen Betroffenheitsreaktionen auf belastendes bzw. störendes, aber auch vereinnahmendes Verhalten dar.

Von einer Gegenübertragung spricht man, wenn der durch eigene unbewusste Bedürfnisse und ungelöste Konflikte motivierte professionelle Helfer konkret Anlass für die ihm von der zu betreuenden Person entgegengebrachten Gefühle gibt. Auch hier spielen sowohl positiv (Liebe, Sexualität, ...) als auch negativ (Aggressivität, Ablehnung, ...) ausgerichtete Wünsche eine wichtige Rolle. Sie werden auf das Gegenüber projiziert und in der Kommunikation mit ihm verstärkt, so dass sie dann scheinbar vom ihm ausgehen. Ist der professionelle Helfer nicht in der Lage, eigene Gegenübertragungstendenzen rechtzeitig zu erkennen und entsprechend auszuschalten, trägt die Interaktion mit der zu betreuenden Person weder zur Entlastung noch zur Aufarbeitung bzw. Lösung der belastenden Lage bei (vgl. Microsoft, 2004).

Als Flashback wird ein psychischer Zustand bezeichnet, in dem Gedächtnisinhalte aus einer vergangenen Belastungssituation unbewusst aktualisiert werden und das Erleben und Verhalten in der Gegenwart bestimmen. In einem Flashback wird die belastende Situation von damals durch einen Auslösereiz subjektiv wieder erlebt (reaktualisiert). Dies bedeutet konkret, dass

- damalige Bilder, Stimmen, Gerüche, Geschmäcker und Körperempfindungen im Vergleich mit den aktuellen als frischer, wichtiger und stärker erscheinen,
- damalige Überzeugungen über sich selbst, andere Menschen und die Welt wieder zu gelten scheinen und entsprechende Gefühle wecken (z. B. Angst, Panik, Aggressivität, Selbstwertverlust, Vertrauensverlust,...),
- damalige Verhaltensmuster als automatisierte Reaktions- bzw. Vorgehensmöglichkeit aktiviert werden (Re-Inszenierung),
- damalige organismische Stressreaktionen ausgelöst werden (z. B. Übelkeit, Herzrasen, Verminderung des Sauerstoffverbrauchs).

Lässt ein Mensch die Erfahrungen und Verhaltensweisen aus der Vergangenheit in der Gegenwart gelten, ohne dass dafür ein nachvollziehbarer objektiver Grund erkennbar ist, dann kann es sich durchaus um Re-Inszenierung handeln. Dabei wird ein im Leben erlerntes, das Überleben sicherndes Rollenverhalten (samt den damit verbundenen Gefühlen) gezeigt, welches ein Eigenleben führt und nach Wiederholung strebt – ob es objektiven Anlass gibt oder nicht. Beispielsweise kann das objektiv unbegründete Provozieren einer Person wie folgt als Re-Inszenierung begriffen werden: Wird die provozierte Person dem provozierenden Menschen gegenüber ungehalten, aggressiv oder sogar gewalttätig, zeigt sie eine Reaktion, die diesem vertraut ist und ihm trotz der negativen bis schmerzhaften Folgen ein Gefühl des Bekannten und damit auch der Sicherheit vermittelt. Außerdem befriedigt der provozierende Mensch möglicherweise sein Bedürfnis, sich als Subjekt zu erleben, d. h. als jemand, der auf das Geschehen Einfluss hat (vgl. Weiß, 2004, 47 ff.).

Individualpsychologie nach Adler

Alfred Adler geht in seiner Theorie davon aus, dass die individuelle Entwicklung nicht durch Auseinandersetzung zwischen der Triebhaftigkeit des »Es« und der Moralität des »Über-Ich« bedingt ist. Als die entwicklungs- und handlungssteuernde

Kraft im menschlichen Leben sieht er vielmehr das Minderwertigkeitsgefühl, welches fortwährend in der Konfrontation des Menschen mit Alltags- und Lebensaufgaben entsteht und im Überwindungsprozess erledigt werden muss. Die wesentlichen Aspekte der verhaltenssteuernden, oft dem bewussten Zugriff verborgenen seelischen Dynamik des Menschen sieht die Individualpsychologie wie folgt (vgl. Microsoft, 2004): Das Erleben des Kindes, gegenüber den Lebensanforderungen und den anderen wichtigen Personen (Eltern, Geschwistern) unterlegen zu sein, ist die erste Quelle der Minderwertigkeitsgefühle im Leben jedes Menschen. Dabei ist es nicht allein entscheidend, ob die Eltern sich gegenüber dem Kind mehr oder weniger liebevoll verhalten. Im Kontext der alltäglichen Erfahrungen mit der Überwindung der laufend entstehenden Minderwertigkeitsgefühle bildet das Kind im Verlauf der ersten Lebensjahre das eigene Selbstwertgefühl heraus. Dieses hat die Form einer inneren Überzeugung von der Vollkommenheit seiner Person (von Erscheinungsbild bis zur körperlichen bzw. geistigen Leistung) und ist grundsätzlich subjektiv. Als Maßstab dient dem Kind dasjenige, was es selbst als den allgemeinen Standard deutet. Diese Standardbestimmung geht von einer weiteren inneren Überzeugung aus, wie andere Menschen sind, was sie leisten, was sie erwarten und wie sie das Kind bewerten.

Aus der Erfahrung eigener (natürlicher) Unterlegenheit und aus den Versuchen, sie zu überwinden, entwickelt jeder Mensch sein existenzielles Grundgefühl. Dieses hat die Form von innerer Überzeugung in Bezug auf eigenen Wert sowie den anderer Menschen und der Welt. Sie ist, genauso wie ihre Wurzeln, dem Individuum nur zum Teil bewusst und bestimmt maßgeblich seine Erlebens-, Denk- und Handlungsweise. Das Grundgefühl kann sich in zwei Ausrichtungen entfalten: Alltagsmut bzw. Entmutigung.

1. Während seiner Entwicklung versucht das Kind, die Minderwertigkeitsgefühle und das mit ihnen verbundene negative Empfinden zu überwinden (durch das Herangehen und Bewältigen von Aufgaben, die das Leben und der Alltag fortwährend stellen). Der Überwindungsprozess ist zwangsläufig auf die Kooperation und konstruktives Arrangement mit sozialem Umfeld angewiesen (der Mensch kann nur im sozialen Kontext überleben). Vor diesem Hintergrund entwickelt das Kind ein lebensmutiges Grundgefühl, welches sich der inneren Überzeugung von Selbstwirksamkeit bei der Erledigung von Aufgaben und im Gefühl der Dazugehörigkeit und Teilhabe offenbart. Typische Verhaltensweisen hierbei sind Offenheit, Lernbereitschaft, Eigenständigkeit, Selbstsicherheit, Kooperation und Respekt gegenüber anderen Personen. Ein positives Grundgefühl ist eine wichtige Voraussetzung für die Entfaltung des Gemeinschaftsgefühls, welches wiederum als Grundlage seelischer Gesundheit betrachtet wird.
2. Kommt jedoch das Kind aufgrund seiner Erfahrung mit einer misslingenden Überwindung eigener Unterlegenheit zur inneren Überzeugung von eigener Unzulänglichkeit (Minderwertigkeitskomplex), weicht es den Alltags- und Lebensaufgaben aus oder lässt sie von anderen erledigen. Dies hilft ihm jedoch nicht, weil dadurch sein (allgemein menschliches) Bedürfnis nach Einfluss, Erfolg und Bestätigung nicht befriedigt werden kann. Das Kind versucht deshalb, in Form einer i. d. R. nicht bewussten kompensatorischen Tendenz zum »Obensein« eine

Ersatzbefriedigung zu arrangieren. Sie veranlasst das Kind, in der Kommunikation und Interaktion mit anderen Menschen Verhaltensmerkmale der Aggressivität, Angeberei, Manipulation usw. einzusetzen (konkret: Macht über andere ausüben, sie im Erleben und Verhalten bestimmen, eigene Unfehlbarkeit beweisen u. ä.). Im individualpsychologischen Sinne handelt es sich dabei um soziale Fehlanpassung, die aus einer starken Ich-Zentrierung des Empfindens, Denkens und Verhaltens entsteht.

Eine Verstehenshilfe in Bezug auf menschliches Verhalten stellt vor allem die individualpsychologische Verdeutlichung des Zusammenhangs zwischen dem Selbstwert eines Menschen (Motiv) und seinen verborgenen Verhaltens- bzw. Handlungsanliegen (Intention) dar. Ebenfalls hilft die individualpsychologische Sichtweise dem heilpädagogisch Tätigen dabei, sich der eigenen verborgenen Verhaltensmotive (innere Überzeugung) sowie -ziele (Intentionen) gewahr zu werden, um sie im Umgang mit dem Gegenüber bewusst zu steuern.

Das Paradigma der humanistischen Psychologie (Konzept des Selbstbildes)

Die verhaltenshermeneutische Relevanz ist hierbei folgende: Die Humanistische Psychologie geht von der Ausstattung des Menschen mit Potenzialen sowie einer Aktualisierungskraft aus. Die Entfaltung dieser Potenziale ist immer mit Erfahrung und Bewertung verbunden, aus denen jeder Mensch sein Selbstbild (engl. »selfconcept« = Selbst-Entwurf) herausbildet. Das Verhalten entspricht dem jeweigen Selbstbild. Deshalb ist eine Veränderung des Selbstbildes erforderlich, wenn ein Mensch sein Verhalten verändern soll.

Die Humanistische Psychologie ist in den 40er und 50er Jahren des 20. Jahrhunderts in den USA entstanden. Der Hintergrund war die Auseinandersetzung ihrer Begründer mit den Lehren der Psychoanalyse und des Behaviorismus. Deshalb wird sie auch als »Dritte Kraft« in der Psychologie bezeichnet. Sie stellt einen Verbund unterschiedlicher Ansätze dar, die nicht so sehr eine gemeinsame Theorie als vielmehr ein gemeinsames Menschenbild sowie einige Übereinstimmungen in den Prinzipien therapeutischer Arbeit aufweisen. Die theoretische Heterogenität der Humanistischen Psychologie ist darin begründet, dass sie als eine Bewegung von voneinander unabhängig entwickelten und ausdifferenzierten Ansätzen entstanden ist. Die Hauptvertreter gründeten erst 1962 in den USA die »Gesellschaft für Humanistische Psychologie«. Folgende Personen und Ansätze gehören dem humanistisch-psychologischen Paradigma an: Charlotte Bühler, Abraham Maslow, die Gestalttherapie (Fritz und Laura Perls sowie Paul Goodman), die klientenzentrierte Therapie (Rogers – er war Gründungsmitglied 1962), Focusing (Eugene Gendlin), Psychodrama (Moreno), Logotherapie (Viktor Frankl – von ihm stammt der Begriff Encounter), Körperpsychotherapie (Wilhelm Reich und seine Nachfolger – von manchen Chronisten dazugezählt, obwohl sie von der Modellbildung her psychoanalytisch dachten).

Maslow warf dem orthodoxen Behaviorismus vor, zu theoretisch zu sein. Andererseits kritisierte er die Psychoanalyse, die sich seiner Meinung nach zu sehr mit Krankheiten beschäftigte. Er entwickelte eine Motivationstheorie, in der er den

Prozess beschrieb, den ein Individuum bei der Erfüllung seiner Grundbedürfnisse wie Essen, Trinken und Wohnen bis hin zur Selbstverwirklichung durchläuft (vgl. Microsoft, 2004).

Aus Unzufriedenheit mit dem psychoanalytischen bzw. behavioristischen Inventar an diagnostischen und therapeutischen Methoden begründete Rogers zuerst den non-direktiven, dann den klientenzentrierten und anschließend den personzentrierten Ansatz. Das Wort »Klient« verdeutlicht, dass die Interaktion weder manipulativ noch expertenhaft verläuft. Wichtiger ist die Beziehung zwischen dem professionellen Helfer und dem Klienten: Sie ermöglicht es dem Klienten, sich selbst zu erforschen und vor dem Hintergrund der erreichten Selbsterkenntnis die eigene Entwicklung zu steuern (vgl. Groddeck, 2002, 89 ff.).

Die ganzheitliche Auffassung des Menschen als bio-psycho-sozialer Organismus und die Sichtweise der Gestaltpsychologie der Berliner Schule (Max Wertheimer, Wolfgang Köhler, Kurt Koffka, Kurt Lewin und Kurt Goldstein) begründen die Forderung der humanistischen Psychologie, den Menschen und seine Lebenswelt nicht voneinander getrennt, sondern als aufeinander bezogene Bestandteile eines ganzheitlichen, organisch-dynamischen Geschehens zu begreifen. Die holistische Sichtweise (griech. »holos« = ganz, vollständig) ist für die humanistische Psychologie charakteristisch. Sie ist auch heute noch aktuell – die naturwissenschaftlich fundierte Systemtheorie ist sehr ähnlich positioniert. Ganzheitlichkeit, Autonomie, soziale Interdependenz sowie die Ziel- und Sinnorientierung charakterisieren den Menschen genauso wie seine Fähigkeit zur »Selbst-Aktualisierung« im Sinne einer selbst organisierten Entfaltung der Potenziale, ohne dafür einen externen »Organisator« zu brauchen – dafür ist vor allem ein erfahrungsoffenes und unverstelltes Selbstkonzept erforderlich. Laut humanistischer Psychologie ist also der Mensch ein lebendiger, mit Wachstums- und Entwicklungskraft ausgestatteter Organismus, der sich in einem ständigen Prozess der Selbstregulation befindet und bestrebt ist, ein Gleichgewicht sowohl physisch wie auch psychisch und sozial aufrechtzuerhalten.

Das Menschenbild der humanistischen Psychologie weist folgende Merkmale auf (vgl. Das Institut GFK, 2005):

- Das menschliche Wesen ist mehr als die Summe seiner Teile – diese Formulierung stammt aus der Gestaltpsychologie. Trotz der Wichtigkeit von Kenntnis seiner Einzelfunktionen steht die Einzigartigkeit des Menschen als Ganzheit und Organismus im Vordergrund. Ganzheit bzw. Ganzheitlichkeit sind wichtige philosophische Annahmen. Der Mensch (wie jedes lebendige Wesen, jeder Organismus – heute würden wir sagen: Wie jedes lebendige System) ist eine bio-psycho-soziale Einheit. Deshalb gilt es für den heilpädagogisch Tätigen, das Gegenüber immer »integrativ« zu verstehen, d. h. als Ganzheit in all seinen Lebensbezügen.
- Menschliche Existenz vollzieht sich immer in zwischenmenschlichen Beziehungen, im zwischenmenschlichen Feld, weil Menschen unauflösbar in soziale Bezüge, in das Spannungsfeld zwischen Individualität und Beziehungsangewiesenheit eingebunden sind. Demnach ist der Mensch immer als ein soziales Wesen und nicht isoliert von seinen sozialen Bezügen zu erfassen und anzusprechen. Ein deutliches Gewicht liegt dabei auf Beziehung und Begegnung, auf dem Miteinander im Dialog, in der Gruppe, im Encounter.

- Ein Wesensmerkmal des Menschen ist die Fähigkeit zum bewussten Erleben sowie die Möglichkeit, dass er Bewusstheit über sich selbst erreichen kann. Folglich stellen Erleben und Erfahrung des Individuums in einer ihm aktuell erreichbaren Bewusstheit das Handlungsfeld von humanistisch-psychologischen Ansätzen dar. Es ist nicht möglich, ein objektives Wissen einer Person über eine andere Person zu erlangen. Deshalb hat das subjektives Erleben und die subjektive Bedeutungsbildung der Person Vorrang vor der Suche nach dem Verborgenen, Unbewussten oder Verdrängten.
- Der Mensch ist in der Lage, zu wählen und zu entscheiden. Vor allem durch Wahl und Entscheidung kann der Mensch seinen aktuellen Zustand überschreiten und sich wandeln. Er kann erkennen, was er tut, Alternativen entwerfen, sich entscheiden, auf sein Leben einwirken und seine Potenziale nutzen. Deshalb sieht die Humanistische Psychologie dem Menschen nicht als ausgeliefertes Opfer anderer Menschen oder Umstände, sondern als Person mit Wahlfreiheit und Spielraum. Daraus ergibt sich auch das Anliegen, ihn zu ermutigen, selbstverantwortlich zu wählen, wohin er will und was er dazu lernen kann – der Mensch wird als Gestalter seiner eigenen Existenz betrachtet.
- Der Mensch lebt ausgerichtet auf Ziele und Werte, d. h. er hat eine gerichtete Orientierung, die einen Teil seiner Identität bildet. Diese Gerichtetheit – wie auch immer sie sein kann, ob klar, komplex oder paradox – stellt ein spezifisch menschliches Merkmal dar. Es handelt sich um eine Kraft, eine Tendenz zu wachsen und sich zu entfalten, die allen lebendigen Systemen eigen ist. Sie ist grundsätzlich als vertrauenswürdig zu betrachten, denn sie richtet sich weder gegen das Individuum selbst noch gegen die Gemeinschaft. Die Umwelt kann zwar diese Kraft fördernd oder hindernd beeinflussen, kann sie jedoch (so lange der Organismus lebt) nicht gänzlich ausschalten. Methodisch gesehen gilt es deshalb, ihr Freiraum zu geben.

Im Erleben, Denken, Verhalten und Handeln jedes Menschen offenbart sich, was ihm subjektiv besonders wichtig ist – die eigenbewertete Erfahrung (Grundlage der Entwicklung), die Meinung und Bewertung seitens wichtiger Personen (Grundlage der sozialen Beachtung) oder die Bestätigung des eigenen Selbstkonzepts (Grundlage der Selbstachtung). Sind diese Aspekte untereinander in einem sich ergänzenden Einklang, wird der Mensch sich mit großer Wahrscheinlichkeit frei, offen für Erfahrungen, konstruktiv und kooperativ verhalten. Stehen sie im Widerspruch zueinander und blockieren sich gegenseitig, wird er sich eher ängstlich (oder auch aggressiv), unsicher (oder auch übertrieben angeberisch), unkooperativ (oder auch unterwürfig) u.ä. verhalten.

Humanistische Psychologie geht davon aus, dass im Erleben, Denken und Handeln des Menschen immer das Selbstkonzept steuernd mitwirkt. Demnach stellt das Selbstkonzept eines Menschen die ergiebigste Verstehenshilfe in Bezug auf sein Erleben, Denken, Verhalten und Handeln dar. Vom Wesen des Selbstkonzepts ausgehend gilt es, dass ein bestimmtes Verhalten nur begrenzt bis gar nicht durch Aufforderungen oder Appelle beeinflussbar ist. Vielmehr ist es notwendig, den sich verhaltenden Menschen zur Umgestaltung seines Selbstkonzepts zu ermutigen – erst dann wird eine wirksame Grundlage für Verhaltensänderung entstehen können.

Die humanistisch-psychologische Sichtweise ist nützlich nicht nur für die auf das Gegenüber bezogene Verhaltenshermeneutik im Kontext des heilpädagogischen Handelns. Auch der heilpädagogisch Tätige kann und soll sie nutzen, um sich des eigenen Selbstkonzepts und der Zusammenhänge seines Entstehens gewahr zu werden. Das ermöglicht ihm, eigene Verhaltenstendenzen im Umgang mit dem sich belastend bzw. störend verhaltenden Menschen zu erkennen und sich bewusst in der Kommunikation und Interaktion mit dem zu betreuenden Menschen zu steuern.

5.3 Soziologie

Ähnlich wie bei der Psychologie kann in diesem Abschnitt der soziologische Kontext der Heilpädagogik nur kurz skizziert werden, weil die Soziologie eine sehr umfassende Disziplin ist. Sie erweiterte zwar erst relativ spät das Selbstverständnis der Heilpädagogik, allerdings tat sie das sehr wirksam – in den letzten Jahrzehnten entstand beinahe ein eigenständiges Feld der »Soziologie der Behinderung«. Erste Anzeichen für diese Grundlegung sind in einer Einführung von Günter Cloerkes zu entdecken, welche er Mitte der 90er Jahre des letzten Jahrhunderts vorgelegt hat. Er bezog sich hierbei vor allem auf Untersuchungen der Sozialpsychologie und differenzierte sie im Rahmen einer sehr dichten soziologischen Beschreibung weiter aus. Auf die Verknüpfung zwischen Heilpädagogik und Soziologie hat auch Wolfgang Jantzen hingewiesen, indem er schon in den 70er Jahren des letzten Jahrhunderts die Vernetzung von Sozialisation und Behinderung beschreibt. Auch Hans Weiß trug zur Erweiterung des heilpädagogischen Selbstverständnisses durch soziologische Erfassung von Zusammenhängen der Behinderung bei. Er hat sich in den 80er und 90er Jahren des letzten Jahrhunderts mit der Armut als gesellschaftliches Problem und mit ihrer Relevanz für die Heil- und Sonderpädagogik beschäftigt. In jüngerer Zeit wurde der Ansatz der Theoriebildung an einer »Soziologie im Kontext von Behinderung« durch den gleichnamigen Sammelband von Rudolf Forster sowohl präzisiert als auch intensiv diskutiert (vgl. Cloerkes, 1997; Jantzen, 1974; Weiß, 1996; Forster, 2004).

Der soziologische Kontext der Heilpädagogik ist eingebettet in eine Vielzahl unterschiedlicher Aspekte, die zwischen der Systemtheorie auf der einen und einer kritisch-materialistischen Betrachtung auf der anderen Seite positioniert sind. Des Weiteren werden auch Ansätze aus dem symbolischen Interaktionismus und aus dem Diskurs zur Normalität und zur Normalisierung tangiert. In den letzten fünf Jahren kamen soziologische Elemente in die Heilpädagogik auch noch aus dem Gebiet der Disability Studies, welche im Rahmen einer kultursoziologischen Sichtweise ein neues und aktuelles Forschungsfeld darstellen (vgl. hierzu ausführlich: Waldschmidt und Schneider, 2007; Dederich, 2007).

Welche soziologischen Aspekte sind für die Heilpädagogik grundlegend? Diese Frage kann hier nur im Rahmen eines kleinen Ausschnitts von folgenden besonders relevanten Ansichten und Verknüpfungen erfolgen.

5.3.1 Der Gegenstandsbereich der Soziologie

Soziologie beschäftigt sich mit sozialen Beziehungen innerhalb der menschlichen Gesellschaft. Als soziale Beziehung definiert sie die Verbundenheit, das Aufeinander-Bezogensein von zwei oder mehreren Personen. Sozial im soziologischen Sinn meint »zwischenmenschlich« und ist nicht mit der Bedeutung von »menschenfreundlich« oder »helfend engagiert« zu verwechseln. Als Gesellschaft wird die Summe aller sozialen Beziehungen zu einem bestimmten Zeitpunkt an einem bestimmten Ort verstanden. Neben dem zwischenmenschlichen Kontext sozialer Beziehungen interessiert sich Soziologie auch für die Interaktion in und zwischen sozialen Gruppen, Organisationen, Institutionen und ihre gesamtgesellschaftliche Bedeutung. Soziologie weist zahlreiche Berührungspunkte mit anderen Sozialwissenschaften wie der Volkswirtschaft, Politikwissenschaft, Ethnologie und Sozialpsychologie auf. Als universitäre Disziplin in Deutschland widmet sie sich vor allem der problemorientierten empirischen Forschung und versteht sich folglich als theoretisch fundierte Erfahrungswissenschaft (vgl. Microsoft, 2004).

Das Hauptanliegen der Soziologie besteht darin, das soziale Handeln deutend zu verstehen und ursächlich zu erklären. Sie weist auf den prägenden Einfluss der sozialen Umwelt auf das Individuum hin. Beginnend mit der Familie, über Kindergarten, Schule und Peers bis hin zum Beruf und Hobbyverein. Alle diese sozialen Systeme haben Werte, Normen, Rollenerwartungen, Anforderungen und beeinflussen das Verhalten und Handeln ihrer Mitglieder. Soziologische Begriffe, Konzepte und Erkenntnisse sind für die Verwendung als Hilfen zum Verstehen des Verhaltens von Menschen geradezu prädestiniert. Hier eine Auswahl der für die heilpädagogische Sichtweise relevanten Konzepte (vgl. Ondracek et al., 2006, 53 ff.):

Soziales Handeln ist ein in seinem subjektiven Sinn an anderen Menschen orientiertes, intentional gesteuertes äußeres oder inneres Tun, Unterlassen oder Dulden. Wirkt es sich auf das Verhalten und Handeln anderer Menschen verändernd aus, handelt es sich im soziologischen Sinne um sozialen Einfluss (vgl. Microsoft, 2004).

Sozialisation ist der lebenslange Prozess, in dem ein Mensch sich zum gesellschaftlich handlungsfähigen Subjekt bildet, in eine soziale Gruppe, Gemeinschaft bzw. Gesellschaft eingegliedert wird, um dort am sozialen Leben teil zu haben. Dabei geht es auch um den Erwerb von Kompetenzen, die es ihm ermöglichen, die soziale Umwelt zielbewusst mitzugestalten und zu verändern. Es wird zwischen primärer (in der Familie: Individuelle Identität) und sekundärer (außerhalb der Familie: Gesellschaftliche Rollen) Sozialisation unterschieden, aber auch tertiäre (in der Arbeitswelt: Berufliche Identität) sowie geschlechts- (Kindheit und Adoleszenz: Identität als Mann/Frau) und schichtspezifische (Herkunftsschicht: Normen, Werte und Rollen) Sozialisation spielen in der menschlichen Entwicklung eine wichtige Rolle (vgl. Microsoft, 2004). Die während der Sozialisation verinnerlichten Werte und Normen sowie die dabei erlernten Rollen spiegeln sich immer im Sozialverhalten des Menschen.

Soziale Rolle bezeichnet eine bestimmte soziale Stellung (Position oder Status), die ein Mitglied einer Gemeinschaft bzw. Gesellschaft innehat. Mit der sozialen Rolle sind nicht nur die Erwartungen anderer Mitglieder in Bezug auf sein Verhalten, sondern auch bestimmte Rechte, Privilegien und Pflichten verknüpft. Erfüllt das

Verhalten die Rollenerwartungen, wird es positiv bewertet. Verstöße gegen die Erwartungen werden mit negativen Sanktionen belegt. Das Individuum muss unterschiedliche Rollen in vielfältigen Situationen erfüllen (z. B. der Vorgesetzte, der Untergeordnete, der urteilende Richter, der ertappte Verkehrssünder u. ä.). Dies erfordert von ihm die Fähigkeit, sich situationsbedingt jeweils von einer Rolle zu distanzieren und sich mit einer anderen zu identifizieren (vgl. Microsoft, 2004).

Einstellung offenbart Anschauungen, Meinungen und Überzeugungen, die sich auf die Wahrnehmung und Bewertung von Reizen, Objekten und Personen und auf die daraus folgenden Verhaltensweisen auswirken. Sie bildet sich in der aktiven Auseinandersetzung des Individuums mit seiner Umwelt heraus. Mittels Erfahrung bzw. Vermittlung durch andere Personen eignet sich der Mensch bestimmte kognitive (Wahrnehmen, Denken, Bewerten), affektive (Empfinden) und konative (Verhalten, Handeln) Tendenzen hinsichtlich bestimmter Objekte, Personen und Situationen an. Von der Einstellung werden das Vorgehen beim Problemlösen, das Verhalten gegenüber anderen Menschen und auch die (Un-)Empfänglichkeit für bestimmte Ideen und Ideale bestimmt (vgl. Microsoft, 2004).

Gruppe ist ein Zusammenschluss von drei und mehreren Personen zum Zwecke regelmäßiger und zeitlich relativ beständiger Kontakte miteinander. Sie stellt für jedes Mitglied ein überschaubares soziales Gebilde dar, das sich von anderen sozialen Gebilden unterscheidet. Wichtige Merkmale einer Gruppe sind das Gefühl der Zusammengehörigkeit (Wir-Gefühl), gemeinsame Handlungen innerhalb der Gruppe und Handeln nach außen (Wir-Erlebnis), die Gruppenanschauungen und gefühlsmäßige Bindungen der Gruppenmitglieder untereinander. Mitglieder besitzen diverse Positionen, die mit bestimmten sozialen Rollen im Gruppengefüge verbunden sind und deren Erfüllung sowie die Einhaltung von Gruppennormen von der Gruppe kontrolliert werden. Die Voreingenommenheit für die eigene Gruppe erhöht die Bereitschaft der Mitglieder, mit anderen Menschen in Wettstreit zu treten, nur weil diese einer anderen Gruppe angehören (vgl. Microsoft, 2004).

Devianz bezeichnet ein Verhalten, welches von den allgemeinen Normen und Wertvorstellungen abweicht. Diese Bezeichnung ist immer mit einem Werturteil verbunden. Soziologie beschreibt primäre und sekundäre Devianz. Als primäre Devianz wird ein einmaliges Übertreten bzw. Missachten der herrschenden gesellschaftlichen Normen und Werte bezeichnet. Nach dem Motto »Einmal ist keinmal« hat diese Abweichung kaum Folgen für das sich so verhaltende Individuum und sein Ansehen in der Gesellschaft. Als sekundäre Devianz wird eine Verhaltens- bzw. Handlungstendenz bezeichnet, die den Lebensstil des Individuums bzw. einer Gruppe beherrscht und die sich so verhaltenden Personen von der Gesellschaft ausgrenzt. Die Feststellung einer Devianz ist also immer mit den herrschenden Werten und Normen einer Gesellschaft verbunden. Es gibt mehrere Erklärungsansätze für deviantes Verhalten, die hier nur benannt werden. Im 19. Jahrhundert hat man abweichendes Verhalten mit biologischen Ursachen erklärt. Es folgte die Anomietheorie von Durkheim. In der ersten Hälfte des 20. Jahrhunderts hat Merton die Spannungstheorie und danach (in den 50er Jahren) Cohen die Subkulturtheorie formuliert. Eine deutliche heilpädagogische Relevanz weist der Etikettierungsansatz von Becker auf (1973). Dieser betrachtet Devianz als Folge einer Interaktion zwischen Personen mit regelkonformen und -abweichenden Verhaltensmerkmalen. Denjenigen, die den Normen nicht entsprechen, werden seitens der Normkonformen Vorurteile, Vorbehalte, Zuschreibungen und Unterstellungen entgegengebracht, die an ihnen als »Brandzeichen« haften bleiben (Etikett, Stigma – siehe unten) und u. U. in das Selbstbild integriert werden. Das wirkt sich verstärkend auf normabweichendes Verhalten bzw. Handeln der Betroffenen aus.

Labeling approach (Etikettierung) bezeichnet die Reduzierung einer Person seitens anderer auf nur eine Eigenschaft, die häufig mit den tatsächlichen Eigenschaften dieser Person nicht übereinstimmt. Etikettierung ist ein Ergebnis gesellschaftlicher Interaktion und als solches kann sie nicht gerecht sein, weil die von einer Gesellschaft geschaffenen Bewertungsregeln und -kriterien weitgehend willkürlich sind. Als Beispiel kann in der Politik die Etikettierung einzelner Personen, Parteien oder Organisationen als »links« oder »rechts« genannt werden. Eine solche »Kennzeichnung« vereinfacht komplexere Hintergründe der politischen Anschauung und schränkt eine tiefer gehende Auseinandersetzung mit ihnen ein. Etikettierung steht dem Begriff Stigma ziemlich nah.

Stigma bedeutete ursprünglich ein Brandzeichen, das bei den alten Griechen und Römern hauptsächlich Sklaven (aber auch freien Menschen) für bestimmte Vergehen auf die Haut gebrannt wurde. Heute werden bestimmte soziale, geistige oder körperliche Merkmale einer Person zu einem Stigma, sofern sie sich für ihre Zugehörigkeit oder Integration in eine Gemeinschaft als hinderlich erweisen (z. B. dunkle Hautfarbe in einer rassistisch eingestellten Gesellschaft). Stigmatisierung offenbart gesellschaftliche Ächtung bzw. Missbilligung aufgrund eines physischen, psychologischen oder sozialen Merkmals, das als Makel bewertet und zur Unterscheidung des Stigmaträgers von der Mehrheit anderer verwendet wird. Sie hat oft eine Isolation sowie Selbstwertprobleme und auffallende/störende Verhaltensformen bei stigmatisierten Personen zur Folge. Oft betroffen sind ethnische Minderheiten, Menschen mit Behinderungen, psychischer Krankheit und Personen, die gesellschaftlich auffallen (z. B. Angehörige extremer politischer, oder religiöser Gruppen). Tolerante Gesellschaften betrachten Stigmatisierung als intolerant und menschenfeindlich (vgl. Microsoft, 2004).

5.3.2 Disability Studies

Im heilpädagogischen Denken und Handeln gab den Ton bis in die 1980er-Jahre das Rehabilitationsparadigma an. Die Behinderung wurde als individuelle Beeinträchtigung im Kontext körperlicher Schädigungen und/oder funktionaler Störungen betrachtet. Also bemühten sich die heilpädagogische Theorie und Praxis um die Unterstützung betroffener Personen und ihrer unmittelbaren sozialen Umgebung bei der Überwindung von Folgen dieses individuellen Unglücks. Da in unserer Gesellschaft das Vorhandensein von (fast) aller Beeinträchtigungen und Schädigungen zuerst medizinisch festgestellt und erfasst wird, wurde lange Zeit als Grundmodell dieser Unterstützung vor allem die medizinisch-therapeutische Behandlung gesehen.

Dieses Modell hat Vor- und Nachteile und weist auch Grenzen auf:

- Als Vorteil lässt sich zweifelsohne die unstrittige Fähigkeit der unterstützenden Fachpersonen betrachten, entsprechende Methoden, Vorgänge und Techniken zu

finden/kreieren, durch welche die Entwicklung betroffener Personen gefördert werden kann. Und von der Abertausende von ihnen auch profitiert haben.
- In diesem Vorteil liegt allerdings auch ein Nachteil. Um die medizinisch-therapeutische Behandlung in Anspruch nehmen zu können, mussten die zu unterstützenden Menschen in ein rehabilitatives Versorgungssystem eintreten (also den üblichen Alltag eines »Otto-Normalverbrauchers« verlassen) und sich der dort vorherrschenden Expertendominanz unterwerfen. Das geht auf die Kosten ihrer Selbstbestimmung und Unabhängigkeit.
- Die Grenzen bestehen in der Tatsache, dass die medizinische Sichtweise nach wie vor prinzipiell auf Feststellung von Defiziten und Wiederherstellung der Gesundheit ausgerichtet ist (was an sich gar nicht so schlecht ist), jedoch die meisten Schädigungen und Funktionsstörungen, die eine Behinderung verursachen, eigentlich (noch) nicht heilen kann.

Die Wirkung der Gesellschaft ist in diesem Modell zwiespältig: Einerseits versorgt sie betroffene Menschen durch Sozialleistungen (das ist soweit gut), allerdings koppelt sie deren Empfang an soziale Kontrolle (das ist weniger gut). Andererseits birgt sie (immer noch) unverkennbare Vorurteile gegenüber Menschen mit Behinderung, was deren individuelles Coping-Verhalten und die Annahme einer Behindertsein-Identität erschwert (vgl. Waldschmidt 2007, 164).

Das individuell verankerte Rehabilitationsparadigma lässt eine wichtige Gegebenheit außer Acht – nämlich, dass die Behinderung auch ein kulturelles und soziales Phänomen ist. Das haben in den 1980er-Jahren anglosächsische Sozialwissenschaftler zum Anlass genommen, um die bis dato auf betroffene Menschen bezogene Behindertenforschung mit einem sozialen Modell von Behinderung zu ergänzen, bzw. zu ersetzen (vgl. Oliver 1990; 30 ff). Begründet wurden die Disability Studies vor allem in der politischen Behindertenbewegung in Amerika. Die zum großen Teil selber behinderten Mitglieder verfolgten das Ziel, ihre Rechte als gleich-berechtigte Bürger der amerikanischen Gesellschaft offen einzuklagen.

Die Bezeichnung »Disability Studies« verstehen sie nicht als eine neue Art von Behinderten-forschung, sondern als Studien über Behinderung. Fokussiert wird nicht die behinderte Person, sondern die Behinderung als soziale Konstruktion. In den Disability Studies geht es also im Wesentlichen darum, »Behinderung neu zu denken« (Dederich, 2007, 17): Behinderung ist kein medizinisch feststellbarer individueller Zustand, sondern entsteht durch systematische soziale Ausgrenzung, Unterdrückung und Diskriminierung. Weder organische Schädigungen noch funktionale Störungen begründen das Behindertsein. Vielmehr ist das die Gesellschaft mit ihrem auf Durchschnittsnorm orientierten sozialen System, die eine uneingeschränkte Partizipation/Teilhabe betroffener Personen am Leben der Gesellschaft erschweren bzw. verhindern.

Der Staat wird folglich aufgefordert, statt materielle und medizinisch-therapeutische Unter-stützung zu organisieren, der Unterstützung von Menschen mit Behinderung die Bedeutung von Bürgerrechts- und Menschenrechtspolitik geben. Die betroffenen Menschen haben Selbsthilfepotentiale und Erfahrungen, sie sind mündige, zu Selbstbestimmung und Partizipation am Geschehen fähige Personen.

Außerdem sind organische Schädigungen und funktionale Störungen keineswegs etwas indi-viduell einmalig Spezifisches, sondern gehören zur natürlichen Vielfalt des menschlichen Le-bens. Und allein deshalb muss die Gesellschaft den betroffenen Individuen die gleichen Rechte und Bedingungen im alltäglichen Leben sichern, die für alle nicht behinderten Bürgerinnen und Bürger gelten. Dazu ist es erforderlich, die gesellschaftlichen Sichtweisen und Praktiken so zu verändern, dass allen Menschen mit organischen und funktionalen Beeinträchtigungen ein voller Subjektstatus und uneingeschränkte gesellschaftliche Teilhabe möglich sein wird.

Im Laufe der 1990er-Jahre kam die Sichtweise der Disability Studies in deutschsprachlichen Ländern an. Beginnend mit entsprechenden Kursangeboten an Volkshochschulen nahmen dann einige Fachhochschulen und Universitäten das Thema in ihre Curricula auf. 2001 fand in Dresden die Tagung »Der (im)perfekte Mensch« statt, bei der zum ersten Mal die Vertreter der nordamerikanischen Disability Studies ihre Sichtweise dargestellt haben. Weitere Tagungen folgten, so z. B. 2003 in Bremen zum Thema »Disability Studies in Deutschland – Behinderung neu denken!«. Die Arbeitsgemeinschaft »Disability Studies in Deutschland« wurde gegründet und Disability Studies werden in Forschung und Lehre an mehreren Hochschulen betrieben (vgl. Waldschmidt 2007, 163).

Ob das defektorientierte medizinisch-therapeutische Modell oder die Sichtweise der Disability Studies – beide Ansätze bemühen sich, ein Problem zu lösen, indem sie Sozialleistungen und Versorgungssysteme verfügbar machen und den Menschen mit Behinderung Benachteiligungsausgleiche gewähren. Die jeweiligen Hauptanliegen ergänzen sich: Das unterstützte Individuum wird besser imstande sein, am Geschehen zu partizipieren (individuelles Modell), und die Gesellschaft schafft solche Bedingungen, die seine soziale Teilhabe, Selbstbestimmung und Anerkennung ermöglichen (soziokulturelles Modell). Also bemühen sie sich darum, etwas Problematisches zu beheben.

Neben diesen beiden Zugängen zum Phänomen Behinderung existiert noch die kulturwissenschaftliche Betrachtung (vgl. Waldschmidt 2003). Kritisch betrachtet sie die (immer noch übliche) gesellschaftliche Praxis, homogene Gruppen zu bilden und diese bewertend zu hierarchisieren, anstatt die eigene Heterogenität anzuerkennen und wertzuschätzen. Die Ausgangshypothese lautet: Menschen mit und ohne Behinderung sind nicht voneinander getrennt, sondern bedingen sich einander und bilden interaktiv hergestellte Komplementarität. Demnach ist ihre jeweilige Identität kulturell geprägt und durch gegenseitige Deutung (das Eigene contra das Fremde) bestimmt. Dabei spielen kulturelle Praktiken und gesellschaftliche Strukturen eine wichtige Rolle. Das erfordert allerdings eine andere Perspektive – nicht die Menschen mit Behinderung, sondern die Mehrheitsgesellschaft stellt den Untersuchungsgegenstand der kulturwissenschaftlichen Betrachtung dar.

Die kulturwissenschaftliche Perspektive ist also nicht primär lösungsorientiert, sondern bringt Erkenntnisse z. B. darüber, wie Alltagswissen produziert, Normalitäten hergestellt, Dif-ferenzierungskategorien etabliert, gesellschaftliche Praktiken der Ein- und Ausschließung ge-staltet oder personale und soziale Identitäten geformt werden. Damit will sie Wissensgrundlage einer soziokulturellen Entwicklung schaffen, die das Phänomen Behinderung als diskriminierende Lebenslage überwinden kann.

Fazit: Die Disability Studies stellen eine internationale und interdisziplinäre Forschungsrichtung dar, die aus der Kritik des traditionellen (und immer noch in weiten Teilen vorherrschenden) individuellen Modells von Behinderung entstanden ist. Diesem Modell stellen sie ein soziales Modell und ein kulturelles Modell von Behinderung entgegen. Als Wissenschaftsprojekt setzen sich die Disability Studies für eine solche Zukunftsgesellschaft ein, in der Menschen mit und ohne Behinderung gleichberechtigt miteinander leben und »Behinderung« als Ausgrenzungskategorie überflüssig geworden ist. Alle drei Zugänge haben ihre Vor- und Nachteile. Für eine umfassende und kompetente theoretische Erfassung des Phänomens Behinderung sowie für eine zukunftsweisende Ausgestaltung des gesellschaftlichen Umgangs damit werden alle drei Ansätze benötigt.

Abschließend sind noch noch einige Überlegungen hinsichtlich des Verhältnisses zwischen Heilpädagogik und Disability Studies zu formulieren (vgl. Ondracek 2017, 71 ff):

Am 27.11.2016 wurde im Rahmen des Tages der Heilpädagogik an der Evangelischen Hoch-schule RWL in Bochum das Zentrum für Disability Studies (BODYS) eröffnet. Diese Forschungsart haben die Referenten als revolutionäre zukunftsweisende Ausrichtung der Forschung auf dem Gebiet der Unterstützung von Menschen mit Behinderung bezeichnet. Als charakteristisches Merkmal von Disability Studies wurde die Sichtweise auf Behinderung als soziales Konstrukt dargestellt, das vor allem durch soziokulturelle sowie auch viele andere, z. B. architektonische Barrieren entsteht.

Die heilpädagogische Praxis stellt eine Sonderwelt für behinderte Menschen dar, die sich auf das defektorientierte medizinische Modell von Behinderung stützt. Deshalb sind die Einrichtungen der Behindertenhilfe nicht mehr zeitgemäß. Es ist vor allem den Disability Studies zu verdanken, dieses Modell durch eine soziale und menschenrechtliche Orientierung zu ersetzen, die erst eine Teilhabe sichernde Unterstützung von Menschen mit Behinderung ermöglicht.

Die engagierte Arbeit der Forscherinnen und Forscher auf dem Gebiet von Disability Studies hat die Diskussion um die Aktualität und Entwicklung von Paradigmen der Heilpädagogik angeregt. Selbstverständlich muss sich die Heilpädagogik den Forschungsergebnissen der Disability Studies stellen und diese kritisch in ihre eigenen Orientierungsgrundlagen aufnehmen. Auch muss sie die sog. Betroffenenperspektive viel mehr in ihrer Theorie, Methodik und Praxis berücksichtigen. Als Reaktion auf diese Kritik bemüht sich die Heilpädagogik redlich um Anpassung. So nennen sich heute manche Studiengänge »Heilpädagogik/Inklusive Pädagogik« oder verzichten gänzlich auf das »Heil-« und ersetzen es durch »Inklusiv-«.

Ob diese Reaktion die richtige ist? Darüber lässt sich nicht nur streiten, sondern auch nicht wenig zweifeln. Denn nicht alles ist falsch, was bisher in der heilpädagogischen Theorie und Praxis gedacht und getan wurde. Die heilpädagogische Theorienbildung war zumindest dem heutigen Verlangen nach Inklusion und Teilhabe in einigen Punkten voraus – jedoch nicht unbedingt die Praxis der sog. Behinderten- oder Eingliederungshilfe.

In seinem Lehrbuch »Grundfragen der Heilpädagogik« hat Emil Kobi bereits vor gut 50 Jahren u. a. das Modell des Behinderungszustandes beschrieben (vgl. Kobi 1993) (▶ Kap. 4.2.3). Dieser Zustand ist nicht gleichzusetzen mit den Defiziten und Defekten des betreffenden Individuums. Vielmehr ist er sozial bedingt, weil er durch die Wirkung der beeinträchtigenden Reaktionen der sozialen Umwelt auf das sichtbar »defizitäre« und folglich anders-seiende Individuum zustande kommt. Der Gegenstand der Heilpädagogik ist also nicht etwa eine Schädigung oder ein Defekt, sondern der Behinderungszustand in dem von Kobi definierten Sinne.

In der Verringerung bzw. Verhinderung der Teilhabe am Leben der Gesellschaft sieht Kobi die Hauptwirkung des Behinderungszustandes. Deshalb verlangt er von den heilpädagogisch Tätigen, dass sie sich mehr mit den beeinträchtigenden Reaktionen als mit Defiziten und Defekten auseinandersetzen. Gleichwohl er in ihrer Kompensation bzw. Überwindung einen sehr wichtigen positiven Einfluss auf die Beseitigung des Behinderungszustandes sieht. Das Anliegen des heilpädagogischen Handelns besteht demnach darin, das Alltagsleben der zu unterstützenden Personen zu »entbeeinträchtigen« (mittels individueller Unterstützung, Kompensation, Begleitung u. ä. bei Überwindung von schädigungsbedingten Erschwernissen), in Kooperation mit allen Beteiligten den Behinderungszustand aufzulösen und dadurch die Teilhabe der betroffenen Menschen am Leben der Gesellschaft zu fördern.

Wolfgang Jantzen hat zeitgleich mit Kobi die materialistische Behindertenpädagogik mitbe-gründet. Diese fokussiert die Gesellschaft als Erzeugerin von Behinderungen. Jantzen spricht von pathogener Sozialisation von Menschen mit Schädigungen und Defekten – erst der Um-gang der Gesellschaft mit den »andersseienden« Personen macht sie zu Behinderten (vgl. Jantzen 1976). Also auch hier ist keine Defektorientierung im Vordergrund.

Fazit: Mit seiner Theorie des Behinderungszustandes proklamierte Kobi eine Abkehr von der medizinisch geprägten Orientierung der Heilpädagogik an Defiziten und Defekten. Nicht also alleine der von den Disability Studies als revolutionär präsentierte Paradigmenwechsel, sondern auch die Impulse aus der heilpädagogischen Theoriebildung haben die aktuell stattfindende Diskussion über die zukünftige Ausrichtung des heilpädagogischen Denkens und Handelns eingeläutet. Nicht also gegeneinander kämpfend, sondern sich ergänzend und gegenseitig befruchtend sollen beide Disziplinen verstanden und gehandhabt werden.

Behinderung als soziales Problem

Eine Behinderung wird somit als eine Anfrage an die Gesellschaft verstanden. Von diesem Blickwinkel her betrachtet stellt Behinderung ein soziales Problem dar, welches sich auf unterschiedliche gesellschaftliche Sachverhalte bezieht bzw. diese auch in Frage stellt. Das genuin heilpädagogische Phänomen »Behinderung« ist deshalb soziologisch relevant, weil es gesellschaftliche und gesellschaftsthematische Probleme aufwirft. Gerade die Gesellschaft bringt die Behinderung als Problem hervor, indem sie der Behinderung aber auch dem heilpädagogischen Handeln durch die Interpretation (besser durch die Konstruktion gesellschaftlicher Prozesse) eine Bedeutung beimisst. Auf diesem Hintergrund ist die Gesellschaft sowohl sozialpolitisch als auch im Rahmen gesellschaftlicher Wandlungs- und Verwandlungsprozesse zum Handeln genötigt (vgl. Bunk et al., 2004, 187 f.).

Weder die Behinderung noch die heilpädagogischen Handlungen sind nur theoretische Konstrukte, über die in der Gesellschaft diskutiert wird. Sie sind vielmehr als ein soziales Problem existent, welches auch statistisch erfasst und begründet wird. So erläuterten z. B. in den letzten Jahren die PISA-Studien den Zusammenhang zwischen Bildungsprozessen und Schichtzugehörigkeiten, was die Möglichkeiten der Partizipation am gesellschaftlichen Geschehen bei betreffenden Personen im Wege steht. Ebenfalls in einschränkendem Sinne wirkt sich die Zunahme von erwachsenen und alten Menschen mit Behinderung und Demenz aus. Wenn die Heilpädagogik als Hauptanliegen ihrer Wirkung die Sicherung einer größtmöglichen Teilhabe am gesellschaftlichen Geschehen sieht, muss sie in Theorie und Praxis eine entsprechende Weiterentwicklung/Anpassung des heilpädagogischen Handelns und der heilpädagogischen Organisationsformen vornehmen.

Behinderung als Armutsphänomen

Einen wichtigen heilpädagogisch-soziologischen Kontext stellen Behinderung und Armut dar. Gerade hier wird die Auffassung von Behinderung als ein von diversen Beeinträchtigungen geprägter Behinderungszustand (vgl. Kobi, 1993, 99 ff.) besonders relevant. Die Bedingungen des Lebens in einer Gesellschaft sind für die in ihr lebenden Menschen sehr ungleich verteilt: Die Verteilungsstrukturen werden durch abgestufte Übergänge, so z. B. zwischen arm und reich, zwischen verachtet und angesehen, zwischen dazugehörig und ausgeschlossen usw. recht deutlich. Diese Ungleichheit geht auf die Bildungs- bzw. Einkommenschancen und auf den gesamten Status eines Menschen zurück. Wie in den letzten zwanzig Jahren soziologisch erarbeitet wurde, führt das Leben und Verbleiben in einer sog. unteren sozialen Gruppierung dazu, dass hier (häufiger als bei höher positionierten Schichten) Menschen in beeinträchtigter Lebenslage anzutreffen sind, die als behindert bzw. als von einer Behinderung bedroht betrachtet werden können bzw. müssen (vgl. Bunk et al., 2004, 194; Cloerkes, 1997, 66 ff.).

Soziale Reaktionen auf anders-seiende Menschen

Ein weiterer soziologisch verankerter Aspekt des heilpädagogischen Handelns sind die sozialen Reaktionen auf Menschen, welche als behindert bezeichnet werden. Hier stellt sich die Frage, welche Konstruktionsmechanismen Menschen dazu bringen, inhuman auf anders seiende Menschen zu reagieren, indem sie diese auf Grund von bestimmten Merkmalen bzw. Merkmalskonstellationen aus dem Bereich der sog. Normalität auszuschließen.

Es handelt sich hier um folgendes Phänomen: Die Gesellschaft sieht sich immer wieder dazu genötigt (aus welchen Gründen auch immer), ganz bestimmte Menschen und Menschengruppen auszuschließen. Es scheint also »gesellschaftlich üblich« zu sein, dass immer ein bestimmter Prozentsatz einer Gesellschaft (ganz gleich welcher Gesellschaft) an den Rand gedrängt bzw. über diesen hinaus geschoben wird. Die Soziologie versucht zu erfassen, wie eine soziale Reaktion entsteht. Im Wesentlichen geht es darum, wie sich eine Einstellung entwickelt, welches Wissen, Fühlen und Handeln miteinander vernetzt werden, um hieraus möglicherweise Vorurteile und mit diesen begründete Handlungen zu entwickeln, welche dann wiederum Menschen ausschließen. Die soziologische Erfassung des

Hintergrunds von ausschließenden Prozessen und Handlungen dient nicht nur dem Verstehen dieses Phänomens. Die Ergebnisse sind auch für die Entwürfe von Handlungsansätzen und Einflussnahmen auf Bedingungen und Einstellungen höchst relevant, die auf Sicherung der Dazugehörigkeit und der Partizipation von Menschen mit Behinderungen am gesellschaftlichen Geschehen ausgerichtet sind. Allein diese Verstehens- und Handlungsrelevanz begründet ausreichend die Erforderlichkeit einer engen Verbindung zwischen Heilpädagogik und Soziologie. Dass sie bereits existiert und gut funktioniert, lässt sich am folgenden Beispiel belegen: Das Konzept der Stigmatisierung bzw. Etikettierung einer Behinderung mit der Bemühung um eine »Entstigmatisierung« stellt immer wieder den Dreh- und Angelpunkt für heilpädagogisches Handeln dar. Bei der theoretischen wie auch der praktischen Erfassung dieses heilpädagogischen Anliegens zeigen sich die soziologischen (aber auch die sozialpolitischen) Inhalte als sehr hilfreich (vgl. Forster, 2004).

5.3.3 Didaktisch-methodische Umsetzungshinweise

Auf die Frage, wie sich die oben dargestellte soziologische Sichtweise im heilpädagogischen Handeln konkret bemerkbar macht, lässt sich kurz antworten: im Verstehen von sozialisations- und sozialbedingten Verhaltens- bzw. Handlungsformen von Menschen mit Behinderungen sowie in der Art der Einflussnahme auf die Einstellungen und Haltungen, die im Hintergrund dieser Verhaltens- und Handlungsformen wirken. So kann z. B. die Umsetzung der für heilpädagogisches Handeln sehr wichtigen Aufgabe »zuerst verstehen und dann erziehen« von den o. g. soziologischen Konzepten durchaus profitieren.

Wenn der heilpädagogisch Tätige nach erforderlicher Orientierung sucht, ist es hilfreich, den soziologischen Blickwinkel einzunehmen. Konkret bedeutet das, folgende Kontexte und ihren Einfluss auf das Verhalten und Handeln des Individuums zu erforschen:

- die subjektive Sinngebung seiner Aktivität (Konzept des sozialen Handelns),
- seine Identität und Werte (Konzept der Sozialisation),
- den sozialen Status und die mit ihm einhergehende Rolle, die es zu erfüllen sucht (Konzept der sozialen Rolle),
- seine Überzeugungen und Einstellungen (Konzept der Einstellung),
- seine Gruppenzugehörigkeit und mit ihr zusammenhängende Anschauungen und Normen (Konzept des Gruppeneinflusses),
- die Zuschreibungsprozesse seitens der sozialen Umwelt (Konzept des labeling approach bzw. Stigma).

Ein weiteres Beispiel der Verwendbarkeit soziologischer Erkenntnisse für Heilpädagogik stellt das Konzept des Handelns dar (hier dargestellt in Anlehnung an Martin et al., 2006, 78 ff.).

Das Handeln wird als spezifische Form des menschlichen Verhaltens erfasst – als ein bedeutungsvolles und sinnstrukturiertes Verhalten (vgl. Habermas, 1981; Cranach und Tschan, 2000; Straub, 2002). Dazu zählen z. B. intentionales Handeln, regelgeleitetes Handeln oder produktiv-kreatives Handeln. In vielen Handlungstheorien gilt allerdings als Handlung nur das intentionale Verhalten, d. h. ein zielgerichtetes, objektbezogenes und reflektiertes bzw. bewusstseinsfähiges Verhalten (vgl. Groeben, 1986). Die wichtigsten Kennzeichen eines »streng« erfassten Handlungsbegriffs sind im Wesentlichen folgende (vgl. Schwemmer, 1987): Handeln ist die Tat (T) eines Subjekts (S) mit bewussten Intentionen (I). Die Tat soll eine Wirkung (W) erzielen, die der Handlungsabsicht entspricht. Ob dies gelingt, ist davon abhängig, inwieweit die Person ihre Intention in die Tat umsetzen kann. Die Handlungsfähigkeit kann nämlich sowohl durch intrapersonale physische oder psychische Hindernisse als auch durch äußere Hindernisse oder Störungen beeinträchtigt sein. Ob also aus einem bloßen Wunsch auch ein Wille zur Handlung wird und ob die Person die Handlung auch ausführt, hängt von mehreren Faktoren ab. Als wichtigste gelten:

- die Erfolgswahrscheinlichkeit des Handelns,
- die damit verbundene Anstrengung und
- der Stellenwert eines Erfolgs bzw. Misserfolgs (vgl. Fuchs, 1995; Smedslund, 1988).

Die Tatsache, dass kein Mensch sich immer und durchgehend nur bewusst zielgerichtet und reflektiert verhält, stellt für das intentionale Handlungsmodell ein Problem dar. Deshalb wird eine »Zwischenkategorie« hinzugeführt, mit der man die Polarität Verhalten vs. Handeln zu entschärfen sucht (vgl. Groeben, 1986):

- Das Verhalten kann in der Tradition der Verhaltenspsychologie als ein Resultat eines Ursache-Wirkungs-Zusammenhangs erklärt werden. Die Verhaltensaktivität unterliegt verallgemeinerbaren Regelmäßigkeiten. Diese können von außen objektiv festgestellt werden. Die Einnahme der Innenperspektive ist dafür nicht erforderlich.
- Das Handeln hingegen beruht auf einer bewusstseinsfähigen Intention der handelnden Person. Über Bedeutung und Ziel der Handlung können vielleicht aufgrund der Tat Vermutungen angestellt werden. Die subjektive Bedeutung ist jedoch nicht vollständig von außen zu erklären. Eine Bestätigung der Deutung und damit ein Verstehen sind auf den Dialog mit der handelnden Person über ihre Motive und Ziele angewiesen.
- Es gibt Aktivitäten, die sich einerseits nicht schlicht als Verhalten erklären lassen und andererseits auch nicht als Handeln im o. g. Sinne zu verstehen sind – die betreffende Person kann ihre Intention nicht plausibel machen bzw. ist nicht imstande, diese zu äußern (z. B. bei automatisierten Alltagsritualen, Ängsten, u. ä.). Hierfür wird die Bezeichnung »Tat« verwendet. Da mit der solche Aktivitäten ausführenden Person keine Erfassung der Bedeutung des Tuns möglich scheint, kann die für eine heilpädagogische Einflussnahme erforderliche Verhaltenshermeneutik nur durch eine Verständigung zwischen mehreren kundigen Interpreten erreicht werden.

Tab. 2: Übersicht: Handeln – Tun – Verhalten

Handeln	beruht auf Intention und hat subjektive Bedeutung; Verständigung über Bedeutung ist mit Akteur (im Dialog) möglich
Tun	berücksichtigt die Möglichkeit, dass objektive Motivation und subjektive Bedeutung einer Handlung auseinanderfallen oder die Intention zumindest nicht bewusst ist (z. B. Gewohnheiten); Bedeutung ist nicht allgemein, allenfalls universalisierbar durch Verständigung mehrerer »Interpreten«
Verhalten	• Berücksichtigung einer Absicht ist nicht erforderlich; • ist von außen objektiv zu erklären, Ursache steht (allgemein) fest

Für das heilpädagogische Verstehen und die Einflussnahme auf Personen, Bedingungen und Prozesse im Kontext beeinträchtigter Lebenslagen heißt es, dass

1. jeder Mensch grundsätzlich als handelndes Wesen zu betrachten ist und jede Begegnung mit ihm dementsprechend gestaltet werden muss;
2. erst wenn diese Annahme sich im Kontext bestimmter Situationen bzw. Faktoren als nicht zutreffend erweist, ein »Tun« unterstellt werden sollte (z. B. richterlicher Beschluss);
3. die Annahme, ein bloßes Verhalten liegt vor, die Ausnahme und nicht der Regelfall sein sollte.

5.4 Medizin

Die Medizin stellt eine weitere Quelle dar, aus welcher sich Heilpädagogik sowohl in der Vergangenheit als auch aktuell speist. Diese muss sich (nicht erst seit den Bemerkungen von Heinrich Hanselmann hierzu) ihres medizinischen Bezuges bewusst sein, um sich im Rahmen ihres aktuellen Selbstverständnisses auf dem Feld der Referenzwissenschaften zu orientieren. So wie die Medizin dazu beigetragen hat, durch ihre zum Großteil biologischen Forschungsergebnisse die Heilpädagogik zu beeinflussen und voranzubringen, so ist diese wiederum in der Lage, auf dem Hintergrund ihres philosophischen und anthropologischen Verständnisses sowie mit dem Blick auf ihre handlungsrelevanten Notwendigkeiten die Medizin zu beeinflussen. In diesem wechselseitigen Bezugs- und Beziehungsverhältnis ist nun nicht eine Orientierung der Heilpädagogik an der Therapie primär handlungsleitend, vielmehr handelt es sich um die Aktion zweier gleichberechtigter Partner zum Nutzen des jeweils individuellen Menschen, welcher eine Anfrage an eine dieser beiden Fachwissenschaften hat. Die Heilpädagogik hat hierbei einen Weg einzuschlagen, welcher sie von biologischen Begründungen über sozialmedizinische Dimensionen bis hin zu den Funktionen und Anfragen eines Individuums führt (vgl.

hierzu Hülshoff, 2005). Die Heilpädagogik hat sich somit mit Blick auf die Medizin immer wieder zu fragen, wie und wodurch bestimmte Problemfelder entstehen, also wie sie neurophysiologisch verortet sind, wie sich diese sozialmedizinisch auswirken, d. h. wie die Gesellschaft diese wahrnimmt bzw. wie die Gesellschaft sie beeinflusst und, last but not least, wie der einzelne Mensch auf diesem Hintergrund agiert und lebt. Im Hinblick auf diese Individuumsorientierung (im Kontext des Gesellschaftssystems) hat die Heilpädagogik dann wiederum Konsequenzen abzuleiten, welche sich mit den unterschiedlichen (auditiven, visuellen etc.) Wahrnehmungsfunktionen des Menschen auseinandersetzt, wie dieser motorisch agiert, wie er sprachlich ausgestattet ist, wie er sich kognitiv entwickelt und mit welchen Gefühlen er jeweils bestimmte Situationen lebt oder durchlebt (vgl. ausführlich Hülshoff, 2005).

5.4.1 Medizinische Sprachkonstrukte

Für eine konstruktivistisch und humanistisch verortete Didaktik und Methodik der Heilpädagogik ist die medizinische Definition von Krankheit und auch das Selbstverständnis der gegenwärtigen Medizin von wesentlicher Bedeutung. Jeder Wissenschaftsdisziplin liegt ein ganz bestimmtes Verständnis von Sprache und Begriffen (Semantik) zugrunde. Diese entsprechen dem Wissenschaftsverständnis, stellen es quasi als Faktum dar (auch wenn es sich häufig hierbei nur um ein Phantom handeln dürfte) und agieren auf dem Hintergrund dieses Sprachkonstrukts.

Im Allgemeinen dient die Sprache der Mitteilung und der Verständigung, orientiert die Kommunikationspartner und ordnet Inhalte in einem ganz bestimmten Raum-Zeit-Kontinuum. Sie trägt somit zum Kommunizieren von Konstrukten bei, aus denen die Handlungskonzepte bzw. die auf diesen Handlungskonzepten basierende und von ihnen abgeleitete konkrete Handlungen entstehen (vgl. Strachota, 2002, 21). Die sprachlich vermittelte Orientierung geschieht nicht durch den einzelnen Begriff, sondern durch das, was mit dem einzelnen Wort in der Tat gemeint ist. Diese Zuschreibung ist nicht auf immer festgelegt, sondern ergibt sich bzw. wird sachlogisch im Rahmen einer historischen, kulturellen und individuellen Entwicklung immer wieder neu konstruiert. In diesem Kontext gilt es, dass Sprache die Wirklichkeitskonstrukte mit gestaltet. Diese Tatsache ist gerade in der Medizin in hohem Maße relevant: Hier wird aufgrund von Diagnosen, Fällen, bestimmter, nicht beeinflussbarer Abrechnungsmöglichkeiten usw. erst das Faktum von Krankheit und Erkrankung erschaffen. Demnach sind medizinische Differentialdiagnosen als Konstrukte zu verstehen, welche eine Orientierungsfunktion für Ärzte, für die Patienten, aber auch für Heilpädagogen besitzen.

Durch diese Wirklichkeit konstruierenden Begrifflichkeiten, Anamnesen und Diagnosen erfährt die Art, wie der einzelne Mensch wahrnimmt, wie er denkt und wie er handelt, eine Bedeutung, die diese Art in einem anderen Kontext vielleicht gar nicht hätte. An dieser Stelle kann auf ein Beispiel hingewiesen werden, welches in dem Film »Einer flog über das Kuckucksnest« gut dargestellt ist: Die Patienten der Psychiatrie, als sie einmal als Ärzte getarnt einen Ausflug auf einem Boot unternehmen, wirken nicht als Patienten, sondern vielmehr als Mitglieder dieser Boots-

Crew. Hätten die Zuschauer nur diesen Filmausschnitt wahrgenommen, würden sie diese Menschen als Mitarbeiter des Bootsunternehmens und nicht als psychisch Kranke betrachten. Da sie aber bereits als Patienten der Psychiatrie bekannt sind, wirkt die Szene auf die Zuschauer komisch.

Die Semantik von Diagnosen und medizinischen Begriffen ist somit häufig eine von allen Beteiligten konstruierte, die beinahe ausschließlich dazu dient, Kommunikation zu ermöglichen sowie die Orientierung und Ordnung aufrecht zu erhalten.

Wie also ein bestimmtes Phänomen bezeichnet wird (in unserem Falle z. B. eine Erkrankung), hängt davon ab, wie der Begriff von den ihn verwendeten Personen verstanden und gebraucht wird (vgl. Strachota, 2002, 25).»Wenn ich beispielsweise sage: ›Gastritis ist eine Krankheit‹, kommt dadurch zum Ausdruck, dass ich erstens ein bestimmtes Zustandsbild als Gastritis erkenne und daher als solches bezeichne, und zweitens dieses als Gastritis bezeichnete Zustandsbild als Krankheit verstehe – es kommt nicht zum Ausdruck, was ich generell unter Krankheit verstehe, und folglich auch nicht, was mich dazu veranlasst, den bestimmten konkreten Gegenstand (Gastritis) als ›Krankheit‹ zu begreifen« (ebd.). Der Begriff einer Erkrankung deutet somit darauf hin, was unter dieser Erkrankung aufzufassen bzw. nicht aufzufassen ist. So stellt sich die Frage, welche Konnotation mitschwingt, wenn ich beispielsweise die Begriffe Tinnitus, Aids, Epilepsie, Autismus oder Trisomie 21 höre.

Davon ausgehend gilt es zu unterscheiden, ob ein Krankheitsbegriff das Verständnis bzw. die Sichtweise von »Krankheit« (im Singular) kennzeichnet oder aber die hiermit verbundenen konkreten »Krankheiten« (in diesem Fall somit im Plural). Diese beiden Bezeichnungen sind zwei völlig unterschiedliche Sachverhalte: »Hier sind zwei unterschiedliche Ebenen angezeigt: Die ideelle (begriffliche) und die empirische (gegenständliche)« (ebd.).

Krankheitsdefinitionen, Anamnesen, Diagnosen, Begrifflichkeiten und Inhalte stellen also Wirklichkeitskonstrukte dar, welche von den unterschiedlichen Personen, die sie kommunikativ verwenden, sehr unterschiedlich wahrgenommen werden können: Die Schwere einer Erkrankung, die Erfahrung von Behinderung usw. wird von den damit konfrontierten Personen höchst unterschiedlich erlebt. Ob und wie z. B. heilpädagogische Diagnostik in diesem Kontext verfährt und agiert, ist abhängig von den jeweils unterschiedlichen Konnotationen und Wahrnehmungen der Beteiligten. Probleme entstehen insbesondere dann, wenn hierbei zwei unterschiedliche Fachsprachen aufeinander treffen, nämlich diejenige der Heilpädagogik und diejenige der Medizin, welche vielleicht mit gleichen Begriffen unterschiedliche Inhalte bzw. mit unterschiedlichen Begriffen ähnliche Inhalte bezeichnen. An dieser Stelle wird die Wichtigkeit der Semantik bei der Verwendung medizinischer Begriffe in der Heilpädagogik deutlich, denn »Sprache schafft Realität (Begriff als Faktor) und spiegelt Realität wieder (Begriff als Indikator)« (ebd., 29).

Das Krankheitsempfinden bzw. die hiervon abhängigen therapeutischen Handlungen entstehen somit häufig im Kontext einer wechselseitig gestalteten Realität, was eine Komplexität entstehen lässt, in der eine Orientierung schwierig ist. So prägen z. B. bestimmte Phänomene wie Schmerz oder Leid die subjektive Bedeutungszuschreibung einer Erkrankung. Zugleich konstituieren sie theoretisch einen Krankheitsbegriff, indem seine Schwere mit ihnen assoziiert wird. Hierbei kommt es zu einer Vermengung von subjektiver Leid-Haftigkeit und objektiver Definition bestimmter Kriterien, welche mit diesem Leid und diesen Schmerzen in Bezug gebracht und konstruiert werden. Auf diese Art und Weise entsteht aus einer urmenschlichen Erfahrung, nämlich dass ich mir allein in einer Situation nicht mehr helfen kann und somit auf die Hilfe anderer angewiesen bin, eine durch Sprache systematisch entwickelte und repräsentierte Wirklichkeit. Diese bringt ein ganz bestimmtes Wissenschaftssystem hervor, welches dann wiederum gesellschaftssystemisch in sich abgeschlossene Handlungs- und Kommunikationsvollzüge zeitigt.

5.4.2 Semantisch bedingtes Verhältnis Heilpädagogik – Medizin

Das aktuelle Verhältnis von Heilpädagogik und Medizin ist zwiespältig. Diese Tatsache kann in Anlehnung an Strachota (2002, 322 f.) folgendermaßen dargestellt werden: »Die medizinische Wahrnehmung von Phänomenen, die man heute aus heilpädagogischer Sicht als Behinderung bezeichnet, und das Begreifen dieser Phänomene als Krankheiten eröffnet einerseits neue pädagogische Handlungsmöglichkeiten. Die medizinische Wahrnehmung bestimmter – als Behinderung bezeichneter – Phänomene als Krankheiten führt andererseits dazu, dass pädagogische Handlungsmöglichkeiten radikal unterbunden werden« (Strachota, 2002, 322).

Anders gesagt werden bestimmte Phänomene einerseits durch eine medizinische Definition bzw. Konstruktion als heilpädagogisch relevante Phänomene dargestellt und andererseits werden sie aus heilpädagogischen Vollzügen mit der Begründung herausgedrängt, dass sie originär medizinischer Natur seien. Deshalb müssen die heilpädagogisch Handelnden immer wieder neu entscheiden, ob sie z. B. für eine ganz bestimmte Ausprägung von Behinderung (oder vielleicht auch chronischer Erkrankung) zuständig sind oder ob sie die Zuständigkeit vielleicht den Fachleuten der Medizin überlassen. Aktuelle Beschreibungen des medizinischen und heilpädagogischen Handlungsfeldes zeigen diese Doppelbödigkeit und Gegenläufigkeit (vgl. ebd.). Beispielsweise können sich in der Intensivmedizin sowohl die medizinischen Fachkräfte als auch die heilpädagogisch Tätigen bei Menschen mit dem Apallischen Syndrom nützlich machen. Vom medizinischen Blickwinkel her wird dieses vielleicht als nicht mehr wirkliches Leben eines Menschen betrachtet. Dagegen geht die heilpädagogische Sichtweise davon aus, dass der betroffene Mensch sehr wohl noch über bewusste und aktive Daseinsgestaltungsformen verfügt.

Als ein weiteres Beispiel für die Handlungs- und Kommunikationsdifferenzen zwischen Medizin und Heilpädagogik kann die Neonatologie genannt werden (Frühgeborenenmedizin). Hier kommen sowohl die Mediziner als auch die Heilpädagogen immer wieder an ihre Grenzen. Die Heilpädagogen werden darüber hinaus häufig mit den Folgen konfrontiert: Es gilt, die Behinderung und ihre Folgen mit behinderten Kindern, aber auch mit ihren Eltern und in deren Bezugssystem zu bearbeiten bzw. zu verarbeiten. Ob und an welcher Stelle hierbei der Medizin oder aber der Heilpädagogik die Handlungspriorität zukommt, mag immer wieder neu zu beantworten sein. Auf dem Gebiet der Pränataldiagnostik ist die Zwiespältigkeit der Situation noch deutlicher. Die Medizin hat in den letzten zehn bis zwanzig Jahren wichtige Fortschritte im Bereich der Pränataldiagnostik gemacht und ist imstande, relativ zuverlässige Einschätzungen über Schädigungswahrscheinlichkeit zu machen. Dies führt häufig dazu, dass betroffene Eltern und Familien in eine Entscheidungssituation gedrängt werden, welche aus ethischen und moralischen Gründen und Bezugnahmen als Hilfskomplex sehr divergent zu bezeichnen ist. Die Gesellschaft (und hierbei häufig repräsentiert durch Vertreter der Medizin) teilt den betroffenen Eltern mit, dass es nicht sinnvoll sei, ein Kind mit Behinderung zur Welt zu bringen, gleichermaßen fordert sie aber auch dazu auf, eine Entscheidung zu treffen, und betont, sie seien dabei autonom. Diese Ambivalenz führt alle Beteiligten in einen schwer auflösbaren Konflikt, welcher eigentlich vorab jeder Pränataldiagnostik beantwortet werden müsste. Die Enttäuschung und Trauer der werdenden Eltern über die medizinisch festgestellte Schädigung ihres kommenden Kindes steht hier der Annahme heilpädagogischer Praxiserfahrung entgegen, dass es bei Menschen mit Behinderungen solche Entwicklungsverläufe gibt, die in hohem Maße positiv gestaltet werden können (wie es z. B. die heilpädagogische Frühförderung bei Kindern mit Trisomie 21 in den letzten Jahren gezeigt hat).

Fazit: Die Heilpädagogik hat sich in ihrem Verhältnis zur Medizin immer wieder neu zu positionieren und zu behaupten. Sie hat die Konstruktions-, Repräsentations- und Realisationsmechanismen von Begriffen zu überprüfen, sie hat sich selber zu befragen, ob und wie sie bestimmte Begrifflichkeiten (wie Krankheit, Behinderung usw.) verwendet und wie sie im medizinisch-heilpädagogischen interdisziplinären Kooperationsfeld tätig zu sein hat. Sie muss für sich immer wieder neu austarieren und präzisieren, ob sie als »Vollzugsgehilfin« einer sich mehr und mehr technokratisch-therapeutischen Medizin oder aber als eigenständige pädagogische Wissenschaft dasteht. Heilpädagogisches Handeln darf, wenn es denn wirklich pädagogisches Handeln sein soll, nicht an einer stringenten Repräsentanz von Medizin fest gemacht werden. Vielmehr muss sich die Heilpädagogik im Rahmen ihrer Wissenschaftsgeschichte mit eigenständigen und reflektierten Repräsentationen und Definitionen einen eigenen Raum im Kontext wechselseitiger Bezugnahmen schaffen. Nur so kann es zu einem dialogischen Verhältnis von Medizin und Heilpädagogik kommen, von dem beide Disziplinen und vor allem die Menschen, die ihre Leistungen nutzen, profitieren.

5.4.3 Didaktisch-methodische Umsetzungshinweise

Trotz der oft proklamierten Bekenntnisse der heilpädagogischen Theorie zum Hauptanliegen im Sinne der Förderung und Sicherung der Teilhabe von Menschen mit Behinderungen am gesellschaftspolitischen, wirtschaftlichen und kulturellen Geschehen verläuft die berufliche Sozialisation von Angehörigen des Berufs Heilpädagogik immer noch überwiegend bzw. zumindest zum Teil im Kontext einer defizitorientierten Sichtweise: Was fehlt wem bzw. was funktioniert nicht gut, welche Defizite wachsen daraus und wie lassen sie sich verringern, überwinden bzw. aushalten, um den betroffenen Menschen in die Gesellschaft einzugliedern? Denn das ist es, was de facto von den Auftraggebern (sei es die Gesetzgebung oder aber die Betroffenen selbst und deren soziale Umwelt) von den heilpädagogisch Tätigen erwartet wird. Folglich sind für die sich aus diesem Auftrag ergebenden didaktisch-methodischen Überlegungen und für das alltägliche heilpädagogische Handeln verständlicherweise die Erkenntnisse der Medizin, der klinischen Psychologie und der Gesundheitssoziologie von großer Relevanz. Deshalb hat die Medizin und insbesondere die Soziale Medizin sowie die Kinder- und Jugendpsychiatrie eine berechtigte und feste Position unter den Referenzwissenschaften der Heilpädagogik. Dies ist auch ein Aspekt, in dem die heilpädagogisch Tätigen sich von den anderen sozialen Berufen deutlich unterscheiden: Sie müssen über ein Mehr am medizinisch und therapeutisch verankerten Wissen und methodischem Know-how verfügen.

Ressourcenorientiert und defektbeachtend

Hier befindet sich allerdings die Didaktik und Methodik der Heilpädagogik – als eine theoriegeleitete Handlungsdisziplin – wieder einmal in einer zwiespältigen Lage. Einerseits muss sie der Teilhabeproklamation der heilpädagogischen Theorie Rechnung tragen und andererseits muss sie das praktische Tun auch auf den defektorientierten Verringerungs- bzw. Überwindungsauftrag ausrichten. Im Klartext bedeutet es: Auch wenn die heilpädagogische Theorie sagt: »Wir sollen nicht defekt-, sondern ressourcenorientiert sein«, kommt die heilpädagogische Praxis an dem Phänomen der Schädigung bzw. Störung nicht vorbei.

Die weiteren Ausführungen hierzu stützen sich im Wesentlichen auf Rückert (vgl. Rückert et al., 2006, 13 ff.).

Eine grundsätzlich ablehnende Haltung zur Auseinandersetzung mit Schädigungen und Störungen wäre allerdings eine ziemlich kurzsichtige Schlussfolgerung. Beeinträchtigte Lebenslagen, die im Kontext eines Behinderungszustandes im Sinne von Kobi (1993, 100 ff.) entstehen und oft zur sozialen Exklusion des betroffenen Menschen führen, weisen fast immer einen defizitären Schädigungs- bzw. Störungshintergrund auf. Deshalb ist es für den heilpädagogisch Tätigen hilfreich, über möglichst gute Kenntnisse bezüglich der Ursachen, Wirkungen und Umgehensweisen mit diesem Hintergrund zu verfügen. Diese helfen, sowohl das subjektive Befinden und die interaktiven Erfahrungen betroffener Menschen zu verstehen als auch mit ihnen zu kommunizieren und sie zu stärken. Ohne dieses Wissen kann es zu »gut gemeinten« Fehlern kommen, die u. U. verheerende Folgen haben können, z. B. kann ohne spezifische Kenntnisse über die sog. Trisomie 21 der Versuch, einem betroffenen Menschen durch körperliche Ertüchtigung (wie z. B. Jogging) zur Gewichtsabnahme zu verhelfen, tödlich enden. Bedingt durch die mit der Trisomie 21 einhergehende Herzschwäche besteht bei ihm nämlich die Gefahr, bei physischer Anstrengung an Herzversagen zu sterben. Eine pauschale Ablehnung medizinischer Diagnosen blendet wichtige Erkenntnisquellen aus, die im Einzelfall ein wertvoller Baustein der Aufklärung beteiligter Personen und Entscheidung über sinnvolle Maßnahmen sein können. Das Wissen der Medizin stellt eine Orientierungshilfe zum Verstehen der Situation der Betroffenen dar und eröffnet auch den Zugang zu seinen Ressourcen. Sich also das medizinische Wissen anzueignen und es im heilpädagogischen Sinne zu nutzen, zeichnet die wahre heilpädagogische Professionalität aus (vgl. Wiesener, 1999, 81 ff).

Die handlungsleitende Aufgabe des heilpädagogisch Tätigen besteht darin, die medizinischen Erkenntnisse zu nutzen und zugleich sich von ihnen abzugrenzen, um den heilpädagogischen Blickwinkel nicht zu »medizinisieren«. Er selbst muss also darauf achten, dass er durch die Beschäftigung mit den (durchaus interessanten und z. T. auch faszinierenden) medizinischen Konstrukten von all den Auffälligkeiten, Besonderheiten und Defiziten nicht den »klinischen« Blick verinnerlicht und ihn dann automatisch bevorzugt. Damit würde er im Grunde genommen das genuine Gebiet der Heilpädagogik (Förderung und Sicherung der Teilhabe als Hauptanliegen im Hintergrund seines Handelns) verlassen und

- der Medizin weiterhin die von ihr beanspruchte primäre Zuständigkeit für Behinderungen sichern (Störungen lindern, heilen, beseitigen),
- den Blickwinkel einnehmen, von dem aus über die Menschen geurteilt und dabei die Innenperspektive der Betroffenen übergangen wird,
- die gesellschaftlich bedingten Widersprüche ausblenden und Behinderungen einseitig als individuelle Probleme definieren,
- die Vorstellungen von Normalität sowie die Normabweichungen erst produzieren und damit auch für die daraus resultierenden praktischen Korrekturmaßnahmen am Individuum rechtfertigen.

Krankheit und Behinderung

Hilfreich im Umgang mit der Semantik bzw. Konstruktion medizinischer Begriffe und der medizinischen Sichtweise kann dem heilpädagogisch Tätigen die Unterscheidung zwischen Krankheit und Behinderung sein: Die medizinische Sichtweise betrachtet eine Krankheit als ein zu behandelndes und zu beseitigendes Leid (Konstruktion des Reparablen), was für eine Behinderung nicht zutrifft. Die Schädigung bzw. Störung im Hintergrund der Behinderung ist an sich nicht »reparabel«. Vielmehr trifft hier die heilpädagogische Semantik bzw. Konstruktion zu. Sie besagt, dass es sich um Einschränkung bzw. Fehlen physischer, physiologischer, psychischer Strukturen bzw. Funktionen handelt, die sowohl subjektive als auch soziale und psychische Folgen nach sich ziehen – der Mensch stellt eben eine bio-psycho-soziale Einheit dar. Nicht also die Schädigungen/Störungen, sondern deren Folgen sind für heilpädagogisches Handeln ausschlaggebend (Konstrukt des zu Verringernden, zu Überwindenden bzw. zu Ertragenden). Für eine Orientierung in der Situation, die Zielsetzung und die methodischen Überlegungen zur Vorgehensweise ist das medizinische Wissen über die Schädigung/Störung sicherlich wichtig und hilfreich. Die Subjektivität der betroffenen Person und die Reaktionen ihrer sozialen Umwelt sind jedoch wichtiger: Heilpädagogisch ausschlaggebend ist die Frage, ob und inwieweit die Schädigung bzw. Störung eine Einschränkung für die betroffene Person und ihre soziale Umwelt darstellt. Hinzu kommt noch der Kontext gesellschaftlicher Möglichkeiten: Die Erlebnis- und Handlungsfähigkeit eines Menschen ist entscheidend von personalen, materiellen und strukturellen Ressourcen abhängig, die gesellschaftlich bereitgestellt bzw. vorenthalten werden (»Behindert ist man nicht. Behindert wird man!«) (vgl. Kuhlmann, 2003, 151 f.).

Demnach ist für die heilpädagogische Handlungsperspektive eine durch das medizinische Konstrukt »Krankheit« verankerte »Reparatur« des Individuums nicht entscheidend. Vielmehr geht es um die Einflussnahme auf konkrete Personen, Gruppierungen, Gemeinschaften u. ä. (basale Elemente der Gesellschaft) in bildungs- bzw. entwicklungsmäßiger sowie sozialer und materieller Hinsicht und mit dem Ziel, allen Menschen eine umfassende Partizipation zu ermöglichen. Dieses Ziel (als gesamtgesellschaftliches Projekt) wird vermutlich in den nächsten Jahrzenten nicht hundertprozentig erreicht werden. Deshalb wird es in der heilpädagogischen Arbeit mit Menschen, die von Behinderung und seinen exkludierenden Folgen betroffen bzw. bedroht sind, nach wie vor nützlich und erforderlich sein, neben dem Anliegen der Partizipation auch deren besondere Situation mit entsprechenden (medizinischen) Begriffen kenntlich zu machen und ihnen so auch besondere Unterstützung zu ermöglichen.

Eines steht fest: Der heilpädagogisch Tätige darf sein Gegenüber nicht auf dessen Schädigungen bzw. Störungen reduzieren. Zugleich darf er sie allerdings auch nicht außer Acht lassen, weil sein Gegenüber gerade aufgrund der Schädigungen bzw. Störungen von außen behindert wird. Außerdem muss er bei der Erfassung der subjektiven Lebenslage auch die Defizite berücksichtigen, sonst kann er den Behinderungszustand nicht konkretisieren. Es handelt sich um einen sehr komplexen Handlungshintergrund, der im Einzelfall nicht ein für allemal festgelegt bleibt, sondern einer durchgehenden Reflexion und Überprüfung bedarf. Diese Tatsache stellt sehr hohe methodisch und reflektorische Anforderungen an die heilpädagogisch Tätigen.

Im Kontext der Medizin bewegt sich die Didaktik/Methodik der Heilpädagogik auf einigen Ebenen, die für heilpädagogisches Handeln genutzt werden können bzw. sollen und u. U. auch müssen. Es gilt, sie person-, situations- und aufgabenbedingt zu betreten, dortiges Wissen und Know-how zu nutzen und die sich darauf stützende Einflussnahme immer in den Kontext der Förderung und Sicherung der Teilhabe am Leben in der Gesellschaft einzuordnen. Im Wesentlichen sind es folgende drei Ebenen, die im Folgenden kurz erörtert werden:

- Leib, Körper, Seele,
- Normalität und Abweichung,
- Salutogenese und Pathogenese.

Leib, Körper und Seele

Der Begriff »Leib« ist heute vor allem in Redewendungen (»Er stand leibhaftig vor mir«) in Gebrauch. Historisch gesehen ist er älter als der verwandte Ausdruck »Körper« (Böhme, 2003, 12). Dieser setzte sich durch mit dem sog. »kartesischen Dualismus«. Der Philosoph René Descartes, auch Kartesius genannt (1596–1650), hat zwei Elemente menschlicher Existenz unterschieden: Die räumlich ausgedehnte Materie – Körper (res extensa) und unausgedehnte geistige Substanz – Verstand/Geist/Seele (res cogitans).

Die Erforschung des (entseelten) Körpers wurde im Laufe der Jahrhunderte zur Domäne der Medizin und führte auch zu großen Erfolgen in der ärztlichen Behandlung von Krankheiten. An die Stelle des subjektiven Befindens (»Ich fühle mich krank«) tritt nun der objektivierte Befund (»Sie haben eine Krankheit«). Erst als man im 20. Jahrhundert einen Ausdruck als Ersatz für das kartesische Konzept vom Körper suchte, kam der Begriff »Leib« wieder verstärkt ins Spiel. Heute wird mit dem Wort »Körper« der natürliche Gegenstand bezeichnet, den wir »haben« – wahrnehmbar, messbar, behandelbar. Mit dem Wort »Leib« wird das gemeint, was ein Mensch als seinen Körper kennt und spürt. Es geht hier um den Unterschied zwischen Leib-Sein und Körper-Haben. Im Widerspruch zu Descartes zeigt sich, dass das Leib-Sein ein räumlich ausgedehntes und zugleich subjektiv-seelisches Phänomen ist: eine ausgedehnte, raumerfüllende Subjektivität (vgl. Fuchs, 2000, 99).

Demnach ist Leib als eine räumliche und zugleich psychische/seelische Wirklichkeit zu verstehen, die jeder Person vorgegeben ist und sie affektiv betrifft. Es kann durchaus als »beseelte Materie« bezeichnet werden. Leib in diesem Sinne entfaltet sich im Kontakt und in Interaktion der Person mit der Welt, mit anderen Menschen und mit sich selbst. Zweckmäßig kann Leib zum Körper verdinglicht werden, was insbesondere im Kontext medizinischer Sichtweise obligatorisch ist (vgl. Rückert et al, 2006, 22).

Der Begriff »Seele« (griech. »psyche«, lat. »anima«) wird als grundlegende »Ausstattung« des Menschen vor allem in der Philosophie, den Religionen und in der Psychologie thematisiert.

- Philosophisch wird Seele als das Lebens-/Belebungsprinzip allen Lebewesen (auch den Tieren) zugesprochen. Geist (lat. »spiritus«) wird darüber hinaus als genuin menschliche Grundlage für die Entfaltung des freien Willens und der abstrakten Erkenntnis betrachtet.
- Theologisch wird in den meisten Religionen von der Seele als eine Art »höheres Selbst« gesprochen, dem Teil des Individuums, der den sog. »göttlichen Funken« im Lebewesen repräsentiert.
- Psychologisch wird die Seele als ein Teilbereich des Geistes gesehen und als die Gesamtheit aller Gefühle und Gefühlsäußerungen eines Lebewesens (Mensch und Tier) sowie aller Erlebnisse und vererbter Charakterzüge der individuellen Persönlichkeit (Mensch) konkretisiert.
- Die Medizin als Naturwissenschaft bleibt sich im Umgang mit dem Phänomen »Seele« treu: Seele wird nicht explizit thematisiert, sondern nur unspezifisch im Rahmen von Disziplinen, die Verhalten, Kognition und Emotionen im Kontext der neuralen (biochemischen, elektrischen) Prozesse innerhalb komplexer Systeme des Menschen (insbesondere ZNS) erforschen, vorsichtig tangiert. Der dingliche, wahrnehmbare, messbare und bearbeitungsfähige Körper steht weiterhin im Mittelpunkt der diagnostischen und Therapieprozesse.

Fazit: Die naturwissenschaftlich verankerte Medizin fokussiert das Konstrukt »Körper«. Sie verfügt über enorme Erkenntnisse und Erfahrungen über Struktur, Funktionen und therapeutische Beeinflussung bzw. Eingriffe in diese »räumlich ausgedehnte Materie«. Die Didaktik/Methodik der Heilpädagogik ist humanisitsch verankert, fokussiert die Konstrukte »Leib« und »Seele« und richtet die Aktivität der heilpädagogisch Tätigen auf die körperlich-seelische »raumerfüllende Subjektivität«. Dabei sind i. d. R. die medizinischen Hinweise auf bestimmte körperliche Gegebenheiten, Prozesse und Zusammenhänge durchaus nützlich.

An dieser Stelle sei verdeutlicht, dass insbesondere die heilpädagogisch relevanten Disziplinen der Medizin (Sozialmedizin sowie Kinder- und Jugendpsychiatrie) ähnlich wie die Heilpädagogik die Förderung bzw. Sicherung der Teilhabe von Menschen mit diversen Krankheitsbildern am Leben in der Gesellschaft als ein wichtiges Ziel ihrer therapeutischen Wirkung betrachten. Trotz unterschiedlicher Konstrukte zur Bezeichnung, Erklärung und Begründung der jeweils spezifischen Einflussnahme haben sowohl der medizinische als auch der heilpädagogische Zugang zum Menschen in einer Lebenslage mit der sich aus krankheits-/schädigungs-/störungsbedingter Problematik ergebenden Beeinträchtigung der Partizipation (Teilhabe) etwas Verbindendes. Dies lässt sich als eine Annäherung beider Positionen deuten, die als gute Grundlage für die interdisziplinäre Zusammenarbeit dient und als solche von den heilpädagogisch Tätigen genutzt werden muss.

Normalität und Abweichung

Die Erwartung des »Normalen« ist in unterschiedlichen Kulturen durchaus üblich. Folglich sind von dieser Erwartung auch die Einstellungen und Verhaltensweisen gegenüber Menschen mit Gesundheitsproblemen (besonders körperlichen oder seelischen Krankheiten oder Behinderungen) beeinflusst. Dies belegen die soziologischen Forschungen recht eindeutig (vgl. Cloerkes, 2001).

Der Begriff »Norm« hat immer einen vergleichenden und einen bestimmenden Aspekt: Er sagt, was da ist (Beschreibung), und zugleich auch, was da sein soll (Vorschreibung). Wenn jemand etwas bzw. jemanden als »nicht normal« oder »von der Norm abweichend« (deviant) bezeichnet, bringt er/sie damit einen Vergleich zwischen dem, was da ist, und dem, was da sein soll zum Ausdruck. In diesem Vergleich steckt immer auch die (implizit wie auch explizit offenbarte) Aufforderung, das »Nicht-Normale« und »Abweichende« zu »normalisieren«, d. h. in den Rahmen dessen zu bringen, was im Sinne der Norm da zu sein hat.

Wonach richten sich die Normalitätsvorstellungen bzw. -erwartungen? Zum einen orientieren sie sich an Durchschnittswerten bzw. an dem, was die Mehrheit meint oder tut: Das ist die empirisch ermittelte Normalität. Sie kann dann verändert werden, wenn eine wachsende Anzahl von Menschen der bisher geltenden Norm nicht entspricht (z. B. Kleiderordnung bei Kulturveranstaltungen wie Theaterbesuch oder Umgang mit Sexualität). Dieses Konstrukt der Normalität besitzt in der Gegenwart eine hohe Bedeutung. Ein anderes Konstrukt geht von einem theoretischen Erwartungswert, der nicht immer der tatsächlich vorherrschenden Meinung oder Praxis entsprechen muss. Als Beispiel hierfür können Einstellungen und Handlungen genannt werden, die auf tradierten Geboten oder Regeln beruhen (z. B. der arbeitsfreie Sonntag), bzw. Werte, die sich auf Grund kritischer Überlegungen in einem Diskurs anerkannter Personen auch gegen die bisher geltende Norm als erstrebenswerte Normalität erweisen (z. B. Anerkennung von gleichgeschlechtlichen Lebenspartnerschaften) (vgl. Waldschmidt, 2003).

In die Normalitätserwartungen bezüglich Gesundheit und Krankheit, Funktionsfähigkeit und Behinderung fließen sowohl die empirisch als auch die theoretisch begründeten Werte und Vorstellungen ein. Das Ergebniskonstrukt ist sehr komplex, nicht immer eindeutig und weist eine ständige Präzisierungsbedürftigkeit auf. Beispielsweise lassen sich allein empirisch Krankheit von Gesundheit kaum unterscheiden. Die gegenwärtige intensive Erforschung der Krankheiten (aber auch eine kleine Umfrage im Kreis der persönlich bekannten Menschen nach dem Motto »Erzähl mal, wie dein Alltag ist und wie es dir geht«) bringt die Erkenntnis zutage, dass es kaum noch Menschen gibt, die sich völlig gesund fühlen. Eher gewinnt man den Eindruck, dass es normal sei, gesundheitliche Beschwerden zu haben.

Bei normativer Betrachtung von Krankheit, Gesundheit und Behinderung muss der heilpädagogisch Tätige immer zwei Ebenen unterscheiden:

- die empirisch ermittelte Normalität bzw. Deviation (die Kriterien für diesbezügliche Feststellung beinhalten die diagnostischen Manuale wie z. B. ICD-10) sowie
- ihre wertende Einordnung auf der Dimension zwischen Gesundheit/Funktionsfähigkeit und Gesundheitsproblem/Beeinträchtigung (die Kriterien für diesbezügliche Bewertung beinhaltet die ICF der Weltgesundheitsorganisation).

Dabei gilt, dass Feststellungen auf der empirischen Ebene nicht automatisch die wertende Einordnung bestimmen dürfen: Nicht jede Normabweichung (z. B. Kurzsichtigkeit) stellt automatisch ein zu behandelndes Gesundheitsproblem dar. Ebenso muss nicht jeder Normalzustand (z. B. dem Alter und der Körpergröße entsprechendes Gewicht) ein unumstößlicher Beweis der Gesundheit sein.

In diesem Kontext besteht noch ein Problem: Die Normalitätserwartungen werden meistens von außen an die Betroffenen herangetragen. Deren eigene Sicht von Normalität spielt dabei keine große Rolle. So ist es z. B. für einen Menschen normal, alles mit den Füßen zu machen, weil er ohne Arme geboren wurde und nie etwas anderes machen konnte, als die alltäglichen Verrichtungen mit den Füßen zu erledigen. Wenn aber jemand, der Arme und Hände hat, aufgefordert wäre zu essen, ohne dabei die Hände zu gebrauchen, wäre das für ihn eine nicht normale Situation. Hierzu folgende Überlegung:

- Empirisch betrachtet ergibt sich aus der organisch verankerten Norm »Der Mensch ist mit Armen und Händen ausgestattet« eine funktionale Normfortsetzung, »um arbeiten und sich selbst versorgen zu können«.
- Die automatische Schlussfolgerung dieser Normierung lautet etwa so: »Wer keine Arme und Hände hat, kann weder arbeiten noch sich selbst versorgen.«
- Wenn die traditionsbegründete Norm der Barmherzigkeit besagt, dass »Menschen, die sich nicht selbst versorgen können, von anderen versorgt werden«, ergibt sich in diesem Beispiel die Erwartung, dass der betroffene Mensch ohne Arme sich von anderen Menschen versorgen lassen soll oder muss.
- Macht er das nicht und lernt die Füße zwecks Selbstversorgung zu gebrauchen, zieht er zweifache Nichtnormalität an sich: Seine organische Ausstattung ist nicht normal und dazu verhält er sich auch nicht normal, nämlich anders, als es die Barmherzigkeitsnorm von ihm erwartet.

Eine konsequent heilpädagogisch denkende und handelnde Fachperson müsste allerdings sagen: »Derjenige, der ohne Arme ist und gelernt hat, sich mit Hilfe von

Füßen selbst zu versorgen, hat mit Erfolg die behindernden empirischen und traditionellen Normen missachtet, was ihm Selbstbestimmung, Unabhängigkeit und viele Möglichkeiten zur Teilhabe am Leben der Gesellschaft brachte.« Statt den Betroffenen den vorherrschenden Normen anzupassen, haben seine Eltern, Lehrer, Ausbilder und Freunde ihn ermutigt, eine eigene, ganz persönliche Norm zu formulieren: »Es ist mir wichtig, unabhängig zu sein, mich selbst zu versorgen und zu arbeiten. Deshalb muss es für mich normal sein, alles mit den Füßen zu machen.«

Dieses Beispiel ist nicht konstruiert, sondern beschreibt die Lebenslage eines Menschen, der am Anfang des 20. Jahrhunderts in Tschechien gelebt hat (Herr František Filip). Bei seiner Geburt haben die Ärzte seiner Mutter nahegelegt und sie regelrecht bedrängt, das neugeborene Kind ohne Arme in eine Anstalt abzugeben, wo es versorgt werden kann. Sie hat diesem normativen Druck nicht nachgegeben, hat den Sohn aufgezogen und dabei mit ihm von klein auf den Gebrauch der Füße bei alltäglichen Verrichtungen geübt. Bei der Einschulung hat der zuständige Schulinspektor entschieden, den Jungen in die Schule in seinem Wohnort aufzunehmen, und der Klassenlehrer bekam den Auftrag, ihn genauso wie andere Kinder zu bilden und zu erziehen, was dieser auch tat und dabei kreativ technische Hilfsmittel entwerfen und herstellen ließ, die dem Schüler das Schreiben erleichterten. Auch auf dem weiteren Weg in die Arbeitswelt hatte der junge Mann ohne Arme Glück, weil er in einer Werkstatt für Behinderte (nach heutigem Vokabular gesagt) aufgenommen wurde, wo die interne Norm lautete »Ich schaffe das, weil ich es will!«, und der Werkstattleiter neben der Arbeit auch die Eigenständigkeit, Unabhängigkeit sowie sinnvolles künstlerisches Schaffen (Chorsingen) konsequent gefördert hat. Im Erwachsenenalter führte diese Person ein erfülltes Leben – verheiratet, tätig als Geschäftsmann und Gewerbetreibender, fuhr bereits in den 20er Jahren des 20. Jahrhunderts (vermutlich als erster Mensch ohne Arme) ein speziell präpariertes Auto und reiste in der Welt.

Dies ist deshalb möglich gewesen, weil alle Personen, die im Leben dieses Menschen wichtig waren, sich den vorherrschenden empirischen und traditionellen Normen verweigert haben und damit die normbedingte Behinderung verhindert haben (vgl. Sobotka, 2003). Heute sind mehrere solche Beispiele bekannt, was gut ist und auf weitere mutige Normverweigerer hoffen lässt. Nur sind es immer nur Einzelfälle. Eigentlich müsste die Förderung der individuellen Normalität normal werden.

Sehr problematisch ist beim Entstehen von Normalitätskonzepten die Vermischung der biologischen und sozialen Normen. Die verheerende Wirkung dieser Koppelung hat die vollzogene Eugenik im Nationalsozialismus gezeigt. Wenn die gesellschaftliche Anormalität mit der biologischen Abnormität gekoppelt wird, stigmatisiert dies die betroffenen Menschen doppelt: Als nicht normal im biologischen Sinne werden sie auch als nicht dazugehörig aus der Gesellschaft exkludiert. Die hinzukommenden wirtschaftspolitischen Aspekte (Utilitarismus) stellen dann auch ihre Existenzberechtigung in Frage. So kann es schnell dazu kommen, dass die gesellschaftliche Entwertung durch die Biologie gerechtfertigt wird und die biologische Abnormität die gesellschaftlichen Konsequenzen als erforderlich erscheinen lässt (vgl. Hell, 2003, 89).

Salutogenese und Pathogenese

Die Gesundheitswissenschaften, die Humanbiologie und -medizin, die Neurowissenschaften, die Klinische Psychologie sowie die philosophische Anthropologie sind seit einiger Zeit dabei, einen Paradigmenwechsel zu vollziehen: Es geht dabei um die Erfassung und den Umgang mit physischen und psychischen Problemen der Menschen vom Blickwinkel des individuell-sozialen Kontextes. Dies bedeutet, über den ausschließlichen »bio-organischen Schatten« des naturwissenschaftlich verankerten Konstrukts »Gesundheit vs. Krankheit« zu springen und im sozialen Kontext individueller Positionierung auf der Dimension »sich wohl vs. sich unbehaglich vs. sich krank zu fühlen« und nach Antworten auf die Frage der Förderung und Stabilisierung eines »Lebens-Wohlgefühls« zu suchen.

Es zeigt sich, dass die bisherige medizinische Sichtweise von ihrer charakteristischen Fokussierung auf körperliche und seelische Gesundheitsprobleme, d. h. Krankheiten, nicht so leicht abrücken kann und dass ihr die Betrachtung des Menschen vom Blickwinkel der Entstehung und Erhaltung seiner körperlichen und psychosozialen Gesundheit noch nicht vertraut ist. Das Agieren der Medizin auf der Ebene von Erklärungen hinsichtlich der Frage, warum Menschen krank werden, warum sie unter eine gegebene Krankheitskategorie fallen, wie sich die Krankheit heilen und Gesundheit wiederherstellen ließe, entspricht einem Selbstverständnis der Pathogenese (Krankheitsentstehung, von griech. »patho« = Leiden(schaft), Sucht, Krankheit; »genese« = Entstehung).

Der o. g. Paradigmenwechsel wurde von Aaron Antonovsky (1923–1994) angeregt, der als Medizinsoziologe in Israel und in den USA lehrte und als einer der Begründer der Gesundheitswissenschaften gilt. Statt nach Ursachen von Krankheiten zu fragen, befasste er sich mit dem Phänomen, dass es Menschen gibt, die trotz der Konfrontation mit einer Vielzahl von Gesundheitsrisiken gesund bleiben und nicht erkranken. Die Gegensätzlichkeit zur pathologischen Sichtweise kommt durch den Begriff der Salutogenese zum Ausdruck (Gesundheitsentstehung: von lat. »salus« = heil, gesund; von griech. »genese« = Entstehung). Folglich lautet die zentrale Frage der Salutogenese: »Wer bleibt im Alltagsleben gesund, wann und wie und auch angesichts kritischer Lebensereignisse bzw. zahlreicher Stressoren?« Ähnlich wie die Symptome zur Identifikation von Krankheit dienen, muss es auch Indizien dafür geben, dass ein Mensch gesund bleibt oder es wieder wird – es sind die Schutzfaktoren, welche dazu beitragen, dass Menschen trotz bestehender gravierender Belastungen ihre körperliche und psychische Gesundheit erhalten. Die salutogenetische Sichtweise geht auch davon aus, dass Belastungen nicht immer schädigend sind, sondern unter Umständen sogar gesundheitsförderlich wirken.

Eine weitere wichtige Differenz zur pathogenetischen Sichtweise (die sich mit dem Zustand der Krankheit beschäftigt: Entweder ist jemand krank oder aber nicht) besteht in der Prozessualität des Begriffs Gesundheitsentwicklung (sie wird als eine Bewegung des Menschen auf einem Kontinuum zwischen Krankheit und Gesundheit erfasst). Gesundheit und Krankheit sind zwei Endpunkte auf einer Achse, und jeder Mensch befindet sich zu verschiedenen Zeiten in unterschiedlicher Entfernung bzw. Nähe zu ihnen. Das bedeutet, dass es keinen Menschen gibt, der vollständig gesund oder nur krank wäre! Zu jedem Zeitpunkt haben wir gesunde wie kranke

Anteile in uns. »Wir sind alle sterblich! Ebenso sind wir alle, solange noch ein Hauch von Leben in uns ist, in einem gewissen Ausmaß gesund!« (Antonovsky, 1997, 23). Das Konzept der Salutogenese hebt also die Gegensätzlichkeit von Gesundheit und Krankheit (»entweder/oder«) zu Gunsten eines Kontinuums (»sowohl als auch«) auf. So haben z. B. schwer oder chronisch kranke Personen immer auch gesunde Züge, deren Förderung ihnen helfen kann, die Krankheit besser zu bewältigen. Folglich sucht man beim salutogenetischen Denkansatz nach Ressourcen, die den Menschen befähigen, mit belastenden Umständen so gut fertig zu werden, dass er im Kontinuum von Krankheit und Gesundheit dem gesunden Pol nahe bleibt.

Auf dem Kontinuum Gesundheit vs. Unbehagen vs. Krankheit existieren keine getrennten Partitionen. Die Positionierung des Individuums auf dieser Linie ergibt sich aus dem interaktiven Prozess zwischen den belastenden Faktoren (Stressoren) und den schützenden Faktoren (Ressourcen) im Kontext seiner Lebenserfahrungen. Das »Sich-mehr-oder-weniger-gesund-Fühlen« ist also ein Resultat des Verhältnisses der in einer bestimmten Lebenssituation gegebenen »Gewichte« aus pathogenen und salutogenen Faktoren.

Während unter Stressoren schier unendlich viele Belastungen erfasst werden können, sieht Antonovsky als eine »Hauptressource« den Kohärenzsinn (»sense of coherence« = SOC). Dieser stellt die Grundeinstellung einer Person zum Leben dar und besteht aus drei Teilkomponenten:

- *Verstehbarkeit* (»Comprehensibility«), d. h. die Fähigkeit und Bereitschaft, die Signale aus der äußeren und inneren Umgebung im Laufe des Lebens als strukturiert, erklärbar und vorhersehbar zu erkennen – das Leben erscheint als überschaubar, alle Ereignisse lassen sich in einen Zusammenhang einordnen und verstehen.
- *Handhabbarkeit* (»Manageability«), d. h. die Erfahrung und Haltung, Ressourcen zur Verfügung zu haben, um den gestellten Anforderungen begegnen zu können – die Umstände lassen sich beeinflussen, Schwierigkeiten können aus eigener Kraft oder mit Hilfe anderer bewältigt werden.
- *Sinnhaftigkeit* (»Meaningfulness«), d. h. die Sichtweise und das Gefühl, dass die Anforderungen des Alltagslebens Herausforderungen sind, die ein inneres und äußeres Engagement lohnen – das Leben ist sinnvoll, es lohnt also, sich zu engagieren.

Vom Kohärenzsinn hängt es ab, wie eine Person die vorhandenen Ressourcen zum Erhalt der Gesundheit und des Wohlbefindens nutzt. Er bestimmt auch die subjektive Wahrnehmung und Bewertung der Belastungen (Stress). Über Menschen mit hohem SOC lässt sich sagen, dass sie

- auf fordernde Situationen selten mit Spannung reagieren und sie nicht als Belastung einordnen,
- Stressoren nicht als gefährdend, sondern eher als positiv oder irrelevant für das eigene Wohlbefinden einschätzen,
- Problemsituationen klarer und differenzierter wahrnehmen, so dass ihre emotionalen Reaktionen differenziert-fokussiert sind und sich weniger lähmend auswirken,

- eine optimistisch orientierte Betrachtungsweise der Umwelt besitzen und jeweils jene Bewältigungsstrategie (Coping) wählen, die ihnen für den Umgang mit Stressoren am geeignetsten erscheint.

Fazit: Ausgehend von der hier bereits erwähnten erstrangigen Ausrichtung der Didaktik/Methodik der Heilpädagogik auf Ressourcen, kann das Konzept der Salutogenese als relevant für heilpädagogisches Handeln betrachtet werden. Es hilft dem heilpädagogisch Tätigen nicht nur bei der Orientierung, Einordnung und Bedeutungszuschreibung hinsichtlich der Inhalte von medizinischen Befunden und Empfehlungen – was pathogenetisch erfasst wurde und auf welche Ressourcen sich die Behandlung stützt. Auch die eigene heilpädagogische Denk- und Handlungsweise sowie die Strategie der Einflussnahme müssen streng salutogenetisch ausgerichtet sein. Dies ist gerade bei irreparablen Schädigungen im Hintergrund der Behinderung von wesentlicher Bedeutung: Welche Ressourcen müssen genutzt und welche Bedingungen müssen geschaffen werden, dass der betroffene Mensch trotz seiner Beeinträchtigungen sich wohler (sprich »gesünder«) fühlt? In diesem Sinne sei hier auf das o. g. Beispiel des armlosen Mannes hingewiesen – das Vorgehen seiner wichtigen sozialen Umgebung kann als wirklich salutogenetisch und ressourcenorientiert bezeichnet werden.

5.5 Rechtswissenschaften

Die Rechtswissenschaften haben sich in den letzten Jahren als eine weitere zentrale referenzwissenschaftliche Basis für die Heilpädagogik erwiesen (obwohl: eigentlich waren sie es schon immer), so dass im Folgenden einige grundlegende Hinweise zur Notwendigkeit einer rechtlichen Betrachtung durch und für die Heilpädagogik als Profession und Handlungswissenschaft im Kontext der Inklusion erfolgen. Im Anschluss hieran werden die grundsätzlichen juristischen Aspekte aus den Bereichen der »ICF«, des »Übereinkommens über die Rechte von Menschen mit Behinderungen (UN-BRK)« sowie einige (sicher zu diesem Zeitpunkt vorläufige) Aspekte zum »Gesetz zur Stärkung der Teilhabe und Selbstbestimmung von Menschen mit Behinderungen, kurz Bundesteilhabegesetz (BTHG)« dargelegt.

5.5.1 Grundlegende Hinweise in Bezug zur Inklusion

Die Inklusionsphilosophie ist eben noch nicht ein geläufiger Bestandteil der gesellschaftlichen Wertehierarchie, obwohl schon viel für die Implementierung getan wird. Der Prozess einer Entwicklung von inklusiven Kulturen, Strukturen und Praktiken fängt gerade an. Neben den politisch-juristischen Vorgaben, wie z. B. die Ratifizierung der UN-Konvention über die Rechte von Menschen mit Behinderungen, sind es gerade die heilpädagogisch Tätigen, die von ihrem Aufgabenfeld her dafür prädestiniert sind, sich für ein Mehr an Inklusion im gesellschaftlichen Alltagsleben aktiv einzusetzen. Diese Aufgabe professionell, engagiert und überzeugend erfüllen können sie nur dann, wenn sie ihr Selbstverständnis als Fachperson um folgende Motivation erweitern: »Alles, was ich tue, muss auch der Förderung und Sicherung der Inklusion, auf dem Hintergrund juristischer Vernehmlassungen, dienlich sein.«

Nicht nur die heilpädagogisch Tätigen sind für diese Erweiterung zuständig. Auch die Studien- und Ausbildungsstätten der Heilpädagogik stehen in der Pflicht, die Selbstkonzepte der angehenden Heilpädagogen und Heilpädagoginnen mit dem »Virus der Inklusion« zu infizieren. Dieses kann insbesondere durch die Vermittlung von relevanten Kompetenzen im Kontext der Aneignung des entsprechenden Theorie- und Methodenwissens gelingen. Hier sind die Ausbildungsstätten aufgefordert, innovative, disziplinübergreifende Ausbildungs-, Studien- sowie Weiterbildungs- und Fortbildungsgänge mit der Ausrichtung auf Inklusion und Partizipation zu konzipieren. Im Wesentlichen sollen die ausgebildeten Heilpädagogen und Heilpädagoginnen (neben den bisher als wichtig erachteten und vermittelten heilpädagogischen Kompetenzen – es geht ja um deren Erweiterung!) auch imstande sein,

- ihr Fachwissen und die Erfahrung bezüglich Inklusion in die Öffentlichkeit, in die Behörden, in Vereine, in Parteien etc. zu bringen – durch Beratung, Planung, Projektentwicklung, Organisation von Zusammenarbeit, Management of Diversity etc. (Multiplikatorenkompetenz),
- assistierende, personenzentrierte inklusive Maßnahmen in Form eines individuell zugeschnittenen Unterstützungspaketes, d. h. vom persönlichen Bedarf des Einzelnen ausgehend, zu initiieren, zu gestalten, begleitend umzusetzen und zu evaluieren (Empowermentkompetenz),
- offene, flexible und temporär begrenzte Service- und Assistenzdiensten mit Wahlmöglichkeiten anzubieten – z. B. unterstütztes Wohnen, Arbeiten oder Freizeitgestaltung, Begleitung in Vereine etc. (Selbsthilfeförderungskompetenz),
- Beziehungen und Netzwerke zwischen Personen und gesellschaftlichen Gruppierungen verschiedener ethnischer, religiöser, ökonomischer und sozialer Herkunft aufzubauen (Vermittlerkompetenz),
- inklusive Maßnahmen z. B. durch kommunalpolitisches Engagement für System- und Strukturveränderungen (Entinstitutionalisierung) in der Gemeinde zu initiieren sowie sich für inklusive Ausgestaltung des Lebensortes von konkreten Personen in beeinträchtigten Lebenslagen einzusetzen, z. B. durch Verhandeln mit Politikern und/oder administrativen Vertretern (sozialpolitische Kompetenz),
- mit Organisationen, Einrichtungen, Vereinen, Initiativen, aber auch einzelnen engagierten Personen zusammenzuarbeiten, die sich für Belange von Menschen aus unterschiedlichen Kulturen einsetzen (interkulturelle Kompetenz).

Die Vermittlung von hier aufgelisteten inklusionsrelevanten Kompetenzen bedeutet nicht, dass die heilpädagogisch Tätigen zu »gnadenlosen Inkludatoren« mutieren müssten, die nichts mehr mit den traditionellen heilpädagogischen Vorgehensweisen zu tun haben. Vielmehr ist es wichtig, dass sie ihre methodischen »Werkzeuge« in voller Bewusstheit einer übergeordneten Inklusionsdienlichkeit einsetzen. Einige sind vielleicht jetzt bereits imstande, diese Verankerung verwendeter Vorgänge und Techniken zu vollziehen, andere noch nicht. So kann man manche heilpädagogisch Tätigen in Verlegenheit bringen, wenn man sie bittet, ihr momentanes Handeln als Teilhabeförderung und -sicherung zu begründen, also eine klare Antwort auf die Frage zu geben: »Wie ist das, was du gerade machst, für die Inklusionsförderung deines Gegenübers dienlich?« Hier offenbart sich ein deutlicher Nachholbedarf.

Die Leitidee der Inklusion wird hierbei und hierzu schon grundgelegt in den Verlautbarungen der Weltgesundheitsorganisation zur »Internationalen Klassifikation der Funktionsfähigkeit, Behinderung und Gesundheit« (»International Classification of Functioning, Disability and Health (ICF)«):

5.5.2 ICF

Die »Internationalen Klassifikation der Funktionsfähigkeit, Behinderung und Gesundheit« kann grundlegend wie folgt skizziert werden (vgl. Schuntermann 2011, 251–256):

Die »ICF« wurde 2001 von der Vollversammlung der Weltgesundheitsorganisation (WHO) verabschiedet. Sie löste hierbei die »Internationale Klassifikation der Schädigungen, Fähigkeitsstörungen und sozialen Beeinträchtigungen (ICIDH)« aus dem Jahr 1980 ab und ergänzte hierdurch des Weiteren die ICD (Internationale Klassifikation der Krankheiten). Im Neunten Buch des Sozialgesetzbuches (SGB IX) – Rehabilitation und Teilhabe behinderter Menschen – wurden relevante Aspekte der ICF unter Berücksichtigung der in Deutschland gewachsenen und anerkannten Besonderheiten aufgenommen – dieses wurde im Rahmen der Neustrukturierung dieses Sozialgesetzbuches im Hinblick auf das Bundesteilhabegesetz beibehalten und weiter differenziert.

Im Hinblick auf die zentralen Begründungen und Begriffe der »ICF« kann folgendes angemerkt werden: Die ICF befasst sich mit den wesentlichen Aspekten der sog. funktionalen Gesundheit. Im Rahmen dieser Definition gilt eine Person als funktional gesund, wenn – vor ihrem gesamten Lebenshintergrund (also dem Konzept der Kontextfaktoren):

1. »ihre körperlichen Funktionen (einschließlich des geistigen und seelischen Bereichs) und ihre Körperstrukturen allgemein anerkannten (statistischen) Normen entsprechen (Konzept der Körperfunktionen und -strukturen),
2. sie all das tut oder tun kann, was von einem Menschen ohne Gesundheitsproblem (ICD) erwartet wird (Konzept der Aktivitäten), und
3. sie ihr Dasein in allen Lebensbereichen, die ihr wichtig sind, in der Weise und dem Umfang entfalten kann, wie es von einem Menschen ohne Beeinträchtigung der Körperfunktionen oder -strukturen oder der Aktivitäten erwartet wird (Konzept der Teilhabe an Lebensbereichen)« (Schuntermann 2011, 251).

Der hierbei grundsätzliche Begriff der »Funktionsfähigkeit« (functioning) umfasst alle Aspekte der funktionalen Gesundheit. Mit dieser Begrifflichkeit und Beschreibung der funktionalen Gesundheit wird eine rein bio-medizinische Betrachtungsweise negiert: »Zusätzlich zu den bio-medizinischen Aspekten (Körperfunktionen und -strukturen), die die Ebene des Organismus betreffen, werden Aspekte des Menschen als individuell handelndes Subjekt (Aktivitäten) und als selbstbestimmtes und gleichberechtigtes Subjekt in Gesellschaft und Umwelt (Teilhabe) einbezogen. Die genannten Aspekte gleichsam umhüllend, werden die Kontextfaktoren der betreffenden Person in die Betrachtung einbezogen, d. h. alle externen Gegebenheiten der Welt, in der die betreffende Person lebt (Umweltfaktoren), sowie ihre persönlichen Eigenschaften und Attribute (personbezogene Faktoren)« (Schuntermann 2011, 251). Im Unterschied zum eher klassischen bio-medizinischen Modell (ICD) wird in der ICF der Zustand der funktionalen Gesundheit eines Menschen als Ergebnis der Wechselwirkung zwischen der Person mit einem Gesundheitsproblem (ICD) und ihren jeweiligen Kontextfaktoren (bio-psycho-soziales Modell der ICF) verstanden. »Ist das Ergebnis dieser Wechselwirkung negativ, liegt eine Beeinträchtigung der funktionalen Gesundheit (kurz: funktionale Problematik) der Person vor« (Schuntermann 2011, 252).

Die »ICF« stellt somit eine relevante Grundlage für »…die konkrete Ausgestaltung des Bundesteilhabegesetzes (BTHG) (dar)« (Grampp 2018, 11) (s. u.). Der Begriff und die Ausgestaltung der Teilhabe und der Partizipation sind infolgedessen untrennbar mit der »ICF« verbunden und gehen auf diese zurück. Mehr noch: »Alle Akteure im Feld psychosozialer Hilfen stehen vor der Herausforderung, das im UN-Übereinkommen und in der ICF verankerte Verständnis von Inklusion, Partizipation und Teilhabe als Grundlage der Hilfeplanung und Hilfeleistung umzusetzen …« (Grampp/Jackstell/Wöbke 2013, 10).

Abschließend kann mit Schuntermann bilanziert werden, dass die »… Philosophie der ICF (dabei) hilft, behindertenpädagogisches und rehabilitatives Denken zu systematisieren und … insbesondere durch die Einbeziehung von Kontextfaktoren im Sinne von Barrieren und Förderfaktoren erweiterte Perspektiven für behindertenpädagogisches und rehabilitatives Handeln (eröffnet)« (Schuntermann 2011, 255).

5.5.3 Das Übereinkommen über die Rechte von Menschen mit Behinderungen (UN-BRK)

Dieses Übereinkommen besteht aus zwei Verträgen zum Völkerrecht: der eigentlichen UN-BRK und dem sog. Fakultativprotokoll. Die eigentliche Konvention umfasst hierbei 50 Artikel und eine Präambel. »Das Fakultativprotokoll ist eine Art Zusatzprotokoll und stellt in 18 Artikeln verschiedene Verfahrensweisen bereit, wie individuelle bzw. kollektive Menschenrechtsverletzungen der UN BRK überprüft werden können. Mitgliedsstaaten der Vereinten Nationen können die UN BRK alleine oder zusammen mit dem Fakultativprotokoll unterzeichnen und ratifizieren … Deutschland hat die UN BRK am 30. März 2007 unterzeichnet und am 24. Februar 2009 … ratifiziert« (Degener 2016, 11).

Die grundsätzliche Philosophie dieser Konvention wird durch ihren eigentlichen Zweck und durch ihre (acht) allgemeinen Prinzipien dargestellt. Hierzu Degener konkret:

»Zwei Pronomen markieren das Innovationspotenzial der UN BRK: ALLE Menschenrechte müssen ALLEN behinderten Personen zugestanden werden .... Zu den acht Prinzipien ... gehören die Achtung vor der Menschenwürde, einschließlich der Freiheit, eigene Entscheidungen zu treffen, sowie der Selbstbestimmung, die Nichtdiskriminierung, die Partizipation und Inklusion, die Achtung der Diversität behinderter Menschen und die Anerkennung dieser Diversität als Teil menschlicher Vielfalt, die Chancengleichheit, die Barrierefreiheit, die Geschlechtergerechtigkeit und die Achtung der sich entwickelnden Fähigkeiten von behinderten Kindern und ihrer Identität« (Degener 2016, 12–14)

Bilanzierend bleibt somit festzuhalten, dass sich mit der Verabschiedung und der Ratifizierung dieser Konvention » ... das soziale Modell von Behinderung ... zu einem menschenrechtlichen Modell von Behinderung weiterentwickelt (hat). Kennzeichen dieses neuen Modells von Behinderung ist seine theoretische Verortung in den Menschenrechten einerseits und in den Disability Studies andererseits« (Degener 2016, 17).

Welche konkreten Relevanzen hat die Konvention nun für heilpädagogisches Handeln?

Die UN-Behindertenrechtskonvention stellt in einigen Artikeln und Absätzen Aufgaben dar, für deren Erfüllung die heilpädagogisch Tätigen mit ihrem »professionellen Mehr in qualitativen und quantitativen Sinne« durchaus prädestiniert erscheinen (vgl. Greving/Ondracek 2016, 137/138). Selbstverständlich können und sollen hier auch Fachpersonen aus anderen Berufen der Sozialen Arbeit wirken – nur werden sie in bestimmten Situationen/Interaktionen dieses »Mehr« evtl. vermissen (lassen).

Folgende Artikel erscheinen hierbei besonders bedeutsam:

- So steht in Artikel 23 (Achtung der Wohnung und der Familie) Abs. 2, dass Menschen mit Behinderung in angemessener Weise bei der Wahrnehmung ihrer elterlichen Pflichten zu unterstützen sind. Hier öffnet sich Raum für heilpädagogische Tätigkeit im Rahmen von Familien unterstützenden Diensten (FUD).
- Im Absatz 5 des gleichen Artikels verpflichten sich die Vertragsstaaten dazu, die Betreuung von einem Kind mit Behinderung innerhalb der weiteren Familie zu gewährleisten, wenn die nächsten Familienangehörigen dazu nicht in der Lage sind. Falls dies nicht möglich ist, soll die Unterstützung des Kindes innerhalb der Gemeinschaft in einem familienähnlichen Umfeld gesichert werden. Hier öffnet sich Raum für heilpädagogische Tätigkeit im Rahmen des Pflegekinderwesens.
- Artikel 24 (Bildung) Abs. 2 Buchst. c und e listet Aufgaben auf, für deren Erfüllung die heilpädagogische Denk- und Handlungsweise ausgesprochen vorteilhaft ist: Vorkehrungen für die Bedürfnisse des Einzelnen treffen sowie wirksame individuell angepasste Unterstützungsmaßnahmen anbieten. Hier öffnet sich Raum für die typisch heilpädagogische Art, Unterstützung im Rahmen von individueller Erfassung der Bedürfnislage zu konzipieren und durchzuführen.
- In Absatz 3 des gleichen Artikels steht die Verpflichtung, Menschen mit Behinderungen den Erwerb von lebenspraktischen Fertigkeiten und sozialen Kompetenzen zu ermöglichen, die ihre volle und gleichberechtigte Teilhabe an der Bildung und als Mitglieder der Gemeinschaft erleichtern. Hier öffnet sich Raum für die genuin heilpädagogische Unterstützung in Form von Förderung und Übung.

- In Absatz 4 des gleichen Artikels geht es darum, dass die Fachkräfte im Bildungswesen geeignete ergänzende und alternative Formen, Mittel und Formate der Kommunikation sowie pädagogische Verfahren und Materialien zur Unterstützung von Menschen mit Behinderungen verwenden sollen. Das ist durchaus ein traditionelles Feld für heilpädagogische Tätigkeit.
- In Artikel 26 (Habilitation und Rehabilitation) wird nach Habilitations- und Rehabilitationsdiensten und -programmen auf dem Gebiet der Gesundheit, der Beschäftigung, der Bildung und der Sozialdienste verlangt, die im möglichst frühen Stadium einsetzen und auf einer multidisziplinären Bewertung der individuellen Bedürfnisse und Stärken beruhen. Hier öffnet sich Raum für die heilpädagogische Unterstützung insbesondere in Form von Früh- und Entwicklungsförderung.

5.5.4 Gesetz zur Stärkung der Teilhabe und Selbstbestimmung von Menschen mit Behinderungen (Bundesteilhabegesetz/BTHG)

Dieses Gesetz ist – trotz aller berechtigten Kritik – ein Versuch, die Inklusion und Teilhabe von Menschen mit Beeinträchtigungen in Deutschland weiter voranzubringen. Das grundsätzliche Ziel dieses Gesetzes ist es, » ... die Situation der Menschen mit Behinderungen im Sinne von mehr Teilhabe an der Gesellschaft und mehr Selbstbestimmung zu verbessern, sowie die Eingliederungshilfe zu einem modernen Teilhaberecht weiterzuentwickeln. Die Veränderungen, die mit dem Bundesteilhabegesetz verbunden sind, stellen einen Systemwechsel dar, indem sich die Leistungen, der Zugang zu den Leistungen, das Vertragsrecht, Angebotsstrukturen und die angewandten Verfahren ändern werden« (Bostel 2018, 8).

Die grundlegenden juristischen Quellen des BTHG beruhen u. a. auf folgenden Rechtsquellen (vgl. Greving/Kannegießer 2019, 4):

- das Unionsrecht, hier vor allem die Richtlinie 2000/78/EG vom 27.11.2000, insbesondere zur Gleichbehandlung zwischen behinderten und nicht behinderten Arbeitnehmern,
- die UN-Behindertenrechtskonvention vom 13.12.2006, ratifiziert in der BRD am 24.02.2009,
- das Grundgesetz der Bundesrepublik Deutschland, insbesondere der Art. 3 III 2 GG,
- das Sozialgesetzbuch/SGB IX,
- das Behindertengleichstellungsgesetz (BGG) vom 27.04.2002: Kernstück ist die Herstellung einer umfassenden Barrierefreiheit.

Grundsätzlich lassen sich aktuell zum BTHG folgende – für die Heilpädagogik relevante – Aussagen treffen (das stufenweise Inkrafttreten dieses Gesetzes macht jedoch eine konsistente Darstellung, zumindest bis zur Mitte der 20er Jahre dieses Jahrhunderts, nahezu unmöglich; zudem werden sich die je konkreten und spezifischen Ausführungsbestimmungen in den jeweiligen Bundesländern in den kommenden Jahren sicherlich immer einmal wieder verändern und an die jeweiligen Reformstufen angepasst werden (vgl. Greving/Kannegießer 2019, 14–41).

Das neue Bundesteilhabegesetz kann als die größte und umfassendste Reform des SGB IX seit seiner Einführung im Jahr 2001 gekennzeichnet werden. Sein Anspruch besteht in einer Modernisierung der Grundlagen für ein leistungsfähiges Rehabilitations- und Teilhaberecht. Konkret ist es zudem die Weiterentwicklung des deutschen Rechts mit einem (recht konsequenten) Blick auf die UN-BRK. Dieses Reha- und Teilhaberecht tritt stufenweise bis zum 01.01.2023 in Kraft.

Das BTHG ist in drei grundlegende Teile gegliedert:
Teil 1: Allgemeiner Teil,
Teil 2: Recht der Eingliederungshilfe,
Teil 3: Schwerbehindertenrecht.
Hierzu kann konkret folgendes ausgesagt werden:

- Im 1. Teil, dem allgemeinen Teil, werden die Reform der Grundsätze für alle Rehabilitationsträger, um die Zusammenarbeit zu stärken durch neue Regelungen zur Bedarfserkennung und -ermittlung, zur Zuständigkeitsklärung und Koordinierung der Leistungen mit einer gestiegenen Verantwortung des leistenden Reha-Trägers sowie die Teilhabeplanung mit den Menschen mit Behinderung, dargelegt.
- Im 2. Teil, dem Recht der Eingliederungshilfe, kommt es zur Herauslösung der Eingliederungshilfe aus dem Fürsorgesystem des SGB XII (also dem Sozialhilferecht) und der Aufnahme als neuer zweiter Teil in das SGB IX. Die Ziele hierbei sind die Gestaltung und Ausformung eines modernen, personenzentrierten Teilhaberechtes, ausgerichtet am individuellen Bedarf der Menschen mit Beeinträchtigung sowie mehr und konkretere Steuerungsmöglichkeiten für die jeweiligen Träger der Eingliederungshilfe (diese werden in den einzelnen Bundesländern aktuell schon – und dieses höchst unterschiedlich – umgesetzt).
- Im 3. Teil, dem Schwerbehindertenrecht, verbleiben die bisherigen Regelungen im SGB IX – und werden hierbei zu einem neuen dritten Teil dieses Sozialgesetzbuches. Inhaltlich verfolgt dieser vor allem die Stärkung der sog. Schwerbehindertenvertretung sowie eine Verbesserung der Mitwirkungsmöglichkeiten durch Einführung von Frauenbeauftragten in den jeweiligen Organisationen.

Das Bundesteilhabegesetz wird stufenweise von 2017-2023 eingeführt:
Inhaltlich setzen sich die einzelnen Teile des BTHG mit folgenden Themen und Modifikationen auseinander:

Im 1. Teil kommt es zur Formulierung und juristischen Ausprägung eines neuen Behindertenbegriffes: Dieser orientiert sich an der UN-BRK. Hierbei liegt ein deutlicherer Schwerpunkt auf der Wechselwirkung zwischen Person und Umwelt im Rahmen des Verständnisses des bio-psycho-sozialen Modelles (s. o.) – das SGB IX nimmt somit eine deutliche Modifikation hierzu vor:

§ 2 SGB IX: »Menschen mit Behinderung sind Menschen, die körperliche, seelische, geistige oder Sinnesbeeinträchtigungen haben, die sie in Wechselwirkung mit einstellungs- und umweltbedingten Barrieren an der gleichberechtigten Teilhabe an der Gesellschaft mit hoher Wahrscheinlichkeit länger als sechs Monate hindern können.«

5.5 Rechtswissenschaften

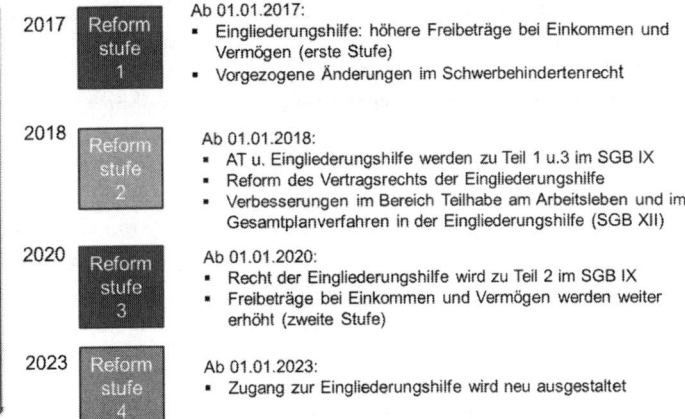

Abb. 11: Stufenweise Reform des Bundesteilhabegesetzes/BTHG (aus: Greving/Kannegießer 2019, 18)

Des Weiteren wird eine neue Leistungsgruppe eingeführt: »Teilhabe an Bildung«, § 75 SGB IX. Diese ergänzt die Teilhabeleistungen zur medizinischen Rehabilitation, zur Teilhabe am Arbeitsleben, zu unterhaltssichernden und anderen ergänzenden Leistungen sowie Leistungen zur Teilhabe am Leben in der Gemeinschaft. Diese Leistungen zur Teilhabe an Bildung sollen Menschen mit Behinderung einen gleichberechtigten Zugang zum allgemeinen Bildungssystem gewährleisten. Es handelt sich dabei konkret um kommunikative, technische oder andere Hilfsmittel.

Eine zusätzliche (neue) Leistungsgruppe betrifft die »Leistungen zur sozialen Teilhabe«, §§ 76 ff. SGB IX. Dieses ist die Umbenennung der Leistungsgruppe Teilhabe am Leben in der Gemeinschaft. Diese wurde allerdings nur neu formuliert und umbenannt.

Zudem wird im 1. Teil das Verhältnis zu den Leistungsgesetzen neu geregelt: die allgemeinen Regelungen zur Zusammenarbeit aller Rehabilitationsträger werden verbindlich neu gestaltet. Neu sind hierbei vor allem die Kapitel 2–4: diese gehen den jeweiligen Leistungsgesetzen wie SGB V, VI, VII immer vor. Es handelt sich hierbei um Regelungen zur Bedarfsermittlung, zum Teilhabeplanverfahren und zur Zuständigkeitsklärung.

Überdies ist im 1. Teil ein Modellvorhaben zur Stärkung der Rehabilitation, § 11 SGB IX grundgelegt: Zur Vermeidung von Krankheiten/Behinderungen und zur Erhaltung der Erwerbsfähigkeit sind präventive und rehabilitative Maßnahmen notwendig. Hierzu bekommen die Jobcenter und die Rentenversicherung pro Jahr 100 Mio Euro über einen Zeitraum von 5 Jahren. Hierdurch soll es zur Erprobung von neuen Organisationsmodellen, Methoden und Maßnahmen kommen, durch die eine (drohende) Behinderung/Erwerbsminderung frühzeitig entgegengewirkt werden kann.

Zusätzlich setzt sich der der neue § 12 SGB IX-neu mit einer frühzeitigen Bedarfserkennung auseinander: Die Früherkennung des Bedarfs ist hierbei und hierzu besonders wichtig. Bisher galt die allgemeine Aufklärungs- und Beratungspflicht der Rehabilitationsträger. Der neue Paragraf benennt nun und regelt die Unterstützungen zur frühzeitigen Bedarfserkennung und Antragstellung; zudem sollen Ansprechstellen Informationsangebote vermitteln. Alles das können Handlungsfelder für eine inklusiv ausgerichtet Heilpädagogik sein. Zudem sollen hierzu neue Beratungsstrukturen geschaffen werden: spätestens bis zum 31.12.2018 soll es zur Abschaffung der »gemeinsamen Servicestellen« kommen. Neue Ansprechstellen sollen Informationen für Leistungsberechtigte, Arbeitsgemeinschaften und Rehabilitationsträger bereitstellen. Zudem soll eine ergänzende unabhängige Teilhabeberatung ab 2018 weitere Informations- und Beratungsangebote, insbesondere das sog. Peer-to-Peer Counseling vorhalten. Dieses Projekt erfährt eine finanzielle Förderung des Bundes von 58 Mio Euro/Jahr über einen Zeitraum von 5 Jahren.

Der Kernbereich dieses neuen Gesetzes besteht in den Regelungen zum Antragsverfahren, zur Zuständigkeit und zum Teilhabeplanverfahren: Ein Antrag reicht nun aus, um alle benötigten Leistungen von verschiedenen Rehabilitationsträgern zu erhalten. Ab dem 01.01.2018 gibt es somit einen »leistenden Reha-Träger« (siehe: § 14 SGB IX). Grundsätzlich soll der zuerst angegangene Rehabilitationsträger die jeweiligen Leistungen erbringen. Bei Teil-Zuständigkeit weiterer Träger gilt: Der leistende Rehabilitationsträger muss diese einbeziehen und ein verbindliches Teilhabeplanverfahren (siehe: §§ 19-23 SGB IX) durchführen. Dieser leistende Rehabilitationsträger muss auch dann leisten, wenn sich andere Träger, trotz Zuständigkeit, nicht einbringen (können oder wollen). Ebenfalls ab dem 01.01.2018 gilt, dass der Rehabilitationsträger den Antragsteller über eine Weiterleitung informieren muss.

Der konkrete Ablauf kann in folgender Abbildung wiedergegeben werden:

Abb. 12: Ablauf der Antragsstellung (aus: Greving/Kannegießer 2019, 30)

Eine weitere relevante Veränderung stellt das »Budget für Arbeit« (siehe: § 61 SGB IX) dar. In diesem wird die Möglichkeit grundgelegt, um zu einem anderem Leistungsanbieter zu wechseln oder eine Beschäftigung auf dem allgemeinen Arbeitsmarkt zu finden (als eine mögliche Alternative zu WfbM). Der Inhalt dieses Budgets bezieht sich vor allem auf einen Lohnkostenzuschuss an den Arbeitgeber (u. a. für die Assistenz des Arbeitnehmers mit Beeinträchtigung). Hierbei werden bis zu 75 % des vom Arbeitgeber regelmäßig gezahlten Lohns übernommen.

Entscheidende Inhalte des 2. Teils des BTHG (zur Eingliederungshilfe) sind folgende:

Die Eingliederungshilfe wird bis 2020 vollständig aus dem SGB XII herausgelöst und in das SGB IX als 2. Teil integriert. Das Einkommen und das Vermögen der betroffenen Menschen werden in deutlich geringerem Umfang herangezogen. Das Einkommen und das Vermögen der Ehe- und Lebenspartner zählen bei der Bedarfsfeststellung ab 2020 nicht mehr. Auch die Einkommensgrenzen haben sich deutlich verändert (was aber auch zu einer intensiven Diskussion geführt hat, auf welche an dieser Stelle allerdings nicht weiter eingegangen werden kann):

Zum Einkommen:

- ab 01.01.2017: Einkommensfreibetrag für berufstätige Menschen mit Behinderung (40 % des Nettoeinkommens, aber nicht mehr als 65 % des Regelbedarfs)
- ab 01.01.2020: Verfahrensänderung, Einkommensfreibetrag wird jährlich angepasst. Der Leistungsberechtigte muss einen Eigenbeitrag leisten, wenn sein Verdienst darüber liegt.

Zum Vermögen (das bezieht sich nur auf Personen, die Leistung zur Eingliederung in Anspruch nehmen, ansonsten gelten andere Grenzen):

- ab 01.01.2017: Vermögensfreibetrag 27.600 € (bisher: 2600 €)
- ab 01.01.2020: ca. 50.000 €.

Im Rahmen der Eingliederungshilfe sind noch weitere relevante Inhalte zu skizzieren:

Zur Personenzentrierung statt Einrichtungszentrierung:

- die Unterstützung orientiert sich nicht mehr an Wohnform, sondern am individuellen Bedarf,
- es gibt keine Unterscheidung zwischen ambulanten, teilstationären und stationären Maßnahmen (mehr).

Es kommt zur (heilpädagogisch sehr relevanten) Trennung von Fach- und Existenzsichernden Leistungen. Zudem konzentriert sich die Eingliederungshilfe nur auf Fachleistungen. Bis zum Jahr 2023 sollen die Voraussetzungen gesetzlich überarbeitet, wissenschaftlich untersucht und modelhaft erprobt werden. Des Weiteren wurde ab dem 01.01.2018 ein Gesamtplanverfahren im Bereich der Eingliederungshilfe (ab 2020 in §§ 117 ff. SGB IX) eingeführt – was in vielen Regelungen den Teilhabeverfahren ähnelt. Dieser Gesamtplan ist für jeden Einzelfall umzusetzen. Konkret soll das im Rahmen einer Gesamtplankonferenz realisiert werden.

Im 3. Teil des BTHG findet sich jetzt das Schwerbehindertenrecht (in den §§ 151–241 SGB IX) wieder. Inhaltlich bedeutsam ist hierbei u. a. die Modifikation der Bezeichnung von Integrationsprojekten zu Inklusionsbetrieben. Zudem können nun auch Menschen mit einer Beeinträchtigung, die länger als ein Jahr arbeitslos waren, dort beschäftigt werden. Hierdurch soll es zu intensiveren »Brückenbildungen« zwischen den Werkstätten und dem allgemeinen/ersten Arbeitsmarkt kommen (▶ Kap. 6.3.6).

Die dargelegten Inhalte des Bundesteilhabegesetzes können als allgemeine Grundlegung benannt werden. Wie die einzelnen Inhalte jedoch in den Bundesländern und von den Trägern der Eingliederungshilfe umgesetzt werden, kann aktuell noch nicht genau bestimmt und ausgesagt werden, so dass sich hierzu an dieser Stelle leider keine weiteren Konkretisierungen vornehmen lassen.

5.6 Pädagogik

Heilpädagogik versteht sich als ein Teil einer Allgemeinen Pädagogik (vgl. Gröschke, 1997, 74), d. h. sie entsteht aus der Allgemeinen Pädagogik und geht wiederum selbst auf diese zurück. In den letzten Jahren kam es hierbei allerdings deutlich zu einer Verschiebung, so dass die Allgemeine Pädagogik große Teile des heilpädagogischen Wissens und Handlungsinventars benötigt, um ihrer Aufgabe nachzukommen (so z. B. in der Arbeit mit vernachlässigten Kindern in der Sonderschulpädagogik). Alle Inhalte und Begrifflichkeiten der Allgemeinen Pädagogik, welche pädagogische Prozesse begründen, sind auch in der Heilpädagogik wiederzufinden. Diese realisiert sich in Lernprozessen, in Bildungsprozessen, in Prozessen eines gemeinsamen Dialoges oder, wie Kobi diese schon vor einigen Jahren beschrieben hat, in Handlungen einer gemeinsamen »Daseinsgestaltung« (Kobi, 2004, 89). Die pädagogischen Handlungen vollziehen sich im Rahmen einer heilpädagogischen Didaktik und Methodik nicht im luftleeren Raum; vielmehr findet Pädagogik und somit auch Heilpädagogik in gesellschaftlichen und historischen Bedingungszusammenhängen statt. Zugleich ereignen diese sich individuell und subjektiv, so dass die Heilpädagogik diese pädagogischen Vorgänge im Rahmen eines Spagats zu bewältigen und zu realisieren hat: Ein Spagat, welcher sowohl gesellschaftshistorische Hintergründe nachzuvollziehen, aber auch zu antizipieren hat, andererseits aber auch ein Spagat, welcher immer wieder auf die individuellen und persönlichen Hintergründe eines Menschen bezogen ist.

5.6.1 Pädagogische Begrifflichkeit in der Heilpädagogik

Für die Heilpädagogik gelten hierbei die gleichen konstruktivistischen und humanistischen Reflexionsmechanismen, wie diese schon in der Philosophie bzw. der

Medizin ausführlich beschrieben worden sind: Auch sie hat sich daran zu orientieren, welche Begriffe für sie handlungsleitend sind, wie diese Begriffe zu Worten geworden sind, wie diese Worte nutzbar gemacht worden sind, wie die Heilpädagogik diese Worte im Rahmen ihrer didaktischen und methodischen Verortung anwendet usw. Die Heilpädagogik hat ebenfalls die eigentlichen Prämissen ihres Handelns auf diesem Hintergrund zu überprüfen: Wie hält sie es mit dem Begriff des Dialogs? Wovon ist dieser Begriff de facto abgeleitet? Ist ein solcher Dialog im Rahmen wechselseitiger Daseinsgestaltungsmechanismen realisierbar? Worin besteht ihre pädagogische Orientierung und wie verhält diese sich mit der (im Einzelfall durchaus wünschenswerten und sinnvollen) »therapeutischen Nebenwirkung« des heilpädagogischen Handelns? Diese und viele weitere Fragen sind in alltäglichen konkreten Handlungssituationen zu beantworten, und zwar in Anlehnung an die theoretischen Aussagen der Didaktik und Methodik der Heilpädagogik.

5.6.2 Pädagogische Ausrichtung heilpädagogischer Didaktik/Methodik

In diesem Kontext muss auch die Didaktik/Methodik selber auf den Prüfstand gestellt werden: Inwieweit sie sich an pädagogischen Prämissen orientiert und wie diese Prämissen selber konstruiert worden sind. Heilpädagogische Methoden (wie z. B. die Psychomotorik, die Heilpädagogische Übungsbehandlung) sind zu beleuchten, ob sie wirklich primär als pädagogische Methoden verstanden und als solche auch begrifflich ausgewiesen werden können oder ob mit ihnen vielfach doch eher medizinische und therapeutische Prozesse verfolgt werden. Hierbei ist die humanistische Begründung des heilpädagogischen Handelns von wesentlicher Bedeutung. In einer humanistisch und konstruktivistisch ausgerichteten Pädagogik geht es nämlich gar nicht um Heilen oder Therapie, sondern um die freie und autonome Entfaltung der vorhandenen Potenziale und Förderung der Entwicklung jedes Menschen im Rahmen eines Wechselspiels zwischen ihm und seiner Lebensgemeinschaft sowie auch der gesamten Gesellschaft. Je besser es gelingt, dieses Anliegen umzusetzen, desto mehr profitieren davon alle Beteiligten: Das Individuum, seine Lebensgemeinschaft und letztendlich auch die Gesellschaft. In diesem Sinne ist auch das Hauptanliegen der Heilpädagogik (Sicherung der Partizipation/Teilhabe am Leben in der Gesellschaft) als Ausdruck ihrer prinzipiell humanistischen Position zu verstehen. Nicht also Therapie, sondern Bildung im weitesten Sinne des Wortes ist das, was die heilpädagogisch Tätigen mit allen verfügbaren Mitteln zu sichern haben – die Entfaltung und Entwicklung jedes Menschen in und durch das (Er-)Leben im Rahmen des In-Bezug-Seins zu dinglicher, sozialer und auch der eigenen inneren Welt.

Die Didaktik/Methodik der Heilpädagogik als Handlungsdisziplin einer genuin humanistisch und konstruktivistisch orientierten Heilpädagogik hat eine Daueraufgabe: Alle heilpädagogischen Handlungsansätze bei der »heilpädagogischen Domestizierung« vordergründig pädagogisch auszurichten (die meisten stammen aus anderen Fachdisziplinen und müssen für die Bedürfnisse heilpädagogischen Handelns »präpariert« werden). Hierzu gehört auch die semantisch-konstruktivistische Aufgabe, die Vorgänge und Methoden so zu bezeichnen, dass sie unmissverständlich und eindeutig als (bildungs-)pädagogische verstanden, eingeordnet und im Berufsalltag von den heilpädagogisch Tätigen auch umgesetzt werden.

5.6.3 Heilpädagogik und Bildungsprozess

Die pädagogische Orientierung der Heilpädagogik gerät in letzter Zeit (und sicherlich auch in den nächsten Jahren) in mögliche Bedrängnisse eines Bildungsprozesses, welcher sich vor allem auf die Arbeit mit erwachsenen und alten Menschen bezieht, denn in der Tätigkeit mit ihnen ist der Begriff der Erziehung nicht mehr zweckdienlich. Auch die Unterscheidung zwischen Erziehung als Handlung und Pädagogik als Grundlage der Reflexion und wissenschaftstheoretische Begründung dieser Handlung, so, wie Kobi sie vorgeschlagen hat (2004, 71 ff.), ist an dieser Stelle bzw. in diesem Handlungsfeld nicht mehr zielführend (obwohl sie inhaltlich völlig stimmig und kohärent ist). Die Tätigkeit mit erwachsenen und alten Menschen kann nicht mehr als Erziehung und Pädagogik bezeichnet werden. Hier ist ein weiterer Bildungsbegriff von Nöten, so wie ihn Hanselmann schon in den 30er und 40er des letzten Jahrhunderts für die Heilpädagogik in Ansätzen skizziert hat.

Demnach ist eine heilpädagogische Didaktik und Methodik aufgefordert – wenn sie lebenslauforientiert sein will (▶ Kap. 6) – ihre Begrifflichkeiten im Rahmen des Erziehungsgeschehens mit Blick auf eine Bildungsorientierung deutlich zu erweitern. Dadurch kann die gegenwärtige Fokussierung auf Förderung und pädagogisch-therapeutische Vorgänge überwunden werden. Dies erfordert eine klare Positionierung der heilpädagogischen Theorie und auch der Didaktik/Methodik der Heilpädagogik. Zu diesem Zweck muss die pädagogische Ausrichtung in der Heilpädagogik präzisiert werden hinsichtlich

- ihrer Konstruktionsmechanismen bzw. ihrer Repräsentationen,
- der Vernetzung zwischen Pädagogik und Heilpädagogik,
- einer Erweiterung der Fokussierung auf Erziehung um Bildung im weitesten Sinne.

5.6.4 Didaktisch-methodische Umsetzungshinweise

Als genuin pädagogische Disziplin hat sich die heilpädagogische Theorie wie auch die Praxis vor allem an den Aussagen der allgemein-pädagogischen Ansätze zu orientieren. Sie bieten den heilpädagogisch Tätigen z. B. mit dem Axiom der Entwicklungsfähigkeit und Erziehungsnotwendigkeit des Menschen eine gute Grundlage für die Ausrichtung ihrer Tätigkeit als Wegbegleiter und Unterstützer der Menschen mit Behinderungen bei der Entfaltung ihrer Potenziale im Rahmen ihrer persönlichen Bildungsprozesse an.

Es gibt in der Geschichte der Pädagogik viele bedeutende Personen, deren Werke und Ansichten eine wahre »Schatztruhe« für die heutige pädagogische Praxis darstellen. Als Beispiel seien hier Johann Amos Comenius, Jean-Jacques Rousseau (mit Einschränkungen), Johann Heinrich Pestalozzi und Friedrich Wilhelm August Fröbel (aus der ferneren Vergangenheit), aber auch Maria Montessori, Janusz Korczak, Herman Nohl und Otto Friedrich Bollnow (aus dem 20. Jahrhundert) genannt. Sie ähneln sich alle in ihrem Anliegen: Ausgehend von einem bestimmten Menschenbild zeichnen sie Grundsätze und Prinzipien auf, die für die Erziehung und Bildung von Kindern von Bedeutung sind. Grund genug für die Heilpädagogik, sich von ihnen inspirieren zu lassen.

Die Übertragung dieser Handlungshinweise in die heilpädagogische Praxis ist jedoch schwierig, weil sie

- aus der erzieherischen Arbeit mit Kindern entstanden und für eine solche auch gedacht sind, wobei die heutige heilpädagogische Praxis auch mit erwachsenen und alten Menschen mit Behinderungen arbeitet, bei denen es vermessen ist, von Erziehung zu sprechen;
- die schulische Bildung in den Vordergrund stellen (das umfassende Wissen als Voraussetzung für vernünftiges Handeln) und die heilpädagogische Praxis außerschulisch orientiert ist.

Trotz dieser Schwierigkeit kommt die Heilpädagogik mit ihrem proklamierten Selbstverständnis als »Pädagogik und nichts anderes« (Paul Moor) nicht daran vorbei, sich in ihrem praktischen Tun, welches in den letzten Jahrzehnten deutlich auf Förderung ausgerichtet ist, auf das genuin pädagogische Anliegen zu besinnen und die (Person-)Bildung in umfassendem Sinne von Entfaltung von Potenzialen, Wachstum und Hineinwachsen in gemeinschaftsgesellschaftliche Kontexte in den Vordergrund zu stellen (vgl. Störmer, 2007). Hierfür haben die »Erkenntnisse von damals« eine starke Relevanz. Um sie zu nutzen, muss die Quintessenz aus ihnen heraus- und in die gegenwärtige heilpädagogische Konstruktbildung hineingearbeitet werden. Dass dies möglich ist, wird im Folgenden exemplarisch am Beispiel des pädagogischen Ansatzes von Herman Nohl kurz dargestellt.

Handlungsimpulse von Herman Nohl

Am Beispiel der Schlussfolgerungen für das heilpädagogische Handeln, die sich aus der Auffassung des pädagogischen Verhältnisses des Reformpädagogen Nohl ergeben, wird deutlich, dass die Didaktik/Methodik der Heilpädagogik nicht unbedingt nur in den »Nachbarrevieren« der Psychologie und Medizin nach Handlungsansätzen suchen muss. Brauchbare praktische Impulse lassen sich genauso gut auch auf dem Gebiet der Pädagogik finden. Die weiteren Ausführungen stützen sich im Wesentlichen auf die Darstellungen von Greving und Ondracek (2005, 282 ff.).

Das Wesentliche des pädagogischen Ansatzes stellt laut Nohl die Beziehung zwischen dem Pädagogen und dem Kind dar (»pädagogisches Verhältnis«), die als zwischenmenschliche Beziehung eines reifen Menschen zu einem werdenden Menschen zu betrachten ist. So begründet weist die Erziehung folgende Merkmale auf:

- Dienlichkeit für den zu erziehenden Menschen als Ausdruck der pädagogischen Verantwortung des Pädagogen.
- Erforderlichkeit stetiger Überprüfung und Präzisierung der Ziele im Kontext des Normen- und Wertewandels.

- Wechselwirkungscharakter des pädagogischen Verhältnisses als beidseitige Einflussnahme im Kontext der Interaktion.
- Freiwilligkeit und Offenheit des pädagogischen Verhältnisses als Ausdruck des gegenseitigen Vertrauens.
- Zeitliche Begrenzung des pädagogischen Verhältnisses im Kontext seiner Ausrichtung auf die Stärkung der Eigenständigkeit und Unabhängigkeit des zu erziehenden Menschen.
- Individueller Zugang im Kontext der Akzeptanz des zu erziehenden Menschen und einer Förderung im Rahmen seiner Möglichkeiten (vgl. Klafki et al., 1974, 58 ff.).

Die Ansichten von Nohl sind für die heutige und zukünftige Praxis der Heilpädagogik durchaus nützlich – insbesondere bei der Suche nach handlungsleitenden Grundsätzen für die Beziehungsgestaltung. In der Heilpädagogik ist die Situation heute allerdings in dem Sinne anders, weil in ihre Zielgruppe nicht nur Kinder und Jugendliche, sondern auch erwachsene sowie alte Menschen mit Behinderungen fallen, bei denen es nicht richtig ist, von Erziehung zu sprechen (diese Tatsache wurde bereits im vorherigen Abschnitt erwähnt). Folglich müssten die Nohlschen Grundsätze von den nicht mehr zeitgemäßen Ausdrücken im Sinne »der reife Erzieher hat ein dienliches pädagogisches Verhältnis mit dem Zögling« durch gegenwärtige Begrifflichkeit ersetzt werden. Dies ist durchaus möglich. In Anlehnung an Greving und Niehoff sehen die in heilpädagogischen Handlungszusammenhang gebrachten Nohlschen Merkmale des pädagogischen Verhältnisses wie folgt aus (vgl. Greving und Niehoff, 2002, 52 ff.; hier bearbeitet und weiter präzisiert):

Respekt, Partnerschaftlichkeit, Gleichwertigkeit

Respekt bedeutet, den Menschen in beeinträchtigter Lebenslage grundsätzlich als Person anzusehen und anzusprechen. Dies äußert sich in der Form der Anrede und in den Umgangsformen. Partnerschaftlichkeit ist Ausdruck der Einstellung gegenüber dem Menschen mit Behinderung: Ihn als Person zu betrachten, der mit Potenzialen ausgestattet ist und bei alltäglichen Verrichtungen Recht auf eigenes Tempo hat, öffnet den Raum für partnerschaftliche Interaktion und Kooperation im gemeinsamen Tun.

Wird der Mensch in beeinträchtigter Lebenslage von dem heilpädagogisch Tätigen als prinzipiell gleichwertige Person und gleichwürdiges Wesen wahrgenommen und angenommen, öffnet sich Raum für Akzeptanz, Partnerschaftlichkeit, Kooperation u. v. m. Das gemeinsame Tun gelingt besser, die Interaktion ist nicht so viel von Auseinandersetzungen belastet und die Verwendung von Machtmitteln erübrigt sich. Diese Auswirkung der gelebten Gleichwertigkeit erhöht deutlich die Chance, dass die gemeinsam verbrachte Zeit positiv erlebt wird.

Transparenz, Offenheit, Einschätzbarkeit

Transparent ist derjenige, der nicht nur die technisch-organisatorischen Regelungen, sondern auch die eigenen pädagogischen Absichten den zu betreuenden Menschen erkennbar, unmissverständlich und nachvollziehbar mitteilt. Insbesondere für die Beziehungsgestaltung ist es wichtig, ehrlich und unverstellt das eigene Befinden in der Interaktion mit dem Gegenüber sich selbst und ihm zuzugeben. Auch durch ehrliche Bereitschaft zur Annahme seiner Gefühle, Anliegen und auch unüblicher Verhaltensweisen drückt sich die Offenheit aus.

Sich in der Interaktion offen und ehrlich zu geben bedeutet jedoch nicht, dass der heilpädagogisch Tätige den Menschen in beeinträchtigter Lebenslage mit eigener tief gehender Selbstanalyse belasten darf. Deshalb gehört zu dem Aspekt der Transparenz auch die professionelle Zurückhaltung.

Bescheidenheit

Es ist nicht möglich, von dem zu betreuenden Menschen eine positive Beziehung zu erzwingen. Genauso gelingt es nicht, seine Überzeugungen und sein Verhalten nach der Vorstellung des heilpädagogisch Tätigen zu verändern. Deshalb ist hier (insbesondere in Bezug auf Ziele und Vorstellungen) professionelle Bescheidenheit angesagt. Diese lässt sich als gesunder Gegenpol einer Experten-Omnipotenz betrachten und führt die Beteiligten auf die Ebene der Absprachen und machbaren/umsetzbaren Anliegen.

Eine sehr wichtige heilpädagogische Fähigkeit besteht darin, Fortschritte bzw. Prozesse und Reaktionen erst überhaupt zu erkennen. Gerade bei Menschen mit Behinderungen sind sie häufig sehr klein (z. B. ein kaum erkennbares Lächeln als Reaktion auf das Erscheinen einer vertrauten Person). Manchmal bewegt sich sogar eine lange Zeit überhaupt nichts. Dann ist es nur mit viel Bescheidenheit möglich, sich über Weniges zu freuen und damit auch den Berufsalltag als zufriedenstellend erleben zu können.

Vertrauen, Akzeptanz, Annahme

Fast automatisch kommt beim Wort »Vertrauen« die Beziehung in den Sinn – sei es zu sich selbst (Selbstvertrauen) oder zu anderen Menschen (man kann sich ihnen anvertrauen, sich mit ihnen sicher fühlen). Ohne Vertrauen lässt sich keine tragfähige und belastbare professionelle Beziehung aufbauen. Vertrauen in zwischenmenschlichen Beziehungen fördern insbesondere gegenseitige Annahme, Respekt, Nichtbewertung als Person, Partnerschaftlichkeit und Offenheit. Selbstvertrauen gewinnt, wer sich selbst als jemand erlebt, der lernfähig ist, Einfluss nehmen, Aufgaben erledigen und Probleme überwinden kann. Positiv wirkt sich auf das Selbstvertrauen eines Menschen mit Behinderung ihm gegenüber seitens des heilpädagogisch Tätigen gezeigtes Vertrauen in seine Potenziale und Entwicklungskräfte aus.

Vor allem auf diesem Vertrauen bauen Akzeptanz und Annahme. Das Erscheinungsbild bzw. Sympathie oder Antipathie sind für die wahrhafte Akzeptanz unwesentlich. Worauf soll die Beziehung aufgebaut werden, wenn z. B. eine störende Verhaltensweise oder ein unansehnliches Antlitz bei dem heilpädagogisch Tätigen Ablehnung oder Ekel wecken? Ist dieser nicht von der Existenz der Potenziale bei dem zu betreuenden Menschen überzeugt, kann er den Menschen mit Behinderung im besten Falle dulden, aber nicht annehmen.

Individualisierung, Entwicklungsorientierung

Auch im Gruppengeschehen bleiben die Beteiligten Subjekte, die nicht nur ein Bedürfnis, sondern auch Recht auf persönlichen Zugang seitens des heilpädagogisch Tätigen haben. Es geht darum, individuelle Wünsche und Bedürfnisse wahr- und ernstzunehmen, d. h. sie zu erkennen und auf sie angemessen einzugehen. Die Individualisierung bedeutet jedoch nicht, dass alle anderen Anwesenden stehen gelassen werden, weil der heilpädagogisch Tätige sich längere Zeit ausschließlich mit einem einzigen Menschen beschäftigt. Vielmehr hat die Individualisierung im Alltagsetting eine andere Form: Kurze und häufige Aufmerksamkeitsmomente wie z. B. persönliche Anrede, Blickkontakt, Interesse um Befindlichkeit, gemeinsames Tun, aber auch Berührung, persönliche Themen, kleine Alltagsrituale usw. sowie Fragen ob jetzt oder später, dies oder jenes, kalt oder warm u. ä.

Zuversicht und angstfreie Atmosphäre

Das Handeln des heilpädagogisch Tätigen geht vom o. g. Vertrauen in die inneren Entfaltungskräfte des zu betreuenden Menschen (generell) und von seiner individuellen Befindens- und Bedürfnislage (speziell) aus. Das eine gilt als gegeben, das andere ändert sich im Zusammenhang mit Situationen und Personen. Folglich muss er das heilpädagogische Handeln immer wieder neu einordnen. Trotz mancher Erforderlichkeit, erhoffte Ergebnisse zu korrigieren, ist die grundsätzliche Ausrichtung des Handelns »entwicklungsfreundlich«: Auf den nächsten Schritt schauend, der aus dem aktuellen Entwicklungsstand zu tun möglich wäre (vom »Schon-Können« zum »Noch-Nicht-Können«), allerdings ohne Zwang und Druck, dafür mit viel Zeit und Zuversicht.

Das »atmosphärische Element« spielt eine grundsätzliche Rolle im Erleben des alltäglichen Geschehens. Hektische Betriebsamkeit, häufiger Wechsel, Versorgung nach Plan, übertriebene Leistungsorientierung, Angst vor Versagen usw. sind als »Gift für das Wohlbefinden« zu betrachten. Sie belasten den zu betreuenden Menschen genauso wie den Heilpädagogen. Es folgen häufig Unruhe, Aggressivität, Konflikte, Rückzugstendenzen sowie Unzufriedenheit u. ä. Deshalb lohnt es sich, das Alltagsgeschehen soweit wie möglich mit Ruhe und Gelassenheit zu gestalten.

5.7 Zusammenfassung

Das Verhältnis der Heilpädagogik zu ihren Referenzwissenschaften ist als ein interdisziplinäres und wechselseitig voneinander abhängiges zu kennzeichnen. So wie die einzelnen Referenzwissenschaften, also die Philosophie, die Psychologie, die Soziologie, die Medizin, die Rechtswissenschaften und die Pädagogik, auf die Heilpädagogik einwirken, so ist diese mehr und mehr dazu in der Lage, durch praktische

Handlungen und Reflexionsprozesse auf diese unterschiedlichen Bereiche zurückzuwirken. Das konkrete didaktisch-methodische heilpädagogische Handeln ergibt sich also aus dieser interdisziplinären Struktur, in welcher sowohl die Konstruktionsmechanismen des heilpädagogischen Handelns als auch ihre a priori humanistische Orientierung hervorgehen.

Heilpädagogisches Tun ist immer eingebunden in einen historischen und gesellschaftlichen Kontext, in dem die Referenzwissenschaften der Heilpädagogik eine bedeutende Position haben und sich an den dort permanent stattfindenden Entwicklungen und Veränderungen mitbeteiligen. Neben den beschriebenen Referenzwissenschaften gehören auch noch sozialpolitische und theologische Ansätze und Erläuterungen in diesen Kontext hinein. Sie wurden hier in ihrer Bedeutung für die Heilpädagogik und das heilpädagogische Handeln aus einem pragmatischen Grund nicht explizit dargestellt, da sie u. E. nur einen sekundären Bezug zur Heilpädagogik aufweisen.

> **Aufgaben und Anregungen**
>
> 1. Fassen Sie die Aussagen der einzelnen Referenzwissenschaften sowie ihre Bedeutung für die Heilpädagogik thesenartig zusammen und vergleichen Sie diese miteinander.
> 2. Stellen Sie die Verbindungen und Bezogenheiten der Referenzwissenschaften anhand heilpädagogischer Konzepte und Methoden dar.
> 3. Welche Referenzwissenschaften erscheinen Ihnen für die Begründung einer Didaktik und Methodik der Heilpädagogik relevant zu sein, welche weniger? Begründen Sie Ihre Meinung.
> 4. Fehlen Ihnen weitere Wissenschaften? Welche sind diese und welche Relevanz haben diese gegebenenfalls für heilpädagogisches Handeln?
> 5. Beziehen Sie Stellung zu folgender These: »Die Heilpädagogik als eklektische Wissenschaft hat keine wissenschaftliche Eigenständigkeit. Eine solche ist auch in Bezug auf die Entwicklung einer Didaktik und Methodik der Heilpädagogik nicht notwendig.«

6 Lebenslaufbezogene Didaktik und Methodik

In diesem Kapitel wird entlang des Lebensverlaufs von Menschen mit Beeinträchtigung/Behinderung und Verhaltensbesonderheiten dargestellt, wie und wodurch die Heilpädagogik tätig werden kann. Im Wesentlichen geht es um die Etappen, in die das Leben jedes Menschen unterteilt werden kann: Von der vorgeburtlichen Zeit (hier insbesondere die pränatale Diagnostik) über die Geburt, das Säuglings- bzw. Kleinkindalter, die Kindheit, das Jugendalter bis hin zum Erwachsensein und später auch Alter und Lebensabschluss.

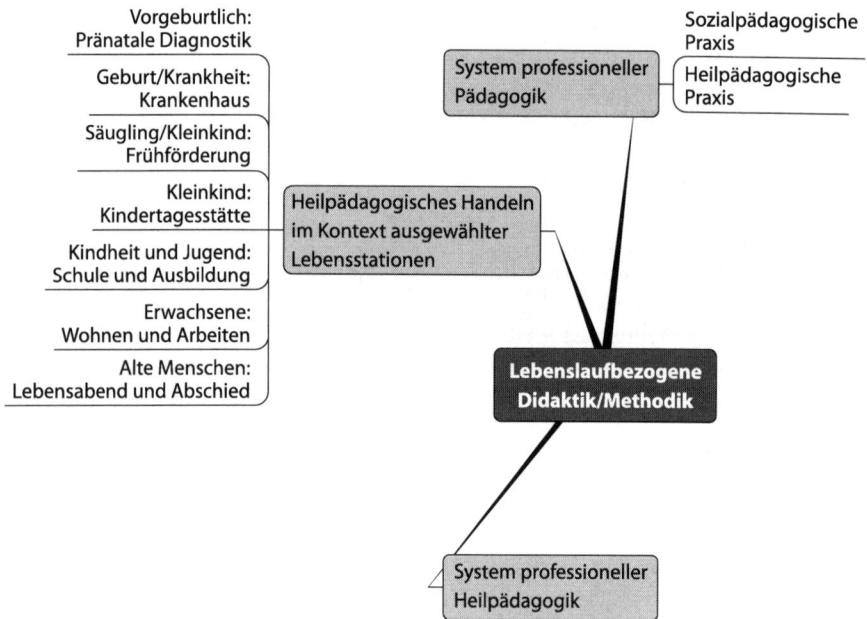

Abb. 13: Lebenslaufbezogene Didaktik/Methodik

6.1 Professionelle Pädagogik als ein differenziertes System

Das bestehende pädagogische System in Deutschland ist differenziert und lässt sich entlang des Lebenslaufes wie folgt gliedern: Familienerziehung, Kindergartenpädagogik, Schulbildung, Berufsausbildung, Hochschulstudium, berufliche, politische und allgemeinbildende Fort- und Weiterbildung, Altenarbeit. Diese verfügbaren »pädagogischen Stationen« sind noch nach dem Kriterium »privat-naturpädagogisch« bzw. »professionell-pädagogisch« unterteilt. Mit den gesellschaftlichen Veränderungen (z. B. steigende Anzahl von unvollständigen Familien, Intensivierung der Arbeitsbelastung von Eltern mit der Folge weniger Zeit und Kraft für die Erziehung der Kinder usw.) geht eine ständig zunehmende Gewichtung professioneller Pädagogik einher.

Die emotional und lebensgeschichtlich bedeutende nichtprofessionelle Familienerziehung stellt nach wie vor die wichtigste Basis für die Kindesentwicklung dar. Die Zeit jedoch, die ein Kind oder Jugendlicher heute in separierten pädagogischen Institutionen verbringt, wächst ständig (z. B. Kinderkrippe, Kindergarten, Kindertagesstätte als professionelle Formen der frühkindlichen Erziehung, später dann Ganztagsschule als zukünftige Hauptform der professionellen Bildungseinrichtung). Auch Erwachsene und alte Menschen stehen im Kontext des lebenslangen Lernens häufiger als früher mit professionellen pädagogischen Einrichtungen im Kontakt (z. B. im Rahmen der Weiter-, Fort- und Altenbildung). Die pädagogischen Institutionen und Berufe selbst differenzieren sich ebenfalls – genauso wie viele andere gesellschaftliche Tätigkeitsfelder – in zunehmenden Maße: Die pädagogischen Ausbildungen werden zertifiziert, um Berechtigungen zu Tätigkeiten auf einem bestimmten pädagogischen Feld zu verleihen. Diese Tendenz hängt mit der Tatsache zusammen, dass es nicht möglich ist, die Erziehung und Bildung heranwachsender Generationen nur von einer Person bzw. nur in einem Institutionstyp zu sichern. Es wäre zwar durchaus sinnvoll, wenn wir die Unteilbarkeit der beiden Aspekte der Kindesentwicklung betrachten. Bei der Menge von zu erziehenden und zu bildenden Heranwachsenden wäre es jedoch illusorisch zu versuchen, eine universelle pädagogische Qualifikation zu kreieren, mit der alle spezifischen und unspezifischen Entwicklungs- und Entfaltungsaspekte »abgedeckt« werden könnten. Deshalb bedeutet die Professionalisierung pädagogischer Berufe zwangsläufig auch eine immer weitergehende Ausdifferenzierung im Kontext der Bestimmung, welchen Auftrag eine Institution (und die dort arbeitenden professionellen Pädagogen) hat und welchen nicht.

Dennoch spielen die Kinder und Jugendlichen hierbei selbstverständlich eine wichtige Rolle. Sie sind (mit dem Erreichen des schulpflichtigen Alters) gesetzlich verpflichtet, an den professionalisierten Erziehungs- und Bildungsprozessen teilzunehmen. Viele jüngere Kinder – und es werden immer mehr – werden in professionalisierten pädagogischen Einrichtungen betreut (es ist nur eine Frage der Zeit, wann die Kindergartenpflicht per Gesetz beschlossen wird). So kommen die Heranwachsenden in Erziehungs- und Bildungsinstitutionen, die im Rahmen der Ausdifferenzierung jeweils eine klare Aufgabenstellung haben. Die Erwartungen und Bedürfnisse der Kinder und Jugendlichen sind allerdings (zumindest teilweise) anders ausgerichtet bzw. noch recht diffus (insbesondere bei den jüngeren Kindern). Das erzeugt eine zwiespältige Situation für die dort tätigen Pädagogen: Sie haben zwar einen konkreten Auftrag und wollen ihn auch erfüllen, nur werden sie zuerst mit ganz anderen Fragen, Bedürfnissen und Erwartungen der Kinder konfrontiert, die erst einmal ernst genommen werden müssen, bevor es an die Erfüllung des eigentlichen Auftrags gehen kann. Noch ein weiteres Kriterium trägt zur Ausdifferenzierung des Schulsystems bei: Es handelt sich um die Aufteilung in Regel- und Sonderinstitutionen. Es gibt neben Einrichtungen, die für Erziehung und Bildung der Mehrheit aller Kinder zuständig sind, spezialisierte Institutionen, in denen die Heranwachsenden professionelle Erziehung und Bildung erfahren, die im Rahmen des Regelangebots nicht hinreichend gefördert werden können, zusätzlicher Hilfen und somit ein Mehr an professioneller pädagogischen Unterstützung sowohl in quantitativer als auch in qualitativer Hinsicht bedürfen.

In Anlehnung an Hebenstreit lassen sich diese pädagogischen Aufgabengebiete grob in zwei Teilbereiche gliedern (vgl. Hebenstreit, 2006, 87 ff.):

6.1.1 Sozialpädagogische Praxis

Hier wird vor allem mit Heranwachsenden aus gesellschaftlichen Randgruppen gearbeitet (versagende Familienverhältnisse, von Armut bedrohte Familien, Familien mit Migrationshintergrund), die neben der Erziehungs- und Bildungsmöglichkeiten im Rahmen der allgemeinen pädagogischen Regelangebote einer gezielten Förderung bedürfen (z. B. Sprachprogramme) oder denen eine Alternative zu ihren gegebenen Lebensbedingungen angeboten werden muss (z. B. Kinder aus zerrütteten Familienverhältnissen, die in die öffentliche Erziehung eines Heims wechseln).

In diesem Kontext muss auf eine Tendenz hingewiesen werden: Die zunehmenden sozialen Probleme und ihre unübersehbaren gesellschaftlichen Wurzeln (Armut, Arbeitslosigkeit, Xenophobie, Ausgrenzung) werden oft vordergründig als pädagogische betrachtet. Ihre Lösung wird in der Sicherung von solchen Lern- und Bildungsangeboten gesehen, die mehr auf die individuellen Möglichkeiten ausgerichtet sind und gesellschaftliche Integration möglichst aller erleichtern. Dies ist sicherlich richtig, nur darf man bei der Suche nach Lösungen von sozialen Problemen die sozialpolitischen und wirtschaftlichen Aspekte nicht als sekundär betrachten. Denn Erziehung und Bildung hängen hierzulande (leider immer noch) mit dem sozialen und wirtschaftlichen Status von Heranwachsenden eng zusammen.

6.1.2 Heilpädagogische Praxis

Hier wird vor allem mit behinderten Menschen gearbeitet (Personen in beeinträchtigter Lebenslage infolge von Schädigung bzw. Behinderung und der Reaktionen auf sie), für die im Rahmen der allgemeinen pädagogischen Regelangebote die erforderlichen Lern-/Entwicklungsmöglichkeiten und -voraussetzungen nicht gesichert werden können. Das Hauptanliegen besteht in einer »Entbeeinträchtigung« bzw. »Enthinderung« (s. o.) der Lebenslage mittels diverser Förder- und Assistenzmaßnahmen und unterstützender Einflussnahmen mit dem Ziel der Schaffung von Bildungs- und gesellschaftlichen Integrationschancen für betroffene Menschen. Auch das heilpädagogische System hat sich in den letzten Jahrzehnten zunehmend ausdifferenziert: Ob Frühförderung, Sonderschule, Kinder- und Jugendheim für Behinderte, kinder- und jugendpsychiatrische Tagesklinik, Werkstatt bzw. Wohnheim für erwachsene Menschen mit Behinderung bis hin zum Altenheim für behinderte Menschen – all dies sind spezialisierte Einrichtungen. Auch für den privaten Bereich der Familie und des Wohnens gibt es spezialisierte Angebote, wie z. B. der familienunterstützende Dienst, Jugendwohngemeinschaften oder betreutes Wohnen für behinderte bzw. psychisch kranke Menschen.

Beide dargestellten spezialisierten pädagogischen Praxisbereiche weisen einen Zwiespalt auf: Einerseits befriedigen sie fachmännisch die besonderen Erziehungs- und Bildungsansprüche behinderter Menschen. Zugleich tragen sie auch zur sozialen Exklusion der Anspruchsträger bei.

Diese Ambivalenz des Bildungssystems kann an folgendem Beispiel dargestellt werden:

1. Kinder mit geistiger Behinderung bekommen in einer spezialisierten Förderschule das, was ihnen in der Regelgrundschule bisher nicht gewährt werden konnte:
   - auf jeweilige Lernmöglichkeiten individuell abgestimmte Lehr-/Lern-/Förderpläne, die auch auf die klassischen Kulturtechniken ausgerichtet sind,
   - Kinderfreundschaften im Rahmen der Klassengemeinschaft,
   - persönliche Zuwendung der Pädagogen und
   - ein fröhliches Schulleben ohne Leistungsstress.
2. Die mit dem Besuch der Förderschule verbundenen organisatorischen Umstände sowie die dort vorhandene soziale Einseitigkeit stellen eine Belastung für die Kinder und ihre Familien dar:
   - Allein die tägliche Busfahrt zu der viele Kilometer vom Elternhaus entfernten Schule bedeutet eine Ausgrenzung vom Geschehen in der Familie und der Nachbarschaft.
   - Die Tatsache, dass in einer Schule für Kinder mit geistiger Behinderung sehr oft nur Kinder mit einem IQ unter 70 zusammen lernen, verhindert die für das Lernen in einer Gruppe sehr hilfreiche Heterogenität.
   - Außerdem werden für die Absolventen einer Förderschule die nachfolgenden Bildungs- und Lebenswege ziemlich festgeschrieben (betreutes Wohnen, Wohnheim, Werkstatt für Behinderte), was die Entfaltung ihrer vorhandenen und noch nicht zur Geltung gebrachten Potenziale beeinträchtigt und einer Integration in hohem Maße entgegensteht.

Es wird deutlich, dass vor allem das heilpädagogische, aber auch viele Teile des sozialpädagogischen Praxissystems eine Doppelwirkung haben. In den von ihnen gestalteten Sonderwelten fühlen sich die zu betreuenden Menschen wohl, weil sie entsprechende Bildungsmöglichkeiten bekommen und viele soziale Kontakte erleben können. Dies geschieht jedoch zu dem »Preis« einer Ab- bzw. Ausgrenzung – das bunte menschliche Leben und die Heterogenität des pädagogischen Regelbereichs sind für die dort erzogenen und gebildeten Kinder und Jugendlichen unerreichbar. Sie fühlen sich in der Regelwelt fremd und diese fühlt sich bei deren Anwesenheit unsicher – beide Gruppen sind zwar Bestandteile einer Gesellschaft, aber sie sind aneinander entfremdet. Mit allen längerfristigen politischen, gesellschaftlichen und individuellen Konsequenzen, die damit verbunden sind.

Bis es so weit kommt, dass die pädagogischen Systeme aus dieser Doppelwirkung herausfinden und die Heterogenität und die Individualisierung des einzelnen Kindes in einer bunten Gruppe zur Normalität erklären, müssen die heilpädagogisch Tätigen in ihrem alltäglichen Tun dafür sorgen, dass die positive Wirkung ihrer Einrichtung aufrechterhalten bleibt und die Fallstricke der Ausgrenzung nach und nach reißen. Das heißt, die heilpädagogische Unterstützung der »Entbeeinträchtigung« von Lebenslagen mittels positiver Einflussnahme auf Personen, Bedingungen und Prozesse zu gewährleisten und dabei die Förderung der Integration bzw. Inklusion als primäres Anliegen konsequent zu verfolgen. Und zwar in allen spezialisierten Einrichtungen und Maßnahmen, die entlang des menschlichen Lebens ihre Doppelwirkung haben.

Aufgaben und Anregungen

1. Erläutern Sie die Unterschiede und Gemeinsamkeiten des heilpädagogischen und des sozialpädagogischen Ansatzes.
2. Welche Rolle übernimmt die Schulbildung im Kontext heilpädagogischen Handelns? Begründen Sie Ihre Meinung ausführlich.
3. Stellen Sie die Gemeinsamkeiten zwischen Heil- und Sozialpädagogik auf dem Hintergrund ihrer Bezugstheorien dar.
4. Worin liegen die professionstheoretischen Unterschiede zwischen Heil- und Sozialpädagogik?

6.2 Das System professioneller Heilpädagogik

Das ausdifferenzierte pädagogische System birgt in sich eine Menge an heilpädagogisch ausgerichteten Einrichtungen und Maßnahmen. Es ist schwierig, sich darin zu orientieren, weil es in dem pädagogischen System unterschiedliche Zuständigkeiten, eine starke Differenzierung und damit einhergehende uneinheitliche Bezeichnungskreativität gibt. In Anlehnung an Speck lassen sich dennoch einige Orientierungspunkte finden, die eine Gliederung und damit auch eine gewisse Übersicht ermöglichen (vgl. Speck, 2003, 336):

1. Kriterium Lebensalter und Entwicklungsaufgaben:
    - Einrichtungen der frühen Hilfe: Früh- und Vorschulerziehung, Frühförderzentren, Elternberatung, heilpädagogische und integrative Kindergärten bzw. Schulkindergärten;

- Einrichtungen der schulischen Erziehung und Bildung: Förderschulen (für Blinde und Sehbehinderte, für Gehörlose und Schwerhörige, für geistig Behinderte, für Körperbehinderte, für Lernbehinderte, für Sprachbehinderte, für Verhaltensgestörte, für Schwerbehinderte und Mehrfachbehinderte), Krankenhausschulen, Heimschulen für Behinderte, Sonderpädagogische Förderzentren, Integrationsklassen und -schulen;
- Einrichtungen der beruflichen Rehabilitation: betriebliche Berufsausbildung, Berufsbildungsjahr, Berufsgrundschuljahr, berufsvorbereitende Bildungsmaßnahmen;
- Einrichtungen der Erwachsenenbildung: Integrative oder spezielle Kursangebote für Menschen mit Behinderungen in Volkshochschulen oder in Behinderteneinrichtungen, Erwachsenenbildung und Freizeitgestaltung in Wohnheimen oder Werkstätten für Behinderte;
- Einrichtungen der Altenbildung: Geriatrische Rehabilitation mit aktivierender ganzheitlicher Pflege und diversen therapeutischen Angeboten.

2. Kriterium professionelle Aufgaben:
Die Einrichtungen unterscheiden sich, welche Aufgabe sie vordergründig und überwiegend zu erfüllen haben. Im Wesentlichen handelt es sich um folgende Aufgabenschwerpunkte:
- Prophylaxe,
- Beratung und Begleitung,
- Erziehung und Unterricht,
- soziale und rechtliche Hilfe,
- Therapie, Betreuung und Pflege,
- heilpädagogisch/sozialpädagogisch verankerte Familienentlastung/-unterstützung.

3. Kriterium spezifische Behinderung:
Die Einrichtungen unterscheiden sich danach, für welche Personengruppe sie spezielle Unterstützung anbieten: Beginnend mit Einrichtungen für blinde Menschen über Frühförderung bis zur Altenbildung. Hierzu gehören also alle spezialisierten Einrichtungen für Menschen mit einer bestimmten Art der Behinderung (analog der o. a. schulischen Einrichtungen sowie spezielle Einrichtungen für Menschen mit Autismus oder mit Trisomie 21).

4. Kriterium Lebensort, Spiel-, Lern- und Arbeitsort:
Hierzu gehören heilpädagogische Einrichtungen und Maßnahmen, die dort wirken, wo die zu betreuenden Personen ihr alltägliches Leben vollziehen: In der Familie, in Wohngemeinschaften, in betreutem Wohnen, im Heim, in der Vorschule, Schule, Werkstatt oder in unterstützter Beschäftigung bzw. am Arbeitsort in Betrieben.

Neben den o. a. heilpädagogischen und sonderschulischen Institutionen müssen hier auch die Heime der Behindertenhilfe erwähnt werden. Unter dem Begriff Heim lassen sich folgende Einrichtungen einordnen:

- Vollzeiteinrichtungen, Erziehungsheime bis zu Internate, heilpädagogisch-therapeutische Wohngruppen bzw. Pflegestellen (Tages-, Dauer- und Sonderpfleges-

tellen), „stationäre Langzeiteinrichtungen und psychiatrische Einrichtungen (z. B. psychiatrisches Pflegeheim),
- Rehabilitationszentren oder Heilpädagogische Zentren (mit Internat oder Wohnheim),
- Heime, die als Tagesstätten, Tagesheime oder Tageskliniken organisiert sind (hierbei bleibt der häusliche Lebensraum als der primäre Erziehungsort bestehen, was im besonderen Maße die partnerschaftliche Zusammenarbeit zwischen Erziehungsberechtigten und Mitarbeitern erfordert).

Abgesehen von der institutionellen Systematik orientiert sich das heilpädagogische Handeln in allen erwähnten Einrichtungen und Maßnahmen an der Aufgabe, die spezifische pädagogische Hilfe für Menschen mit Behinderungen so auszurichten bzw. zu gestalten, dass deren besondere Bedürfnisse im Kontext einer solchen Erziehungs- und Bildungsarbeit berücksichtigt werden, die als übergeordnetes Ziel die individuelle Identitätsfindung und die autonom handelnde Persönlichkeit verfolgt.

Im Folgenden werden die wesentlichen Aspekte und methodische Hinweise zum professionellen heilpädagogischen Handeln im Kontext ausgewählter Stationen aus dem Verlauf des menschlichen Lebens kurz beschrieben. Es handelt sich um beispielhafte Aufgabenfelder, auf denen die heilpädagogisch Tätigen agieren. An dieser Stelle muss vermerkt werden, dass eine allgemeine Darstellung aller relevanten Anlässe zur heilpädagogischen Einflussnahme während des menschlichen Lebens gar nicht möglich ist – dafür ist das reale individuelle Leben zu komplex:

- Vorgeburtliche Zeit: Pränatale Diagnostik
- Geburt/Krankheit: Krankenhaus
- Säugling/Kleinkind: Frühförderung
- Kleinkind: Kindertagesstätte
- Kindheit und Jugend: Schule, Ausbildung
- Erwachsene: Wohnen und Arbeiten
- Alter: Lebensabend und Abschied.

Aufgaben und Anregungen

1. Skizzieren Sie für die einzelnen Kriterien konkrete Beispiele aus dem Tätigkeitsfeld der Heilpädagogik.
2. Welche Konsequenzen ergeben sich hieraus für heilpädagogische Kompetenzen?

6.3 Heilpädagogisches Handeln im Kontext ausgewählter Lebensstationen

Didaktik und Methodik im Kontext des Lebenslaufs beziehen sich auf entsprechende Handlungsfelder. In jedem hier ausgewählten Lebensabschnitt erfolgt eine kurze Darstellung des jeweiligen Handlungsfeldes, so wie es sich zurzeit aktuell gesellschaftlich präsentiert. Ebenfalls werden auch mögliche Konsequenzen für heilpädagogisches Handeln aufgezeigt. Die Grundlagentheorien des Konstruktivismus bzw. des Humanismus werden hierbei nicht mehr ausdrücklich benannt, sie werden durch die vorangegangenen Kapitel als vorausgesetzt angenommen, dennoch bedingen sie hierbei jeweils unterschiedliche Aspekte heilpädagogischen Handelns. Wo es jedoch zu deutlichen Vernetzungen zwischen konstruktivistischen und humanistischen Ansätzen kommt, wird dennoch noch einmal darauf hingewiesen.

6.3.1 Vorgeburtlich: Pränatale Diagnostik

Stellen wir uns eine Familie vor, die Zuwachs erwartet. Die Eltern sind nicht so sehr daran interessiert zu erfahren, ob es ein Junge oder ein Mädchen sein wird. Viel wichtiger ist ihnen allerdings, dass ihr Kind gesund zur Welt kommt. Um ganz sicher zu sein, hat sich die Mutter mit den Ergebnissen einer Ultraschalluntersuchung nicht zufrieden gegeben (es wurden keine Auffälligkeiten erkannt) und hat die Möglichkeit der pränatalen Diagnostik genutzt. Was bedeutet das konkret und wo ist in diesem Kontext eine Relevanz für heilpädagogisches Handeln zu finden?

Es gibt wohl kaum ein Handlungsfeld in der Begründung heilpädagogischen Handelns, welches in den letzten Jahren und Jahrzehnten einen derart drastischen Verlauf bzw. eine solch intensive Innovation erfahren hat wie die medizinische Sichtweise auf den Menschen mit Beeinträchtigung/Behinderung, hierbei aber vor allem die Sichtweise der sog. pränatalen Diagnostik. Unserer Meinung nach ist dies alles andere als zufällig, da sich gesellschaftliche Prozesse sofort in organisatorischen Vorgängen manifestieren, welche dann dafür sorgen, dass das Bild, das gerade in einer Gesellschaft zu einer bestimmten Menschengruppe herrscht, ganz konkrete Realisationen und Konsequenzen bedingt. Man könnte somit vorsichtig behaupten, dass das Konstrukt des »Anderssein« dazu führt, dass die Gesellschaft den Ausprägungen zuvorkommen möchte, um so Behinderung erst gar nicht erscheinen zu lassen. Heilpädagogisches Handeln ist somit schon im Vorfeld des Entstehens einer möglichen Behinderung bzw. einer möglichen »Andersheit« dazu herausgefordert, tätig zu werden, damit sich ethische und anthropologische Ansprüche realisieren. Weiterhin ist es relevant, dass Beratungsprozesse, welche durch Heilpädagogen stattfinden, hierbei gesellschaftskulturelle, gesellschaftspolitische und medizinische Ebenen umfassen, damit eine Beratung von möglicherweise betroffenen Eltern und Familien stattfinden kann. Was ist hierbei jedoch konkret zu beachten?

Die Vorsorgeuntersuchungen haben in den letzten Jahren, auch aufgrund eines rasanten medizinischen Fortschritts, einen gesteigerten Stellenwert in der Begleitung werdender Familien gewonnen. Der Begriff und das Faktum der »pränatalen Diagnostik« umfasst » ... alle vorgeburtlichen Untersuchungen, sowohl die sonographischen und serologischen Vorsorgeuntersuchungen und die genetische Diagnostik in utero als auch die Präimplantationsdiagnostik, die als eine besondere genetische Untersuchungsmethode im Zusammenhang der extrakorporalen Fertilisation (In-vitro-Fertilisation) zu betrachten ist. Pränataldiagnostik (PND) bezeichnet die genetische Diagnostik in utero und Präimplantationsdiagnostik (PID) die genetische Diagnostik in vitro« (Reunecker 2013, 20).

Bei den Methoden unterscheidet man in nicht-invasive und invasive Verfahren. Zu den nicht-invasiven Verfahren gehören die Ultraschalldiagnostik (s. u.), serologische Untersuchungen (also Untersuchungen des mütterlichen Blutes und des Fruchtwassers). Zu den invasiven Verfahren zählen die Amniozentese, Chorionzottenbiopsie sowie die Naberschnurpunktion (vgl. Reunecker 2013, 27–33). Wenn sich aus den nicht-invasiven Verfahren, welche eher niedrigschwellig genutzt werden, auffällige Ergebnisse und Befunde ergeben, werden oft invasive Verfahren eingesetzt, um diese Befunde zu verifizieren (vgl.: Graumann/Koopmann 2018, 6).

Konkret können folgende Untersuchungen skizziert werden:

Zuerst ist die sonographische Pränataldiagnostik zu nennen. In dieser Form der vorgeburtlichen Untersuchung können und werden im Rahmen der sog. Fetometrie u. a. der Kopf- und der Bauchdurchmesser des Föten gemessen. Im Ergebnis dieser Messungen erfolgt eine ärztliche Einschätzung, ob der Fötus ein regelgeleitetes intrauterines Wachstum aufweist oder ob das nicht der Fall ist. Zudem können in dieser Form der Pränataldiagnostik die Menge und Beschaffenheit des Fruchtwassers sowie der Sitz der Plazenta untersucht werden. Letztgenanntes ist u. a. relevant für die Lagebestimmung des Föten zum (inneren) Muttermund (vgl. Hagen/Entezami 2014, 3–5).

Grundlegend muss davon ausgegangen werden, dass sich alle Eltern (hierbei vor allem die Mütter) mit einer relevanten Wertigkeit der Ultraschalldiagnostik auseinandersetzen müssen, da sich diese in den Mutterschaftsrichtlinien niedergeschlagen hat, in welchen seit 1995 in Deutschland mindestens drei Untersuchungen, nämlich in der 9.–12., der 19.–22. und in der 30.–32. Schwangerschaftswoche empfohlen werden (vgl. Henrich, 2005, 9). Weitere und häufigere Kontrollen können indiziert sein, wenn sich in der Familie oder in der Person der Mutter anamnestische Risiken oder weitere Schwangerschaftsrisiken ergeben bzw. ergeben haben. In Bezug auf die Sicherheitsaspekte einer pränatalen Diagnostik kann festgestellt werden, dass sich seit mehreren Jahrzehnten in keiner Langzeitstudie Nebenwirkungen bei geburtshilflichen Ultraschalldiagnostiken bei Föten oder werdenden Müttern ergeben haben. Bei anderen pränatal-diagnostischen Verfahren ist dieses jedoch deutlich anders (s. u.). Folgt man aktuellen pathologischen Studien, kann man davon ausgehen, dass ca. 30–40 % einer Schwangerschaft in einem Abort enden, noch bevor diese klinisch bemerkt bzw. sonographisch registriert wird. Neben den ultraschalldiagnostisch gestützten Verfahren (welche aufgrund von farbigen und dreidimensionalen Darstellungen in einer frühen Phase bestimmte Problemstellungen erkennen können) werden auch Serumtests und invasive Verfahren zur Diagnostik eingesetzt. Hierzu gehört zum Beispiel das frühe Serumscreening.

»Hierbei werden die mütterlichen Hormonwerte free-ß-HCG und PAPP-A in Kombination mit dem mütterlichen Alter und der Nackentransparenz (...) zur Berechnung des Risikos für eine Chromosomenanomalie zugrunde gelegt. Im Vergleich zur Nackentransparenzmessung allein soll mit diesem Serumtest eine Steigerung der Entdeckungsrate von Kindern mit einer schweren numerischen Chromosomenstörung (insbesondere Trisomie 21 und 18) um ca. 5 % möglich sein. Ein weiterer nicht invasiver Serumtest zur Risikoberechnung einer Chromosomenstörung oder einer Spaltbildung (…) ist der Triple-Test. Aus den Hormonen ß-HCG, Östriol und AFP wird unter Berücksichtigung des Alters der Mutter zwischen 15 und 20 SSW ein individuelles Risiko berechnet. Dieser Test unterliegt einer relativ hohen falsch-positiven und -negativen Rate. Wird er regelrecht angewendet, liegt die Sensitivität des Tests bei Frauen <35 Jahren mit einer 70 %igen Dedektion 5 % falsch-positiven Ergebnissen. Bei Frauen >35 Jahre steigt wegen des hohen Altershintergrundrisikos die Dedektion auf 90 % bei ca. 30 % falsch-positiver Rate« (Henrich, 2005, 14).

Gibt es einen medizinisch begründeten Verdacht bzw. haben die Eltern eine intensive Angst, ein behindertes Kind zur Welt zu bringen, kann auch eine invasive Diagnostik angezeigt sein (s. o.). Im Gespräch mit dem beratenden Arzt bzw. der beratenden Pädagogin sind hierbei Vor- bzw. Nachteile der Methoden zu berücksichtigen, da ca. ein 0,5 %iges Risiko besteht, dass es zu einem Spontanabort bei diesen Untersuchungen kommen kann. Zu diesen invasiven Untersuchungsmethoden zählen vor allem die Choriozottenbiopsie, welche zwischen der 11. und 14. vollendeten Schwangerschaftswoche durchgeführt werden kann, die Amniozetese, welche ab der 14. Schwangerschaftswoche durchgeführt werden kann, und die Chordozentese, welche ab der 18. Schwangerschaftswoche und dann weiterhin bis zur Geburt durchgeführt werden kann (ebd., 15). Ob und welche Methode angewandt wird, hängt häufig mit den individuellen Befunden sowie den Wünschen der Patienten und den Untersuchungsbedingungen sowie den Erfahrungen der Untersuchenden ab. In den letzten Jahren wurden auch weitere Verfahren eingesetzt, welche sich aber zum Teil noch in der klinischen Erprobungsphase befinden. So z. B. die intrauterine Lasertherapie, die Fetalendoskopie sowie die offene Fetalchirurgie.

In den letzten Jahren wurde ein weiteres Verfahren in den Markt der Pränataldiagnostik eingeführt: der sog. »NIPT«, also ein nicht-invasiver Pränataltest. Dieser Test ermittelt » … mittels molekulargenetischer Analyse von cffDNA im mütterlichen Blut…(die) Bestimmung des Risikos für die Trisomien 13, 18 und 21« (IQWiG 2018, 15). Dieses Verfahren ist somit schnell und ohne Risiko für die werdende Mutter einsetzbar. Eine aktuelle Studie kommt im Hinblick auf die Wirksamkeit dieses Verfahrens allerdings zu einem zwiespältigem Urteil: »Die Anwendung des Tests bei allen schwangeren Frauen würde fast alle Feten mit Trisomie 21 erkennen. Bei schwangeren Frauen mit geringerem Risiko würden zusätzliche invasive Untersuchungen anfallen, die Gesamtzahl der invasiven Untersuchungen bliebe unter den betrachteten Szenarien unterhalb des Status quo. Unter Berücksichtigung von Testversagern kann sich diese Einschätzung jedoch umkehren, d. h. es kann nicht notwendigerweise von einer Verringerung der invasiven Untersuchungen im Vergleich zum Status quo ausgegangen werden. Die Berechnungen vermitteln einen groben Eindruck zu den Auswirkungen. Wegen fehlender Informationen, z. B. zum Grad der Inanspruchnahme derzeitiger Pränataldiagnostik, insbesondere eines ETS, sind genauere quantitative Angaben zur deutschen Versorgungssituation nicht möglich« (IQWiG 2018, 4/5). Dieses Verfahren, welches als Screeningverfahren in der Diagnostik eingesetzt werden kann, hat die Notwendigkeit einer ethischen Diskussion im Rahmen der Gesellschaft und der Heilpädagogik noch deutlich verschärft. So wurde auf dem Hintergrund der zitierten Untersuchung der IQWiG eine gemeinsame Stellungnahme unterschiedlicher Vereine und Verbände gegen die Selektion durch Pränataldiagnostik verfasst. Auf alle Details dieses Diskurses kann im Rahmen des Kapitels nicht eingegangen werden, nur so viel: »Die Bluttests sind reine selektive Pränataldiagnostik, die keinerlei positiven Effekt für die medizinische Versorgung der Schwangeren oder des werdenden Kindes haben. Stattdessen verstärken immer mehr Angebote die Ängste von Schwangeren vor einer Behinderung des werdenden Kindes, statt diese abzubauen, beschleunigen die Angst-Kontroll-Spirale und tragen zu einer Medikalisierung der Schwangerschaft bei« (Gen-ethisches-Netzwerk 2018, 15).

Welche konkreten Konsequenzen ziehen nun die Eltern aus den Ergebnissen einer pränatalen Diagnostik? Diese scheinen sich in den vergangenen Jahren nicht grundlegend verändert zu haben:

In ca. 95 % aller Fälle kommt es zur sog. Entdeckung von Normalbefunden, was dann relativ rasch zur Beruhigung der werdenden Eltern führt. Werden fetale Fehlbildungen festgestellt, ist eine vollständige Erhebung der Befunde sowie eine sehr differenzierte und ausführliche interdisziplinäre Beratung und Beratungszeit unerlässlich. An dieser Stelle ist dann auch das weiter unten skizzierte heilpädagogische Handeln in hohem Maße indiziert. Es handelt sich bei diesen Schwangerschaftsabbrüchen dann nicht um eine zahlenmäßig große Kohorte – dennoch nimmt dies Einfluss auf das Bild, welches die Gesellschaft von Menschen mit Behinderung hat. Es kann somit davon ausgegangen werden, »dass ca. 1–2 % (ca. 2000, davon etwa 5 % nach der 23 Schwangerschaftswoche) der in der Bundesrepublik durchgeführten Abruptiones nach § 218 StGB Ab 2a Konsequenz einer pränatalen Diagnostik sind« (Henrich, 2005, 17). Das ärztliche Verhalten in diesen Situationen geht vor allem auf eine Beratungs-, Aufklärungs- und Dokumentationspflicht zurück. Aufgrund dieser Pflichten muss der Arzt der Schwangeren eine pränatale Untersuchung anbieten. Der Arzt kann hierbei in eine relativ ambivalente bzw. sogar schizophrene Situation geraten, da er bei nicht diagnostizierten oder falsch diagnostizierten Prozessen im Rahmen der Haftpflicht zu Ersatzansprüchen herangezogen werden kann. Auf der anderen Seite ist er dazu angehalten, Leben zu erhalten – was dazu führen kann, dass ein Kind mit Trisomie 21 die Spätabtreibung nach der 23. bzw. 24. Schwangerschaftswoche überlebt und dass der Arzt sich dann um das weitere (Über-)Leben des Kindes kümmern muss.

Neben diesen medizinischen Indikationen und rechtlichen Abwägungen hat es der Heilpädagoge im Rahmen der Auseinandersetzung mit der pränatalen Diagnostik vor allem auch mit ethischen Aspekten zu tun, welche er bedenken muss, wenn er werdende Eltern berät. »Die pränatale Diagnostik wird zum ethischen Problem, weil sich Krankheiten und Behinderungen diagnostizieren lassen, für die es jedoch noch keine Therapiemöglichkeiten gibt. Die einzige Möglichkeit, eine solche Krankheit oder Behinderung zu verhindern, ist die Tötung des sich entwickelnden menschlichen Lebens. Das ethische Dilemma tritt auf, weil es um die Frage geht, ab wann menschliches Leben unter dem Schutz des Menschenrechts steht und wann dieser Schutz erlischt« (Willenbring, 1999, 40). Die aktuell tätigen Heilpädagogen sind hierbei eingebunden in historisch-politische Hintergründe, welche gerade in Westeuropa und hier spezifisch in Deutschland die Auseinandersetzung mit genetischen Prozessen als sehr problematisch erscheinen lassen. Gerade im Hinblick auf die Argumente der Auseinandersetzung mit der so genannten »Praktischen Ethik« von Peter Singer im Jahr 1984 und die sich hieran anschließende Lebensrechtsdebatte erscheint es nicht mehr unbedingt einfach zu sein, eine eindeutige ethische Position zu beziehen (zumal die Heilpädagogik hierbei relativ spät und relativ undifferenziert argumentiert hat). In den Mittelpunkt steht dabei der Personenbegriff, welcher von den Befürwortern einer rigiden pränatalen diagnostischen Vorgehensweise ins Feld geführt wurde, um Menschen mit Behinderung genau diese Personhaftigkeit abzusprechen. Heilpädagogisch und anthropologisch fundiert ergab sich jedoch ein anderes Bild, so dass allen Menschen, ganz gleich ob mit oder ohne Behinderung lebend, diese Personhaftigkeit zugesprochen werden kann. Das heißt, nicht nur die von Singer postulierten intellektuellen Fähigkeiten sind relevant, um eine Person als eine solche darzustellen, vielmehr ist die Zugehörigkeit zur menschlichen Gesellschaft die Argumentationslinie, um allen Menschen das Lebensrecht zuzusprechen (ebd., 41 f.). Die Heilpädagogik hat auf diesem Hintergrund erst sehr spät und beschwerlich eine eigenständige Position entwickeln können. Sie geriet in den Widerstreit einer ethischen Positionierung, welche einerseits ihr Humanum herausforderte und somit die Prinzipien der Solidarität, der Verantwortung, der Humanität und die gemeinsame Entwicklung eines Normalitätsgedankens vorantrieb, und einer Positionierung auf der entgegengesetzten Seite, welche behindertes Leben als nicht lebenswert konstruierte. Diese Konstruktionsmechanismen ergaben sich nun jeweils aus den Bildern, welche die Gesellschaft von sog. Andersheit hat. Erst in den letzten Jahren veränderte sich diese Wahrnehmung in Bezug auf die so genannten Disability-Studies.

Welche Elemente und Ebenen muss nun ein Heilpädagoge bedenken, wenn er in die Beratungskontexte einer pränatalen Diagnostik heilpädagogisches Handeln realisieren möchte bzw. umsetzen muss?

In einem ersten Schritt ist die Rolle des Vaters und der Mutter in der aktuellen Gesellschaftsstruktur zu umreißen: Wie wird diese Rolle wahrgenommen, welche Ansprüche werden von der Gesellschaft an diese Rolle gestellt, welche Ansprüche stellt der Einzelne, explizit wie implizit, an diese Rolle? Aktuell kann davon ausgegangen werden, dass Eltern immer älter zu Eltern werden und dass es hierbei zu einer deutlichen Zunahme des Risikos kommt, dass Kinder mit Behinderung geboren werden, d. h. die Veränderung der Entwicklungsaufgaben von Menschen auch in Bezug auf ihre persönliche Rolle, so wie auf die Rolle ihrer Partnerschaft, führt medizinisch betrachtet dazu, dass Kinder mit Behinderungen geboren werden können. Gerade vor diesem Hintergrund sind dann diese Kinder als »kulturell gewollt« zu bezeichnen (auch wenn dieses beinahe paradox erscheinen mag). Das wiederum bedeutet, dass die in diesem Kontext tätigen Heilpädagogen zu beachten haben, wie sich das Rollenbild von Vater und Mutter in der aktuellen Gesellschaft verändert bzw. wie dieses und wodurch dieses zu bestimmten empirischen Valenzen in Bezug auf die Entstehung von Behinderung führen kann. Des Weiteren müsste realisiert werden, wie sich das Bild von Menschen mit Behinderung generell in der

Gesellschaft verändert (vgl. Willenbrink, 1999, 47 ff.). Hierbei kann festgestellt werden, dass nicht behinderte Menschen behinderte Menschen primär durch die Ausprägung deren Behinderung und eben nicht auf dem Hintergrund der Perspektive eines allgemeinen Personseins wahrnehmen. Es wäre vom beratenden Heilpädagogen abzuklären, ob und wie dieses bei den jeweils individuellen Personen, mit denen er arbeitet, der Fall ist. Des Weiteren kann und muss er aufzeigen, wie sich eine Familie mit behinderten Kindern entwickeln kann, d. h. welche psychosozialen Folgen das Ergebnis einer pränatalen Diagnostik nach sich ziehen kann. Auch können schon in einem ersten Schritt psychologische Aspekte in die Beratung einbezogen werden (ebd., 53 ff.). Den Eltern müssen hierbei Hilfestellungen an die Hand gegeben werden, dass sie den Prozess der Akzeptanz des Kindes als eigenständiges Subjekt erkennen und verstehen. Ganz gleich ob es sich hierbei um ein behindertes oder nicht behindertes Kind handelt, muss sich die Mutter von dem Kind bzw. aber auch von den Fantasien, welche sie in Bezug auf ihr Kind hat, lösen, damit Geburt und weiterer familiärer Prozess als Bereicherung und nicht als Störung erlebt werden können. Dieser psychische Anpassungsprozess der Mutter (aber auch der gesamten Familienstruktur) führt unter anderem dazu, dass die intensiven Ambivalenzgefühle, welche sich in der Schwangerschaft auftun können, besprochen werden müssen. Gerade diese Ambivalenz ist bei der Sorge um ein möglicherweise behindertes Kind um ein Vielfaches höher, zudem nehmen diese Gefühle noch intensiver zu, wenn das Kind geboren ist.

Die psychische Dimensionierung des Schwangerschaftsverlaufes bzw. der ersten Zeit nach der Schwangerschaft ist somit in den Fokus heilpädagogischen Handelns zu nehmen: Wie erlebt die Frau die unterschiedlichen Perioden der Schwangerschaft? Wie erlebt sie die Verunsicherung bzw. vielleicht aber auch die Versicherung eines pränataldiagnostischen Ergebnisses? Wie wirkt sich dieses auf ihre Partnerschaft, wie auf die Gesamtfamilie aus? Enthält die Schwangerschaft stabilisierende Elemente oder ist sie in Gänze dazu angetan, die Frau zu verunsichern? Hierbei kann davon ausgegangen werden, dass aktuell »die Frauen ihre Schwangerschaft eher als eine Krisenzeit und weniger als hoffnungsvolle Zeit (erleben). Sie müssen ihre bestehenden Bilder, Normen und Vorstellungen, an die sie sich bislang orientiert haben, erneuern, da sich diese durch die veränderten Bedingungen nicht länger aufrechterhalten lassen. Um diesen Übergang von einer Lebensphase in die nächste bewältigen zu können, sind neben rationalen Handlungsmustern auch Fantasien, Ambivalenzen, Ängste und Unsicherheiten notwendig. Für die vielen Ängste und Unsicherheiten stehen den Frauen heute nur wenige Rituale und soziale Ressourcen zur Bewältigung zur Verfügung (...). Bei den Frauen besteht daher, mehr denn je, der Wunsch nach Kontrolle und Sicherheit, die sie sich von der Medizin und dem sozialen Umfeld (Partner) erhoffen« (ebd., 56).

Der Heilpädagoge im Arbeitsfeld einer vorgeburtlichen Begleitung und Beratung hätte somit eine Position zu beziehen und zu konkretisieren, welche ein psychologisches und pädagogisches Netz der Sicherheit, neben demjenigen der medizinischen Versorgung, schafft. Der Fokus liegt also schon in einem ersten Schritt des heilpädagogischen Handelns darauf, eine interdisziplinäre Positionierung und Versorgung zu planen und durchzuführen. Gerade die Auseinandersetzung mit Schwangerschaftsängsten steht hierbei im Mittelpunkt der Beratungsgespräche. Die

Angst, ein möglicherweise behindertes Kind zu bekommen, das heißt die Angst vor dem Fremden, die Angst vor eigener und fremder Verletzlichkeit, die Angst vor einer narzisstischen Kränkung, ja sogar die Angst vor dem eigenen oder fremden Tod, ist hierbei in hohem Maße anzusprechen (ebd., 62). Das Zulassen von Widersprüchen, aushalten können und müssen von zum Teil nicht auflösbaren Problemkonstellationen, Kommunikationsmustern und Ängsten gehört hier zum Grundinventar eines heilpädagogisch Handelnden. Eine professionelle heilpädagogische Handlung hat somit die Konstruktionsmechanismen der Gesellschaft, der Organisation, in welcher Beratung stattfindet, der konkreten Person, mit welcher diese Beratungsprozesse durchgeführt werden, ebenso in den Blick zu nehmen wie die humanistische Basis, von welcher aus diese Gespräche geführt werden müssen. Häufig sind hierbei eindeutige Antworten nicht möglich bzw. eher kontraindiziert. Das »kritische Lebensereignis« (Fricke, 2005, 19) ist von allen Beteiligten als wirkliche Krise zu verstehen: Die Mutter, der Vater, das Paar, die gesamte Familienstruktur steht hier an einem Scheideweg, wobei eigentlich im Vorfeld die Entscheidung getroffen werden muss, wie die Entscheidung für den weiteren Weg aussieht. Heilpädagogisches Handeln ist hier sowohl Beratung auf dem Weg als auch Beratung an diesen entscheidenden Nahtstellen. Mit Goll (2005, 70 ff.) kann davon ausgegangen werden, dass sowohl die Diagnoseeröffnung als auch die Zeit während der Geburt, die Zeit nach der Geburt und die Nachsorge im medizinischen wie aber auch im pädagogischen Arbeiten eine zentrale Rolle spielen. Heilpädagogisches Handeln stellt sich hierbei als pädagogisches Handeln auf der Grundlage von Menschenwürde und Achtung dar. Die von Janus Korczak begründeten Prämissen dieses Handelns, nämlich das Recht des Kindes auf seinen eigenen Tod, das Recht des Kindes auf den heutigen Tag und das Recht des Kindes so zu sein, wie es ist, sind hierbei genauso relevant wie die Elternrechte im Vollzug dieses Prozesses (vgl. ebd., 77 ff.).

Zusammenfassend kann somit festgehalten werden, dass sich die Aufgaben der heilpädagogisch Tätigen im Bereich der rasant fortschreitenden Entwicklung der pränatalen Diagnostik auf eine Auseinandersetzung mit aktuellen medizinischen Fragestellungen sowie mit Begründungen eines Beratungsprozesses im Kontext von psychologischen und soziologischen Erkenntnissen einstellen müssen. Die pädagogische Orientierung hierbei, d. h. die Wahrnehmung der Dynamiken von Sein und Werden im Kontext einer Familienstruktur, sind relevant um Konstruktionsmechanismen der Familie, welche durch die Gesellschaft bedingt sind, im Hinblick auf eine humane und humanistisch geprägte Gestaltung von Beziehungs- und Familiendimensionen konkret werden zu lassen. An welchen Stellen der Heilpädagoge dabei tätig wird, ob er zum Beispiel im Rahmen des Eingebundenseins in einem Krankenhaus, in freier Praxis oder in Beratungsstellen handelt, ist an dieser Stelle nicht sekundär, dieses erscheint uns aber nicht so relevant zu sein – auch wenn natürlich die jeweiligen organisationskulturellen Einflussnahmen der Einrichtung, in welchen und mit welcher er handelt, Auswirkungen auf seine Tätigkeit haben können. Abschließend bleibt somit festzuhalten, dass eine heilpädagogische Verantwortung schon vor dem Auftreten einer Behinderung realisiert werden muss, da die Bilder, die von Behinderung in der Gesellschaft bzw. durch diese wiedergegeben werden, schon in diese Prozesse einfließen bzw. der Heilpädagoge durch konkretes Handeln diese Bilder zu modifizieren in der Lage ist. Schon in diesem ersten lebenslauforientierten Schritt ist heilpädagogisches Handeln ethisches und politisches Handeln, welches didaktisch-methodisch realisiert werden muss.

6.3.2 Geburt/Krankheit: Krankenhaus

Stellen wir uns vor, dass das sehnsüchtig erwartete Kind (es ist ein Junge, dem die Eltern den Namen Franz gegeben haben) zu früh auf die Welt kommt (sog. Frühgeburt) und mehrere Wochen bis Monate im Krankenhaus bleiben muss, um medizinisch versorgt zu werden und im geschützten Rahmen die Entwicklungsschritte nachzuholen, die normalerweise noch im Mutterleib vor der Geburt stattfinden. Nach einiger Zeit wird die Mutter nach Hause entlassen, und Franz muss noch im Krankenhaus bleiben. Fortan kommen die Eltern regelmäßig ins Krankenhaus, um bei ihrem Sohn möglichst viel Zeit zu verbringen. Die Ärzte und Pflegekräfte tun alles Erforderliche und der Junge macht gute Entwicklungsfortschritte. Wo und wie kann in solchen Situationen ein Heilpädagoge professionell tätig werden?

Wie im vorangegangenen Kapitel bereits erläutert, wird der Heilpädagoge dann tätig, wenn es sich bei der Geburt bzw. im Vorfeld einer Geburt um ein behindertes Kind handelt. Weiterhin wird er aber auch in professionelle Handlungsprozesse einbezogen, wenn ein Kind (mit Behinderung o. ä.) auf Grund einer Erkrankung ins Krankenhaus kommt. Als ein möglicher Einsatzort für Heilpädagogen kommt der Krankenhaussozialdienst infrage – obwohl dieser häufig noch von der Profession der Sozialen Arbeit versehen wird. Aber: insbesondere das Fachwissen um die Behinderungsbilder, sozialmedizinische Aspekte der Behinderung, die Orientierung im Sozialrecht und das methodische Know-how der Entwicklungsförderung begründen den Einsatz von Heilpädagogen in diesem Aufgabenfeld.

Grundlegend kann davon ausgegangen werden, dass es sich in diesem Aufgabenfeld vorrangig um die beiden didaktisch-methodischen Elemente der Beratung und der Begleitung handelt. Beratung im Rahmen des Krankheitsprozesses des Kindes bzw. im Rahmen aller hiervon betroffenen organisatorischen, strukturellen und inhaltlichen Gegebenheiten, die sich für die Familie verändern werden; Begleitung auf dem Prozessweg der Zeit im Krankenhaus bzw. gegebenenfalls auch darüber hinaus. Beide Formen können hierbei in Bezug auf ihre direkte bzw. indirekte Fokussierung unterschieden werden (vgl. Stemmer, 2000, 63):

- eine direkte Form der Gespräche und der allgemeinen Beratung, welche als Beratung bezeichnet werden kann,
- eine eher indirekte begleitende Form der Beratung, welche als Anleitung bzw. als Begleitung bezeichnet werden kann.

In der Beratung geht es primär um die Weitergabe sachlicher Informationen bzw. um die Begleitung in der Erkenntnis und Wahrnehmung der Realität einer Erkrankung. Im Bezug auf die Anleitung und Begleitung liegt der Schwerpunkt eher in der Unterstützung der vorhandenen Fähigkeiten der Eltern, um auf den Krankheitsprozess des Kindes besser eingehen zu können. Das Gespräch bietet somit die Basisvariable der Beratungsprozesse die im Krankenhaus. stattfinden. Hierzu muss so-

6.3 Heilpädagogisches Handeln im Kontext ausgewählter Lebensstationen

wohl organisationsstrukturell als auch inhaltlich ein Raum vorhanden sein, in welchem diese Gespräche stattfinden können. Der Heilpädagoge muss die Gesprächsinhalte sowohl vertrauensvoll behandeln als auch diese in den Kontext der Behandlungspläne des Krankenhauses mit einbringen können, so dass es zu einer konsiliarischen Vernetzung der Tätigkeiten kommen kann. In der konkreten Umsetzung dieser Fähigkeiten bringt er all das mit, was für heilpädagogisches Handeln zentral ist, was weiter oben schon dargestellt wurde und somit an dieser Stelle nicht weiter ausgeführt werden muss (wie z. B. die Fähigkeit des einfühlenden Verstehens, der Echtheit sowie des Umgangs mit Krisensituationen).

Gerade die Auseinandersetzung mit Krisen- bzw. Leidensprozessen erscheint auf diesem Hintergrund zentral: Der heilpädagogisch Tätige hat sich vor Augen zu führen, dass die Eltern in eine Situation geraten sind, welche vielleicht von einer doppelten Problematik gekennzeichnet ist. Auf der einen Seite erleben sie ein behindertes Kind und sind vielleicht gerade aktuell dabei, den Trauerprozess angesichts der Behinderung zu verarbeiten, auf der anderen Seite erleben sie dieses Kind nun als eventuell schwer erkrankt, so dass sich dieser Trauerprozess durch einen weiteren Trauerprozess überschattet darstellen lässt. Die psycho- und soziodynamischen Komponenten, die dieser mit sich bringt, sind vom heilpädagogisch Handelnden zu bedenken und in das Beratungsverfahren mit einzubeziehen. Eine systemische Vorgehensweise erscheint hierbei in hohem Maße angezeigt, um Konstruktionsmechanismen der Eltern bzw. der einzelnen Familienmitglieder zu fokussieren. Wie und wodurch Krise bzw. Leid erfahren wird, welche Entwicklungsmöglichkeiten sich für den Einzelnen bzw. für die Familie auftun, erscheint in diesem Tätigkeitsfeld in hohem Maße zentral. Der oder die heilpädagogisch Tätige sollte somit wissen, wie Krisenverarbeitungsprozesse ablaufen, welche unterschiedlichen Erfahrungen jeweils zum Tragen kommen können und wie diese Prozesse strukturell bzw. inhaltlich eine individuelle bzw. familiäre Dynamik zu beeinflussen in der Lage sind.

Gleichzeitig kann (und muss) der heilpädagogisch Tätige aber auch mit dem Kind arbeiten, um gegebenenfalls erste Frühfördermaßnahmen (▶ Kap. 6.3.3) zu realisieren. Hierbei ist er allerdings auf eine intensive interdisziplinäre Vorgehensweise angewiesen, da er gegebenenfalls nicht (als Mitarbeiter eines Krankenhauses) im Regelfall die Frühförderung dieses Kindes übernimmt. Grundlegend können für den heilpädagogisch Tätigen folgende Annahmen in der Arbeit im Krankenhaus zielführend sein (vgl. Stemmer, 2000, 96 ff.):

- Der Eintritt in das Krankenhaus bedeutet für die Eltern sowie für das Kind eine psychosoziale Bedrohung bzw. sogar Entwurzelung. Die Eltern geben vorübergehend ihre bekannten und gegebene Umwelt auf; dieses erfahren sie psychisch als eine intensive Belastungssituation, da alles unbekannt erscheint. Die sozialen Beziehungen der Familie zum Freundeskreis und zur Arbeit werden eingeschränkt und die Kompetenzen, die aus diesen Rollen entstehen, können im Krankenhaus nicht mehr umgesetzt werden, sie sind nicht mehr hilfreich und handlungsleitend. Die Organisationsstruktur eines Krankenhauses führt gegebenenfalls dazu, diese Verunsicherung noch weiter zu intensivieren. Im schlimmsten Falle kommt es zu einer Entmündigung der Eltern, da andere Bezugspersonen für ihr Kind und letzten Endes auch für sie zuständig sind. Auf diesem Hintergrund hat der Heilpädagoge zu agieren und gegebenenfalls die Funktion eines Case-Managers zu übernehmen (vgl. Greving, 2008, 169 ff.). Die Beziehungen dieses »Falles« in einer Familie sind somit von Heilpädagogen zu strukturieren und zu begleiten. Der heilpädagogisch Tätige hat hierbei neben den Beratungskompetenzen die Fähigkeiten zur Konfliktlösung, zur interkulturellen Kompetenz, zur Moderation und Mediation mitzubringen, er muss an verschiedenen Schnittstellen des Krankenhausbereiches tätig sein, er muss seine Arbeit dokumentieren und evaluieren, um somit an den unterschiedlichsten »Stellschrauben« dieser Netzwerkarbeit teilhaben zu können (ebd., 177). Im Mittelpunkt dieser Tätigkeiten stehen somit die Ressourcen der Familien bzw. der einzelnen Personen; diese müssen erhalten werden, um das Familiensystem an der Genesung des Kindes teilhaben zu lassen bzw. die Gesundung des gesamten Familiensystems muss in die Perspektive der Tätigkeit im Krankenhaus geraten.

- Der Eintritt ins Krankenhaus bedeutet für die Eltern, aber auch für die Kinder eine relative Aufgabe ihrer jeweiligen Identität. Wie oben bereits erläutert, zwingt das Krankenhaus die einzelnen Menschen dazu, ihre Rolle abzugeben und eine andere Rolle, nämlich diejenige des Leidenden, zu übernehmen. Die Krankenhausorganisation beschränkt die Möglichkeiten einer individuellen Gestaltung all dessen, was bekannt ist, vielmehr regeln nun Rituale die Art, wie Beziehungen aufgenommen und gepflegt werden (vgl. Stemmer, 2000, 97). Auch an diesem Punkt hat der Heilpädagoge die Selbstheilungskräfte der Familie zu unterstützen, er muss auf humanistischer Grundlage versuchen, Konstruktionsmechanismen, die bislang dafür gesorgt haben, dass das Familiensystem erhalten geblieben ist, zu nutzen, um Potenziale und Ressourcen der Familie und der einzelnen Familienmitglieder zu unterstützen und zu stärken.
- Die Probleme, welche durch die Struktur einer Krankenhausorganisation entstehen, sind vom Heilpädagogen zu antizipieren und in die Beratungsgespräche mit einzubinden: Die häufig hierarchische Struktur, die Fremdartigkeit der Sprache, die Arbeitsabläufe sind den Eltern deutlich zu machen, so dass diese nicht als bedrohlich erscheinen. Der heilpädagogisch Tätige muss somit aktiv in die Organisationsprozesse eingreifen, um die jeweilige Situation der Menschen mit Behinderung bzw. ihrer Eltern zu stabilisieren.
- Dabei hat die heilpädagogisch Handelnde zu bedenken, dass sich sehr deutliche Unterschiede zwischen ihrer Auffassung von Struktur und Handeln zu derjenigen der Medizin ergeben, da sich sowohl die Menschenbilder als auch die Handlungsweisen zum Teil diametral entgegen zu stehen scheinen – auch wenn dieses in der praktischen Arbeit eigentlich nicht der Fall sein sollte: Das medizinische und das pädagogische Weltbild gehen auf jeweils sehr unterschiedliche Grundannahmen zurück, die im einen Fall eher biologisch, im anderen Falle eher geisteswissenschaftlich verortet erscheinen. Der Heilpädagoge hat somit Brücken zu bauen zwischen dem medizinischen und pflegerischen Fachpersonal und den Eltern, welche natürlich beide Lösungsmöglichkeiten (die medizinische wie auch die pädagogische) für die Gesundung ihres Kindes benötigen.

Die Strukturierung eines individuellen Hilfeprozesses (auch im Rahmen eines Case-Managementprozesses) steht somit im Mittelpunkt der Arbeit eines Heilpädagogen im Organisationsfeld des Krankenhauses (vgl. Trost et al. 2000, 23 ff.; Wendt 2018,

216–262). Dieser Hilfeprozess muss in die Gesamtlogik eines Krankenhauses eingegliedert sein, so dass der Heilpädagoge neben seiner direkten Arbeit mit den Eltern bzw. der direkten Arbeit mit dem Kind noch eine weitere Tätigkeit übernimmt: nämlich die Aufgabe, die organisationsstrukturellen Prozesse voranzubringen. Diese sind auf dem Hintergrund der Strukturen der Organisation und der Notwendigkeiten des Kindes bzw. der Familie zu planen und zu koordinieren. In der Rückschau muss dieser Prozess überprüft werden, damit deutlich wird, was an welcher Stelle positiv bzw. negativ konnotiert wurde. Folgende Handlungsschritte sind hierbei gegebenenfalls zu bedenken (vgl. Trost et al. 2000., 24 ff.):

- Initiative; d.h. der Heilpädagoge wird aktiv tätig auf Anregung externer Kooperationspartner oder der Angehörigen.
- Sammeln von Basisinformationen; der Heilpädagoge nimmt Kontakt mit der Station auf, auf welcher das behinderte bzw. kranke Kind untergebracht ist, um nähere Angaben über dieses und über die Familie zu erhalten.
- Engagement; im Rahmen der Kontaktaufnahme hat der Heilpädagoge unterschiedliche Kommunikationswege zwischen dem Klienten bzw. der Familie aufzubauen. All dieses muss in ein Hilfebedarfsverfahren einfließen, welches protokolliert und evaluiert wird.
- Assessment; der Heilpädagoge hat den Hilfebedarf und die Ressourcen des Klienten bzw. des Klientensystems zu ermitteln. In diesem Kontext sind Gespräche, aber auch nonverbale Botschaften aller Beteiligten in hohem Maße relevant. Hierzu wird eine Diagnose im Rahmen einer Sozialdiagnose erstellt und mit allen weiteren Mitarbeitern der Station sowie den beteiligten Ärzten vernetzt.
- Kontakt- und Zielformulierung; diese erfolgen unter der Berücksichtigung der persönlichen und externen Ressourcen und Rahmenbedingungen des jeweiligen Krankenhauses bzw. der jeweiligen Station. Hierbei sind die Wünsche des Klienten zu berücksichtigen. Das, was notwendig ist, wird schriftlich fixiert und umgesetzt.
- Planungsphase; in dieser werden Kriterien festgelegt, an welchen erkennbar ist, wie sich der einzelne strukturelle Weg gestaltet hat. Hierzu wird aber auch ein Krisenplan entwickelt, wenn es einmal zu Abweichungen von der vorgegebenen Route gekommen sein sollte.
- Interventionen; die geplanten Aufgaben werden durchgeführt. Auf diesem Hintergrund übernimmt der Heilpädagoge ein deutliches »anwaltliches« (ebd., 26) Tätigsein.
- Koordination und Monitoring; hierdurch findet ein regelmäßiger Kontakt zwischen der Heilpädagogin und der Familie bzw. dem kranken Kind statt. Dieser Kontakt wird mit dem medizinischen Personal vernetzt und überprüft. Kommt es hierbei gegebenenfalls zu einer Erfassung von Lücken, wird der Hilfebedarf erneut koordiniert und es wird versucht, diese organisatorischen und inhaltlichen Lücken zu schließen.
- Evaluation; zum Abschluss kommt es zu einer schriftlichen Dokumentation und Überprüfung des gesamten Verfahrensablaufes.
- Zum Abschuss beendet der Heilpädagoge den Kontakt zur Familie und nimmt ihn gegebenenfalls zu einem späteren Zeitpunkt, d.h. bei einem weiteren Klinikaufenthalt wieder auf.

Diese kurze Skizzierung eines Case-Managementverlaufs macht deutlich, dass die Beratung und Begleitung im Krankenhaus einem recht strikten Plan folgen kann, welcher wiederum in den konkreten Menschenbildannahmen der Heilpädagogik verwurzelt ist, gleichzeitig aber auch auf die Organisationsstrukturen der jeweils konkreten Organisation ausgerichtet sein muss (in unserem Falle somit also des Krankhauses). Die Grundvariablen einer Didaktik und Methodik der Heilpädagogik im Krankenhaus bestehen somit aus den Fähigkeiten zur Begleitung und zur Beratung, wobei beide in die Methode des Case-Managements einfließen.

6.3.3 Säugling/Kleinkind: Frühförderung

Die Förderung stellt eine der Hauptaufgaben und -konzepte heilpädagogischer Unterstützung von Menschen mit Beeinträchtigung/Behinderung dar. Die Frühförderung will stützen, anregen, entfalten, begleiten usw. Sie ist auf all das ausgerichtet, was in der Entwicklung eines Säuglings bzw. Kleinkindes aus irgendeinem Grund nicht vorankommt, stockt, auf der Stelle tritt, auf Abwegen herum irrt. Hierfür sind in den letzten Jahrzehnten methodische Ansätze und Vorgangsweisen zusammen gestellt und entwickelt worden, die sich für individuelle Unterstützung betroffener Kinder und Familien als hilfreich erweisen.

Der Junge, Franz, der zu früh auf die Welt gekommen ist, hat die ersten fünf Monate seines Lebens im Krankenhaus verbracht und mit Hilfe der Fachleute dort seine Entwicklung weitestgehend eingeholt. Seine Eltern sind beratend von einer Heilpädagogin begleitet worden und erhielten sowohl von ihr als auch von den Ärzten viele Informationen hinsichtlich der möglichen Beeinträchtigungen bei Franz, die ursächlich auf die Frühgeburt zurückzuführen sind. Die Pflegekräfte haben der Mutter einige hilfreiche Tipps für den alltäglichen Umgang mit ihrem Sohn gegeben. Die Heilpädagogin hat auch Kontakte zu einer Frühförderstelle hergestellt, in der man Franz auf seinem Entwicklungsweg gezielt unterstützen wird.

Nun ist Franz zu Hause, mittlerweile 20 Monate alt, und gedeiht, gleichwohl er noch recht klein ist, motorisch auffällig erscheint (er kann noch nicht allein laufen und seine Bewegungen sind noch ziemlich unkoordiniert) und seine Sehkraft offensichtlich ebenfalls problematisch ist (er muss die Dinge ganz nah an die Augen bringen, um sie zu erkennen). Seine Eltern bringen ihn regelmäßig zur Frühförderung und unterstützen nach der Anleitung des Heilpädagogen aus der Frühförderstelle auch zu Hause seine Entwicklung.

Was heißt es konkret, in einer Frühförderstelle als Heilpädagoge tätig zu sein?

Das Handlungs- und Tätigkeitsfeld der Frühförderung stellt in der Heilpädagogik schon seit langem einen zentralen Bezugspunkt praktischer Tätigkeit dar, so dass an dieser Stelle hierauf ein wenig intensiver eingegangen werden muss. Mehr noch: Auf Grund der sozialdemographischen Entwicklung in Westeuropa hat sich die Situation dahingehend verändert, dass Frühförderung ein immer intensiver angefragtes Tätigkeitsfeld (in der Heilpädagogik) wird. Mit Havemann (2007, 12 f.) kann dieses an folgenden Punkten festgemacht und verdeutlicht werden:

- Die Scheidungsrate in den nord-, mittel- und westeuropäischen Ländern hat in den letzten Jahrzehnten rasant zugenommen, da »nahezu die Hälfte aller nordeuropäischen Ehepartner, ein Drittel der west- und mitteleuropäischen und ungefähr ein Zehntel der südeuropäischen Ehen [...] mindestens einmal geschieden (wird)« (ebd., 12).
- Die Scheidungsrate bei Familien mit einem behinderten Kind nimmt hierbei nicht signifikant zu, es sind eher die Belastungen, die die Gesellschaft auf die jeweiligen Familien ausübt, so dass diese häufig nicht mehr dazu imstande sind, als intakte Familien ihr Leben aufrecht zu halten.
- Durch die skizzierten Ehescheidungen hat sich die Anzahl der so genannten Ein-Elternfamilien in den letzten Jahrzehnten drastisch erhöht. Weiterhin kommt es zu relativ vielen Geburten in so genannten nicht ehelichen Partnerschaften: »In Ostdeutschland wohnen knapp ein Drittel der Kinder unter 2 Jahren und 11 % der 6–7jährigen in nichtehelichen Lebensgemeinschaften« (ebd., 13).
- Diese knapp skizzierten gesellschaftlichen Bedingungen betreffen somit entweder direkt oder indirekt auch Familien, welche mit behinderten Kindern leben. Auf diesem Hintergrund werden sich immer mehr Mütter alleine um ihre behinderten Kinder kümmern und für sie sorgen. »Es gibt zwei Erklärungen für dieses Phänomen. Die wichtigste Erklärung, die vor allem auch die jüngeren Kinder trifft, ist die Scheidungsrate. Die zweite Erklärung ist, dass geistig behinderte Kinder länger bei ihren Eltern wohnen, oft bis ins Erwachsenenalter« (ebd.).

Aus diesen sozialdemographischen Veränderungen lassen sich bestimmte Konsequenzen in Bezug auf die Fundierung und die Notwendigkeit der Frühförderung ableiten (vgl. ebd.):

- Es kommt zu einer deutlichen Zunahme der allein erziehenden Eltern.
- Der Zeitraum, in welcher eine Familie für ein Kind mit Behinderung verantwortlich ist, nimmt zu.
- Die Geschwister stehen in einem weitaus intensiveren Kontakt zu dem behinderten Kind in dieser Familie.
- Es gibt immer weniger so genannte »Kernfamilienmitglieder«, welche die Versorgungsrolle der Mutter (oder des Vaters) übernehmen können oder übernehmen wollen.
- Die Mütter haben somit immer weniger Zeit für Erziehungsaufgaben, die Väter müssten intensiver beteiligt sein im Haushalt und in der Erziehung der Kinder bestimmte Aufgaben zu übernehmen.
- Die Familien sind im Hinblick auf die Versorgung und Begleitung und Erziehung ihrer Kinder mehr auf informelle bzw. auf professionelle soziale Dienste angewiesen.

In diesem Kontext kommt es zu z. T. intensiven psychosozialen Konflikten in den Familien bzw. Familienstrukturen, in denen die Frühförderung tätig werden muss (vgl. Leyendecker, 2008, 25 f.):

- die Konflikte der Eltern,
- die psychischen Störungen der Eltern,
- das Bindungsverhalten zu den Kindern, welches sich zwischen unsicher, meidend, ambivalent und desorganisiert ausspannen kann,
- möglicherweise Gewalt- und Misshandlungserfahrungen innerhalb der Familie,
- ein wenig kohärentes bzw. inkonsistentes Erziehungsverhalten der Eltern,
- das Vorhandensein und die Zunahme sehr junger Eltern,
- alleinerziehende Eltern,
- sehr niedriger sozioökonomischer Status der Gesamtfamilie.

Häufig betreffen diese Risikofaktoren auch die Kommunikations- und Interaktionsweisen in den Familien, was bedeutet, dass die psychosoziale Entwicklung eines Kindes vor allem von der Qualität bestimmt wird, wie die anregenden Beziehungen zu den unterschiedlichen Bezugspersonen in der Familie (und ggf. auch darüber hinaus) gestaltet werden (vgl. ebd.). Das System der Frühförderung hat sich hierbei den soziodemographischen und anthropologischen und philosophischen sowie gesellschaftspolitischen Bedingtheiten und Bedingungen anpassen müssen, so dass es im Verlauf der letzten 40 Jahre zu einem deutlichen Wandlungsprozess in der Frühförderung gekommen ist (vgl. hierzu ausführlich Havemann, 2007, 54 ff.; Sohns, 2000, 30 ff.; Sohns 2010, 17–26; Leyendecker, 2008, 22 ff.; Gebhard/Möller-Dreischer/Seidel/Sohns 2018, 20 ff.). Die Rollen der heilpädagogisch Handelnden haben sich in diesen Jahrzehnten einschneidend verändert: So gab es zwar schon vor 1974 bestimmte Einrichtungen, welche der besonderen Förderung entwicklungsgefährdeter Kinder gewidmet waren, z. B. entstand bereits 1968 ein erstes sozialpädiatrisches Zentrum in München. Dennoch waren diese Einrichtungen sehr stark auf die Behandlung des Kindes und weniger auf die Zusammenarbeit mit den Eltern bzw. mit einem Familiensystem ausgerichtet. Zudem gab es in dieser so genannten »Pionierphase« keine professionellen Kooperationen. Vielmehr ging es in unterschiedlichen Einzelinitiativen darum, aus der jeweiligen Perspektive dieser Initiative zu erkunden, wie und wodurch bestimmte Entwicklungshilfen strukturiert werden konnten (vgl. Havemann, 2007, 55). Erst in den darauffolgenden Phasen der Konstitution professioneller Dienste bzw. der interprofessionellen Kooperations(ver)suche gelang es mehr und mehr, unterschiedliche Ebenen und Elemente der Frühförderung zu bündeln und zu nutzen. Diese Phase mündete ein in so genannte »makrosystemische Zentrierungsversuche« (ebd., 56), in welcher es um die Eingliederung des Teilsystems der Frühförderung in größere soziale Bedingungssystem der Behindertenhilfe ging. Eine relevante Gesetzesänderung wurde hierbei im Jahr 2001 vollzogen: Im Juni dieses Jahres wurde im »Sozialgesetzbuch IX – Rehabilitation und Teilhabe behinderter Menschen« die Frühförderung als Komplexleistung beschrieben und aufgenommen. Die relevanten Elemente dieser Komplexleistung sind:

- die Interdisziplinarität, d. h. die Notwendigkeit, dass alle Fachkräfte, welche sich aus medizinischen, sozialpädiatrischen, psychologischen, psychosozialen und sonder- und heilpädagogischen Bereichen zusammensetzen können, in einem Team kooperieren müssen;

- die Ganzheitlichkeit, dies bedeutet, dass die Frühförderung selbstverständlich nicht nur die Verhaltensweisen des Kindes modifizieren möchte, sondern die gesamte Entwicklung des Kindes in seinem Umfeld bzw. das Umfeld als solches betrachtet;
- die Partnerschaft zwischen den Eltern und den Fachpersonen, welche auf ein gemeinsames Ziel hinarbeiten, das sich als Normalisierung und Integration (ggf. auch als Inklusion) beschreiben lässt.

Aktuell kann und soll sich die Frühförderung als Komplexleistung an folgenden Prinzipien orientieren:

- »Familienorientierung: Was wirkt im Hinblick auf den Einbezug der Bedarfe von Familien?
- Sozialraumorientierung: Wie können diese Bedarfe mit Blick auf die Rolle der Frühen Hilfen in den Regionen aufgegriffen werden?
- Effektivität und Wissenschaft: Welche wissenschaftlichen Erkenntnisse liegen hinsichtlich ihrer Wirksamkeit vor?
- Diversitätsorientierung: Wie kann Frühförderung den unterschiedlichen Ausgangslagen und Fragestellungen der Familien gerecht werden?
- Interdisziplinarität und Internationalität: Wie lässt sich die Zusammenarbeit unterschiedlicher Fachkräfte in ein gemeinsames Dokumentationssystem überführen und welche internationalen Erfahrungen können die Frühförderung bereichern?
- Notwendige Rahmenbedingungen: Welche strukturellen, rechtlichen und konzeptionellen Faktoren beeinflussen die künftige Frühförderung?« (Gebhard/Möller-Dreischer/Seidel/Sohns 2018, 9).

Die Prinzipien können auch als Leitideen für die heilpädagogisch Tätigen in der Frühförderung betrachtet werden.

Weitere Veränderungen in der Frühförderung werden vor allem auch an der Tätigkeit der pädagogischen Mitarbeiter mit den Eltern deutlich (vgl. Havemann, 2007., 57 ff.): So wurden die Eltern zu Beginn der Entwicklung der Frühförderung als Laien betrachtet, im Mittelpunkt der Frühdiagnostik und Frühtherapie stand jedoch der Arzt bzw. das psychologische Fachpersonal. Das darauf folgende Ko-Therapeutenmodell ging davon aus, dass die Eltern als »kleine« Fachleute in die Frühförderung einzubeziehen waren. Dieses Modell war lerntheoretisch stark vom Behaviorismus geprägt, so dass die in der Frühförderung tätigen professionellen Mitarbeiter die Eltern häufig dazu aufforderten, Verstärkerprogramme mit ihren Kindern zu entwickeln. Diese funktionalistische Sicht wurde danach (ungefähr in der Mitte der 80er Jahre des letzten Jahrhunderts) vom Kooperationsmodell abgelöst. Dieses ging davon aus, dass die Eltern erhebliche Kompetenzen mitbringen, welche in der pädagogischen Arbeit mit den Kindern relevant und notwendig sind. Zudem ist dieses Modell dazu in der Lage, das Ko-Therapeuten bzw. Kooperationsmodell zu überwinden, da es aus konstruktivistischer Sicht die Vernetzung der unterschiedlichen Ebenen stärker zu fokussieren weiß.

Der Weg der Frühförderung führte somit in den vergangenen Jahrzehnten »von der Behandlung zum gemeinsamen Handeln« (Leyendecker, 2008, 22). Es fand ein

Wechsel der Leitidee statt, welche somit von der einzelnen Heilbehandlung hin zur interdisziplinären Zusammenarbeit führte. Die Frühförderung nahm die Entwicklungen in den psychosozialen und demographischen Sichtweisen (s. o.) auf und nutzte sie für die Ausbildung von vernetzten und vernetzenden Kooperationsmodellen. Gerade in der Wahrnehmung der Kompetenzen bzw. der Ressourcenorientierung nahm die Frühförderung hierbei die Risiko- und Schutzfaktoren in der Entwicklung des Kindes bzw. der Familien stärker in den Blick:

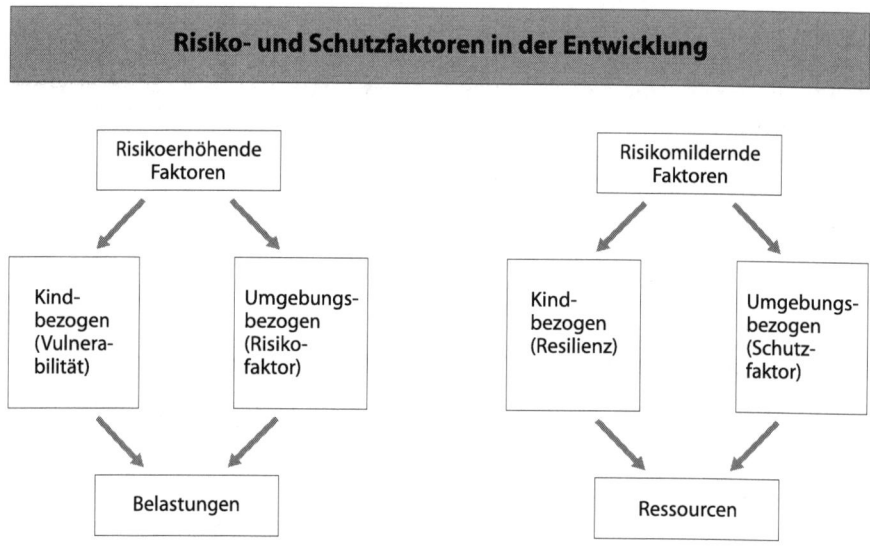

Abb. 14: Risiko- und Schutzfaktoren in der Entwicklung. (Leyendecker, 2008, 27)

Gerade in der Zusammenschau der Risiko- und Schutzfaktoren zwischen den Kindern und den Familien, d. h. also in der Vernetzung zwischen Umwelt und Person bzw. in den Passungsverhältnissen der unterschiedlichen Systeme, können nun Belastungen und Ressourcen fokussiert, abgewogen und im Hinblick auf pädagogische Programme nutzbar gemacht werden. Diesen aktuellen Stand der Frühförderung bilanzierend, kann somit davon ausgegangen werden, dass »die Leistung nicht ausschließlich vom Leistungserbringer abhängt, sondern in einer Wechselwirkung von Leistungserbringer und Leistungsempfänger entsteht. Die Komplexleistung Frühförderung ist demnach nicht nur abhängig von der fachlichen Kompetenz der Leistungserbringer und deren interdisziplinären Kooperation, sondern entfaltet sich nur unter der Mitwirkung der Nutzer (Eltern und Kind). Außerdem kommt es in der Frühförderung weniger auf das an, was vermittelt wird, sondern wie es vermittelt wird. Der Erfolg einer Förderung stellt sich ›mittelbar‹ ein, d. h. ist im Wesentlichen die Qualität der förderlichen ›ökologischen‹ Situation oder im wörtlichen Sinne die Vermittlung der ›Vermittelung‹ zwischen Kind und Umwelt, d. h. die zwischenmenschliche Beziehung, die die Wirkung ausmacht [...]. Das interaktionale Geschehen steht deshalb im Mittelpunkt der Förderarbeit, die die interdisziplinären

Kooperationen verschiedener Fachdisziplinen vorbereitet und gestaltet« (Leyendecker, 2008, 31 f.).

Auf diesem Hintergrund ist Frühförderung somit als »transaktionaler Trialog« (ebd., 32) zu verstehen, in welchem alle Beteiligten eine Konzeptions- und Methodikentwicklung vornehmen müssen, in welcher diese, also sowohl Fachleute, Eltern und Kinder, über die einzelnen Disziplinen und Erfahrungen hinaus ein gemeinsames Handeln planen, realisieren und evaluieren. Noch einmal: Nicht die Behandlung, sondern das gemeinsame Handeln steht im Fokus einer solchen interdisziplinären, ja beinahe transdisziplinären Frühförderung als Komplexleistung. Ein solchermaßen verstandenes System von ganzheitlichen und interdisziplinären Hilfeansätzen umfasst im Rahmen der Frühförderung mindestens nachfolgende Angebote (vgl. Sohns, 2000, 15):

- Diagnostik,
- Therapie,
- Pädagogische Förderung,
- Beratung, Anleitung und Unterstützung der Eltern.

Was bedeutet es aber konkret, eine Frühförderstelle in Anspruch zu nehmen? Die Interdisziplinäre Frühförderstelle der Lebenshilfe Witten verweist z. B. in diesem Zusammenhang auf die familiäre Lage im Kontext einer auffälligen (im Sinne der beunruhigenden) Entwicklung des Kindes: Manchmal sind Eltern über die Entwicklung ihres Kindes beunruhigt, weil ihr Kind

- zu früh geboren ist,
- sich langsamer oder »anders« als Gleichaltrige entwickelt,
- auffällig ruhig oder unruhig ist,
- sich nichts zutraut oder schnell aufgibt,
- wenig Kontakt zu den Eltern oder anderen sucht,
- nicht richtig oder kaum spricht,
- unsicher in der Bewegung ist,
- von einer Behinderung bedroht oder behindert geboren ist.

Die Unterstützung des Kindes und seiner Eltern bezieht sich folglich insbesondere auf die diagnostische Erkennung von Entwicklungsverzögerungen und heilpädagogisch sowie auch medizinisch ausgerichtete Förderung hinsichtlich der allgemeinen Entwicklung, Wahrnehmung, Bewegung, Sprache, Selbstständigkeit und des Sozialverhaltens. Die heilpädagogische Frühförderung umfasst mehrere Ebenen:

- Förderung im Einzelsetting (z. B. Basale Stimulation, Baby-Massage, Sensorische Integration, Heilpädagogische Übungsbehandlung, rhythmisch-musikalische Erziehung, Sprachförderung bzw. -anbahnung, motorische Förderung, Spiel u. ä.);
- Förderung im Gruppensetting (viele der genannten Vorgänge weisen neben der Einzelrelevanz auch eine Gruppenrelevanz auf);
- Elternarbeit (Begleitung, Beratung, Anleitung hinsichtlich eigenständiger Durchführung von Förderübungen, Eltern-Kind-Gruppen u. ä.).

Auf diesem Hintergrund sind in der Komplexleistung Frühförderung medizinische, pädagogische, psychologische und sogar soziologische Leistungen miteinander zu vernetzen. Die Beratung sowie die Anleitung und Unterstützung der Eltern ist hierbei sowohl individuell als auch gruppenspezifisch umzusetzen. Ein aktueller Ansatz geht somit von folgenden Grundprinzipien aus (vgl. Sohns, 2000, 21 ff.):

Frühförderung als Entwicklungsförderung des Kindes

Es geht hierbei um die Förderung und Unterstützung der intellektuellen, kognitiven, emotionalen und sozialen Entwicklung des Kindes im sozialen Kontext seines Gewordenseins. Diese Förderung kann sowohl individuell als auch durch Gruppenangebote realisiert werden. Am Anfang der Umsetzung dieser Grundaufgabe steht hier zunächst die Diagnostik, d. h. das Erkennen der Verursachung einer Erkrankung, Störung oder Behinderung bzw. die Inaugenscheinnahme möglicher Ursachen, um hieran anschließend Förderkonzepte entwickeln zu können. Schon in dieser ersten Phase ist die Heilpädagogik dazu aufgefordert, mit dem medizinischen Bereich sehr eng zusammen zu arbeiten bzw. diesen dazu aufzufordern, in eine interdisziplinäre Zusammenarbeit einzutreten. Aus medizinischer Sichtweise mag dieses als »Frühtherapie« bezeichnet werden und eher krankengymnastisch, ergotherapeutisch oder logopädisch orientiert sein; für eine pädagogische Ausrichtung hat sich hierbei jedoch eine Förderorientierung etabliert (ohne hierbei den Begriff der »Förderung« in Abgrenzung zu demjenigen der »Begleitung« oder der »Assistenz« zu diskutieren), welche eben nicht funktionsbezogen, sondern interaktions- und kommunikationsbezogen ausgerichtet ist (vgl. Sohns, 2000, 22 f.).

Die frühen Hilfen als Prozess der Kooperation mit den Eltern

Die fördernde Wirkung des o. g. fachspezifischen Handelns wird verstärkt, wenn das Kind und seine Familie mit der Fachperson kooperieren, üben, aushalten, durchhalten. Das kommt vor allem dann zustande, wenn die Fachperson die zu unterstützenden Menschen wahr- und ernstnimmt – mit allem, was sie bewegt, was sie empfinden, denken und brauchen. Dann fühlen sie sich mit ihr im Fördergeschehen wohl. Dieses Wohlfühlen stellt also ein »Wirksamkeitskatalysator« der Förderungsvorgänge dar.
Als gleichberechtigt in einer früh beginnenden Arbeit mit den Kindern sind die Eltern in diesen Prozess einzubeziehen. Die Arbeit ist hierbei sowohl alltagsspezifisch, d. h. auf die konkreten Erfahrungen, Nöte und Unterstützungsleistungen der Eltern bezogen, als auch emotionsspezifisch ausgerichtet, um die Gefühle, Ängste und Sorgen der Eltern zu fokussieren. Hierbei hat der Heilpädagoge die unterschiedlichen Passungs- und Kommunikationsmechanismen der Familie bzw. der Familienmitglieder untereinander wahrzunehmen; er hat hierauf seine Beratungs-, Moderations- und Mediationsleistungen auszurichten, um gegebenenfalls ein neues homöostatisches Modell von Familie verwirklichen zu helfen. Wie bereits oben beschrieben, erleben sich die Eltern in diesem Kooperationsmodell als Partner und nicht als Rivalen der Fachleute – eben diese sehen sich somit auch nicht als Rivalen

der Eltern. Gerade diese Tätigkeit erscheint aber aktuell hoch problematisch, wenn Heilpädagogen mit Eltern und Kindern mit Migrationserfahrungen tätig sind: Die kulturellen Unterschiede erscheinen manchmal als kaum überwindbare Barrieren, welche Interaktions- und Kommunikationsstrukturen behindern. Die heilpädagogisch Tätigen in der Frühförderung haben somit die kulturspezifischen Eigenarten dieser Eltern und Familien zu berücksichtigen, um somit nicht (zwar gut gemeint, aber an der Lebenswirklichkeit der Familien völlig vorbei) paternalistisch tätig zu sein. Nur aus der jeweiligen Kultur einer Familie heraus können Handlungsstrategien und Handlungsmuster erwachsen, die zu einem Veränderungsprozess der Familie im Ganzen bzw. zu einer Entwicklungsförderung der jeweils betroffenen Kinder beitragen können. Auch hierbei kann es dann zu einer Vernetzung von humanistischen und konstruktivistischen Bezügen kommen: Auf humanistischer Grundlage muss angenommen werden, dass alle beteiligten Familienmitglieder lernen, wachsen und sich entwickeln wollen (im Rahmen ihrer kulturspezifischen Bedingungen und Bedingtheiten); aus konstruktivistischer Perspektive darf die Pertubation, also die Störung, nicht so intensiv sein, dass sie heilpädagogische Phänomene ausschließt. Professionelles didaktisch-methodisches heilpädagogisches Handeln muss somit immer wieder variabel und viabel sein, d. h. angepasst werden, damit es zu einer passenden Kommunikationsstruktur zwischen eventuell hochgradig unterschiedlichen kulturellen Momenten kommen kann. Heilpädagogisches Handeln in der Frühförderung stellt sich auf diesem Hintergrund auch als migrationspädagogisch fundiertes Tun dar.

Frühförderung als interdisziplinärer Austausch

Da die Entstehung einer Behinderung bzw. die hierdurch verursachten Veränderungen in einer Familienstruktur nie nur pädagogisch begleitet werden müssen, sind heilpädagogische Handlungen immer mit anderen Fachwissenschaften zu vernetzen. Im Interesse des Kindes und seiner Familie muss es zu einer Abstimmung der unterschiedlichen Fachkräfte kommen, gerade dem professionellen Heilpädagogen kommt hierbei die Funktion eines Moderators bzw. eines Mediators zu, da er im Konzert der unterschiedlichen Hilfesysteme am besten dazu in der Lage zu sein scheint, Netzwerke zu bilden bzw. Kommunikationsstrukturen anzubahnen.

Frühförderung als Interessenvertretung im gesellschaftlichen Umfeld

Hierbei kommt der Frühförderung die sozialpolitische Aufgabe zu, allen Beteiligten Hilfestrukturen anzubieten, welche einer möglicherweise drohenden Stigmatisierung und Exkludierung entgegenwirken. Dieses bezieht sich hierbei sowohl auf die konkrete Situation innerhalb eines Familiensystems, welche gerade nach Auftreten einer möglichen intensiven Behinderung davon geprägt sein kann, dass sich die einzelnen Familienmitglieder (vielleicht aus Gründen des Gekränktseins, der Trauer usw.) zurückziehen, Schuldgefühle entwickeln bzw. selber einer solchen Stigmatisierung Vorschub leisten, als auch darauf, dass die gesellschaftlichen Rahmenbedingungen, in welchen Pädagogik stattfindet bzw. in welchen die Familie sich entwickelt, stärker fokussiert werden müssten. Somit gehört zu der konkreten pädagogischen und therapeutischen Arbeit in der Frühförderung auch die Öffentlichkeitsarbeit, welche dazu führen muss, dass erschwerte Alltagssituationen nicht noch durch Stigmatisierungsprozesse der Gesellschaft intensiviert werden. Weiterhin müssen die Familien und Eltern stark gemacht werden, die Belange ihrer Kinder selbstständig umzusetzen, damit sie nicht langfristig am dann zu langen Arm administrativer und somit häufig gut gemeinter, aber auch falsch realisierter, pädagogischer und therapeutischer Maßnahmen verhungern (vgl. Sohns, 2000, 25). Aber auch die in der Frühförderung tätigen Pädagogen müssen sich diesen politischen Aufgaben stellen, so dass es nicht zu einer Konfliktverschärfung infolge des Kostendrucks und der Zunahme von Leistungen kommt. Es kann nur dann eine Konfliktentschärfung angebahnt werden, wenn Kooperationsmöglichkeiten antizipiert und ausgebaut werden. Diese sind auf dem Hintergrund eines pragmatischen Realismus aller Beteiligten zu entwickeln: In der Wahrnehmung all dessen, was von einem in einer Frühförderung tätigen Heilpädagogen erwartet wird, muss dieser immer wieder abwägen, wie und in welchen Punkten er diagnostisch handelnd, dokumentierend bzw. Öffentlichkeit einbeziehend tätig wird. Es darf hierbei nicht dazu kommen, dass er auf dem Hintergrund einer Vielzahl von Anforderungen schon nach kurzer Zeit auszubrennen droht (vgl. ebd., 52 f.).

Wie kann nun aber der Ablauf einer Frühförderung skizziert werden, d. h. welche Phasen sind hierbei zu bedenken? Mit Bezug auf van Nek (2006, 272 ff.) können folgende Phasen benannt werden:

1. Die Orientierungsphase, in welcher die erste Kontaktaufnahme mit dem Kind bzw. seinen Bezugspersonen oder Eltern stattfindet. Dieses erste Treffen findet recht häufig im jeweiligen Elternhaus statt. In einem ersten Gespräch erhalten die Erziehungsverantwortlichen erste Informationen, wie die Frühförderstelle arbeitet. Zudem erfahren sie, wie die jeweils tätigen Pädagogen das Kind wahrnehmen. Gerade dieser erste Kontakt ist die Basis einer hoffentlich möglichst vertrauensvollen Beziehungsaufnahme und Beziehungsanbahnung. Zudem kommt dem in dieser Phase tätigen Pädagogen die Aufgabe zu, erste diagnostische und anamnestische Hinweise zu sichten und zu sichern: Diese entstehen z. B. aus der freien Beobachtung, aus den Angaben und Erzählungen der Eltern und der Bezugspersonen, aus möglicherweise einzusehenden ärztlichen Protokollen und Diagnosen, aus den Berichten und Gesprächen mit den Mitarbeitern anderer Institutionen, welche schon mit dem Kind bzw. mit der Familie gearbeitet haben (interdisziplinärer Fokus). Diese erste Information in der Orientierungsphase ist die Grundlage für weitere diagnostische und pragmatische Vorgehensweisen, welche dann therapeutische und heilpädagogische Maßnahmen nach sich ziehen.
2. Die Phase der prozessbegleitenden Diagnostik. Diagnostik ist immer, aber vor allem in der Frühförderung ein prozessorientiertes Geschehen. Das Ziel liegt hierbei in der Zusammenschau von motorischen, kognitiven, sozio-emotionalen und weiteren Entwicklungsfeldern des Kindes, welche im Interaktionsverlauf zwischen diesen und seinen jeweiligen Bezugspersonen aufgeschlüsselt werden können. Der in der Frühförderung tätige Heilpädagoge hat somit berufsspezifische, standardisierte bzw. auch nicht standardisierte Verfahren zur Verfügung,

welche aus der Verhaltensbeobachtung, der Testdiagnostik, der Videoanalyse, den projektiven Verfahren usw. bestehen und einem gemeinsamen diagnostischen Prozess zugeführt werden müssen. Auch diese müssen im Bezug auf die jeweilige Familiensituation bzw. auf die Situation des Kindes als stimmig gestaltbar wahrgenommen und umgesetzt werden. Hierbei ist das Kind immer Akteur seiner Entwicklung, das heißt alleiniger Fokus all dessen, was sich realisiert: Das Kind stellt somit den Ausgangs- und Bezugspunkt aller diagnostischen Prozesse dar. Des Weiteren werden die Entwicklungsschritte des Kindes auf dem Hintergrund einer regelhaften frühkindlichen Entwicklung wahrgenommen, ausgewertet und als Basis für weitere Fördermaßnahmen genutzt. D. h. der in der Frühförderung tätige Heilpädagoge hat immer abzuwägen zwischen der Wahrnehmung einer regelhaften Entwicklung und den Notwendigkeiten, der sich gerade vor und mit ihr repräsentierenden individuellen Entwicklung im Kontext einer Familienstruktur.
3. Die Phase der Förderung und der Therapie. Diese Phase stellt den eigentlichen Schwerpunkt heilpädagogischen Tätigseins in der Frühförderung dar, da in ihr im Rahmen von Therapie- bzw. Fördereinheiten wöchentlich pädagogische bzw. therapeutische Angebote präsentiert und durchgeführt werden. »Die Wahl des pädagogisch-therapeutischen Angebotes und die Schwerpunktsetzung innerhalb der Therapie- oder Förderstunde richtet sich nach der individuellen Bedürfnislage des Kindes und seiner Familie. Im interdisziplinären Austausch wird dieses Angebot angepasst und – falls erforderlich – modifiziert. In einigen Bereichen gibt es Überschneidungen im Hinblick auf die Zielsetzung und die Art des therapeutisch-pädagogischen Angebotes. Dennoch hat jede Berufsgruppe ihren spezifischen Blickwinkel und ihre spezifischen Verfahren zur Diagnostik, Förderung oder Therapie« (van Nek, 2006, 274). Die Spezifizierung heilpädagogischer Maßnahmen muss hierbei immer wieder die Notwendigkeiten des einzelnen Kindes und der einzelnen Familienmitglieder aufnehmen, so dass es gegebenenfalls auch schon einmal zu einem Wechsel in der Begleitung kommen kann, wenn der jeweils tätige Heilpädagoge nicht dazu in der Lage sein sollte, diejenige Methodenkompetenz mitzubringen, welche für die spezifische Situation erforderlich ist. Der Umgang auch mit eigenen Krisensituationen ist hierbei von nicht zu verkennender Relevanz.
4. Die Abschlussphase. Diese Phase wird sich in Bezug auf jede Familie sehr wahrscheinlich anders gestalten, je nachdem, ob es sich um eine Übergangsphase zu einer anderen Einrichtung, um den Abbruch der Frühfördersituation seitens der Eltern oder um die Erreichung von Frühförderzielen handelt. Dennoch wird in den meisten Fällen in dieser Situation der Abschied zwischen Frühförderer und Kind bzw. zwischen Frühförderer und Familie geplant und durchgeführt werden. Hierbei arbeitet der professionelle Heilpädagoge im Rahmen der Netzwerkarbeit mit weiterführenden Einrichtungen, in welchen er gegebenenfalls Hospitationen durchführt bzw. die Eltern zu solchen anregt. Die Weiterführung von pädagogischen und therapeutischen Maßnahmen in und durch die aufnehmende Einrichtung ist hierbei in hohem Maße relevant, so dass neue Maßnahmen und Ziele abgesprochen werden, um die Kontinuität zu gewährleisten bzw. neue Entwicklungsschritte vorzubereiten.

Da der in der Frühförderung tätige Heilpädagoge mit mehreren Kindern und Familien arbeitet, wird er bei diesen unterschiedlichen Strukturen jeweils unterschiedliche Phasen gegenwärtigen, so dass er gegebenenfalls bei der einen Familie den Beginn einer Arbeit planen muss und in der anderen Familie schon den Abschied realisiert. Er hat somit immer seine eigenen Konstruktionsmechanismen in Bezug auf die Wahrnehmung von Zeit und Notwendigkeit zu bedenken, damit es nicht zu einem Verwischen der Grenzen in seiner Tätigkeit mit den unterschiedlichen Familien und Kindern kommt. Die konkrete Wahrnehmung seiner Rolle kann hierbei durch ein Qualitätssicherungssystem geschärft werden (vgl. Sohns, 2000, 319; van Nek, 2006, 278). Diese Qualitätssicherungsmaßnahmen dürfen aber nicht dazu führen, die Arbeit einzuengen, sondern sie müssen vielmehr einen supervisorischen bzw. evaluativen Spielraum eröffnen, in welchem persönliche und strukturelle Anteile der Tätigkeit fokussiert, analysiert und überprüft werden. Aber auch die jeweiligen Konstruktionsmechanismen dieser Qualitätssicherungssysteme sind wiederum zu überprüfen, so dass auch diese in eine weitere Evaluationsschleife einmünden müssen (vgl. Greving, 2008, 158 ff.).

Abschließend soll hier auf einen wichtigen Aspekt heilpädagogischer Unterstützung von Kleinkindern und deren Eltern hingewiesen werden: Die Bedeutung des persönlichen Auftretens heilpädagogischer Fachperson für die Entstehung eines Vertrauens- und Begegnungsklimas. Soll dieses Klima entstehen, ist die Heilpädagogin/der Heilpädagoge aufgefordert, als ein beruflicher Mitmensch (umgangssprachliche Bezeichnung), d. h. personzentriert im Sinne von Carl. R. Rogers (fachsprachliche Bezeichnung) aufzutreten (▶ Kap. 3.1).

Der Begriff der Personzentriertheit stammt ursprünglich aus der Psychotherapie und wurde später auch in die Soziale Arbeit (und dann auch in die Heilpädagogik) transferiert. Es gibt allerdings einen Unterschied zwischen der psychotherapeutischen und der heilpädagogischen Personzentriertheit. Die erstgenannte bemüht sich darum, dass der Klient sich von dem Psychotherapeuten angenommen und verstanden fühlt; für das alltägliche Tun und Lassen ist allein der Klient zuständig. Folglich kann sie als »mitfühlend-verstehende Personzentriertheit« bezeichnet werden.

Die heilpädagogische Personzentriertheit geht aber noch weiter. Im Einklang mit dem Auftrag, den zu unterstützenden Menschen bei der Bewältigung alltäglicher Angelegenheiten und Lebensaufgaben tatkräftig zu begleiten und zu fördern, agieren die Heilpädagoginnen in einem breiten Handlungsspektrum (vom gemeinsamen Tun bis zum stellvertretenden Agieren). Sie müssen also – anders als die Psychotherapeuten – aus dem einfühlenden Verständnis mit dem bzw. für das Gegenüber handeln. Folglich kann die berufliche Mitmenschlichkeit im heilpädagogischen Alltag durchaus als »tätige Personzentriertheit« bezeichnet werden. Das Mitmensch-Sein ist eine Bezeichnung, die in der Fachwelt selten gebraucht und nicht allzu genau definiert wird. Semantisch offenbart sie jedoch das Wesentliche der Beziehungsgestaltung. Ein »beruflicher Mitmensch« wendet sich der zu unterstützenden Person zu und ist bemüht, die Welt mit ihren Augen zu sehen. D. h. interessiert und aufmerksam das wahrzunehmen, was sie bewegt, was ihr wichtig ist, was braucht sie usw. Er gestaltet die Interaktion mit ihr unter Berücksichtigung dieser Wahrnehmungen.

6.3 Heilpädagogisches Handeln im Kontext ausgewählter Lebensstationen

Zum Menschsein gehört die Fähigkeit, »mitmenschlich« Beziehungen zu gestalten – jeder Mensch nutzt sie im Alltagsleben, mal mehr, mal weniger, mal gar nicht. Im professionellen Berufskontext – bei konsequenter Anwendung – stellt sie allerdings etwas Spezifisches dar. Die professionell-mitmenschliche Beziehungsgestaltung im Berufsalltag muss (als Fundament der Kommunikation und Interaktion mit jedem zu unterstützenden Menschen) bewusst, begründet, gekonnt und reflektiert eingesetzt werden. Erst dann birgt das beruflich-mitmenschliche Auftreten positive Kräfte in sich, welche die Wirksamkeit von fachspezifischen Förderungsvorgängen unterstützen. Wenn die »tätige Personzentriertheit« das Verhalten und fachliches Handeln der Heilpädagogin prägt, entsteht das o. g. Klima, in dem es für alle Beteiligten weniger Belastung und mehr Zusammenarbeit, Entwicklung, Zufriedenheit und Lebensqualität geben kann.

Es gibt auch Grenzen der tätigen Personzentriertheit im heilpädagogischen Berufsalltag. Zu nennen sind erstens die systembedingten Belastungen (Aufgabenmenge, Zeitnot, Dokumentationswahn, Personalnot usw.) und zweitens die Tatsache, dass das mitmenschliche Auftreten der Fachperson nicht immer und auch nicht automatisch von dem zu unterstützenden Menschen angenommen werden muss. Diese beiden Grenzen lassen sich nur zum Teil bzw. gar nicht umgehen oder beseitigen; mit ihnen müssen die heilpädagogisch Tätigen leben. Dagegen lässt sich die dritte Grenze durchaus beeinflussen und steuern: Die eigene Sicht-, Denk- und Handlungsweise im Umgang mit dem zu unterstützenden Kind und seinen Angehörigen. Anknüpfend an die natürliche Fähigkeit, »mitmenschlich« Beziehungen zu gestalten, kann die Heilpädagogin ihre eigene Art von »tätiger Personzentriertheit« im Berufsalltag entfalten. Also zu lernen, willentlich, orientiert, begründet, gekonnt und reflektiert als ein Mitmensch (= konsequent personzentriert) aufzutreten und zu handeln (▶ Kap. 5.2.4, das Paradigma der humanistischen Psychologie, sowie Ondracek 2015).

Die Aufgaben, welche sich einem Heilpädagogen in der Frühförderung stellen, sind somit höchst vielfältiger Art: Sie umspannen hierbei den Weg eines individuellen Vorgehens, welches medizinische, psychologische und pädagogische Anteile aufnimmt, hin zu einem multisystemischen Planen und Arbeiten mit der jeweiligen Familie im Kontext ihrer individuellen systemischen bzw. subsystemischen Strukturen bis hin zur Umsetzung gesellschaftsrelevanter, d. h. öffentlichkeitswirksamer Maßnahmen. In allen Phasen müssen die Heilpädagogen hierbei ihre Methodik antizipieren, dokumentieren und evaluieren, so dass es zu einer möglichst dichten Wahrnehmung (wenn nicht sogar Standardisierung) von Qualität kommt – wobei diese nie zu einer Standardisierung von Beziehungen führen darf! Gerade die aktuellen Bedrohungen der Frühförderung, welche in einer Zunahme des Bedarfs, aber nicht unbedingt in einer Erweiterung der Ressourcen bestehen, können ein Szenario entstehen lassen, in welchem die jeweiligen Leistungen auf einem sehr hohen Niveau festgeschrieben und damit eigentlich der Aufgabe anheimgestellt werden (vgl. Sohns, 2000, 332 ff.). Gerade die Gefahren einer zunehmenden Etablierung marktwirtschaftlicher und ökonomischer Strukturen sind hierbei nicht zu unterschätzen, da sich die Frühförderstellen auf dem Markt der Möglichkeiten bzw. auf dem Markt der Unmöglichkeiten des Sozialwesens tummeln und hierbei häufig der Preis und nicht die Leistung die Qualität pädagogischer Maßnahmen bestimmt. Eine heilpädagogische Tätigkeit auf dem Feld der Frühförderung bestimmt sich somit nicht nur als beruflich-mitmenschlich geprägtes fachspezifisches Handeln, sondern immer auch im Letzten als politisches Handeln unter sich ständig verändernden gesellschafts- und bildungspolitischen Perspektiven, Notwendigkeiten, Bedingungen und Bedingtheiten.

6.3.4 Kleinkind: Kindertagesstätte

Franz hat seinen vierten Geburtstag gefeiert. Er ist von zierlicher Gestalt, ermüdet schnell, bewegt sich ungern (weil er häufig stolpert und fällt) und trägt eine Brille mit hoher Dioptrienzahl. Bezüglich dieser Folgen der Frühgeburt kann man von einer Behinderung sprechen. Andererseits ist Fritz ein aufgewecktes Kind, das gerne die Welt gemeinsam mit seinem Vater erkundet (wenn der Vater ihn auf den Arm nimmt) und sich am wohlsten fühlt, wenn die Mutter in der Nähe ist. Er steht vor einem neuen Lebensabschnitt – ab morgen soll er in den nahegelegenen integrativen Kindergarten gehen.

Ursprünglich wollte die Mutter für Fritz weiter zu Hause sorgen und ihn in bewährter Art und Weise fördern. Der Heilpädagoge in der Frühförderstelle hat sie jedoch über die Bedeutung der Gruppenerfahrung im Kindergarten für die soziale Entwicklung von Fritz aufgeklärt, und sie hat schließlich dem Kindergartenbesuch zugestimmt. Sie hat sich für eine integrativ arbeitende Kindertagesstätte entschieden – nach dem Motto: »Nicht als einer von gleich betroffenen, sondern als einer von vielen unterschiedlichen Kindern«. Nach mehreren Beratungsgesprächen in der Frühförderstelle ist sie zu der Überzeugung gekommen, dass Fritz in seinem Leben besser klar kommt, wenn er den Umgang mit nichtbehinderten Kindern lernt.

Was heißt es konkret, in einer integrativen Kindertagesstätte als Heilpädagoge tätig zu sein?

Im Weiteren erfolgt eine Orientierung in der »institutionellen Landschaft« der Einrichtungen für behinderte oder von Behinderung bedrohte Kinder und deren Aufgabenstellung, aus der sich auch konkrete Hinweise auf Tätigkeitsschwerpunkte von heilpädagogisch Tätigen ergeben. Im Wesentlichen stützen sich die Ausführungen auf den Aufsatz von Biene-Deißler (2007, 17 ff.) und auf die Beschreibungen des Angebots von zwei heilpädagogischen Kindertagesstätten, die stellvertretend für alle anderen einen Einblick in das Aufgabenfeld ermöglichen. Es handelt sich um die Integrative Heilpädagogische Kindertagesstätte des Behindertenverbandes Dessau (vgl. Ohne Autor [1], 2008) und die Heilpädagogische Kindertagesstätte Witten (vgl. Ohne Autor [2], 2008).

Institutionen und Organisationen

Kindertagesstätten sind die erste außerfamiliäre Kontaktstelle für Kinder mit der Gemeinschaft. Hier begegnet das Kind anderen Kindern, lernt teilen, Rücksicht nehmen und knüpft meist zum ersten Mal Kontakte zu anderen Kindern außerhalb der Familie. Hier wird es vorbereitet auf weitere Übergänge. In dieser wichtigen Phase brauchen gerade auch Kinder mit besonderem Unterstützungsbedarf spezifische Förderung, damit sie diesen Schritt bewältigen und später ihren Fähigkeiten entsprechend am Leben in der Gesellschaft teilhaben und daran mitwirken können. Es handelt sich um Einrichtungen, in denen Kinder im Vorschulalter im Rahmen einer ganztägigen Betreuung versorgt und in ihrer Entwicklung unterstützt werden.

Als »Kindertagesstätte« werden Einrichtungen bezeichnet, die eine ganztägige Versorgungsmöglichkeit für Kinder im Vorschulalter anbieten. Es gibt auch die Bezeichnung »Kindertageseinrichtungen«, die als ein Sammelbegriff für alle außerschulischen Formen öffentlicher institutioneller Betreuung, Bildung und Erziehung von Kindern verwendet wird. Da es keine einheitliche Systematik dieser Einrichtungen gibt, bietet sich eine Unterteilung in Anlehnung an das Alter der Kinder an:

- Krippen (Kinder unter drei Jahren),
- Kindergärten (Kinder zwischen drei und sechs Jahren),
- Horte (Kinder im Schulalter bis 14 Jahren).

Die Vielfalt prägt das Bild der Kindertagesstätten – es gibt Halbtags- und Ganztagseinrichtungen auch mit Teilzeitplätzen. Einige verstehen sich als spezialisiert – hier erfahren die Kinder mit (körperlicher, geistiger und/oder seelischer) Behinderung ihre Förderung im spezifischen, auf die Bedürfnisse der Arbeit »maßgeschneiderten« Rahmen. Andere verstehen sich als integrativ – hier findet die Erziehung und Entwicklungsförderung in einem Setting nach dem Motto »Kindergarten für alle«, d. h. für Kinder mit und ohne Behinderung, statt. Zur näheren Bezeichnung werden – allerdings nicht immer – die Adjektive »integrativ« und »heilpädagogisch« (oder auch noch: »Sonder-«) vor die Einrichtungsbezeichnung gesetzt. Sieht man sich die Konzeptionen und Selbstdarstellungen diese Einrichtungen genau an, wird ihre Ressourcenorientierung deutlich: »Ein Grundsatz unserer Arbeit: wir ›sortieren‹ die Kinder nicht nach ihren Defiziten, sondern schauen nach ihren Potenzialen. Das heißt, in einer Gruppe können sich behinderte Kinder und nicht behinderte Kinder entsprechend ihren körperlichen und geistigen Fähigkeiten gemeinsam verwirklichen« (vgl. Ohne Autor [2], 2008). Im Rahmen der Erziehungshilfe (SGB VIII) und der Kinder- und Jugendlichenpsychiatrie existieren auch Heilpädagogische Tagesgruppen bzw. Tageskliniken. Sie verstehen sich als Einrichtungen, die eine »heilpädagogische Gesamtmaßnahme« anbieten mit dem Ziel, einen Verbleib des Kindes in seiner Familie zu ermöglichen.

Allgemein betrachtet stellen die Kindertagesstätten ein Betreuungssystem mit pädagogisch hochwertiger Qualität. Kinder haben hier die Möglichkeit, über die Familie hinaus Kompetenzen zu entwickeln mit dem Ziel, Grundlagen für ihr weiteres Leben als autonome Personen in sozialer Bezogenheit herauszubilden. Dieses Anliegen umzusetzen stellt eine vielschichtige Aufgabe für die pädagogischen Mitarbeiterinnen in den Kindertagesstätten dar.

Der Alltag eines Kindes mit Behinderung bzw. Beeinträchtigung in der Kindertagesstätte wird geprägt durch einen vierfachen Bezug: Kind vs. Eltern vs. (Heil-)Pädagogen vs. Kindergruppe. In diesem Bezugsfeld hat das Kind neben seinen – naturbedingten – Wachstums- und Entwicklungsaufgaben noch weitere – sozial verankerte – Anforderungen zu erfüllen, die auf der interaktionalen und kontextuellen Ebene angesiedelt sind und in der Regel intensive Lernprozesse erfordern. Anders gesagt, wird das Kind nicht nur in seiner individuellen Entwicklung unterstützt, sondern lernt auch den Übergang von einer vertrauten Lebensgemeinschaft (Familie) in eine fremde Alltagsgemeinschaft (Institution) zu bewältigen.

Sowohl im Prozess der Eingewöhnung als auch während des weiteren Aufenthaltes in einer institutionellen Alltagsgemeinschaft braucht das Kind die Unterstützung seiner Eltern (bei Kleinkindern und Kindern im Vorschulalter besonders die seiner Mutter). Das sagt sich leichter, als dass es sich umsetzen lässt, denn auch die Eltern (gerade bei Kindern mit Behinderung) haben einen Übergang zu bewältigen – den von einer häuslichen Kindesversorgung und -förderung zu der Aufgabenteilung und Kooperation mit institutionalisierter Pädagogik. Folglich muss von den (Heil-)Pädagogen das Erleben, Verhalten und Handeln sowohl beim Kind als auch bei seinen Eltern feinfühlig wahrgenommen und in die Begründung, Zielsetzung und Reflexion des eigenen Tuns aufgenommen werden. Eine Verständigung und Klarheit hinsichtlich der jeweiligen (Heil-)Pädagogen- und Elternrolle in dem o. g. Bezugssystem hilft dem Kind, sich in seiner eigenen Rolle zu orientieren.

Ziele und methodische Schwerpunkte

Die Arbeit im Sinne des o. g. Übergangs zwischen der familiären und der außerfamiliären Gemeinschaft muss begründet und zielorientiert sein, wenn die beteiligten Fachpersonen dem Anspruch der Professionalität gerecht werden wollen. Am Beispiel der Heilpädagogischen Kindertagesstätte Witten (Ohne Autor [2], 2008) lassen sich die Zielbereiche der (heil-)pädagogischen Arbeit wie folgt auflisten (sie müssen selbstverständlich in jedem Einzelfall präzisiert und individuell verankert werden):

- Hilfe zur Selbsthilfe: Mobilität, Kommunikationsfähigkeit, Selbstständigkeit,
- Sozialverhalten: Gruppenfähigkeit, Individualität,
- Selbstvertrauen/Selbstbewusstsein,
- Wohlfühlen der Kinder,
- Ergänzung und Entlastung des Elternhauses,
- Wohlfühlen der Mitarbeiter.

Allein die genannten Aufgaben und Ziele machen es unumgänglich, dass in einer heilpädagogischen/integrativen Kindertagesstätte ein interdisziplinäres Team zusammenarbeitet. Denn im (heil-)pädagogischen Alltag sind unterschiedliche Fachkompetenzen gefragt, wenn ein qualitativ überzeugendes und vielfältiges Unterstützungsangebot gesichert werden soll, welches auch Hilfen für Kinder mit Behinderung bzw. Beeinträchtigung anbietet. Die methodischen Schwerpunkte lassen sich folgenden drei Bereichen zuordnen (vgl. Gröschke, 1997, 110 ff.):

- Diagnostik (verstehendes Erfassen der individuellen Lebenslage/Lebenswelt des Kindes und dessen, was es braucht),
- Begleitung (des Kindes bzw. der Gruppe im Spiel, in Förderangeboten, in Konflikten, im alltäglichem Geschehen, in Fest- und Feiergestaltung usw.),
- Beratung (der Kollegen, der Eltern und sonstiger Adressaten mit besonderer Fragestellung).

Die Integrative Heilpädagogische Tagesstätte in Dessau beschreibt ihre Personalausstattung wie folgt: »Personell und fachlich ist unsere Integrative Heilpädagogische Kindertagesstätte so besetzt, dass alle Anforderungen an eine adäquate Förderung, wie sie die SGB VIII, IX und XII vorsehen, in hoher Qualität erfüllt werden können. Wir sind 29 Mitarbeiterinnen und Mitarbeiter, zu denen neben Erzieherinnen unter anderem Logopädinnen, eine systemische Familientherapeutin, Physiotherapeutinnen, Motopädinnen, Ergotherapeuten, eine Snoezelenpädagogin, eine Kreativ-Pädagogin sowie Heilpädagoginnen und Heilerziehungspfleger gehören« (vgl. Ohne Autor [1], 2008).

Aufgaben

Was hat in einem solchen multiprofessionellen Team der heilpädagogisch Tätige zu tun? Von seinem Selbstverständnis her macht er sich als derjenige nützlich, der mit erschwerender Wirkung von Behinderungen/Beeinträchtigungen (vgl. Moor, 1994, 44) auf die Erziehungs-, Förderungs-, Kommunikations- und Interaktionsprozesse umzugehen versteht. Und sei es »nur«, sie auszuhalten und dem Kind eine nicht bewertende, annehmende Präsenz zu zeigen (übrigens – eine der schwierigsten Aufgaben in der Heilpädagogik). In diesem Sinne liegt der Fokus seiner Arbeit in der (förder-)diagnostischen, begleitenden und beratenden Tätigkeit, die im Rahmen einer kollegialen Kooperation mit anderen Teammitgliedern und den Eltern verläuft. Die Kinder werden also nicht »heilpädagogisch behandelt«, sondern in ihrer Entwicklung und bei der Entfaltung ihrer Potenziale angeregt, ermutigt und begleitet. Konkret handelt es sich um folgende Aufgaben:

- *Schützen und Versorgen* (zur Befriedigung von Grundbedürfnissen beitragen);
- *Annehmen und Wertschätzen* (das Kind als Person vom Blickwinkel dessen betrachten, was sein kann, und sein Verhalten als kontextbedingten Ausdruck des Bemühens um Kontakt, Beachtung und Selbstachtung verstehen);
- *Nachdenken und Vorleben* (den biographischen und aktuellen Lebensweltbezug des Kindes genauso in die Planung eigenen Tuns einbeziehen wie das Wissen um die Vorbild-Wirkung des eigenen pädagogischen Handelns);
- *Fördern und neue Erfahrungen ermöglichen* (ressourcenorientierte kompensierende Angebote für das bereit halten, was nur wenig bis gar nicht verändert, herausgebildet bzw. »repariert« werden kann, sowie Möglichkeiten schaffen, bisherige Benachteiligungserfahrungen durch Teilhabe- und das Erleben von Beachtet-Sein auszugleichen);
- *Fordern und Ermutigen* (Selbstwirksamkeitskräfte ansprechen, indem angemessene Anforderungen an das Kind gestellt, seine Anstrengung positiv bestätigt und ihm Unterstützung sowie eigenständige Vorgehensweise gesichert werden);
- *Entfaltungsraum geben und Strukturieren* (nicht allen das Gleiche, aber jedem das Seine ermöglichen, das pädagogische Handeln für das Kind überschaubar und einschätzbar gestalten, Erwartungen klar formulieren; gemeinsam planen, entlastende Routinen einüben).

Zusammenfassend lässt sich Folgendes festhalten: Die integrativen/inklusiven Kindertagesstätten stützen sich auf ein Menschenbild, welches die integrativ-inklusive Philosophie offenbart – die Menschen werden in ihrer Vielseitigkeit wahrgenommen und akzeptiert, ja gar wertgeschätzt. Dabei gilt jedes Kind als einzigartig und zeigt Unterschiede gegenüber anderen und zwar sowohl körperlich als auch geistig, intellektuell, emotional und sozial. Genau diese Individualität und Komplexität macht die kindliche Persönlichkeit wertvoll und schutzwürdig. Dabei wird jedem Kind das Recht auf eine Entfaltung seiner Persönlichkeit zugesprochen, woran es selbst aktiv und kompetent beteiligt ist. Zentrale Rolle spielt der Grundsatz, dass niemand aufgrund seiner ihm eigenen Besonderheiten benachteiligt oder ausgeschlossen werden darf.

Was bedeutet es, wenn Kinder mit und ohne Behinderungen aktiv in einer Gemeinschaft zusammenleben? Mindestens das Folgende:

- gegenseitige Rücksichtnahme wird im Alltag vorgelebt und praktiziert,
- das Sozialverhalten und Toleranz werden erlebt und geübt,
- behinderte und nicht behinderte Kinder können voneinander lernen,
- Andersartigkeit wird zur Selbstverständlichkeit, Ausgrenzung ist kein Thema,
- Kinder mit Behinderung erfahren eine ganzheitliche Förderung,
- die Kindergartengruppen sind i. d. R. kleiner als in anderen Einrichtungen.

In der Kindertagesstätte motivieren sich Kinder gegenseitig und lernen voneinander in mannigfaltiger Art und Weise. Sie profitieren von entwicklungsfördernden Strukturen, lernen Rituale und Tagesabläufe kennen und werden dadurch in ihrem erforschenden Verhalten angeregt. Kinder mit Unterstützungsbedürfnissen lernen, soziale Kontakte zu anderen Kindern aufzubauen und zu gestalten. Sie sind Teil eines sozialen Systems. Verschiedenheit wird für die Kinder ohne Unterstützungsbedürfnisse selbstverständlich. Die Teilhabe in inklusiven Strukturen erleichtert den Übertritt von Kindern mit besonderen Unterstützungsbedürfnissen in die obligatorische Schule.

Nicht nur die Kinder, sondern auch die Eltern können von der Tatsache profitieren, dass ihr Kind in einer Kindertagesstätte unterstützt wird. So können sie z. B. die Möglichkeit nutzen, weiter erwerbstätig zu sein und ihr Leben selber zu finanzieren. Familie und Beruf werden miteinander vereinbar. Die Abhängigkeit von Sozialversicherungen wird verringert oder gar verhindert. Eltern können ihre sozialen Kontakte, ihre Hobbies, ihr gesellschaftliches Engagement weiter pflegen, was der gesellschaftlichen Isolation entgegen-wirkt. Last but not least »tanken« die Eltern durch die entlastenden Betreuungsmöglichkeiten Energie, um den anspruchsvollen Familienalltag zu bewältigen und gesund zu bleiben.

Übrigens: hinsichtlich der heilpädagogischen Unterstützung von Kindern und ihren Eltern in (integrativen/inklusionssichernden) Kindertagesstätten gilt ohne Einschränkung alles, was im Kapitel 6.3.3 über die berufliche Mitmenschlichkeit (also heilpädagogische Personzentriertheit) als eine Art von »Katalysator« positiver Wirkung fachspezifischer Vorgänge gesagt wurde.

Fazit

Das Tätigkeitsfeld der Kindertagesstätten ist sehr komplex und verlangt nach fachlich sehr gut ausgestatteten, engagierten und menschlich stabilen (Heil-)Pädagogen. Die Grundausbildung muss qualitativ deutlich über das bisherige Niveau verbessert werden. Ebenfalls müssen die Fort- und Weiterbildungsmaßnahmen sowohl inhaltlich als auch methodisch auf die Erweiterung und Vertiefung der relevanten Kompetenzen ausgerichtet sein: Gesprächsführung, Umgang mit familiären Krisen (Konfliktmanagement), Einsatz von Medien im Alltag, multikulturelle Arbeit, Projektarbeit u. v. m.

Insbesondere sei hier die reflexive Kompetenz benannt, welche den heilpädagogisch Tätigen für das eigene biographische Gewordensein und die aktuelle Befindlichkeit sensibilisiert, um dem Kind zuverlässig und respektvoll – dialogisch im gemeinsamen Tun – begegnen zu können. Auch die Fachberatung als regelmäßige, dauerhafte Unterstützung sowie kollegiale Beratung und Supervision gehören zu dem Katalog von Maßnahmen, die die persönliche Handlungsfähigkeit der heilpädagogisch Tätigen, die fachliche Weiterentwicklung seiner Arbeit und letztendlich auch die Qualitätssicherung auf dem Tätigkeitsfeld »Kindertagesstätte« sichern.

6.3.5 Kindheit und Jugend: Schule, Ausbildung

Wie eine integrative/inklusionssichernde Kindertagesstätte ist auch die integrative/inklusive Schule eine Schule für alle. Hier lernen Schüler mit und ohne Beeinträchtigungen zusammen. Das stärkt vor allem die soziale Kompetenz aller Beteiligten und gibt Schülern mit einer Behinderung ein positives Selbstwertgefühl. Die integrative/inklusive Schule hat sich aus dem bisherigen altbekannten Sonderschulwesen entwickelt und ist sowohl im Primär- als auch im Sekundärbereich vertreten. Die Zahl der Schulen, die integrativen Unterricht anbieten, nimmt zu, denn als im Jahr 2009 die Behindertenrechtskonvention der Vereinten Nationen in Deutschland in Kraft trat, haben sich die Bundesländer dazu verpflichtet, ein integratives Bildungssystem auf allen Ebenen zu gewährleisten. Das heißt, dass kein Kind wegen körperlicher, geistiger oder sonstiger Beeinträchtigung von einer Regelschule ausgeschlossen werden soll. Obwohl es hierzu mannigfache Ansätze gibt, ist das Inklusionsparadigma noch längst nicht konsequent umgesetzt (worden). Im Rahmen dieser Einführung in die außerschulische Heilpädagogik kann hierauf aber nicht weiter eingegangen werden. Es sei aber auf folgende differenzierende Literatur hierzu verwiesen: Georg Feuser (Hrsg.): »Inklusion – ein leeres Versprechen? Zum Verkommen eines Gesellschaftsprojekts«, Gießen, 2017; Georg Feuser: »Wider die Integration der Inklusion in die Segregation: Zur Grundlegung einer Allgemeinen Pädagogik und entwicklungslogischen Didaktik«, Bern, 2018; Fischer, E./Markowetz, R. (Hrsg.): »Inklusion im Förderschwerpunkt geistige Entwicklung«, Stuttgart, 2016.

Franz ist jetzt sieben Jahre alt und geht in die Grundschule. In Anbetracht seiner Sehschwäche hat man bei der Einschulung den Eltern vorgeschlagen, dass er eine spezialisierte Förderschule für Kinder mit Sehbehinderungen in Anspruch nimmt.

Obwohl er da wirklich eine gute Unterstützung bekommen hätte, lehnten sie das ab, weil die Schule weit weg vom Wohnort sei und er täglich fast zwei Stunden auf der Hin- und Rückfahrt mit dem Sammelbus verbringen müsste. Auch ist die Sehbeeinträchtigung nicht so groß, dass er mit seiner »dicken« Brille den Unterricht nicht mitverfolgen könnte. Seine Augen ermüden zwar schnell und brauchen dann eine Erholungspause, aber damit kann Franz gut umgehen – er hat schon im Kindergarten gelernt, bei Bedarf für ca. 10 Minuten »abzuschalten«, sich zurückziehen und mit geschlossenen Augen ruhig zu sitzen. Franz selbst verlangte danach, in die gleiche Schule zu gehen, in die auch andere Kinder aus seiner Kindergartengruppe gehen werden (vor allem aber sein bester Freund Alex). Also bestand die Mutter darauf, dass ihr Sohn die Grundschule im Wohnort besucht. Sie ist gut erreichbar, und außerdem handelt es sich um eine sog. offene Ganztagsgrundschule, die nicht nur die Kinder auch am Nachmittag betreut, sondern auch integrativ arbeitet. Da auch Alex und einige dem Franz bekannten Kinder in die gleiche Klasse eingeschult wurden, war der Wechsel vom Kindergarten in die Grundschule für Franz überhaupt kein Problem. Und als die Klassenlehrerin gemeinsam mit einer Heilpädagogin, die für spezifische Hilfen im Unterricht zuständig war, eine Berücksichtigung von Franz' Sehbeeinträchtigung zugesichert haben, waren auch die Eltern zuversichtlich, dass alles einen guten Lauf nehmen werde.

An dieser Stelle muss gefragt werden, wieso eine Heilpädagogin in einer Grundschule arbeiten darf (hat sich doch bisher das Schulsystem standhaft geweigert, dies zuzulassen) und was sie da konkret macht?

Zuerst ist es wichtig zu verstehen, dass es in der Erziehungs- und Bildungspraxis bisher eine strikte Trennung zwischen »schulisch« und »außerschulisch« gab (und immer noch gibt). Geschichtlich betrachtet hat die Schule schon immer einen ergänzenden Charakter zu der familiären Erziehung gehabt. In diesem Sinne erfüllt sie drei Funktionen (vgl. Wember, 2007, 212 ff., bezogen auf Fend, 1980):

- *Qualifikationsfunktion*: Alle Heranwachsenden möglichst optimal fördern, d. h. sie auf die beruflichen und sozialen Anforderungen eines eigenständigen Erwachsenenlebens gut vorbereiten;
- *Selektionsfunktion:* Die Heranwachsenden nach deren Eignung und Leistung auswählen und ihnen passende Bildungsgänge zuweisen, die auf unterschiedliche berufliche und soziale Karrieren vorbereiten;
- *Integrationsfunktion*: Allen Heranwachsenden grundlegende demokratische und humanistische Einstellungen, Überzeugungen und Verhaltensweisen vermitteln, die für ein friedliches Zusammenleben mit anderen Menschen in einem demokratisch verfassten Gemeinwesen unentbehrlich sind.

Entsprechend dieser umfassenden Aufgabenstellung hat sich die schulische Pädagogik als ein Teil der allgemeinen Pädagogik entwickelt und versteht sich als die Berufswissenschaft der Lehrer. Im Laufe der Zeit hat die Schulpädagogik einen eigenen Zuständigkeitsbereich in Theorie und Praxis abgesteckt (samt Qualifikations- und Befugnisbestimmungen), der sich gesellschaftspolitisch als das Schulwesen profiliert hat. Schulpädagogik untersucht einerseits, ob die Praxis an Schulen dem übergeordneten Bildungsziel größtmöglicher Selbstbestimmung des Einzelnen bei größtmöglicher Teilhabe am gesellschaftlichen Leben dienlich ist. Andererseits ist sie nicht imstande zu verhindern, dass im Schulwesen zwei Strategien praktiziert werden:

- Das alltägliche Leben und gezieltes Lernen werden getrennt und das funktionale Alltagslernen wird durch organisierten Unterricht ersetzt, um die Wissensvermittlung und Fertigkeitsschulung effektiver und effizienter zu gestalten.
- Zwecks Homogenisierung der Lernvoraussetzungen werden nicht nur Jahrgangsklassen, sondern auch verschiedene separierte Bildungsgänge für erfolgreiche und weniger erfolgreiche Schüler gebildet.

In Kontext dieser Strategien hat sich auch das Sonderschulwesen entwickelt. Am Anfang war die Verbindung zur Heilpädagogik noch deutlich spürbar – die sog. Hilfs- bzw. Sonderschulen waren immer Reaktionen auf menschliches Leid und soziale Missstände. Schon die ersten Anstalten und Hilfsschulen für Kinder mit schweren Behinderungen im 18. Jahrhundert halfen, diese Menschen zu entmystifizieren. Die Schulen zeigten, dass auch Menschen mit geistiger Behinderung oder mit körperlichen Gebrechen bildungsfähig waren und erzogen werden konnten.

Im Laufe der Zeit hat sich die Sonderpädagogik entwickelt und im Zusammenhang mit der Spezialisierung innerhalb des Schulwesens die Sonderschulpädagogik als theoretisches Fundament für die fortschreitende Spezialisierung des Lehrpersonals. Mit dieser Entwicklung einer wuchs auch der Anspruch auf alleinige Zuständigkeit des Schulwesens und der Qualifikation des Sonderschullehrers für die Bildung von Menschen mit Behinderung. Heute existiert in Deutschland ein differenziert ausgebautes System von Förder- bzw. Sonderschulen, welches in einzelnen Bundesländern durch Diagnose- und Förderklassen, mobile sonderpädagogische Dienste und Förderzentren sowie den gemeinsamen Unterricht in integrativ arbeitenden Regelschulen ergänzt wird (vgl. Wember, 2007, 212 ff.). Da die Heilpädagogik hauptsächlich im Kontext des alltäglichen Lebens und dort stattfindenden funktionalen Lernens agiert, wird sie als außerschulische Pädagogik betrachtet. Folglich ist die Qualifikation »Heilpädagoge« im Schulwesen nicht vorgesehen. Aus dieser Tatsache hat sich die Anfangsfrage ergeben, wie es kommt, dass eine Heilpädagogin in einer offenen Ganztagsgrundschule mitwirken darf.

Vom Blickwinkel des heilpädagogischen Anliegens her (»Entbeeinträchtigung« der Lebenslage zwecks Sicherung der Teilhabe am gesellschaftlichen Leben) kann zur Sonderschule in Anlehnung an die Elternkritik Folgendes kritisch-würdigend vermerkt werden: Sicherlich gewährt sie den Schülern einen Schutzraum, fördert die Solidarität unter den gleich Betroffenen und ist hervorragend imstande, die Didaktik und Methodik des Unterrichts gezielt auf den besonderen pädagogischen Förderbedarf ihrer Schüler einzustellen. Andererseits trennt sie die Kinder mit Behinderungen von ihren altersgleichen Klassenkameraden ohne Behinderungen, was zum Verlust des gemeinsamen Lernens führt. Kinder mit Behinderung haben nur mit ihresgleichen zu tun. Eine Kommunikation, Interaktion und Kooperation mit Kindern ohne Behinderungen findet nicht statt und somit auch die Vorbereitung auf das Leben unter Nichtbehinderten (vgl. Hüwe, Roebke und Rosenberger, 2000).

Wie sich diese Doppelwirkung beheben lässt, zeigt das Beispiel der integrativ ausgerichteten offenen Ganztagsgrundschule, die multiprofessionell Lehr- und Lernbedingungen für Kinder mit und ohne Behinderung gestaltet. Die weiteren Ausführungen erfolgen in Anlehnung an einen Bericht von Große-Bley, einer Diplom-Heilpädagogin, die mit ihrem Projekt »Heilpädagogik in der offenen Ganztagsgrundschule« das Grundschulgeschehen interdisziplinär um die heilpädagogische Sicht- und Handlungsweise erweitert (vgl. Große-Bley, 2007, 61 ff.).

Heilpädagogik in der Offenen Ganztagsgrundschule – ein Modellprojekt

Die Bezeichnung »Offene Ganztagsschule« steht auch für »integrative/inklusionssichernde Schule«. Eine integrative Schule funktioniert nach dem Prinzip der Gleichberechtigung und Gegenseitigkeit. Sie ist eine Schule, die für alle Kinder offen ist. Schüler ohne Beeinträchtigungen und solche mit Lernbehinderungen, Sinnesbehinderungen (z. B. Sehbehinderungen), Körperbehinderungen, Sprachbehinderungen und auch geistigen Behinderungen können hier miteinander und voneinander lernen. Eine integrative Schule bietet Differenzierungsmöglichkeiten an und fördert jedes Kind individuell. Sie passt also die Lernbedingungen dem Kind an und nicht umgekehrt. Deshalb wird von einem zieldifferenten Unterricht gesprochen. Dieser findet in sogenannten Integrationsklassen statt, in denen die Gestaltung der Arbeit sowie die Leistungsanforderungen sich nach den Lernfähigkeiten der Schüler richten. Da die Schüler an unterschiedlichen Lernzielen arbeiten, sind die Anforderungen an das Lehrpersonal höher als in Klassen mit zielgleicher Integration. Deshalb arbeiten hier eine Lehrkraft und eine pädagogische Fachkraft (hier öffnet sich Raum für Heilpädagoginnen und Heilpädagogen!) zusammen.

Schulen mit integrativen Konzepten sind bundesweit die begehrtesten. Deshalb ziehen seit Jahren des Öfteren manche Familien mit Förderkindern aus Bayern oder Sachsen in Bundesländer mit größerem Integrationsanspruch. Aber auch Eltern mit Kindern ohne Förderbedarf erkennen die Vorteile des integrativen Unterrichts: An solchen Schulen unterrichten mehrere Pädagogen gleichzeitig in kleinen Klassen und gehen auf die unterschiedlichen Bedürfnisse und Fähigkeiten jedes einzelnen Kindes so ein, dass sowohl der Hochbegabte wie auch der Lernschwache sein individuelles Lerntempo verfolgen kann.

Entgegen vielen Vorurteilen belegen zahlreiche Untersuchungen seit langem, dass Behinderte im Unterricht den Lernfluss der Klasse nicht stören, sondern im Gegenteil das Leistungsniveau heben und das Verständnis füreinander vergrößern. Nach einer Studie des Psychologen Wolfgang Blesse fühlen sich selbst Hochbegabte in Integrationsklassen nicht unwohl. Andererseits kam Urs Haeberlin, Professor für Heilpädagogik, in einer Studie von 1990 zu dem Ergebnis, dass »Lernbehinderte in Integrationsklassen größere Schulleistungsfortschritte machen als Lernbehinderte in Sonderklassen. Unabhängig davon, ob heilpädagogische Hilfe geleistet wird oder nicht« (vgl. Meier 2018).

Seit September 2006 wird als ein Modellprojekt in zwei offenen Ganztagsgrundschulen in Bochum ein innerschulisches heilpädagogisches Förderkonzept erprobt. Bedingt durch die nicht zufriedenstellenden Ergebnisse deutscher Schüler in der PISA-Studie und intensiviert durch die anhaltende Kritik der separierenden Wirkung der Sonderbeschulung behinderter Kinder, sind die zuständigen Stellen in der Politik und Schulverwaltung offener geworden für die erforderlichen Bildungsreformen. Zentrale Zielsetzung besteht darin, auf die veränderten Kindheitsbedingungen, auf ungleiche Bildungschancen und die wachsende Heterogenität der Schülerschaft insbesondere am Anfang des Lebensabschnitts »Schule« zu reagieren. Hierbei steigt auch die Bereitschaft, Kooperationen mit der außerschulischen Fachwelt zuzulassen. Durch Implementierung multiprofessioneller Handlungskonzepte in das Grundschulgeschehen soll die Verzahnung von Bildungs- und Erziehungsarbeit verstärkt werden. Konkret handelt es sich (u. a.) um Sicherung individueller Angebote und Fördermaßnahmen, die an den unterschiedlichen Bedürfnissen der Kinder und ihrer Familien ausgerichtet sind. Der Runderlass des Ministeriums für Schule und Weiterbildung NRW zur Offenen Ganztagsschule im Primarbereich vom 26.01. 2006 sieht ausdrücklich vor, dies in gemeinsamer Verantwortung mit außerschulischen Partnern durchzuführen. Das ermöglicht den heilpädagogisch Tätigen, die Entwicklungs- und Lernprozesse von Kindern an Regelgrundschulen gemeinsam mit den Lehrkräften und anderen pädagogischen Kräften des Ganztags nachhaltig mit zu gestalten. Dabei geht es nicht darum, die Kinder zu unterrichten, sondern die heilpädagogischen Handlungsfelder Diagnostik, Förderung, Beratung und Netzwerkarbeit in der Schule zu implementieren. Diese Gegebenheiten stehen also im Hintergrund des Bochumer Projekts. Erfreulicherweise laufen ähnliche Entwicklungen und Versuche auch in anderen Bundesländern und Städten. Inwieweit dort auch die heilpädagogische Beteiligung vorgesehen ist, lässt sich noch nicht erfassen. Wie auch immer – es ist zu hoffen, dass die Erfahrung aus der Kooperation mit Heilpädagogik in die zukünftige Kompetenzerweiterung auf der Grundschulebene einfließen wird. Grund genug, die Grundsätze des in die offenen Ganztagsgrundschulen implementierten heilpädagogischen Förderkonzepts als Beispiel für Mitwirkung von Heilpädagogen im Schulwesen kurz darzustellen. Es handelt sich (noch) um keine Standardsituation und kein übliches Tätigkeitsfeld für heilpädagogisch Tätige. Vielmehr handelt es sich um einen Blick in die Zukunft.

Stellenwert und Position eines heilpädagogischen Konzepts innerhalb einer Offenen Ganztagsgrundschule ergeben sich aus folgenden Tatsachen:

- Die heilpädagogische Unterstützung richtet sich nicht grundsätzlich an alle Kinder, sondern nur an diejenigen, die mit den verschiedenen Anforderungen schulischen Lernens (noch) nicht zurechtkommen. Dies kann die kognitiven, motorischen, sozialen und/oder emotionalen Fähigkeiten eines Kindes betreffen.
- Die Zielsetzung heilpädagogischer Unterstützung unterscheidet sich von dem schulischen Förderverständnis, welches auf die Sicherung des Unterrichtserfolgs ausgerichtet ist. Die Heilpädagogik bietet eine Entwicklungs- und Lernunterstützung an, welche auf der subjektiv bedeutungsvollen Ebene des Kindes ansetzt. Und das kann – gerade in der Schuleingangsphase – die Fokussierung einer früheren Entwicklungsphase bedeuten, um erst die Möglichkeit der gezielten unterrichtsbezogenen Förderung zu eröffnen.

- Die Tätigkeit von Heilpädagogen besteht nicht nur in der Konzipierung, Durchführung und Evaluierung von Förderstunden bei einzelnen Schülern im Falle auftretender Lernschwierigkeiten. Vielmehr soll diese Aufgabe – der Nachhaltigkeit wegen – im Kontext der Kooperation mit Lehrkräften und Familien eingebettet, d. h. strukturell/organisatorisch in den Schulalltag eingebunden sein.

Über diese Aspekte heilpädagogischen Handelns muss unter allen Beteiligten Klarheit herrschen. Sowohl die Lehrkräfte als auch die Eltern und schließlich auch das Kind dürfen von der Heilpädagogin nicht erwarten, dass sie unterrichtsbezogene Schwierigkeiten des Kindes schnellstmöglich »repariert«. Vielmehr ist die Vernetzung aller Teilbereiche im Alltag des Kindes erforderlich (familiär, schulisch, außerschulisch), die eine multidimensionale Einflussnahme ermöglicht, in der die Heilpädagogik »nur« einen Teil übernimmt.

Die heilpädagogischen Handlungsbereiche

Das heilpädagogische Handeln innerhalb der Offenen Ganztagsgrundschule lässt sich als »vernetzte schulintegrierte Entwicklungsförderung von Kindern« bezeichnen. Das bedeutet für den heilpädagogisch Tätigen, in folgenden Aufgabenbereichen zu agieren:

1. Elternbegleitung. Neben den obligatorischen vorschulischen Info-Veranstaltungen gibt es mehrere Formen der Elternbegleitung, wie z. B. die
    - offene Elternsprechstunde an der Schule (Erstkontakt, Informationen, Erfahrungsaustausch, konkrete Fragestellungen in Bezug auf das Kind …);
    - Beratungsgespräche zu Themen, die von Eltern angesprochen werden (Übergang von der Kindertageseinrichtung in die Grundschule, Hausaufgaben-Beratung, graphomotorische Beratung, Schwierigkeiten des Kindes beim Erlernen des Lesens, Rechnens, Schreibens, der Konzentration);
    - themenspezifischen Elternabende (aktuelle Themen aus dem Schulalltag, die spezifischer Aufklärung bedürfen – medizinische, psychologische, heilpädagogische – und auch gemeinsam mit qualifizierten Kräften weiterer Professionen oder Einrichtungen durchgeführt werden);
    - Begegnungsstätte »Elterncafe« (offenes und zwangloses Angebot, sich in ungezwungener Atmosphäre mit anderen Eltern zu treffen und über schulische Belange auszutauschen).
2. Diagnostik (konkret: Förderdiagnostik, Prozessdiagnostik und verstehende Diagnostik, in Form von Beobachtung, Anamnese, Testdiagnostik und Exploration zum Zwecke der Erstellung von Förderplänen). Diagnostisch zu erfassen sind vor allem Informationen über die Kompetenzen eines Kindes, seiner Familie und seines Umfeldes, die für die Kindesunterstützung beim Übergang von der Kindertageseinrichtung in die Grundschule und in den ersten Schuljahren relevant sind. Hierfür sind neben den sich offenbarenden Lernschwächen auch die Stärken und Interessen des Kindes von Bedeutung, an denen die Förderung ansetzen kann.

3. Förderung (konkret: Wahrnehmung, Bewegung, Schriftsprache, Rechnen, soziale/emotionale Kompetenzen sowie auch Entwicklungsförderung, graphomotorische Förderung und die unterrichtsbezogene Förderung). Eine heilpädagogische Unterstützung von Kindern am Schulanfang muss zwangsläufig auf die Vorläuferfähigkeiten schulischen Lernens ausgerichtet sein. Als solche gelten die Motorik, Wahrnehmung, personale/soziale Kompetenzen sowie der Umgang mit Aufgaben und fachliche Kompetenzen (Schriftsprache/Mathematik). Deshalb ist es unumgänglich, die Förderung vor dem Hintergrund der Interdependenz von Wahrnehmung, Motorik und Sozialverhalten mit den Fähigkeiten zum Erlernen des Lesens, Schreibens und Rechnens zu gestalten.
4. Netzwerkarbeit (konkret: Kooperation mit Kindertageseinrichtungen im Stadtteil, mit Ärzten/Therapeuten sowie mit Schul-, Gesundheits-, Jugend- und Sozialamt und Erziehungsberatung; ebenfalls gehört dazu die Öffentlichkeitsarbeit und Koordination des Geschehens). Es geht darum, neben der eigenen schulinternen Arbeit unterschiedliche professionelle Hilfen und Beratungsangebote zu bündeln. Hierfür sind der Kontakt zu den o. g. Sozialraumpartnern des Stadtteils und eine interdisziplinäre Kooperation mit ihnen unumgänglich. Dies steigert erheblich die Effizienz der Begleitung von Familien und Kindern, die in manchmal komplizierten und komplexen Lebenslagen nach Unterstützung suchen. Der Aufbau, die kontinuierliche Pflege und die Koordination des Geschehens innerhalb eines solchen Netzwerkes nimmt geraume Zeit in Anspruch, die einkalkuliert werden muss. Last but not least: Eine Netzwerkarbeit kann ohne eine gute Öffentlichkeitsarbeit nicht gelingen, denn es muss bekannt werden, dass es ein unterstützendes Netzwerk gibt – sonst wird es nicht in Anspruch genommen. Zumindest schulintern müssten die Informationen über das Förderkonzept und die eingebundenen Partner eine wahrnehmbare Präsenz aufweisen.

Außerschulische Heilpädagogik im Schulalter

Es ist realitätsnah, nach dem hoffnungsvollen Blick in die mögliche Zukunft einer Mitwirkung von heilpädagogisch Tätigen im Schulwesen die Tatsachen beim Namen zu nennen: Der Schüler Franz würde heute höchstwahrscheinlich während seiner Schulzeit (von Bundesland zu Bundesland unterschiedlich) keine allzu große Chance haben, im schulischen Alltag von einer Heilpädagogin unterstützt zu werden. Um seine Unterrichts- und Bildungsbelange werden sich – sicherlich sehr kompetent – die speziell für die Arbeit mit sehbehinderten Kindern ausgebildeten Lehrer in einer entsprechenden Förderschule kümmern.

Wäre Franz in einer anderen Lebenslage, z. B. wenn seine Familie außerstande wäre, ihn im Alltag angemessen zu versorgen, würde ihm und seinen Eltern eine organisatorische, materielle und fachliche Unterstützung im Rahmen des Sonderschulsystems in Kombination mit dem SGB IX angeboten, z. B. durch Franz' Aufnahme in eine Schule für sehbehinderte Kinder, der auch ein Internat angegliedert ist, in dem er von Montag bis Freitag betreut wird (u. a. auch von Heilpädagogen) und das Wochenende zu Hause verbringen kann. Oder aber er könnte in eine »Einrichtung über Tag und Nacht« (Heim) für behinderte Kinder aufgenommen werden, wenn seine Familie nicht einmal am Wochenende imstande wäre, ihn zu versorgen. Dann würde er von diesem neuen Lebensort her zur Schule gehen und die (Heil-)Pädagogen seiner Gruppe würden die Versorgung, Entwicklungsunterstützung und sonstige alltäglichen Angelegenheiten stellvertretend für Franz' Eltern übernehmen. Wir können uns auf dieser Stelle etliche Varianten der Lebenssituation von Franz vorstellen, in denen er mit Sicherheit auch mit heilpädagogisch Tätigen in Kontakt käme. Der gemeinsame Nenner dieser möglichen Begegnungen heißt »außerschulischer Bereich«.

In den außerschulischen Institutionen, Einrichtungen und Maßnahmen sind die heilpädagogisch Tätigen immer erreichbar, wenn es darum geht, außerhalb der Schule die Heranwachsenden und deren Familien in beeinträchtigten Lebenslagen zu unterstützen. Das Tätigkeitsfeld »Heilpädagogik bei behinderten bzw. von einer Behinderung bedrohten Kindern und Jugendlichen« stellt immer noch das »Kernstück« der heilpädagogischen Praxis dar. Ob in Wohn- bzw. Tageseinrichtungen der Behinderten- oder der Erziehungshilfe, im stationären Bereich oder in Tagesgruppen im Rahmen der Kinder- und Jugendlichenpsychiatrie, ob in eigener heilpädagogischer Praxis, in einer Beratungsstelle oder im Jugendamt – die Möglichkeiten für eine heilpädagogische Unterstützung von Heranwachsenden im Schulalter sind zahlreich und bunt.

Bedingt durch die unüberschaubare Menge lassen sich hier nur schwer konkrete didaktische und methodische Hinweise auf Gründe, Inhalte, Formen, Vorgehensweisen usw. des heilpädagogischen Handelns formulieren. Deshalb wird an dieser Stelle so etwas wie ein gemeinsamer Nenner oder besser gesagt das Wesentliche der Heilpädagogik für die außerschulische Unterstützung von Kindern und Jugendlichen im Schulalter fokussiert. In Anlehnung an Paul Moor und seine Leitsätze, die durchaus eine deutliche humanistische und konstruktivistische Relevanz besitzen (vgl. Moor, 1999, 17 bzw. 70 f.), ist es wichtig, das heilpädagogische Handeln konsequent auf folgende Überzeugungen zu stellen:

- Zuerst verstehen und erst dann erziehen heißt, die Welt des Kindes und seine Lebenslage mit seinen Augen zu sehen und versuchen zu begreifen, welche Konstrukte da sind und welche Bedeutung sie spielen. Dieser konstruktivistisch-hermeneutische Zugang ist hilfreich auch im Umgang mit der unmittelbaren sozialen Umwelt des Kindes, die ebenfalls in die heilpädagogische Arbeit einbezogen werden soll.
- Defizite zur Kenntnis nehmen und sich auf die Suche nach Ressourcen konzentrieren bedeutet, das humanistische Menschenbild als Grundlage des eigenen Handelns zu nutzen. Nicht also die »Reparaturversuche« des Irreparablen sichern den beeinträchtigungsfreien Existenzvollzug, sondern die Suche nach Potenzialen und deren Entfaltung, die erst den Raum für das öffnet, was werden sollte und könnte.
- Konsequent sich selbst als Pädagoge zu verstehen führt dazu, dass die heilpädagogische Einflussnahme auf Bedingungen, Prozesse und Personen – auch wenn dabei die Erkenntnisse und Ansätze aus der therapeutischen Arbeit genutzt werden – unmissverständlich der Bildung, Entwicklung persönlicher Identität des Kindes/Jugendlichen und der Sicherung seiner Teilhabe am alltäglichen Leben der Gesellschaft dient.

- Das Bemühen darum, auch sich selbst zu verstehen und immer wieder einen Schritt weiter kommen, als es letztes Mal möglich war, offenbart die eigene Offenheit gegenüber Erfahrungen, Lernprozessen und Entwicklungen im Kontext des professionellen Tuns. Das übergeordnete Anliegen dieser »Selbsterziehung« ist die unvoreingenommene Haltung gegenüber dem zu betreuenden Menschen und die Fähigkeit zur positiv wirkenden Selbststeuerung im Berufsalltag.

Wie alle Grundsätze und Prinzipien sind auch die hier formulierten Hinweise als eine Orientierungshilfe zu betrachten. Jeder heilpädagogisch Tätige kann sie in seinem professionellen Handeln im Sinne eines »Sprungbretts« nutzen, um die manchmal schwierigen Aufgaben in der Arbeit mit behinderten Kindern/Jugendlichen und deren Familien zu bewältigen und längerfristig sowohl in der Sache als auch persönlich weiter zu kommen.

Ausbildung, Berufsvorbereitung

Franz wächst und wächst, durchsteht die Pubertät und macht eine belastende Erfahrung beim Besuch eines Jugendklubs – er lässt sich in seinem Streben nach Anerkennung von anderen Jugendlichen auf Alkohol und Drogen ein. Einerseits weiß er, dass diese Mittel zur Verbesserung momentaner Laune gefährlich sind, aber er hat auch Angst, von anderen ausgelacht zu werden, wenn er das Bier oder den Joint ablehnt. Da er sich in seiner postpubertären Verschlossenheit den Eltern gegenüber auf keine klärende Kommunikation zu Hause einlassen kann, bekommen er und seine Eltern vom Jugendamt das Angebot einer Erziehungsbeistandschaft. Franz nutzt die Möglichkeit einer von Zuhause nicht gesteuerten Hilfe und stabilisiert sich wieder – er geht nicht mehr in den Jugendklub. Was ihn nun beschäftigt, ist die Frage seiner beruflichen Zukunft. Auch fragt er sich, wie er mit seiner Sehbehinderung als Erwachsener leben soll.

Als das Ende der Schulpflicht naht, lässt Franz sich von einer Mitarbeiterin der Bundesagentur für Arbeit beraten. Sie ist Diplom-Heilpädagogin und vermittelt Jugendliche und junge Erwachsene mit Behinderung in eine ihren Möglichkeiten entsprechende Berufsausbildung. Mit ihrer Hilfe findet er eine Firma, die ihn zu einem Kundenbetreuer im sog. Call-Center ausbilden und anschließend weiter beschäftigen will. Das gefällt ihm gut, weil er bei dieser Arbeit mehr auf sein Gehör und das Gedächtnis angewiesen ist als auf seine Augen.

Die gegenwärtige Arbeitswelt ist in den ersten und den zweiten Arbeitsmarkt geteilt. Im erstgenannten Segment werden die Arbeitnehmer nach Qualifikation und Leistungsanforderungen selektiert und beschäftigt. Diejenigen, die – wodurch auch immer bedingt – den Anforderungen des ersten Arbeitsmarktes nicht entsprechen (können), haben Anspruch auf berufseingliedernde Hilfen. So absolvieren z. B. Jugendliche mit Problemen beim Übergang von der Schule zum Beruf einen berufsvorbereitenden Lehrgang, bevor sie eine Lehre beginnen. Oder aber, wenn zweifelsohne klar ist, dass auch ein solcher Lehrgang nicht helfen kann (bei mittlerer und schwerer Behinderung), steht den Betroffenen die Möglichkeit zur Verfügung, in einer WfbM (Werkstatt für behinderte Menschen) eine an ihre Möglichkeiten und

Grenzen angepasste Arbeitsbeschäftigung zu finden (der zweite Arbeitsmarkt). Bei der Gründung von Werkstätten für Behinderte stand die Aufgabe im Vordergrund, die Werkstattbeschäftigten auf die Eingliederung im ersten Arbeitsmarkt vorzubereiten. Dieses Anliegen besteht zwar offiziell immer noch, aber die Praxis zeigt, dass ein Wechsel von dem geschützten Beschäftigungsverhältnis in einer WfbM in den ersten Arbeitsmarkt Seltenheitswert hat.

Die Berufsvorbereitung für den ersten Arbeitsmarkt steht in Obhut der ausbildenden Betriebe. Da es dort kaum Menschen mit Behinderung gibt, sind dort auch kaum die heilpädagogisch Tätigen zu finden. Größere Betriebe sind zwar per Gesetz verpflichtet, Behindertenbeauftragten zu benennen und eine bestimmte Anzahl von Arbeitsplätzen an Beschäftigte mit Behinderung zu vergeben, aber die Praxis zeigt, dass in diesem Kontext Heilpädagogik keine Lobby hat. Auf der sozialpolitischen Ebene stehen allerdings mehrere Verordnungen und Empfehlungen zum Thema Berufsausbildung von Menschen mit Behinderung zur Verfügung. Die gesetzliche Grundlage hierfür ist das Berufsbildungsgesetz. Auf der Homepage des Bundesinstituts für Berufsbildung (BIBB) sind insgesamt 260 Materialien, Empfehlungen, Regelungen u. ä. zu finden, in denen die Berufsausbildung von Menschen mit Behinderung thematisiert wird (vgl. BIBB, 2008). Im Sinne des § 48 Berufsbildungsgesetzes hat das BIBB nicht nur Empfehlungen für die Berufsförderung behinderter Menschen bzw. für die Berufsförderung erwachsener psychisch Behinderter ausgearbeitet. Ebenfalls sind vom BIBB mehrere sog. »Musterregelungen für die Berufsausbildung Behinderter« herausgegeben worden, die für einzelne Produktionsbereiche bestimmt sind (z. B. Metallbereich, Bürobereich, Holzbereich, Farbbereich oder Elektrobereich).

Inwieweit im Rahmen der Umsetzung dieser Empfehlungen und Regelungen auf dem ersten Arbeitsmarkt auch heilpädagogisch Tätige mitwirken, müsste erst erforscht werden. Fest steht, dass sie sich vor allem im Bereich des zweiten Arbeitsmarkts nützlich machen, insbesondere in den Werkstätten für behinderte Menschen. Laut BAG-WfbM (Bundesarbeitsgemeinschaft Werkstätten für behinderte Menschen e. V.) waren im Juni 2019 insgesamt 683 Werkstätten als Mitglieder registriert, die insgesamt 312.389 Menschen mit Behinderungen beschäftigten. Hierzu die BAG-WfbM konkret: »Derzeit sind mehr als 310.000 Erwachsene mit Behinderungen in den Mitgliedswerkstätten der BAG WfbM beschäftigt, knapp 30.000 zu ihrer Beruflichen Bildung im Berufsbildungsbereich und fast 265.000 zu ihrer Arbeits- und Berufsförderung im sogenannten Arbeitsbereich. Dabei sind etwa 18.000 so schwer behindert, dass sie einer besonderen Betreuung, Förderung und Pflege bedürfen.« (BAG-WfbM, 2019).

Die Heilpädagogen sind i. d. R. weder im Produktionsbereich noch im Berufsbildungsbereich direkt involviert, sondern arbeiten überwiegend im Förderbereich. Ihre Aufgabe besteht darin, die Beschäftigten der Werkstatt, die (noch) nicht imstande sind, am Beschäftigungs- und Produktionsgeschehen teilzunehmen, hinsichtlich der Nutzung ihrer Potenziale und Ressourcen soweit zu unterstützen, dass sie eine größere Chance zur Teilhabe an Arbeitsprozessen bekommen. Demnach sind als Schwerpunkte dieser heilpädagogischen Tätigkeit die (Förder-)Diagnostik sowie die Förderung und Stabilisierung der arbeitsrelevanten Fähigkeiten und Fertigkeiten zu betrachten. In diesem Sinne handelt es sich allerdings um keine Berufsausbildung.

Hierfür sind die heilpädagogisch Tätigen auch nicht qualifiziert. Vielmehr werden die Beschäftigten im Förderbereich einer Werkstatt für Behinderte von den heilpädagogisch Tätigen im Prozess einer Arbeitsanbahnung und Förderung relevanter Fähigkeiten zwecks einer Arbeitsaufnahme innerhalb der Werkstatt unterstützt und begleitet.

Integration und berufliche Rehabilitation

In der beruflichen Rehabilitation werden in zunehmendem Maße Konzepte eingesetzt, die aufgrund ihrer flexiblen und unbürokratischen Managementstruktur Menschen mit Beeinträchtigungen einzelfallorientiert in die Arbeitswelt integrieren. Das aus Kanada stammende Konzept des Disability Managements findet dabei seit einigen Jahren auch in Deutschland (leider nur gewisse) Beachtung. Im Jahre 2002 hat die ILO (International Labour Organization) einen praxisorientierten Leitfaden herausgegeben, in welchem die Grundzüge des Konzeptes dargestellt sind (weitere Ausführungen hierzu: vgl. Wagner 2006).

Das Disability Management setzt bei der Verantwortung der Unternehmen an. Es handelt sich also um eine umfassende Managementstrategie als integraler Bestandteil der betrieblichen Personalentwicklung. Der Leitfaden der ILO unterscheidet vier konkrete Bereiche:

1. die Einstellung behinderter Menschen,
2. deren beruflicher Aufstieg,
3. der Arbeitsplatzerhalt,
4. Anpassungsmaßnahmen am Arbeitsplatz.

Voraussetzung hierfür ist eine Sensibilisierung für die Thematik »Behinderung« auf allen Hierarchieebenen im Unternehmen. Dabei werden zwei Strategien gleichermaßen verfolgt: die Prävention von Behinderungen in Form der Etablierung eines Gesundheitsmanagements auf der einen sowie die Rehabilitation bei bestehenden gesundheitlichen Einschränkungen auf der anderen Seite. Im Fokus stehen Erwerbstätige, die aufgrund eines Arbeitsunfalls oder einer Berufskrankheit ihre Tätigkeit an ihrem Arbeitsplatz ohne geeignete Gestaltungsmaßnahmen nicht mehr ausüben können. Durch präventive Maßnahmen, wie z. B. ergonomische Arbeitsplatzgestaltung, werden die gesundheitlichen Risiken und damit das Entstehen von Behinderungen reduziert. Rehabilitative Maßnahmen sollen den Arbeitsplatz für gesundheitlich eingeschränkte Menschen erhalten, womit verfrühte Rentenzahlungen vermieden werden sollen.

Neben der Prävention und Rehabilitation kann das Disability Management auch die Eingliederungschancen von behinderten Menschen insgesamt verbessern. Denn die angestrebte Sensibilisierung für die Thematik Behinderung soll sich z. B. bei der Neueinstellung von Menschen mit Behinderungen offenbaren, indem z. B. Prinzipien der Nichtdiskriminierung befolgt werden. So sollen geeignete Eignungstests ausgewählt werden, die behinderungsunabhängig die Fähigkeiten und Kompetenzen eines Bewerbers oder einer Bewerberin zeigen. In Unternehmen, die im Sinne des Disability Managements agieren, wurden bereits vielfältige Problematiken angesprochen, die sich im Kontext von Behinderung ergeben können. Hier bietet sich die Chance, dass vermehrt behinderte Menschen eine Beschäftigung finden, da Akzeptanz und Toleranz wachsen können.

Fazit: Wird das Disability Management als Chance zur beruflichen Integration bzw. zur Inklusionssicherung in Zukunft von den Unternehmen und Produktionsstätten konsequenter genutzt, können sich auf diesem Aufgabenfeld gute Einsatzmöglichkeiten auch für heilpädagogisch Tätige ergeben. Das ist allerdings noch mehr eine Zukunftsvision als eine absehbare Realität.

Dennoch hat sich im Bereich des Arbeitens und der Tätigkeit von Menschen mit Beeinträchtigung einiges in Richtung Inklusion verändert – auch wenn hierbei noch viel zu tun bleibt:

6.3.6 Erwachsene – Wohnen und Arbeiten

Der Junge Franz ist nun ein erwachsener Mann – mit seinen 25 Jahren kann man nicht mehr von Franz reden, sondern von Herrn Franz X. Er arbeitet im Call-Center einer großen Firma, hat sein Ein- und Auskommen und ist von Zuhause in eine kleine Wohnung umgezogen. In dieser Wohnung wird Herr Franz X. im Rahmen des betreuten Wohnens für Menschen mit Behinderung unterstützt. Bei Bedarf kann er für die alltäglichen Verrichtungen eine Assistenz anfordern. Die gegenseitigen Besuche mit seinen Eltern und auch gemeinsame Urlaubsfahrten gehören genauso zu seinem Leben wie die gesellige Runde der Hausbewohner anlässlich diverser Anlässe wie Geburtstage o. ä.

Ein Wunsch bleibt Herrn Franz X. allerdings unerfüllt – er findet keine Lebenspartnerin und kann folglich keine Familie gründen. Umso mehr freut er sich, wenn er von Verwandten besucht wird, die ihre Kinder mitbringen (oder wenn er mit den Eltern zu diesen Verwandten zu Besuch kommt). Er spielt gerne mit Kindern und erstaunt sie immer wieder mit seinem feinen und präzisen Gehör, indem er ganz leise Geräusche wahrnimmt, die andere Menschen gar nicht zu hören scheinen.

Ähnlich wie der Bereich der Frühförderung stellt auch das Handlungsfeld des Wohnens einen intensiven und permanent zunehmenden Schwerpunkt der heilpädagogischen Tätigkeiten dar. Das Handlungsfeld der »Arbeit« wird zwar vorwiegend von Sozialarbeiterinnen und Sozialarbeitern wahrgenommen (nur ca. 3 % der heilpädagogisch Tätigen arbeiten in diesem Handlungsfeld), dennoch ist dieses im Rahmen einer Beschreibung einer lebenslauforientierten Heilpädagogik relevant. In diesem kurzen Kapitel soll nun zuerst auf das Wohnen und dann kurz auf das Arbeiten Bezug genommen werden.

Der Bereich des Wohnens unterliegt – wie kaum ein anderes Handlungsfeld – einem historischen und kulturellen Wandel. Gerade die Umstrukturierung der Gesellschaft weg von einer stratifikatorischen und hin zu einer funktional differenzierten Gesellschaft hat die Wohnbereiche immer mehr zu privaten und sozialen intimen Räumen des Lebensvollzuges werden lassen (vgl. Beck, 2007, 334). Der Wohnraum stellt somit auf der einen Seite einen privaten Schonraum dar, auf der anderen Seite nimmt er jedoch immer auch Bezug auf das Eingebundensein in die jeweiligen Gesellschaftsstrukturen. »Insofern entsteht Wohnkultur auch und vor allem durch die gesellschaftliche Organisation der Produktion und Reproduktion, und die Chancen auf individuelle Bedürfnisverwirklichung sind hiervon beeinflusst« (ebd., 335). Die Veränderung der Wohnformen in den letzten 250 Jahren haben somit auch einen Niederschlag gefunden in der Ausdifferenzierung des heilpädagogischen Handlungsfeldes »Wohnen« bzw. der heilpädagogischen Handlungsfelder, welche in diesem Bereich tätig (geworden) sind, da sie mehr und mehr ausdifferenziert und spezifiziert worden sind. Hierbei geriet das Wohnen jedoch erst relativ spät in den Fokus heil- und sonderpädagogischen Handelns: »Als ein individueller Anspruch wie als ein eigenständiges Aufgabengebiet pädagogischer und sozialer Dienste wurde das Wohnen erst in den 70er Jahren des 20. Jahrhunderts breiter erkannt und durchgesetzt. Bis dahin war es gleichsam ein sekundäres und als solches nicht eigens beachtetes Problem der generellen Notlagen derjenigen behinderten Menschen, deren Hilfebedarf ihre eigenen oder die familiären Selbsthilfemöglichkeiten überstieg oder die auf Ablehnung stießen« (Beck, 2007, 335). Somit lässt sich an den Wohnformen auch die Veränderung der Leitideen der Heilpädagogik ablesen: Von der Verwahrung über die Förderung hin zur Assistenz und Integration (in den letzten Jahren vielleicht sogar zur Inklusion).

Was bezeichnet Wohnen jedoch konkret? In einem ersten Schritt können hierzu objektive Kriterien genannt werden. Diese beziehen sich zum Beispiel auf den individuellen Wohnraum sowie auf einen Sanitär- und Küchenbereich, welche diesem zugehörig sind und welche von anderen Wohneinheiten bzw. von der Einflussnahme der Gesellschaft abgetrennt sind. Des Weiteren ist die Wohnqualität bzw. die Zufriedenheit mit dem jeweiligen Wohnen zu skizzieren: Wohnen findet immer in einer Gesellschaft, in einem Umfeld, in einer Nachbarschaft statt, welche die Grenzen bzw. die Durchlässigkeiten zum subjektiven Wohnumfeld bemisst. Die Bezugnahmen zwischen Gesellschaft, Nachbarschaft und Wohnfeld bzw. konkretem Wohnraum sind hierbei immer wieder neu zu bestimmen und deuten auf die jeweils konkret auszuprägende bzw. ausgeprägte Wohnqualität hin (vgl. Beck, 2007, 338 f.).

Ein professionelles didaktisch-methodisches heilpädagogisches Handeln hat sich somit auf mehrere Aufgaben zu beziehen:

- Zuerst einmal auf die Wahrnehmung der Wohn- und Lebenssituation von Menschen mit Behinderung im Kontext gesellschaftlicher und nachbarschaftlicher Bedingungsfaktoren.
- Zum zweiten auf die Notwendigkeiten, einen individuellen Wohnraum für den jeweils individuellen Menschen bzw. seine individuelle Beziehung zu gestalten.
- Und dann sicherlich auch und nicht zuletzt auf die Unterstützung bei ganz konkreten Handlungen und Handlungsmustern bzw. Krisenverläufen und krisenhaften Beziehungen innerhalb des jeweils individuellen Wohnprozesses.

Wohneinrichtungen und die hiermit verbundenen heilpädagogischen Aufgaben haben sich somit in den letzten 50 Jahren drastisch verändert: Weg von einer beschützenden Verwahrung hin zu einer Teilnahme und Begleitung am gesellschaftlichen Ganzen. Auf diesem Hintergrund hat die tätige Heilpädagogin auch die

Prämissen zu beachten, welche von den Menschen mit Behinderung selber ausgehen. Mit Seifert können hierzu folgende Aspekte benannt werden:
»Wir wollen…

- … uns aussuchen können, wo wir wohnen und wie wir wohnen,
- … mehr gute Unterstützung,
- … ein Recht auf Unterstützung, auch in unserer eigenen Wohnung,
- … in Wohneinrichtungen selber bestimmen, was und wann wir etwas am Tag machen,
- … in Wohneinrichtungen selber bestimmen, mit wem wir wohnen und wie unser Zimmer aussieht,
- … kleinere Wohngruppen und keine großen Wohnheime« (Seifert, 2006, 377).

Die Leitidee der Selbstbestimmung bzw. der Teilhabe an allen Prozessen des täglichen Vollzugs bzw. des Lebens muss somit Eingang finden in das planerische, pragmatische und evaluative Geschehen einer professionellen Didaktik und Methodik der Heilpädagogik. Ob hierbei noch von Pädagogik oder bereits von Bildung gesprochen werden kann, muss an dieser Stelle offenbleiben. Es soll hierzu ein Verweis auf den Beitrag von Störmer im Band »Spezielle Heilpädagogik« (2009) genügen.

Welche Wohnformen können das Handlungs- bzw. Begegnungsfeld in der Heilpädagogik umfassen?

Wohnen in der Herkunftsfamilie

Ein sehr großer Teil der Menschen, welche mit einer geistigen Behinderung leben, wohnt auch im Erwachsenenalter noch bei den Eltern. »Über Jahrzehnte gewachsene, enge Bindungen zwischen Eltern und Kind führen dazu, den Zeitpunkt der Ablösung von der Herkunftsfamilie hinaus zu schieben. Sehr oft erfolgt die Trennung wegen unvorhergesehen eintretender Lebensereignisse ungeplant, z. B. wegen Krankheit, Überlastung, Scheidung oder Tod. Durch das veränderte Rollenverständnis von Frauen, die die Sorge für den behinderten Angehörigen nicht als Lebensaufgabe sehen, nimmt jedoch die Zahl der Familien zu, die sich frühzeitig über die Zukunft ihres Kindes und einer seinen Bedürfnissen entsprechende Lebensplanung Gedanken machen« (Seifert, 2006, 378). Die Auseinandersetzung mit selbstbestimmten Wohnprozessen im Kontext der Familie muss somit als zentral, aber auch problematisch dargestellt werden, da es hierbei immer wieder zu Vernetzungen, ja sogar zu Verclinchungen von Familienangehörigen und Generationen kommt.

Die Tätigkeit einer didaktisch-methodisch agierenden Heilpädagogin kann und muss sich hierbei auf die Beratung bzw. auf die Darstellung unterschiedlicher Unterstützungsangebote beziehen, welche einen Weg öffnen, sowohl in der Familie als auch darüber hinaus mit Behinderung leben zu können. Dieses bedeutet, dem behinderten Menschen alternative Wohnformen anzubieten bzw. ihn hierbei zu begleiten. Konkret kann sich das wie folgt vollziehen: Eine alleinstehende, inzwischen alt gewordene Mutter kann sich aus Krankheitsgründen nicht mehr um den schwer mehrfach behinderten Sohn kümmern, welcher 45 Jahre lang mit ihr in der gemeinsamen Wohnung gelebt hat. Die Heilpädagogin hätte somit parallel einen Diagnose- und Anamneseprozess, einen Beratungsprozess der Mutter und einen möglicherweise Aufnahme-, aber sicherlich Ablösungsprozess des behinderten Sohnes vorzubereiten, so dass dieser in eine neue Wohnform umziehen kann. Dass dieses an vielen Punkten schmerzhaft und mit einer intensiven Trauerarbeit verbunden sein kann, muss an dieser Stelle nicht weiter ausgeführt werden. Die Konstruktionsmechanismen der eigenen Geschichte der Mutter bzw. der Familie bzw. des gesamten Familiensystems sind hierbei zu bedenken. Es müssen neue, stimmige und passende Wohnformen für den inzwischen erwachsen gewordenen Mann gefunden werden, so dass er dort in hohem Maße selbstbestimmt leben kann.

Wohnen in einer Einrichtung

Hierbei sind es vor allem die so genannten Groß- bzw. Komplexeinrichtungen, in welchen Menschen mit einer (geistigen) Behinderung leben: »56 % der geistig behinderten Menschen, die einen Wohnplatz der Behindertenhilfe in Anspruch nehmen, leben in großen Einrichtungen mit 100 bis über 500 Plätzen (davon 25 % mit 300 bis über 500 Plätzen). Dabei handelt es sich i. d. R. um Komplexeinrichtungen mit integrierten Arbeits-, Beschäftigungs- und Freizeitangeboten sowie medizinischen, therapeutischen und sozialpädagogischen Fachdiensten. Etwa ein Viertel lebt in Wohnheimen mit weniger als 50 Plätzen, deren Bewohner/innen überwiegend außerhalb der Einrichtungen in Werkstätten für behinderte Menschen oder auf dem allgemeinen Arbeitsmarkt einer Arbeit nachgehen oder – bei schwerer Behinderung – in Fördergruppen oder anderen Maßnahmen betreut werden. 18 % wohnen in Einrichtungen mit 50 bis 99 Plätzen« (Seifert, 2006, 379).

Diese Zahlen wurden von Seifert zusammengefasst und gehen auf eine größere Befragung zurück, welche Wacker bereits 1998 durchgeführt hat. Gerade diese Groß- bzw. Komplexeinrichtungen haben nun die Aufgabe, im Rahmen ihrer Möglichkeiten (welche sie häufig immer noch als recht »Totale Institutionen« im Sinne Goffmanns darstellen), die Prozesse der Teilhabe und der Inklusion zu verwirklichen bzw. diesen nahe zu kommen. Wie z. B. die Gruppen zusammengesetzt werden, d. h. mit welchen Menschen Menschen mit Behinderung zusammenleben, wie ein Zimmer ausgewählt und gestaltet wird, mit welchem Personal gearbeitet wird, wie die Organisation des Tages bzw. der Woche stattfindet, welche Aktivitäten eigenverantwortlich, welche angeleitet, welche vielleicht sogar fremdbestimmt durchgeführt werden, ist von diesen Einrichtungen immer wieder im Hinblick auf das Wohl bzw. die Teilhabe der Menschen mit Behinderung zu realisieren. Aber gerade dieses erscheint in hohem Maße problematisch, da die Beharrungstendenzen dieser Einrichtungen doch sehr intensiv ausgeprägt sind. Die didaktisch-pädagogischen Möglichkeiten eines Heilpädagogen müssen sich nun sowohl auf die Beratung und Begleitung von Teams, auf die Begleitung der Menschen mit Behinderung als auch auf möglicherweise recht intensive Umstrukturierungsprozesse beziehen. Gerade die Veränderung der Komplexeinrichtungen im Hinblick auf ambulant betreute

Wohnformen (s. u.) auf Prozesse der Deinstitutionalisierung, auf die Wahrnehmung der Bedürfnisse der Menschen mit Behinderung (vielleicht im Rahmen so genannter »Open-space-Projekte«) fordern die Heilpädagogen immer wieder dazu heraus, ihr professionelles didaktisch-methodisches Handeln zu überprüfen bzw. sich an permanent verändernden Bedingungen und Bedingtheiten auszurichten. Er ist ein Spezialist für das Wohnen im Kontext sich ständig verändernder Einflüsse und Einflussnahmen.

Ambulant unterstütztes/betreutes Wohnen

Eine zentrale neue Wohnform stellt das sogenannte ambulant unterstützte bzw. ambulant betreute Wohnen dar. Menschen mit Behinderung leben hierbei (von Pädagoginnen und Pädagogen begleitet) in Wohngemeinschaften oder aber auch in einer eigenen Wohnung, allein, zu zweit bzw. aber auch mit einem eigenen Kind. Damit dieses gelingen kann, müssen diese Menschen über deutlich ausgeprägte alltagspraktische Fähigkeiten und Fertigkeiten verfügen, welche es ermöglichen, dass sie mit einer nur stundenweisen Betreuung auskommen. »Die professionelle Unterstützung wird i. S. einer Hilfe zur Selbsthilfe und zur Übernahme von Eigenverantwortung gewährt und bezieht sich – je nach Bedarf – auf alle Bereiche des Alltags, z. B. auf die Gesundheitsfürsorge, die Haushaltsführung und die Freizeitgestaltung oder auf den Umgang mit Behörden. Auch psychosoziale Beratung und Unterstützung bei der persönlichen Lebensgestaltung gehören dazu« (Seifert, 2006, 380 f.). Wenn Menschen mit Behinderung allein leben, ist hierbei vor allem den Vereinsamungstendenzen entgegen zu wirken. Bei eigenen Untersuchungen wurde sehr deutlich, dass gerade das von Menschen mit Behinderung gefordert wird: Sie wollen in Krisensituationen nicht alleine sein, sie wollen wissen, mit wem sie relativ schnell Kontakt aufnehmen können, damit diese (professionellen) Personen mit ihnen gemeinsam allfällige Probleme lösen können. Auch wenn diese Form des ambulant begleiteten Wohnens noch relativ gering ausgeprägt ist, hat sie doch in den letzten Jahren stetig zugenommen. Gerade im Hinblick auf die juristisch verpflichtende Einführung des Persönlichen Budgets (zum 01.01. 2008) wird dieser Bedarf an ambulanten Diensten sehr wahrscheinlich noch weiter ansteigen (ebd.).

Andere Wohnformen

Über diese drei Wohnformen hinaus gibt es unterschiedliche weitere Möglichkeiten, in denen Wohnen für Menschen mit Behinderung stattfinden kann. So zum Beispiel in dem gemeinsamen Zusammenleben von Menschen mit und Menschen ohne Behinderung (vgl. Seifert, 2006, 381 f.). Diese Modelle sind in Deutschland noch relativ wenig ausgeprägt, dennoch können sie ein innovatives Modell zur Selbstbestimmung und Teilhabe bieten; so z. B., wenn Wohnfamilien (welche aus Menschen mit und Menschen ohne Behinderung bestehen) in Nachbarschaften leben und selbstverständlich an allen Prozessen dieses Subsystems teilnehmen. Als letztes sei das Leben in Pflegeheimen und Kliniken benannt: Auch wenn in den letzten 20 Jahren die Leitidee der Assistenz intensiv an Raum gewonnen hat, wohnen immer noch Menschen – gerade mit erhöhtem Hilfebedarf – in Pflegeheimen oder Psychiatrien. Sicherlich können diese Wohnformen weder als zeitgemäß noch als human gelten, da in ihnen der Gedanke der Entwicklungsgemäßheit nicht unbedingt zielführend erscheint. Dazu kommt, dass die Anzahl der Menschen, welche in Kliniken lebt, zunimmt: Aktuell ist zu beobachten, dass seit Einführung der Pflegeversicherung im stationären Bereich (1996) aus ökonomischen Gründen die Zahl geistig behinderter Menschen in Pflegeheimen wieder angestiegen ist. In beinahe allen Bundesländern gibt es inzwischen Pflegeeinrichtungen mit Versorgungsvertrag nach dem Sozialgesetzbuch IX, welche zuvor Einrichtungen der Behindertenhilfe waren. Diese sind nun – zur Entlastung des Sozialhilfeträgers – ganz oder teilweise in Pflegeeinrichtungen umgewandelt worden (vgl. Seifert, 2006, 383). Diese Tendenz ist sicherlich aus professioneller heilpädagogischer Perspektive kritisch zu betrachten bzw. zu verurteilen, da sie direkt zurückführt in das Zeitalter einer reinen Versorgungsmentalität, welche mit dem Ziel der Erhöhung von Lebensqualität nichts mehr gemein hat.

Zudem können noch kurz diese Wohnformen benannt werden: Wohnen in Gastfamilien, Wohngemeinschaften von Menschen mit und ohne Beeinträchtigung, Wohnen in der eigenen Wohnung, Eltern-Kind-Wohnformen, Trainingswohnformen und Wohnschulen sowie Krisenerventionswohnformen (vgl. Günther 2015, 47–64). Im Rahmen der Sozialraumorientierung und der (hoffentlich konsequenten) Umsetzung des Inklusionsgedankens wird es in der Zukunft auch immer mehr zu Wohnformen von Menschen mit Beeinträchtigung kommen, welche sich im Zentrum der jeweiligen Kommunen befinden. An dieser Stelle wird auch die inklusive Sozialplanung eine immer bedeutendere Rolle spielen – worauf an dieser Stelle aber nur kurz verwiesen werden kann. Ein innovatives und zukunftsweisendes Konzept hierzu stammt von Schäper/Dieckmann/Rohleder/Rodekohr/Katzer & Frewer-Graumann: Inklusive Sozialplanung für Menschen im Alter: Ein Manual für die Planungspraxis (Stuttgart, 2019).

Perspektive der Lebensqualität im Kontext des Wohnens

Um die Menschen mit Behinderungen im Kontext ihrer Wohnverhältnisse bzw. -formen professionell didaktisch-methodisch zu begleiten, muss die Perspektive der Lebensqualität ausdifferenziert wahrgenommen und konsequent umgesetzt werden. Es handelt sich hierbei vor allem um folgende Ansatzmöglichkeiten (vgl. Seifert, 2006, 382 ff.):

Rechte

Es geht um die Wahrung der Beteiligungsrechte für Menschen mit Behinderung und deren Möglichkeiten, diese Interessen im Rahmen der gesetzlichen Vereinbarungen wahrzunehmen.

Zwischenmenschliche Beziehungen

Diese beziehen sich auf die Erfüllung der Bedürfnisse des Menschen nach Zugehörigkeit, nach Anerkennung, nach Interaktion und Kommunikation. Diese wiederum bilden die Basis für potentielle und aktuale Prozesse des Lernens und der Entwicklung. Zudem werden auf diesem Hintergrund stimmige und autopoetische Prozesse der wechselseitigen Entwicklung der Menschen mit Behinderung sowie der Heilpädagogen möglich.

Selbstbestimmung

Diese stellt die generelle Basis für das Handeln in Wohneinrichtungen, aber auch darüber hinaus dar. Es geht um die Realisierung eines partnerschaftlichen und konstruktiven Dialoges aller Beteiligten. Mittelpunkt und Schwerpunkt des heilpädagogischen Handelns im Umfeld des Wohnens ist hierbei, den Nutzerinnen und Nutzern »Raum für die eigene Entwicklung zu geben, Möglichkeiten zu schaffen, die individuellen Bedürfnisse zu erkennen und die eigenen Ressourcen zu entdecken, das Leben selbst zu gestalten sowie Chancen zu öffnen, sich für ihre Rechte und Interessen einzusetzen, um größtmögliche Kontrolle über das eigene Leben zu erlangen« (ebd. 386). Obwohl dieses so banal und einfach erscheint, ist die konkrete Umsetzung in Wohneinrichtungen, gerade in denjenigen, welche noch als Komplexeinrichtungen fungieren, in hohem Maße problematisch. Die Strukturen führen hierbei immer wieder dazu, dass die Mitarbeiter in nicht-autonomen Prozessen ihre Tätigkeiten realisieren, somit die Nutzerinnen und Nutzer in einem Abhängigkeitsverhältnis belassen, welches von allen Beteiligten kaum durchschaut, aber immer wieder neu reinszeniert wird. Ein professionelles heilpädagogisches Handeln hätte hierbei diese Mechanismen zu erkennen und aufzulösen.

Physisches Wohlbefinden

Das Gefühl, ein körperlich gesundes Ganzes zu sein, emotional heil zu sein, stellt einen Dreh- und Angelpunkt des Lebens aller Menschen dar. Gerade im Bezug auf Menschen mit einer schweren Mehrfachbehinderung ist die Wahrnehmung der Physis bzw. das Tätigwerden an und mit einem Wohlgefühl des Körpers von zentraler Bedeutung: Eine Didaktik und Methodik der Heilpädagogik hätte somit Wohnmöglichkeiten zu schaffen, in denen alle Menschen die Möglichkeit haben, sich wohl zu fühlen.

Materielles Wohlbefinden

Jeder Mensch hat das Recht darauf, eigene Dinge zu besitzen, über diese zu verfügen und diese Dinge den eigenen Bedürfnissen anzupassen bzw. die eigenen Bedürfnisse in der Realisation materieller Dinge zu konkretisieren. In Bezug auf Menschen mit einer geistigen Behinderung ist festzustellen, dass dieses bei ihnen in hohem Maße problematisch ist, da sie nur über ein sehr geringes materielles Budget verfügen. Dennoch müssen sie die Möglichkeit haben, im Hinblick auf die Raumgestaltung eigene Interessen wahrzunehmen, um somit ihre Kultur und ihre Bedarfe zu leben.

Persönliche Entwicklung

Aus humanistischer und konstruktivistischer Perspektive ist deutlich geworden, dass der Mensch lebenslang lern- und entwicklungsfähig ist. Eigenaktiv wird er sich und muss er sich mit seiner Umwelt auseinandersetzen, um persönlich zu wachsen und zu reifen. Die Strukturierung und die Abläufe des Wohnumfeldes müssen somit so gestaltet sein, dass dieses auch gelingen kann – gerade auch im Hinblick auf eine schwere Mehrfachbehinderung bzw. auf Menschen mit besonderen Verhaltensproblematiken ist hierauf immer wieder hinzuweisen.

Emotionales Wohlbefinden

Die Emotionen stellen den Dreh- und Angelpunkt der Subjektivität dar. Emotionales Wohlbefinden entsteht dadurch, dass der Mensch sich zugehörig, geborgen und sicher fühlt, dass er als Person Wertschätzung erfährt, dass er Kontrolle über das eigene Leben hat und in tragfähigen Beziehungen leben kann. Gerade die Kontinuität der Emotionen erscheint bei vielen Menschen mit einer (geistigen) Behinderung gebrochen, da sie an vielfältigen Punkten ihrer Lebensgeschichte erfahren haben, dass sie, so wie sie sind, vielleicht nicht gewollt sind, dass sie Lebensumfelder wechseln mussten, dass sie sich an permanent verändernde Umstände anpassen mussten, dass sie in strukturellen und persönlichen Machtprozessen immer diejenigen waren, die eher in der Position der Ohnmacht als in derjenigen der Macht verblieben. Ein professioneller didaktisch-methodisch geplanter und pragmatisch ausgehandelter Lebens- und Wohnraum muss somit dafür Sorge tragen, dass die Emotionen aller Beteiligten zur Geltung kommen, dass die Menschen mit Behinderung erfahren, dass sie hier leben und zufrieden sein können, dass ihre individuellen Bedürfnisse wahrgenommen und geschätzt werden, dass sie Geborgenheit und Sicherheit erfahren. Auch müssen sie die Option haben, dass sie diesen Wohnraum verlassen können, dass sie in neue Wohnräume aufbrechen können, um somit erwachsenengemäß Veränderungsprozesse zu initiieren, auszuhalten und zu gestalten.

Soziale Inklusion

Die soziale Inklusion scheint die endgültige Zielperspektive des Wohnens von Menschen mit Behinderung zu sein, so dass diese als Bürger und Bürgerinnen selbstverständlich und autonom an allen Funktionsbereichen einer Gesellschaft teilnehmen können. Ungehindert dasein, dialogisch leben. Gerade die Konzeption der so genannten Community Care, welche Ende der 90 Jahre bzw. zu Beginn dieses Jahrtausends entwickelt wurde, kann hierbei als eine Option bezeichnet werden.

Mehr noch: »Community Care meint mehr als das Wohnen im Stadtteil oder in der Gemeinde. Das Konzept ist Ausdruck einer Philosophie der Gleichwertigkeit jedes Menschen, der Anerkennung von Verschiedenheit, der Solidarität der Gemeinschaft und der Vielfalt von Lebensformen. D. h. konkret: Eingebunden in tragfähige soziale Netzwerke wird die Unterstützung des behinderten Menschen von allgemein zugänglichen Diensten und von sich freiwillig engagierenden Bürgerinnen und Bürgern aus der Nachbarschaft und in der Region geleistet« (Seifert, 2006, 391). Dieses bedeutet auch, dass die Didaktik und Methodik der Heilpädagogik sich verändern muss: Sie scheint mehr und mehr moderierende Funktionen zu übernehmen, damit Prozesse zwischen ehrenamtlich Tätigen und Menschen mit Behinderung nachvollzogen werden können. Es ist hierbei einer Deprofessionalisierung eine deutliche Absage zu erteilen, da gerade die Vernetzung von wissenschaftlicher Theorie, konzeptionellem Handeln und intensiv ausgeprägten Reflexionsprozessen häufig im Bereich ehrenamtlicher Tätigkeit nicht ausgeprägt genug erscheint.

Gerade die Perspektive der sozialen Inklusion begründet den notwendigen »Aufbruch« in der Behindertenhilfe zur Gemeinwesenarbeit (Theunissen, 2006, 73), bei welchem dem Heilpädagogen die Aufgabe zukommt, Vernetzungsprozesse zwischen der Gesellschaft, der Gemeinde, den Organisationen und den Menschen mit Behinderung anzuregen und durchzuführen. Die Auseinandersetzung mit bürgerschaftlichen Engagementprozessen, das Öffnen in die kommunalen Strukturen hinein, die Wahrnehmung von bildungs- und sozialpolitischen Aufgaben gehört hier ebenso in den Kontext eines professionellen didaktischen methodischen Handelns der Heilpädagogik wie die konkrete Strukturierung von Wohnformen bzw. das Aushandeln von dialogischen Prozessen mit Menschen mit Behinderung.

Aber auch weitere Tätigkeitsfelder im Bereich des Wohnens sind an dieser Stelle zumindest kurz zu nennen (auch wenn sie nicht weiter ausgeführt werden können), zumal sie in der Tätigkeit mit Menschen mit herausfordernden Verhaltensweisen immer mehr zuzunehmen scheinen: Die Entwicklung, die Strukturierung und das Leben und Wohnen in therapeutischen Wohngruppen für erwachsene Menschen mit herausfordernden Verhaltensweisen, so wie dieses in den letzten Jahren immer wieder versucht, dokumentiert und evaluiert worden ist (vgl. Dieckmann und Haas, 2007). Die Entwicklung von »Teilhabechancen« (Beck, 2007, 344) ist somit ein zentraler Dreh- und Angelpunkt im Bereich des Wohnens: Hierbei muss jede Situation genau geprüft werden, denn jeder Mensch verfügt über eine andere Biographie, über einen anderen Ansatz, Leben zu leben. Auch ein professionell tätiger Heilpädagoge bringt unterschiedliche Kenntnisse im Bereich seiner Didaktik und Methodik mit, so dass immer wieder neu stimmige und passende Lebensentwürfe entwickelt werden müssen, welche über eine Rezeptologie hinausgehen, um somit theoriebezogen aktuelle und innovative Wohn- und Handlungsprozesse zu ermöglichen. »Dabei nicht in Schwarz-Weiß-Denken zu verfallen, Spannungen noch auszuhalten und Alles-oder-nichts-Lösungen zu durchbrechen, das scheint die wesentliche Aufgabe in einem Bereich zu sein, der sowohl die individuelle Daseinsgestaltung […], d. h. schlicht das Alltagsleben ermöglichen […] soll« (Beck, 2007, 344).

Abschließend sollen in diesem Kapitel noch einige Aspekte zum Thema der Teilhabe der behinderten Menschen am Arbeitsleben kurz skizziert werden.

Das Arbeitsleben von Menschen mit Behinderung

Neben dem Wohnen stellt die Arbeit einen zentralen Lebensmittelpunkt aller Menschen dar. Menschen mit einer (geistigen) Behinderung arbeiten in Deutschland zumeist in so genannten Werkstätten für behinderte Menschen. In Deutschland gibt es zurzeit knapp. 700 dieser Werkstätten, in welchen gut. 312.000 Beschäftigte arbeiten. 80 % von diesen sind geistig behindert, 15,5 % psychisch und 4 % körperlich behindert. Eine relativ kleine Zahl der Beschäftigten in diesen Einrichtungen ist hör-, seh- oder intensiv lernbehindert (vgl. Greving/Scheibner 2014, 13/14). In diesen Werkstätten haben die Menschen mit Behinderung einen arbeitnehmerähnlichen Status, d.h. sie sind sozial versichert und können nach 20 Jahren Werkstattbeschäftigung eine Rente beantragen. »Vorher kann zusätzlich zu dem in der Werkstatt erwirtschafteten Entgelt eine Grundsicherung in Anspruch genommen werden. Das Einkommen der Werkstattbeschäftigten aus der Arbeit in den Werkstätten lag 2003 im Bundesdurchschnitt bei etwa 170 bis 180 Euro pro Monat. Eine Existenzsicherung lässt sich damit nicht erreichen« (Heer, 2007, 54).

Der Inklusionsgedanke in Bezug auf die Werkstätten kommt hierbei relativ schnell an seine Grenzen: Werkstätten schaffen für die Menschen mit Behinderung einen guten Arbeitsraum, sie lassen jedoch ein eigenständiges Umgehen mit dem erwirtschafteten Geld nur in sehr geringem Ausmaße zu, zudem gelangen die Menschen mit Behinderung recht häufig nicht über die Werkstätten hinaus in den so genannten freien Arbeitsmarkt (dieses gelingt seit Jahrzehnten nur ca. 1 % aller Menschen mit Behinderung). Dennoch sind auch hierzu aktuelle Entwicklungen und Veränderungen anzuzeigen: Es kommt immer mehr zur Umsetzung von Integrationsmodellen in der beruflichen Ausbildung für Menschen mit Behinderung, in welchem Absolventen einer Integrationsklasse einen dualen Ausbildungsweg einschlagen, welcher aus einer betrieblichen und einer berufsschulischen Begleitung besteht. Des Weiteren kann eine berufliche Ausbildung an einem Berufsbildungswerk im Rahmen einer überbetrieblichen Ausbildung genannt werden: Diese Berufsbildungswerke sind sehr gut dazu in der Lage, eine Durchlässigkeit bis hin zu einer klassischen Vollausbildung anzubieten. Als drittes ist der Verbund von Abschlussstufen der Schulen für geistig behinderte Menschen und dem Berufsbildungsbereich einer Werkstatt für behinderte Menschen zu nennen: Im Schnittfeld von Schule und Werkstatt kann somit eine jeweils spezifische Ausbildung generiert werden, welche dazu dient, den individuellen Bedürfnissen von Menschen mit Behinderung Rechnung zu tragen (vgl. Lindmeier, 2006, 395 f.).

Dennoch – oder gerade deswegen – kommt der Heilpädagogik eine nicht geringe Bedeutung in der Entwicklung inklusiver Konzepte der Werkstätten zu. Dieses soll an einem längeren Zitat abschließend deutlich werden (»GÜRbM« meint hier: Gesetz zum UNO-Übereinkommen über die Rechte behinderter Menschen):

»Als Wissenschaft für den Umgang der Menschen untereinander ist die Heilpädagogik auch der Schlüssel für eine zukunftssichere neue Werkstattkonzeption. Zu deren heilpädagogischen Grundanforderungen an die Werkstattträger gehören die folgenden fünf:

1. Werkstattträger und ihre Fachleute verstehen ihre Einrichtungen als solche, »die zur Beschleunigung oder Herbeiführung der tatsächlichen Gleichberechtigung von Menschen mit Beeinträchtigungen erforderlich sind« (Art. 5 Abs. 4 GÜRbM). Dafür gestehen sie den Beschäftigten und ihren Werkstattträgern weitgehende Mitbestimmungs- und Zustimmungsrechte zu (§ 9 SGB IX) und »die Freiheit, eigene Entscheidungen zu treffen« (Art. 3 a GÜRbM).
2. Werkstattträger und ihre Fachleute verfolgen mit ihren Einrichtungen das Ziel, »Menschen mit Beeinträchtigungen in die Lage zu versetzen, ein Höchstmaß an Unabhängigkeit, umfassende körperliche, geistige, soziale und berufliche Fähigkeiten sowie die volle Einbeziehung in alle Aspekte des Lebens und die volle Teilhabe an allen Aspekten des Lebens zu erreichen und zu bewahren« (Art. 26 Abs. 1 GÜRbM).
3. Die Werkstattträger und ihre Fachleute erkennen, akzeptieren und berücksichtigen die Vielfalt der Menschen mit Beeinträchtigungen und die dementsprechend vielfältigen, unterschiedlichen Bedürfnisse.
4. Die Werkstattträger und ihre Fachleute erkennen an, dass die Werkstattbeschäftigten »gleichberechtigt mit anderen Rechts- und Handlungsfähigkeit genießen« und deshalb auch »das gleiche Recht wie andere haben, […] ihre finanziellen Angelegenheiten selbst zu regeln« (Art. 12, Abs. 2 und 5 GÜRbM).
5. Die Werkstattträger und ihre Fachleute gestalten eine Werkstattwirklichkeit, die das Recht der Beschäftigten auf Existenzsicherung durch ihre Arbeit gewährleistet, die freie Wahl des Arbeitsplatzes sicherstellt und den Weg in einen »offenen, integrativen und […] zugänglichen Arbeitsmarkt« ebnet (Art. 27 Abs. 1 GÜRbM). Das gilt auch für Beschäftigte, »die intensivere Unterstützung benötigen« (Präambel, Buchst. J GÜRbM) und auf angemessene Vorkehrungen angewiesen sind (Art. 2 ebd.)« (Greving/Scheibner 2014, 77/78).

In all den Arbeits- und Handlungsformen in den Arbeitsfeldern der Menschen mit einer Beeinträchtigung ist die und der heilpädagogisch Tätige dazu aufgefordert, begleitende und beratende Tätigkeiten wahrzunehmen. Es können hierzu aber auch noch weitere Formen heilpädagogischen Handelns benannt werden: So zum Beispiel in den Integrationsfachdiensten bzw. in der Wahrnehmung und Durchführung konkreter Integrationsprojekte mit Firmen und Betrieben bzw. Abteilungen von größeren Arbeitsorganisationen (vgl. Lindmeier, 2006, 401 ff.).

Zusammenfassung

Bilanzierend bleibt festzuhalten, dass die Bereiche des Wohnens und des Arbeitens im Lebenslauf der Menschen mit Behinderung zentrale Punkte für professionelles heilpädagogisches Handeln darstellen. Der Heilpädagoge wird den Menschen mit Behinderung gegebenenfalls über Jahrzehnte hinaus in diesen Tätigkeitsfeldern begleiten, er wird unterschiedliche Formen des Handelns wahrnehmen, welche sich in den letzten Jahren und Jahrzehnten immer mehr im Hinblick auf eine Gemeindeorientierung verändert haben. Die Wahrnehmung integrativer Prozesse bzw. gesellschaftsverändernder Funktionen im Rahmen inkludierender Vorgänge gerät mehr und mehr in den Mittelpunkt einer Didaktik und Methodik der Heilpädagogik, welche sich nicht mehr nur ausschließlich individuumsorientiert versteht, sondern vielmehr Vernetzungsprozesse zwischen Gesellschaft, Organisation und Subjekt zu realisieren hat. Heilpädagogisches Handeln wird somit auch im Bereich von Wohnen und Arbeiten zu einem sozialpolitischen und bildungspolitischen Tun, welches, bezogen auf sich permanent verändernde gesetzliche Grundlagen, die Eingliederung der Menschen mit Behinderung in das Gesellschaftsganze zu verfolgen hat. Der didaktisch-methodische Spagat besteht nun hierbei darin, die Spannung auszuhalten, aber auch zu gestalten, welche entsteht, wenn individuelle Interessen in Organisationen realisiert werden müssen, diese sich öffnen im Hinblick auf Gemeinde- und Gesellschaftsstrukturen und diese wiederum mit Verhaltens- und Wahrnehmungsweisen konfrontiert werden, welche ihnen relativ fremd sind. Eine professionelle Didaktik und Methodik der Heilpädagogik hätte somit Kommunikations- und Interaktionsleistungen zu vollbringen, welche Übertragungs- und Transformationsprozesse zwischen diesen (sich zum Teil sehr fremd gebenden, aber auch seienden) Polen zu leisten in der Lage sind. Die Tätigkeitsfelder des Wohnens und des Arbeitens geraten somit zu Spannungsfeldern und Entscheidungspunkten, an welchen deutlich werden muss, wie und wodurch diese Transformationsprozesse gelingen können.

6.3.7 Alte Menschen: Lebensabend und Abschied

Als Herr Franz X. pensioniert wird, hat er mehr Zeit, sich seinem Hobby zu widmen – er spielt sehr gut und gerne Mundharmonika. Als Hobbymusiker darf er bei keiner Hausfeier fehlen, und alle mögen seine Musik und ihn. Dann muss er vom Vater und später auch von der Mutter Abschied nehmen, was eine schmerzhafte Lücke in seinem Leben hinterlässt – alle drei lebten Jahrzehnte füreinander und dies war nun zu Ende. Nach einigen Jahren wird Herr Franz X. gebrechlich und muss in ein Altenheim umziehen. Dort findet er hilfsbereite Menschen, die gerne seine Mundharmonika hören und mit ihm reden. Mit 75 Jahren stirbt Herr Franz X. eines Nachts, indem er friedlich einschläft.

Er hat trotz Erschwernisse und Beeinträchtigungen sein Leben – eingebunden in hilfsbereite Gemeinschaften und im partnerschaftlichen Kontakt mit anderen Menschen – zufrieden gelebt. Es wäre vermessen zu glauben, dass dies ein Verdienst der heilpädagogisch denkenden und handelnden Personen wäre. An dieser Stelle sind Bescheidenheit und Demut angesagt, denn auch viele andere Menschen haben zu seinem zufriedenen Lebensverlauf beigetragen.

Sterbeprozesse sind in allen Einrichtungen der Behindertenhilfe bzw. in allen Institutionen, welche heilpädagogisches Handeln fordern und realisieren, noch immer sehr tabu-belastet. Das Abschiednehmen von Menschen, die Endgültigkeit des Lebensendes zu betrachten, erscheint und ist nicht einfach – das Ganze didaktisch-methodisch zu beschreiben erscheint beinahe paradox, da jeder Mensch genau mit dieser Endlichkeit konfrontiert wird. Die Wahrnehmung der eigenen Endlichkeit ist somit für den didaktisch methodisch tätigen Heilpädagogen ein zentraler Punkt, um die Vorgänge einer Sterbebegleitung wahrnehmen und durchführen zu können. Diese Aufgabe wird sich in den nächsten Jahren sehr wahrscheinlich immer häufiger und intensiver stellen, da Menschen mit Behinderungen immer älter werden und somit Sterbeprozesse in allen Wohneinrichtungen (vgl. oben) zunehmen werden. Somit erscheint es relevant, dass genau diese Einrichtungen grundsätzliche Überlegungen anstellen, wie eine »angemessene Kultur für die Sterbebegleitung und für das Sterben, für den Umgang mit Verstorbenen und für die Trauer erreicht werden kann. Dort, wo Menschen gemeinsam wohnen und leben, sollte auch das Sterben möglich sein« (Schlottbohm, 2007, 273). Eine Wohneinrichtung der Behindertenhilfe muss somit eine Konzeption entwickeln, in und durch welche Sterbebegleitung erfolgen kann. Sie kann sich hierbei gegebenenfalls anlehnen an die aktuellen Erkenntnisse der Hospizbewegung bzw. der palliativen Medizin, in welcher im Kontext von Pflege in den letzten Jahrzehnten intensive Anstrengungen durchgeführt worden sind, menschenwürdige Sterbeprozesse zu ermöglichen und umzusetzen. Aber nicht nur im Kontext der Arbeit mit erwachsenen Menschen findet Sterbebegleitung statt: Die Prozesse der Abschiednahme bzw. des Sterbens sind auch in der Tätigkeit mit Kindern mit einer zum Teil schweren Mehrfachbehinderung zu realisieren. Wie bereits zu Beginn dieser lebenslauforientierten Skizze zur Didaktik und Methodik der Heilpädagogik beschrieben, nimmt auch die Gruppe der Kinder mit einer schweren Mehrfachbehinderung zu, diese werden häufig schon in einer sehr frühen Phase der Schwangerschaft geboren und die Eltern sind dann damit konfrontiert, einen nur sehr kurzen Lebensweg ihres Kindes zu begleiten.

Ganz gleich in welchen Handlungsfeldern Sterbebegleitung stattfindet (hierbei kann die und der heilpädagogisch Tätige auch in Hospizen arbeiten): Sie muss zu einem wichtigen Schwerpunkt in der Ausbildung der Heilpädagogen werden, da sich genau an diesem Grenzbereich des Lebens die Auseinandersetzung bzw. das Zusammenfallen von Theorie, Konzepten und eigener Reflexion bemisst. Gerade die eigene Auseinandersetzung mit Prozessen des Abschiednehmens, mit Trauer, mit Trost und Weiterleben erscheinen hierbei zentral. Wie und wodurch somit die Phasen des Sterbeprozesses wahrgenommen werden, wie darauf reagiert werden kann, mit welchen Möglichkeiten dem Sterbenden ein Umfeld bereitet wird, in welchem der letzte Abschied möglich ist, kann an dieser Stelle nur kurz skizziert werden. In jeder Organisation bzw. in jedem Handlungsfeld, ja sogar mehr noch in jeder einzelnen individuellen Bezugnahme, in jedem Dialog müssen diese Phasen erneut wahrgenommen, reflektiert und zur Basis eines Prozesses des Abschieds werden. Denn: Im Letzten lebt der Mensch allein und ausschließlich aus dieser Abschiedlichkeit heraus. Im Abschied nimmt er jedoch immer wieder Möglichkeiten der Entwicklung wahr, welche zum Teil über ihn hinausweisen. Das konkret Menschliche wird somit in diesen Grenzbereichen deutlich: Wie er sich didaktisch-methodisch, aber einfach auch nur menschlich auf den anderen einstellen kann, wie er sich von diesem verabschieden kann, wie er oder sie zurückbleibt, kann nur im konkreten Einzelfall erlebbar werden. Eine solche Erfahrung muss immer wieder neu, subjektiv und individuell gestaltet werden.

Aufgaben und Anregungen

1. Welche Lebensphasen können Sie sich im Hinblick auf Ihr konkretes Arbeiten gut vorstellen, welche weniger gut? Suchen Sie nach Begründungen hierzu und tauschen Sie sich mit Kolleginnen und Kollegen aus.
2. Welche weiteren heilpädagogischen Konzepte und Methoden könnten in den einzelnen Lebensphasen noch sinnvoll sein? Begründen Sie Ihre Meinung ausführlich.
3. Stellen Sie Vermutungen über die Aufgaben der Heilpädagogik in der Zukunft an. Werden sich einige Lebensphasen im Hinblick auf Ihre Themen deutlich verändern? Warum ist dies vielleicht so?
4. Beziehen Sie zu folgender These Stellung: »Heilpädagogik ist immer pädagogisches Tun an den Grenzen – und dieses sind immer mehr die Grenzen zum Anfang und zum Ende des Lebens.«
5. Welche Inhalte, Konzepte und Methoden benötigen Sie, um als Heilpädagogin oder Heilpädagoge in einer freien Praxis arbeiten zu können? Ist diese Praxis dann gegebenenfalls auch ein Ort für das Handeln mit erwachsenen und alten Menschen mit Behinderung?

7 Rück- und Ausblick auf die Heilpädagogische Profession

Nachdem im ersten Kapitel dieses Buches grundlegende Aussagen zur Professionalität in der Heilpädagogik gemacht wurden, soll jetzt – zum Ende – noch einmal eine Inaugenscheinnahme von vier unterschiedlichen Perspektiven erfolgen, welche mit Bezug auf die dargestellte Grundlegung der Heilpädagogik als Profession das Ziel einer Didaktik und Methodik als theoretischer Hintergrund für professionelles Handeln der heilpädagogisch Tätigen verfolgt. Es handelt sich hierbei um folgende Perspektiven:

- die theoretische Perspektive;
- die methodologische Perspektive;
- die europäische Perspektive sowie
- die ausbildungsspezifische Perspektive.

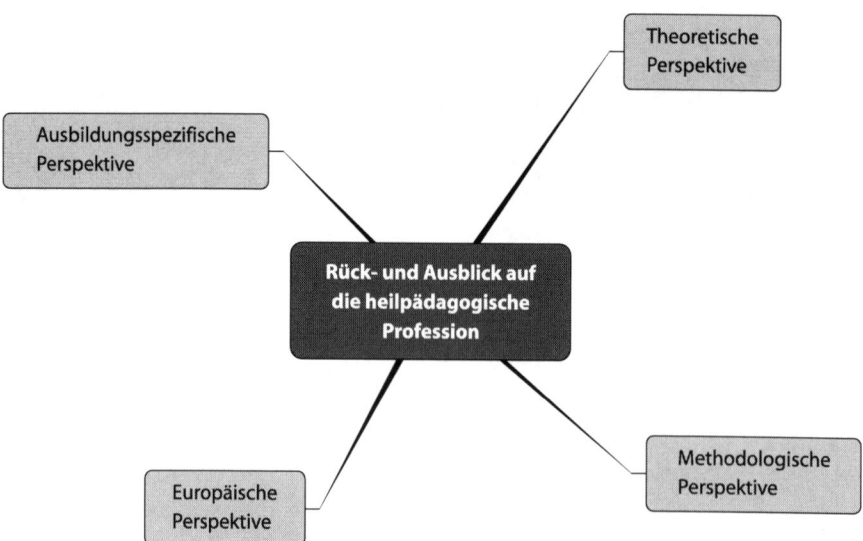

Abb. 15: Rück- und Ausblick auf die heilpädagogische Profession

7.1 Die theoretische Perspektive

Die theoretische Perspektive nimmt die grundlegenden und disziplinären Strukturen von Professionen in den Blick und versucht, im Sinne einer »theoria«, also einer Schau, die über einen bestimmten konkreten Beruf hinausgehenden Begründungen zu fassen bzw. zu differenzieren. In Bezug auf die hier vorliegende Didaktik und Methodik der Heilpädagogik ist eine Perspektive eingenommen worden, welche sowohl humanistische als auch konstruktivistische Elemente miteinander verknüpft. Diese beiden Sichtweisen sind zeitgeschichtlich in einem ähnlichen Korridor entstanden und gehen von einer grundlegenden Entwicklungs- und Lernbereitschaft und -fähigkeit aller Menschen aus. Sie betrachten die Entwicklung der Autonomie des Menschen in den Kontexten des Sozialen bzw. der Kommunikation und des Dialoges als zentralen Aspekt ihrer Ausführungen. Eine humanistisch und konstruktivistisch begründete heilpädagogische Didaktik und Methodik hat sich also prinzipiell an den Lernprozessen von Menschen auszurichten. Da Menschen die Entwicklungsprozesse autonom, d. h. selbstständig und selbsttätig durchlaufen und nachvollziehen, erscheinen sie in Bezug auf ihre Lernfähigkeit und Fertigkeiten entwicklungsoffen, aber gleichzeitig auch entwicklungsgebunden. Im Hintergrund dieses Phänomens steht die axiomatische Auffassung des Menschen als à priori entwicklungsfähiges Wesen. Eine Didaktik/Methodik der Heilpädagogik hätte somit Entwicklungsräume zu gestalten, in welchen eigenständige und eigentätige Lernprozesse aller beteiligten Menschen möglich sind bzw. angeregt werden. Hierbei sind sowohl die Lern- und Entwicklungsprozesse bei Personen zu beachten, welche als Klienten und Nutzer des heilpädagogischen Handelns bezeichnet werden können (wie z. B. Menschen mit Behinderung, mit Verhaltensbesonderheiten, mit Migrationserfahrung u. a.). Gleichzeitig sind aber auch die heilpädagogisch handelnden Fachpersonen zu beachten: Sie müssen in ihren Arbeitsfeldern ebenfalls entsprechende Lern-, Entwicklungs- und Lebensräume finden und nutzen können.

Die Realisierung jeglichen heilpädagogischen Handelns muss also immer mit einer einer theoretischen Begründung verknüpft sein, die im Bewusstsein von professionell handelnden Heilpädagogen verankert ist. In diesem Sinne stellt das professionelle heilpädagogische Handeln eine »im Tun lebende Theorie« dar. Hierbei ist es wichtig, dass die Spannungsfelder des Entwicklungsraumes bzw. der grundlegenden Entwicklungsoffenheit aller pädagogischen Prozesse ausgehalten werden: Da pädagogische Programme zwar geplant, aber nie auf dem Hintergrund dieser Planungen vollständig realisiert werden können, verbleibt immer ein Restrisiko an pädagogischer Spannung. Menschen werden sich nicht so verhalten, wie es eine pädagogische Planung vorsieht, sie werden vielmehr ihre eigenen autonomen Entwicklungsprozesse nachvollziehen, und hierbei hat der professionell handelnde Heilpädagoge das Spannungsfeld zwischen Planung und Unstrukturierbarkeit, zwischen ausdifferenzierter Gestaltung von Lernfeldern und grundsätzlicher Offenheit dieser Lernfelder auszuhalten. Es wird immer wieder ein Risiko sein, sich auf die Entwicklungsoffenheit eines anderen Menschen oder einer Gruppe anderer Menschen einzulassen, da diese ihren Weg eigenständig gehen und der professionell handelnde Heilpädagoge nicht mehr, aber auch nicht weniger sein kann als ein

Wegbereiter oder ein Wegbegleiter bzw. ein Architekt oder besser noch: ein Innenausstatter von Lebensräumen.

Diese »pädagogische Spannung« kann den heilpädagogisch Handelnden daran hindern, die Lehr- und Lernprozesse so zu gestalten, dass andere Menschen eigentlich ihre eigenen Lern- und Entwicklungswege gehen können. Die Perspektive einer theoretischen Betrachtung des Handelns dient u. a. der Klärung der eigenen Rolle und regt kontinuierliche Reflexionsprozesse an, die der Gefahr entgegenwirken, in den Verstrickungen des Alltagsgeschäftes zu versinken. Erst im Rahmen einer bewussten und kreativen Betrachtung und Wahrnehmung der eigenen theoretischen Perspektive können Konzepte, Methoden und Techniken begründet eingesetzt und – je nach Maßgabe der konkreten Situation bzw. Person – modifiziert werden. Nur eine theoretisch begründete, praktisch durchgeführte und reflektierte Handlung des heilpädagogisch Tätigen ermöglicht die Ableitung von Konzepten und Methoden aus spezifischen Theorien heraus.

Die hier dargestellten theoretischen Grundlagen einer Didaktik und Methodik der Heilpädagogik sollen die humanistisch-konstruktivistische Begründung des professionellen heilpädagogischen Handelns ermöglichen. Die handlungsleitenden ethischen Maßstäbe (s. o.) sind hierbei genauso relevant wie die Bedingungen und Gegebenheiten der Gesellschaftsstruktur, in welcher die heilpädagogischen Handlungsprozesse stattfinden. Die theoretische Perspektive der hier dargestellten Didaktik und Methodik der Heilpädagogik stellt somit auf der einen Seite die Basis für das konkrete professionelle Handeln dar. Auf der anderen Seite nimmt sie wiederum die Anregungen und Hinweise für weitere Entwicklungen und Präzisierungen auf, die sich aus konkreten Handlungen ergeben.

Auf dieser Basis sollen und müssen die Themenfelder der Inklusion und der Disability Studies zutiefst Eingang in die theoretischen Begründungen und Differenzierungen der Heilpädagogik finden. Dieses wurde in den entsprechenden Kapiteln bereits erörtert und muss an dieser Stelle nicht weiter ausgeführt werden.

7.2   Die methodologische Perspektive

Auf dieser Betrachtungsebene geht es darum, die Handlungs- und Wirkungsweisen einer humanistisch konstruktivistischen Heilpädagogik im Kontext von Tätigkeitsfeld und Beruf zu betrachten und daraus methodische und konzeptionelle Konsequenzen abzuleiten. Die Methodologie ist hierbei als die Lehre der Methoden zu verstehen, welche das konkrete methodische Handeln erkenntnistheoretisch begründet und es als humanistisch und konstruktivistisch angelegte Wege zum Menschen bzw. als Wege von Menschen zu Menschen kennzeichnet. So erfasste Methoden dienen als Grundelemente und Grundbausteine von heilpädagogischen Konzepten, die in der Methodik auf einer Ebene höher – als sachlogische Umfassungen von Methoden – angesiedelt sind. Als konkrete Elemente der Methoden werden wiederum die jeweils unterschiedlichen Techniken genutzt, die diesen Methoden zugeordnet werden. Diesem skizzierten Modell folgend sind somit folgende Fragen relevant:

- Wie, wodurch und in welchem Kontext werden heilpädagogische Methoden konstruiert?
- Welches Handeln sollen diese Methoden jeweils konkret begründen?
- Wodurch ist heilpädagogisches Handeln generell zu bestimmen?

Es geht hier um eine Erörterung und Differenzierung der Bezüge zwischen Gesellschaft, Praxis und Methode, die auf der Ebene der Realisierung und Reflexion von konkreten heilpädagogischen Konzepten in der heilpädagogischen Praxis stattfindet. Mögliche Ansätze zu diesem Praxisbegriff können gefunden werden bei Pierre Bourdieu im Rahmen einer relationalen Soziologie, bei Niklas Luhmann und Kenneth Gergen im Rahmen einer Systemtheorie bzw. einer sozialen Ausprägung des Konstruktivismus (hier: Konstruktionismus) sowie in den grundlegenden theoretischen Aussagen der humanistischen Betrachtung. Diese drei Perspektiven ermöglichen folgendermaßen eine Ableitung von heilpädagogischen Methoden:

- Die Perspektive einer relationalen Soziologie nach Pierre Bourdieu begründet ein theoretisches, d. h. gesellschaftspolitisches Verhandeln im Rahmen eines Feldbegriffes. Heilpädagogik wird hierbei als Feld verstanden, welches ein eigenständiges Dasein im gesamten Feld der Gesellschaft realisiert und differenziert.
- Im Rahmen einer systemtheoretischen Sichtweise, so wie diese von Niklas Luhmann grundgelegt worden ist, kann Heilpädagogik als konzeptionell-methodisches Handeln im Rahmen einer Kommunikation von Systemen und in Systemen verstanden werden. Aus der Kommunikation unterschiedlicher Handlungssysteme, unterschiedlicher Wirklichkeitssysteme und unterschiedlicher Personensysteme ergibt sich letztendlich die Bedeutung der Heilpädagogik und des heilpädagogischen Handelns.
- Vor dem Hintergrund einer konstruktivistischen und humanistischen Sichtweise kann Heilpädagogik als reflektorisches Handeln im Rahmen einer Erörterung und Darlegung ihrer jeweiligen Konstruktionsmechanismen (und Bedingungen, Bedingheiten und Bezeichnungen) gekennzeichnet werden.

Eine Methodologie der Heilpädagogik hat also immer den je aktuellen (aber auch historisch verorteten) gesellschaftspolitischen Rahmen zu betrachten. In diesem Rahmen ereignen sich bestimmte Kommunikationsprozesse von Personen und Systemen, die es vom Blickwinkel der humanistischen und konstruktivistischen Theorie in dem gegebenen gesellschaftlichen Kontext zu reflektieren gilt. Es handelt sich dabei um einen Vorgang in drei Schritten: Von der gesellschaftspolitischen Begründung über das konzeptionell-methodische Handeln bis hin zur Reflexion. Eine konkrete heilpädagogische Methode bzw. ein zu realisierendes heilpädagogisches Konzept müsste daraufhin überprüft werden, ob in ihm diese drei Bestandteile vorhanden sind und wenn ja, wie diese konkret umgesetzt werden. An dieser Stelle muss gesagt werden, dass es sich bei diesen Hinweisen um keine ausgeprägte und ausdifferenzierte Methodologie der Heilpädagogik handelt. Vielmehr soll der Blick am Ende dieses Buches auf alle bis hierhin betrachteten Ebenen gelenkt werden, um mögliche Entwicklungsräume in Bezug auf die Fortentwicklung einer Didaktik und Methodik der Heilpädagogik zu skizzieren.

7.3 Die europäische Perspektive

Hier handelt es sich um die »Europäisierung« bzw. Ausprägung der Heilpädagogik im europäischen Raum – also um die Frage, was von den o. g. Ausführungen im Europäischen Raum zu finden wäre. Das Bild ist recht bunt:

- Eine Konstruktion einer heilpädagogischen Didaktik und Methodik lässt sich beinahe ausschließlich im deutschsprachigen Raum finden. Gleichwohl sind auch hier die Orientierungen derart differenziert, dass man von einer eindeutigen Perspektive einer Didaktik und Methodik der Heilpädagogik nicht sprechen kann.
- In den anderen westeuropäischen Ländern ist die Bezeichnung für Heilpädagogik eine jeweils andere und auch das Eingebundensein der Heilpädagogik in die jeweiligen politischen und gesellschaftlichen Kontexte ist sehr unterschiedlich. So ist die Heilpädagogik in England und Irland sehr eng vernetzt mit der Sozialen Arbeit, einen eigenständigen heilpädagogischen Begriff bzw. eine originäre Berufsbezeichnung gibt es hier nicht.
- In Mittel- und Osteuropa ist Heilpädagogik immer noch sehr stark mit der Medizin verbunden und häufig sehr therapeutisch orientiert – auch wenn sich diese Tendenzen in den letzten Jahren im Hinblick auf eine Veränderung hin zu einer pädagogischen Ausrichtung mehr und mehr verändern.

Das Gute an der Differenziertheit und Uneinheitlichkeit zwischen unterschiedlichen europäischen Bezeichnungen und Positionen besteht in der dort vorhandenen Potenzialität: Aus Unterschieden ist es gut möglich (gleichwohl nicht leicht), eine Didaktik/Methodik der Heilpädagogik nicht monokausal, sondern dialogisch zu entwickeln. Die Wahrnehmung des jeweils anderen Menschen, die kulturelle Modifikation heilpädagogischer Begrifflichkeiten und Themen, die konkrete Ausprägung des heilpädagogischen Handelns in Bezug auf länderspezifische Besonderheiten sind ein Nährboden für die Begründung einer jeweils eigenständigen und autonomen heilpädagogischen Didaktik und Methodik, die sich durchaus in einem übergeordneten Rahmen eines grundlegenden gemeinsamen heilpädagogischen Selbstverständnisses bewegen und entfalten lässt.

Bei aller Mannigfaltigkeit scheinen doch die Suchbewegungen zuzunehmen, welche jeweils auch eigene Konstruktionsmechanismen und Bedingtheiten aufzeigen, so dass nicht die wechselseitige Anpassung im Kontext einer europäischen Heilpädagogik zentral ist, sondern der Dialog mit der Differenz nicht Verschiedenheit betoniert, sondern Weite schafft. Die Entwicklung einer europäischen Heilpädagogik verfolgt also nicht das Ziel einer eindimensionalen Betrachtung der Arbeit mit Menschen mit Behinderung und Verhaltensbesonderheiten. Vielmehr kann es nur darum gehen, die jeweiligen Unterschiede und Besonderheiten lebendig und bewusst wahrzunehmen, um hieraus individuelle Handlungsmodelle zu entwerfen. Nur wenn ich vom anderen weiß, kann ich mit ihm gemeinsam lernen. Nur wenn ich lerne, weiß ich, dass auch ich mich auf einen anderen hin entwickeln muss.

7.4 Die ausbildungsspezifische Perspektive

Ähnlich wie die europäische Dimension kann auch die ausbildungsspezifische Perspektive hier nur kurz umrissen werden. Die Ausbildungssysteme in der Heilpädagogik sind sehr unterschiedlich. In der Ausbildungsperspektive wird selbstverständlich das vermittelt, erforscht und reflektiert, was oben in der theoretischen Perspektive, in der methodologischen Perspektive und in der europäischen Perspektive angedeutet worden ist. Allerdings ist auch hierbei ein (wahrscheinlich spezifisch heilpädagogisches) Problem bemerkbar: Die Einheitlichkeit bzw. Uneinheitlichkeit auf den Ebenen der Fachschulen/Fachakademien, der Fachhochschulen und der Universitäten. Alle drei, respektive vier Ausbildungsebenen führen zum Abschluss einer/eines staatlich anerkannten Heilpädagogin bzw. Heilpädagogen, dennoch sind die Ausbildungs- und Studienstrukturen in Bezug auf ihren Umfang, ihre Länge, ihre Intensität und ihre methodische Ausrichtung als in hohem Maße divergent und unterschiedlich zu kennzeichnen.

Vor diesem Hintergrund ist eine weitere Frage zu stellen: Wer bildet eigentlich die Heilpädagogen aus? Sind dies selbst Heilpädagogen oder häufig Mitglieder anderer Professionen (welche sich sicherlich heilpädagogisch weitergebildet haben)? Eine mögliche Lösung hierzu besteht darin, bei allen Beteiligten eine Kompetenzorientierung und eine Vernetzung mit der Praxis im Hinblick auf das praktische methodische Handeln auf den unterschiedlichen Feldern der Heilpädagogik anzuregen. Ein mögliches Problem besteht darin, dass die Lehrer und Dozenten, welche heilpädagogische Methoden unterrichten, im Fachbuch zwei Seiten weiter sind als die Studierenden und Schüler. Gerade in einer Auseinandersetzung mit aktuellen Fragen zur Reform der Studiengänge im Hinblick auf Bachelor- und Masterprogramme bietet sich nun ggf. diese Orientierung an den Kompetenzen an.

Kompetenzen sind hierbei mit der Praxis, mit theoretischen Begründungen und konkreten Aufgaben zu verbinden, so dass die Studierenden und Schüler am Ende eines Studiums oder einer Ausbildung sehr genau wissen, welche Elemente sie für das konkrete heilpädagogische Handeln mitbringen und welche sie sich ggf. im Rahmen einer spezialisierten differenzierten Ausbildung noch aneignen müssen. Die Durchlässigkeit, auch im Hinblick auf die Auseinandersetzung mit wissenschaftstheoretischen Fragen in der Heilpädagogik, z. B. im Rahmen eines Promotionsstudiums, ist hierbei (scheinbar) leichter geworden. Dies kann auch dazu führen, dass sich die Heilpädagogik im Laufe der nächsten Jahre und Jahrzehnte intensiver wissenschaftstheoretisch verorten wird.

Dennoch müssen die aktuell stattfindenden Bestrebungen des Berufs- und Fachverbandes für Heilpädagogik e.V., des Fachbereichstages Heilpädagogik (also dem Zusammenschluss aller Fachhochschulen für Heilpädagogik) und der Ständigen Konferenz heilpädagogischer Ausbildungsstätten (also dem Zusammenschluss der Fachschulen und Fachakademien für Heilpädagogik) weiter geführt und intensiviert werden, so dass die Ausbildungssysteme nicht nur voneinander wissen, sondern miteinander kooperieren.

Hierbei kann und darf nicht Angleichung der Systeme im Mittelpunkt stehen, vielmehr muss die Durchlässigkeit auch in Bezug auf eine Differenzierung der Kompetenzen und Fähigkeiten aller Studierenden weiter vorangetrieben werden. Gerade der Blick auf die Ausbildungsstandards scheint hierbei zentral zu sein: Es ist notwendig zu klären, mit welchen heilpädagogischen Maßnahmen Schüler und Studierende in die Praxis entlassen werden. Die Frage: »Was ist eine gute Heilpädagogin oder ein guter Heilpädagoge?« muss auch jenseits einer rein individuellen Betrachtung beantwortet werden – auch wenn dies einer humanistischen und konstruktivistischen Grundlegung nicht unbedingt entspricht: Es muss deutlich sein, wie und wodurch heilpädagogische Methoden erlernt und gekonnt werden. Sowohl die Heilpädagogen als auch ein zukünftiger Arbeitgeber muss wissen, mit welchen Fähigkeiten und Fertigkeiten sich diese Heilpädagogen auf dem Arbeitsmarkt bewegen.

Um die Vernetzung der Ausbildungssysteme bzw. die Entwicklung der Ausbildungsstandards voranzutreiben, ist in den nächsten Jahren sicherlich eine intensive Anstrengung aller beteiligten Ausbildungsstätten bzw. Berufsverbände notwendig. Aber auch hierbei muss der Diskurs nicht nur in Bezug auf die Techniken geführt werden: Vielmehr ist eine Analyse der theoretischen Grundlagen bzw. der gesellschaftlichen Begründungen, welche theoretische Grundlagen erst hervorbringen und zum Teil auch konterkarieren, notwendig.

Ein hier umschriebenes und theoretisch didaktisch-methodisch eingerahmtes professionelles heilpädagogisches Handeln erfordert zwangsläufig entsprechende Qualifikation. Deshalb ist es wichtig, hier auch die ausbildungsspezifische Perspektive zu thematisieren. Dabei ist insbesondere die Frage wichtig, wie Heilpädagogik gelehrt und gelernt werden kann: Im Rahmen der humanistischen und konstruktivistischen Ausrichtung der Heilpädagogik müsste bei der Berufsausbildung von heilpädagogisch Tätigen

- noch viel mehr als bislang auf Bildungsideen dieser Grundsatzwissenschaften zurück gegriffen werden,
- auch die Entwicklung autonomer Lern- und Lehrprozesse bei Schülern und Studierenden fokussiert werden, genauso wie die Entwicklungsprozesse von Organisationen, in welchen diese Lernprozesse letztendlich einmünden,
- die unabdingbare Vernetzung von Praxis und Wissenschaft, von heilpädagogischen Handlungsfeldern und wissenschaftstheoretischer Betrachtung in der Form von relevanten Lern- und Lehrfeldern gesichert sein, um einen immer wieder aktualisierten Kanon didaktisch-methodischer Elemente zu begründen und zu differenzieren,
- das konkrete und gemeinsame Handeln aller Beteiligten (Kooperation und Interdisziplinarität) immer wieder thematisiert und geübt werden, um das Span-

7.4 Die ausbildungsspezifische Perspektive

nungsfeld zwischen theoretischer Begründung, konzeptioneller und methodischer Differenzierung und individueller Reflexion auszuhalten und zu gestalten.

Diese vier Perspektiven können nun graphisch wie folgt zusammengefasst werden:

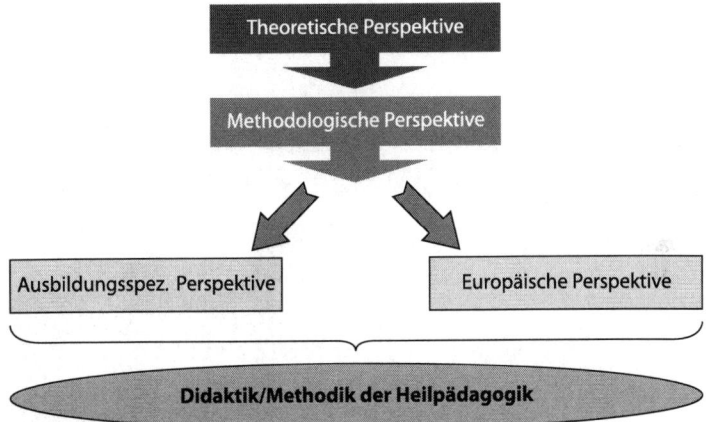

Abb. 16: Zusammenfassung der heilpädagogischen Profession und Professionalität

Aufgaben und Anregungen

- Konkretisieren Sie dieses Modell anhand von Beispielen aus Ihrer Praxis.
- Durch welche weiteren theoretischen Begründungen kann die methodologische Perspektive differenziert werden?
- An welchen Punkten wird hierbei die Relevanz der Inklusion, bzw. der Disability Studies deutlich? – Und was bedeutet das jeweils evtl. für die theoretische und methodologische Ausgestaltung der Heilpädagogik?
- Lassen sich weitere Perspektiven finden, welche auf der theoretischen bzw. der methodologischen Perspektive aufbauen? Begründen Sie Ihre Aussagen ausführlich.
- Welche Kritik kann an diesem Modell geäußert werden?

Literaturverzeichnis

Ahrbeck, B.: Tiefenpsychologische Ansätze. In: Borchert, J. (Hrsg.): Handbuch der sonderpädagogischen Psychologie; Hogrefe Verlag, Göttingen/Bern/Toronto/Seattle, 2000
Antonovsky, A.: Salutogenese. Zur Entmystifizierung der Gesundheit; deutsche erweiterte Herausgabe von Franke, A.; dgvt, Tübingen, 1997
Antor, G./Bleidick, U.: Behindertenpädagogik als angewandte Ethik; Kohlhammer Verlag, Stuttgart/Berlin/Köln, 2000
Aschenbach, G.: Erklären und Verstehen in der Psychologie; Bock & Herchen, Bad Honnef, 1984
Atkinson, R.L./Atkinson, R.C./Smith, E.E./Bem, D.J./Nolen-Hoekesma, S.: Hilgards Einführung in die Psychologie; Spektrum Verlag, Heidelberg, 2001
BAG-WfbM:. Die BAG WfbM; Aus: https://www.bagwfbm.de/page/24 (11.06.2019)
Beck, I.: Wohnen; in: Greving, H. (Hrsg.); Kompendium der Heilpädagogik, Bd. 2; Troisdorf, 2007, 334–345
Becker, Th.: Vom Blick auf den deformierten Menschen zum deformierten Maßstab der Beobachter. Versuch einer feldtheoretischen Genealogie des normalisierenden Beobachterverhaltens in den Human- und Lebenswissenschaften. In: Waldschmidt, A./Schneider, W. (Hrsg.): Disability Studies, Kultursoziologie und Soziologie der Behinderung. Erkundungen in einem neuen Forschungsfeld; Bielefeld, 2007, 151–173
Bendl, St.: Ukázněná třída; Nakladatelství Triton, Praha, 2005
BHP (Hrsg.): Ethische Grundlagen und Qualifikationen beruflichen Handelns. Glossar; BHP-Verlag, Berlin, 2000
BIBB: Suchergebnisse für »Behinderte«. Aus: http://www.bibb.de/suche/?ie=ISO-8859-15&cx=008056912636294140918%3Aflgtw-2yuvq&cof=FORID%3A11&q=Behinderte&sa=Suchen1530 (06.08.2008)
Biene-Deißler, E.: Kindertagesstätte. In: Greving, H. (Hrsg.): Kompendium der Heilpädagogik, Band 2; Troisdorf, 2007, 17–26
Böhme, G.: Leibsein als Aufgabe. Leibphilosophie in pragmatischer Hinsicht; Graue Edition, Küsterdingen, 2003
Böllert, K./Gogolin, I.: Stichwort: Professionalisierung. In: Zeitschrift für Erziehungswissenschaft, 2/2002, 367–383
Bostel, M.: Das Gesamtplanverfahren in der Eingliederungshilfe. Das Bundesteilhabegesetz und seine Folgen; Hamburg, 2018
Bourdieu, P.: Die verborgenen Mechanismen der Macht; Hamburg, 1997
Bourdieu, P.: Soziologische Fragen; Frankfurt a.M., 1993
Bourdieu, P./Wacquant, L.J.D.: Reflexive Anthropologie; Frankfurt a.M., 1996
Bourdieu, P.: Die feinen Unterschiede. Kritik der gesellschaftlichen Urteilskraft; Frankfurt a.M., 1994, 7. Aufl.
Bourdieu, P.: Praktische Vernunft. Zur Theorie des Handelns; Frankfurt a.M., 1998[a]a
Bourdieu, P.: Sozialer Raum und »Klassen«; Frankfurt a.M., 1985
Bourdieu, P.: Vom Gebrauch der Wissenschaft. Für eine klinische Soziologie des wissenschaftlichen Feldes; Konstanz, 1998b
Bourdieu, P.: Was heißt sprechen? Die Ökonomie des sprachlichen Tauschs; Wien, 1990
Bundschuh, K.: Heilpädagogische Psychologie; E. Reinhardt Verlag, München/Basel, 1992
Bundschuh, K.: Heilpädagogische Psychologie; E. Reinhardt Verlag, München/Basel, 1995, 2., erg. Aufl.

Bundschuh, K.: Heilpädagogische Psychologie; München/Basel, 2002, 3. überarbeitete und erw. Aufl.
Bunk, U./Greving, H./Huisken, J./Möllers, J./Niehoff, D.: Praxisorientierte Heilerziehungspflege. Bausteine der Erziehungswissenschaften; Troisdorf, 2004, 2. Aufl.
Cloerkes, G.: Soziologie der Behinderten. Eine Einführung; Heidelberg, 1997
Cloerkes, G.: Soziologie der Behinderten; Heidelberg, 2001, 2., erw. Aufl.
Cranach, M.V./Tschan, F.: Handlungspsychologie. In: Straub, J./Kempf, W./Werbik, H. (Hrsg.): Psychologie. Eine Einführung; Kunzmann et al.,, München, 2000, 3. Aufl., 124–158
Dannenbeck, C.: Paradigmenwechsel Disability Studies? Für eine kulturwissenschaftliche Wende im Blick auf die Soziale Arbeit mit Menschen mit besonderen Bedürfnissen. In: Waldschmidt, A./Schneider, W. (Hrsg.): Disability Studies, Kultursoziologie und Soziologie der Behinderung. Erkundungen in einem neuen Forschungsfeld; Bielefeld, 2007, 103–125
Dederich, M.: Ethik. In: Greving, H. (Hrsg.); Kompendium der Heilpädagogik, Band 1; Troisdorf, 2007, 211–218
Dederich, M.: Körper, Kultur und Behinderung. Eine Einführung in die Disability Studies; Bielefeld, 2007
Degener, Th.: Völkerrechtliche Grundlagen und Inhalt der UN BRK; in: Degener, Th./Eberl. K./Graumann, S./Maas, O./Schäfer, G.K. (Hrsg.); Menschenrecht Inklusion. 10 Jahre UN-Behindertenrechtskonvention – Bestandsaufnahme und Perspektiven zur Umsetzung in sozialen Diensten und diakonischen Handlungsfeldern; Göttingen, 2016, 11-51
Dieckmann, F./Haas, G. (Hrsg.): Beratende und therapeutische Dienste für Menschen mit geistiger Behinderung und herausforderndem Verhalten; Kohlhammer Verlag, Stuttgart, 2007
DIMDI Deutsches Institut für Medizinische Dokumentation und Information: ICF Internationale Klassifikation der Funktionsfähigkeit, Behinderung und Gesundheit; Neu Isenburg, MMI, 2005
Dlugosch, A.: Professionelle Entwicklung in sonderpädagogischen Kontexten. In: Horster, D./Hoyningen-Süess, U./Liesen, Chr. (Hrsg.): Sonderpädagogische Professionalität. Beiträge zur Entwicklung der Sonderpädagogik als Disziplin und Profession; Wiesbaden, 2005, 27–51
DVfR (Deutsche Vereinigung für die Rehabilitation Behinderter) (Hrsg.): Mitarbeiter krank – was nun? Betriebliches Eingliederungsmanagement – Herausforderungen für Unternehmen. Tagungsreader zur Fachtagung des DVfR am 14. Mai 2004 in Berlin
Feuser, G. (Hrsg.): Inklusion – ein leeres Versprechen?: Zum Verkommen eines Gesellschaftsprojekts; Gießen, 2017
Feuser, G.: Wider die Integration der Inklusion in die Segregation: Zur Grundlegung einer Allgemeinen Pädagogik und entwicklungslogischen Didaktik; Bern, 2018
Fend, H.: Theorie der Schule; Urban & Schwarzenberg, München, 1980, 1. Aufl.
Fengler, J.: Einführung: Der systematische Ort der Heilpädagogischen Psychologie. In: Fengler, J./Jansen, G. (Hrsg.): Handbuch der Heilpädagogischen Psychologie; Kohlhammer Verlag, Stuttgart, 1999, 3. Aufl., 17–20
Fischer, E./Markowetz, R. (Hrsg.): Inklusion im Förderschwerpunkt geistige Entwicklung; Stuttgart, 2016
Foerster, H.v.: Wissen und Gewissen; Frankfurt a.M., 1996, 3. Aufl.
Forster, R. (Hrsg.): Soziologie im Kontext von Behinderung. Theoriebildung, Theorieansätze und singuläre Phänomene; Bad Heilbrunn, 2004
Freud, S.: Abriß der Psychoanalyse (1938); Fischer Verlag, Frankfurt a.M., 1938/1970
Frevel, B./Dietz, B.: Sozialpolitik kompakt; VS Verlag für Sozialwissenschaften, Wiesbaden, 2004
Frey, D./Hoyos, C./Graf/Stahlberg, D. (Hrsg.): Angewandte Psychologie. Ein Lehrbuch; Psychologie Verlags Union, München, 1988
Fricke, A.: Ein Kind mit Behinderung wird erwartet. In: Henrich, W./Brill, W./Dudenhausen, J. W./Ellger-Rüttgardt, S. (Hrsg.): Behinderte Menschen in der Gesellschaft; München, 2005, 19–23
Fuchs, R.: Psychologie als Handlungswissenschaft; Hogrefe Verlag, Göttingen, 1995
Fuchs, Th.: Leib, Raum, Person; Klett Cotta Verlag, Stuttgart, 2000

Gadenne, V.: Philosophie der Psychologie; Hans Huber Verlag, Bern/Göttingen/Toronto/Seattle, 2004
Gebhard, B./Möller-Dreischer, S./Seidel, A./Sohns, A.: Frühförderung wirkt – von Anfang an; Kohlhammer Verlag, Stuttgart, 2018
Geißler, K.A./Hege, M.: Konzepte sozialpädagogischen Handelns. Ein Leitfaden für soziale Berufe; Weinheim/Basel, 2001, 10. aktualisierte Aufl.
Gen-ethisches Netzwerk u. a.: Gemeinsam Stellungnahme zum Bereich der IQWiG; in: heilpaedagogik.de 4/2018, 15/16
Gergen, K.J.: Konstruierte Wirklichkeiten. Eine Hinführung zum sozialen Konstruktionismus; Stuttgart, 2002
GFK Institut: Die Perspektive der Humanistischen Psychologie. Skript der Vorlesung »Psychotherapie: Die Vielfalt der therapeutischen Konzepte« (Wintersemester 1998/99); http://gfk.freepage.de/Texte/hum.html (03.04. 2005)
Gildemeister, R.: Neuere Aspekte der Professionalisierungsdebatte. In: Neue Praxis 3/1992, 207–219
Glasersfeld, E.v.: Radikaler Konstruktivismus. Ideen, Ergebnisse, Probleme; Frankfurt a.M., 1998, 2. Aufl.
Goll, H.: Kinder mit Anencephalie. Interdisziplinärer Stand der Forschung, ethische Positionen und Hilfestellungen für Eltern und Kind. In: Römelt, J. (Hrsg.): Spätabbrüche der Schwangerschaft. Überlegungen zu einer umstrittenen Praxis; Leipzig, 2005, 45–82
Grampp, G.: Die ICF verstehen und nutzen; Köln, 2018, 2. Aufl.
Grampp, G./Jackstell, S./Wöbke, N.: Teilhabe, Teilhabemanagement und die ICF; Köln, 2013
Graumann, S./S./Koopmann, L.: Neue Entwicklungen der pränatalen Diagnostik – berufsethische Herausforderungen für die Heilpädagogik. in: heilpaedagogik.de 4/2018, 6-11
Grawe, K.: Psychologische Therapie; Hogrefe Verlag, Göttingen, 1998
Greving, H./Gröschke, D. (Hrsg.): Das Sisyphos-Prinzip. Gesellschaftsanalytische und gesellschaftskritische Dimensionen der Heilpädagogik; Bad Heilbrunn, 2002
Greving, H./Kannegießer, A.: Rechtsgrundlagen für die Arbeit mit Menschen mit Behinderung; ppt zur Lehrveranstaltung an der KatHO/Münster, Januar 2019
Greving, H./Niehoff, D./u. a.: Praxisorientierte Heilerziehungspflege. Bausteine der Erziehungswissenschaften; Bildungsverlag EINS, Troisdorf, 2002
Greving, H./Ondracek, P.: Menschenrecht Inklusion – Betrachtungen aus heilpädagogischer Perspektive; in: Degener, Th./Eberl. K./Graumann, S./Maas, O./Schäfer, G.K. (Hrsg.): Menschenrecht Inklusion. 10 Jahre UN-Behindertenrechtskonvention – Bestandsaufnahme und Perspektiven zur Umsetzung in sozialen Diensten und diakonischen Handlungsfeldern; Göttingen, 2016, 123-139
Greving, H./Ondracek, P.: Handbuch Heilpädagogik; Bildungsverlag Eins, Troisdorf, 2014. 3. erg. und überab. Aufl.
Greving, H./Scheibner, U.: Die neue Werkstatt. Empfehlungen für eine neue Werkstattkonzeption; in: Greving, H./Scheibner, U. (Hrsg.); Die Werkstattkonzeption: Jetzt umdenken und umgestalten. Rückblick, Bilanz und Vorschläge für grundlegende Reformen; BHP Verlag, Berlin, 2014, 13-78
Greving, H.: Heilpädagogische Organisationen. Eine Grundlegung; Freiburg i. Br., 2000
Greving, H.: Management in der Sozialen Arbeit; Bad Heilbrunn, 2008
Groeben, N.: Einleitung: Sozialwissenschaftliche Psychologie-Konzeption zwischen Natur- und Geisteswissenschaft. In: Groeben, N. (Hrsg.): Zur Programmatik einer sozialwissenschaftlichen Psychologie. Bd. I,1; Aschendorff Verlag, Münster, 1997, 1–26
Groeben, N.: Handeln, Tun, Verhalten als Einheiten einer verstehend-erklärenden Psychologie; Francke Verlag, Tübingen, 1986
Gröschke, D.: Handlungstheorie. In: Greving, H. (Hrsg.): Kompendium der Heilpädagogik, Band 1; Bildungsverlag Eins, Troisdorf, 2007, 308–316
Gröschke, D.: Konzept. In: Greving, H. (Hrsg.): Kompendium der Heilpädagogik, Band 2; Bildungsverlag Eins, Troisdorf, 2007, 67–75
Gröschke, D.: Praktische Ethik der Heilpädagogik. Individual- und sozialethische Reflexionen zu Grundfragen der Behindertenhilfe; Bad Heilbrunn, 1993

Gröschke, D.: Praxiskonzepte der Heilpädagogik. Anthropologische, ethische und pragmatische Dimensionen. Reinhardt/UTB, München/Basel; 1997 2. Aufl.
Gröschke, D.: Psychologische Grundlagen für Sozial- und Heilpädagogik. Ein Lehrbuch zur Orientierung für Heil-, Sonder- und Sozialpädagogen; Bad Heilbrunn, 2005, 3. Aufl.
Gröschke, D.: Für eine Heilpädagogik mit dem Gesicht zur Gesellschaft. In: Greving, H./ Gröschke, D. (Hrsg.); Das Sisyphos-Prinzip. Gesellschaftsanalytische und gesellschaftskritische Dimensionen der Heilpädagogik; Klinkhardt Verlag, Bad Heilbrunn, 2002, 9–32
Große-Bley, Chr.: Heilpädagogik in der Offenen Ganztagsgrundschule – theoretische Grundlegung und praktische Umsetzung eines Bildungskonzeptes zur individuellen Förderung in Bochum. In: Fachbereichstag Heilpädagogik (Hrsg.): Jahrbuch der Heilpädagogik 2007. Thema Bildung – ein Wegweiser zum Wesentlichen der Heilpädagogik; Berlin, 2007, 61–87
Günther, M.: Gemeindenahes Wohnen für Menschen mit geistiger Behinderung; disserta Verlag, Hamburg, 2015
Habermas, J.: Theorie des kommunikativen Handelns; Suhrkamp Verlag, Frankfurt a.M., 1981
Haeberlin, U.: Allgemeine Heilpädagogik; Haupt Verlag, Bern/Stuttgart, 1985
Haeberlin, U.: Das Menschenbild für die Heilpädagogik; Haupt Verlag, Bern/Stuttgart, 1985
Haeberlin, U.: Der gesellschaftliche Wandel und die Notwendigkeit einer wertgeleiteten Heilpädagogik in der Erziehung von Menschen mit Behinderungen. In: Behinderte in Familie, Schule und Gesellschaft, Nr. 4/52000, 40–48. Aus: http://bidok.uibk.ac.at/library/beh4-5-00-wandel.html (09.08. 2006)
Haeberlin, U.: Heilpädagogik als wertgeleitete Wissenschaft. Ein propädeutisches Einführungsbuch in Grundfragen einer Pädagogik für Benachteiligte und Ausgegrenzte; Haupt Verlag, Bern/Stuttgart/Wien, 1996
Hagen, A./Entezami, M.: Sonographische Pränataldiagnostik; De Gruyter Verlag, Berlin/Boston, 2014
Harmsen, Th.: Die Konstruktion professioneller Identität in der Sozialen Arbeit. Theoretische Grundlagen und empirische Befunde; Heidelberg, 2004
Hasenjürgen, B.: Soziale Macht im Wissenschaftsspiel; Münster, 1996
Havemann, M.: Bausteine einer effektiven Frühförderung. In: Havemann, M. (Hrsg.): Entwicklung und Frühförderung von Kindern mit Down-Syndrom. Das Programm »Kleine Schritte«; Stuttgart, 2007, 11–53
Havemann, M.: Wandel der Frühförderung. In: Havemann, M. (Hrsg.): Entwicklung und Frühförderung von Kindern mit Down-Syndrom. Das Programm »Kleine Schritte«; Stuttgart, 2007, 54–66
Hebenstreit, S.: Pädagogik. In: Martin, P./Hebenstreit, S./Rückert, N./Wisch, F.-H.: Humanwissenschaftliche Zugänge/Approaches to the Social Sciences. In der Reihe: European Inclusion Studies/Studium Europäischer Inklusion, Band 2, Edited by Wolf Bloemers and Fritz-Helmut Wisch; Frank & Timme, Berlin; 2006, 85–120
Heer, W.: Arbeit/arbeiten. In: Greving, H. (Hrsg.): Kompendium der Heilpädagogik, Bd. 1; Troisdorf, 2007, 41–55
Hell, D.: Seelenhunger. Der fühlende Mensch und die Wissenschaft vom Leben; Hans Huber Verlag, Bern/Göttingen/Toronto/Seattle, 2003, 2. korr. Aufl.
Henrich, W.: Aktuelle Aspekte pränataler Diagnostik. In: Henrich, W./Brill, W./Dudenhausen, J. W./Ellger-Rüttgardt, S. (Hrsg.): Behinderte Menschen in der Gesellschaft; München, 2005, 9–18
Herzog, W.: Zeitgemäße Erziehung. Die Konstruktion pädagogischer Wirklichkeit; Weilerswist, 2002
Heuer, D.: Sozialer Raum und Klassenhabitus; http://www.stud.uni-hannover.de/user/73597/Habitus.html, 1997
Hülshoff, Th.: Medizinische Grundlagen der Heilpädagogik; München/Basel, 2005
Hüwe, B./Roebke, Chr./Rosenberger, M.: Leben ohne Aussonderung. Eltern kämpfen für Kinder mit Beeinträchtigungen; Luchterhand, Neuwied, 2000 1. Aufl.
IQWiG - Institut für Qualität und Wirtschaftlichkeit im Gesundheitswesen: Abschlussbericht: Nicht invasive Pränataldiagnostik (NIPD) zur Bestimmung des Risikos autosomaler Trisomien 13, 18 und 21 bei Risikoschwangerschaften, IQWiG-Berichte – Nr. 623; Köln, 2018

ILO (International Labour Organisation): Managing disability in the workplace. ILO code of prac-tice. Geneva: International Labour Office, 2002 Aus: www.ilo.org/public/english/ employment/skills/disability/download/code.pdf; (25.05.2005)

Jakobs, H.: Heilpädagogik zwischen Anthropologie und Ethik. Eine Grundlagenreflexion aus kritisch-theoretischer Sicht; Bern/Stuttgart/Wien, 1997

Jantzen, W.: Zur begrifflichen Fassung von Behinderung aus der Sicht des historischen und dialektischen Materialismus. In: Zeitschrift für Heilpädagogik, 27. Jg., Heft 7/1976, S. 428-436.

Jantzen, W.: Sozialisation und Behinderung. Studien zu sozialwissenschaftlichen Grundfragen der Behindertenpädagogik; Gießen, 1974

Joswig, K.D.: Der systemisch-ökologische Orientierungsansatz Otto Specks in der Heilpädagogik. Zur Rezeption des systembiologischen Konstruktivismus und der soziologischen Systemtheorie in der speziellen Pädagogik; Berlin/Münster, 2007

Kersting, H.J.: Heinz von Foerster – Der ent-fachte Beobachter. In: Bardmann, Th.ªM. (Hrsg.): Zirkuläre Positionen. Konstruktivismus als praktische Theorie; Opladen, 1997, 57–65

Klafki, W./Rückriem, G.M./Wolf, W./Freudenstein, R./Beckmann, H.-K./Lingelbach, K.-Ch./ Iben, G./Diederich, J.: Funkkolleg Erziehungswissenschaft. Eine Einführung in drei Bändern, Band 1; Fischer Taschenbuch Verlag, Frankfurt a.M., 1974

Klein, F.: Institutionen, heilpädagogische. In: Bundschuh, K./Heimlich, U./Krawitz, R. (Hrsg): Wörterbuch Heilpädagogik: Ein Nachschlagwerk für Studium und pädagogische Praxis; Klinkhardt-Verlag, Bad Heilbrunn, 2007, 3., überarbeitete Aufl. 135-136.

Kleve, H.: Der systemtheoretische Konstruktivismus: Eine postmoderne Bezugstheorie Sozialer Arbeit. In: Hollstein-Brinkmann, H./Staub-Bernasconi, S. (Hrsg.): Systemtheorien im Vergleich; Wiesbaden, 2005, 63–92

Kleve, H.: Konstruktivismus und Soziale Arbeit; Aachen, 1996

Kobi, E.E.: Grundfragen der Heilpädagogik. Eine Einführung in heilpädagogisches Denken; Berlin, 2004, 6. bearb. und erg. Aufl.

Kobi, E.E.: Grundfragen der Heilpädagogik; Haupt Verlag, Bern/Stuttgart/Wien, 1993, 5. bearbeitete und ergänzte Aufl.

Köhn, W.: Heilpädagogische Erziehungshilfe und Entwicklungsförderung (HpE) – Ein Handlungskonzept; Universitätsverleg Winter, Edition Schindele, Heidelberg, 2003, 3. Aufl.

Konerth, T.: Sorgen Sie gut für sich. In: http://www.zeitzuleben.de/ihnalte/pe/gut_sorgen/ einfuehrung.html (13.07. 2005)

Koring, B.: Eine Theorie pädagogischen Handelns. Theoretische und empirischhermeneutische Untersuchung zur Professionalisierung der Pädagogik; Weinheim, 1998

Krelhaus, L.: Wer bin ich – wer will ich sein? Ein Arbeitsbuch zur Selbstanalyse; MVG Verlag, Frankfurt a.M., 2004

Kuhlmann, A.: Therapie als Affront. Zum Konflikt zwischen Behinderten und Medizin. In: Ethik in der Medizin 15, 151–160, publiziert online im August 2003

Kunzmann, P./Burkard, F.P./Wiedmann, F./Weiß, A: Atlas Philosophie; dtv,, München, 2002, 10., aktualisierte Aufl.

Leyendecker, Chr.: Der Weg von der Behandlung zum gemeinsamen Handeln. In: Leyendecker, Chr. (Hrsg.): Gemeinsam Handeln statt Behandeln. Aufgaben und Perspektiven der Komplexleistung Frühförderung; München/Basel, 2008, 22–33

Lindemann, H./Vossler, N.: Die Behinderung liegt im Auge des Betrachters. Konstruktivistisches Denken für die pädagogische Praxis; Neuwied/Kriftel, 1999

Lindmeier, Chr.: Berufliche Bildung und Teilhabe geistig behinderter Menschen am Arbeitsleben. In: Wüllenweber, E./Theunissen, G./Mühl, H. (Hrsg.): Pädagogik bei geistigen Behinderungen. Ein Handbuch für Studium und Praxis; Kohlhammer Verlag, Stuttgart, 2006, 394–407

Lotz, D.: Heilpädagogische Diagnostik. In: Greving, Heinrich (Hrsg.): Kompendium der Heilpädagogik, Band 1 A-H. Troisdorf, 2007, 327-336.

Luhmann, N.: Soziale Systeme. Grundriß einer allgemeinen Theorie; Frankfurt a.M., 1996, 6. Aufl.

Martin, P./Hebenstreit, S./Rückert, N./Wisch, F.-H.: Humanwissenschaftliche Zugänge. Approaches to the Social Sciences; Frank & Time, Berlin, 2006

Maturana, H.R./Pörksen, B.: Vom Sein zum Tun. Die Ursprünge der Biologie des Erkennens; Heidelberg, 2002

Maturana, H.R.: Biologie der Realität; Frankfurt a.M., 1998

Mehrhoff, F. (Hrsg.): Disability Management. Strategien zur Integration von behinderten Menschen in das Arbeitsleben. Ein Kursbuch für Unternehmer, Behinderte, Versicherer und Leistungserbringer; Stuttgart, 2004

Meier, T.: Integrative Schulen. Wenn die Schwachen die Starken fördern. Aus: https://www.focus.de/familie/lernen/lernstoerungen/wenn-die-schwachen-die-starken-foerdern-integrative-schulen_id_2176274.html (29.06.2018, 12:10)

Merten, R.: Soziale Arbeit aus einer (erweiterten) Perspektive der Systemtheorie Niklas Luhmanns. In: Hollstein-Brinkmann, H./Staub-Bernasconi, S. (Hrsg.): Systemtheorien im Vergleich; Wiesbaden, 2005, 35–62

Mertens, W.: Psychoanalyse. Geschichte und Methoden; Beck Verlag, München, 1997

Microsoft: Encarta Enzyklopädie Professional 2004. Microsoft Corporation

Moor, P.: Heilpädagogik. Ein pädagogisches Lehrbuch. Studienausgabe, herausgegeben von Thomas Hagmann. Band 7 der Schriftenreihe des Heilpädagogischen Seminars Zürich; Hans Huber Verlag, Bern/Luzern, 1999

Moor, P.: Heilpädagogik: ein pädagogisches Lehrbuch; Hans Huber Verlag, Bern/Stuttgart/Wien, 1965

Moor, P.: Heilpädagogische Psychologie, Vol 1.; Hans Huber Verlag, Bern/Stuttgart/Wien, 1967

Moor, P.: Heilpädagogische Psychologie, Vol. 2; Hans Huber Verlag, Bern/Stuttgart/Wien, 1958

Moser, V.: Professionstheorie im Fokus sonderpädagogischer Disziplinentwicklung. In: Horster, D./Hoyningen-Süess, U./Liesen, Chr. (Hrsg.): Sonderpädagogische Professionalität. Beiträge zur Entwicklung der Sonderpädagogik als Disziplin und Profession; Wiesbaden, 2005, 87–96

Müller-Commichau, W.: Verstehen und verstanden werden. Ethische Perspektiven in konstruktivistischer Pädagogik; Mainz, 2003

Nek, S.v.: Frühförderung – erste Hilfen für Kind und Eltern. In: Wüllenweber, E./Theunissen, G./Mühl, H. (Hrsg.): Pädagogik bei geistigen Behinderungen. Ein Handbuch für Studium und Praxis; Kohlhammer Verlag, Stuttgart, 2006, 264–280

Nittel, D.: Professionalität ohne Profession? »Gekonnte Beruflichkeit« in der Erwachsenenbildung im Medium narrativer Interviews mit Zeitzeugen. In: Kraul, M/Marotzki, W./Schweppe, C. (Hrsg.): Biographie und Profession; Klinkhardt Verlag, Bad Heilbrunn, 2002, 253–286

Nittel, D.: Von der Mission zur Profession? Stand und Perspektiven der Verberuflichung in der Erwachsenenbildung; Bertelsmann, Bielefeld, 2000

Oevermann, U.: Fallrekonstruktionen und Strukturgeneralisierung als Beitrag der objektiven Hermeneutik zur soziologisch-strukturtheoretischen Analyse. Manuskript; Frankfurt/M. [online: www.objektivehermeneutik.de], 1981

Ohne Autorenangabe [1]: Integrative Heilpädagogische Kindertagesstätte des Behindertenverbandes Dessau. Aus: http://www.behindertenverband.de/kinder/integrative-heilpaedagogische-kindertagesstaette (05.07. 2008)

Ohne Autorenangabe [2]: Heilpädagogische Kindertagesstätte Witten. Aus: http://www.lebenshilfe-witten.de/Heilpädagogische_Kindertagesst/heilpädagogische_kindertagesst.html (05.07. 2008)

Ohne Autorenangabe [3]: Frühberatung und Frühförderung – was ist das? Aus: http://www.lebenshilfe-witten.de/Interdisziplinare_Fruhforderst/Was_ist_das_/was_ist_das_.html (05.07. 2008)

Ohne Autorenangabe: Die Seele. Aus: http://www.altenpflege-tod-und-sterben.de/die_seele.htm (01.06. 2008)

Olbrich, Chr.: Pflegekompetenz; Hans Huber Verlag, Bern/Göttingen/Toronto/Seattle, 1999

Olk, Th./Otto, H.-U. (Hrsg.): Soziale Dienste im Wandel. Band 2: Entwürfe sozialpädagogischen Handelns; Luchterhand Verlag, Neuwied/Darmstadt, 1989

Ondracek, P./Störmer, N. u. a.: Diagnose und Planung. Diagnostic and Planning; Berlin, 2018, 2. Aufl.

Ondracek, P.: Andersseiende Menschen und ihre Teilhabe am Leben der Gesellschaft – eine Herausforderung nicht nur für die Heilpädagogik. In: BHP (Hrsg.): Tagungsbericht 2016.

Herausforderung Vielfalt – Heilpädagogik im gesellschaftlichen Umbruch. 50. Bundesfachtagung; Berlin, 2017, 55-80

Ondracek, P.: Personzentriertheit im heilpädagogischen Berufsalltag. In: Frühförderung interdisziplinär, 34. Jahrgang, Heft 2/2015. 84-102

Ondracek, P./Trost, A.: Berufsidentität und Berufsfeld von Diplom-Heilpädagogen. Ein Beitrag zum Selbstverständnis der Heilpädagogik. In: Sonderpädagogik, 28 (1998), 3, 132–139

Ondracek, P.: Grundaspekte professionellen Handelns. In: Ondracek, P./Horňáková, M./Klenovský, L.: Verhalten und Handeln. Behaviour and Action; Frank & Timme, Berlin, 2006, 79–82

Ondracek, P.: Psychologische Verhaltenshermeneutik. In: Ondracek, P./Horňáková, M./Klenovský, L.: Verhalten und Handeln. Behaviour and Action; Frank & Time, Berlin, 2006, 29–52

Ondracek, P.: Psychologische Verhaltenshermeneutik. In: Ondracek, P./Horňáková, M./Klenovský, L.: Verhalten und Handeln. Behaviour and Action; Frank & Time, Berlin, 2006, 53 ff.

Palmowski, W./Heuwinkel, M.: Normal bin ich nicht behindert Wirklichkeitskonstruktionen bei Menschen, die behindert werden – Unterschiede, die Welten machen; Dortmund, 2002, 2. Aufl.

Pellegrini, A.: Disability Culture und kulturell konstruierte Behinderung. In: Graf, E.O./Weisser, J. (Hrsg.): Die Unausweichlichkeit von Behinderung in der Kultur; Bern, 2006, 31–46

Pieper, A.: Einführung in die Ethik; Tübingen/Basel, 2000, 4. überarbeitete und aktualisierte Aufl.

Pongratz, L.J.: Problemgeschichte der Psychologie; Francke Verlag, München, 1984, 2. überarbeitete Aufl.

Reich, K.: Systemisch-konstruktivistische Pädagogik. Einführung in Grundlagen einer interaktionistisch-konstruktivistischen Pädagogik; Neuwied/Kriftel, 2002, 4. durchges. Aufl.

Reichenbach, Chr./Thiemann, H.: Lehrbuch diagnostischer Grundlagen der Heil- und Sozialpädagogik; Dortmund, 2013

Reunecker, J.: Pränataldiagnostik ethisch reflektiert; epubli GmbH, Berlin, 2013

Rückert, N./Ondracek, P./Romanenkova L.: Leib und Seele: Salutogenese und Pathogenese. Body and Soul: Salutogenesis and Pathogenesis; Frank & Timme Verlag, Berlin, 2006

Schäper, S/Dieckmann, F./Rohleder, Chr./Rodekohr, B./Katzer, M./Frewer-Graumann, S.: Inklusive Sozialplanung für Menschen im Alter: Ein Manual für die Planungspraxis; Kohlhammer Verlag, Stuttgart, 2019

Schieck, G.: Selbsterfahrung. In: http://info.uibk.ac.at/c/c6/c603/cd_paed/abstract/selbster.html (12.07. 2005)

Schilling, J.: Didaktik/Methodik Sozialer Arbeit. Grundlagen und Konzepte. 7., überarbeitete Aufl., München, Basel, 2016

Schlottbohm, B.-M.: Sterbebegleitung. In: Greving, H. (Hrsg.): Kompendium der Heilpädagogik, Bd. 2; Troisdorf, 2007, 267–274

Schuntermann, M.: Internationale Klassifikation der Funktionsfähigkeit, Behinderung und Gesundheit (ICF), in: Beck, I./Greving H. (Hrsg.): Gemeindeorientierte pädagogische Dienstleistungen. Band 6 des Enzyklopädischen Handbuches der Behindertenpädagogik: Behinderung, Bildung, Partizipation; Stuttgart, 2011, 251-256

Schürz, M.: Feine Unterschiede der Kapitalarten bei P. Bourdieu. Aus: http://www.zum-thema.st/wissensbank/Schuerz1.html; 2001

Schütze, F.: Sozialarbeit als »bescheidene« Profession. In: Dewe, B./Ferchhoff, W./Radtke, F.-O. (Hrsg.): Erziehen als Profession. Zur Logik professionellen Handelns in pädagogischen Feldern; Leske & Budrich Verlag, Opladen, 1992, 132–170

Schwarzer, R./Jerusalem, M. (Hrsg.): Skalen zur Erfassung von Lehrer- und Schülermerkmalen. Dokumentation der psychometrischen Verfahren im Rahmen der wissenschaftlichen Begleitung des Modellversuchs Selbstwirksame Schulen; Freie Universität Berlin, Berlin, 1999

Schwemmer, O.: Handlung und Struktur; Suhrkamp Verlag, Frankfurt a.M., 1987

Schwingel, M.: Pierre Bourdieu zur Einführung; Hamburg, 1998, 2. Aufl.

Seifert, M.: Pädagogik im Bereich des Wohnens. In: Wüllenweber, E./Theunissen, G./Mühl, H. (Hrsg.): Pädagogik bei geistigen Behinderungen. Ein Handbuch für Studium und Praxis; Kohlhammer Verlag, Stuttgart, 2006, 376–393
Siebert, H.: Beobachtung – erkennendes Tun. In: Balgo, R./Werning, R. (Hrsg.): Lernen und Lernprobleme im systemischen Diskurs; Dortmund, 2003, 11–19
Siebert, H.: Die Wirklichkeit als Konstruktion. Einführung in konstruktivistisches Denken; Frankfurt a.M., 2005a
Siebert, H.: Pädagogischer Konstruktivismus. Lernzentrierte Pädagogik in Schule und Erwachsenenbildung; Weinheim/Basel, 2005b
Simon, F.B.: Einführung in Systemtheorie und Konstruktivismus; Heidelberg, 2006
Smedslund, J.: Psycho-Logic; Springer Verlag, Berlin, 1988
Smith, Manuel J.: Sage Nein ohne Skrupel. Die neue Methode zur Steigerung von Selbstsicherheit und Selbstbehauptung; MVG Verlag, München, 1993
Sobotka, R.: Bezruký Frantík. Životní příběh Františka Filipa; Šenov u Ostravy: Tilia, 2003
Sohns, A.: Frühförderung. Eine Hilfesystem im Wandel; Kohlhammer Verlag, Stuttgart, 2010
Sohns, A.: Frühförderung entwicklungsauffälliger Kinder in Deutschland; Weinheim/Basel, 2000
Speck, O.: System Heilpädagogik. Eine ökologische reflexive Grundlegung; Ernst Reinhardt Verlag, München, 2003, 5., neu bearb. Aufl.
Spiegel, Hiltrud von: Methodisches Handeln in der Sozialen Arbeit. Grundlagen und Arbeitshilfen für die Praxis; Ernst Reinhardt Verlag, München/Basel, 2006, 2. Aufl.
Stahlmann, M.: Der Schlüssel zum Erfolg. Metakompetenzen in der Heilpädagogik. In: BHP e. V. (Hrsg.): Von der Frühförderung bis zu Geragogik. Heilpädagogische Handlungsfelder zwischen Tradition und Innovation. Tagungsband; BHP-Verlag, Berlin, 2005
Stahlmann, M.: Kompetenz. In: Greving, H. (Hrsg.); Kompendium der Heilpädagogik, Band 2; Bildungsverlag Eins, Troisdorf, 2007, 35–46
Staub-Bernasconi, S.: Soziale Arbeit als Handlungswissenschaft; Systemtheoretische Grundlagen und professionelle Praxis – Ein Lehrbuch; Bern/Stuttgart/Wien, 2007
Stemmer, I.: Heilpädagogische Begleitung Eltern geistig behinderter Kinder in der Institution Krankenhaus am Beispiel der neuropädiatrischen Station der Universitätsklinik Münster; unveröffentlichte Diplomarbeit an der KFH NW, Abt. Münster, Dezember 2000
Stöger, Chr.: Die Idee der Demokratie von 1848. Studien zu Heinrich Deinhardts frühem Leben und Werk (1821-1851); Verlag Julius Klinkhardt, Bad Heilbrunn, 2017
Stoffer, Th.: Verhaltensmodifikation. In: Microsoft: Encarta Enzyklopädie Professional 2004. Microsoft Corporation, 2004
Störmer, N.: Zur Notwendigkeit einer Bildungsdebatte in der Heilpädagogik. In: Fachbereichstag Heilpädagogik (Hrsg.): Jahrbuch Heilpädagogik 2007; BHP-Verlag, Berlin, 2007, 9–43
Strachota, A.: Heilpädagogik und Medizin. Eine Beziehungsgeschichte; Wien, 2002
Straub, J.: Differenzierungen der psychologischen Handlungstheorie. Dezentrierungen des reflexiven, autonomen Subjekts. In: Journal für Psychologie, 10, 351–379
Theunissen, G.: Zeitgemäße Wohnformen – Soziale Netze – Bürgerschaftliches Engagement. In: Theunissen, G./Schirbort, K. (Hrsg.): Inklusion von Menschen mit geistiger Behinderung. Zeitgemäße Wohnformen – Soziale Netze – Unterstützungsangebote; Stuttgart, 2006, 59–96
Trost, M. u. a.: Lörracher Qualitätskonzept für die Krankenhaus-Sozialarbeit; Lörrach/Essen, 2000
Wagner, A.: Disability Management und Integrationsforschung. In: Platte, A./Seitz, S./Terfloth, K. (Hrsg.): Inklusive Bildungsprozesse. Bad Heilbrunn, 2006, 206-209
Waldschmidt, A. (Hrsg.): Kulturwissenschaftliche Perspektiven der Disability Studies. Tagungsdokumentation; Kassel, 2003
Waldschmidt, A.: Disability Studies. In: Greving, Heinrich (Hrsg.): Kompendium der Heilpädagogik, Band 1 A-H; Troisdorf, 2007, 161–168
Waldschmidt, A./Schneider, W. (Hrsg.): Disability Studies, Kultursoziologie und Soziologie der Behinderung. Erkundungen in einem neuen Forschungsfeld; Bielefeld, 2007
Waldschmidt, A.: Die Flexibilisierung der »Behinderung«. In: Ethik in der Medizin 15, 191–202, publiziert online im August 2003

Watzlawick, P.: Wie wirklich ist die Wirklichkeit? Wahn – Täuschung – Verstehen. München, 1982, 9. Aufl.

Weiß, H.: Armut als gesellschaftliche Normalität. In: Opp, G./Peterander, F. (Hrsg.): Focus Heilpädagogik. Projekt Zukunft; München/Basel, 1996, 150–162

Weiß, W.: Philipp sucht sein Ich. Zum Pädagogischen Umgang mit Traumate in den Erziehungshilfen; Juventa Verlag, Weinheim/München, 2004, 2. revidierte Aufl.

Wember, F.B.: Schule/Schulpädagogik. In: Greving, H. (Hrsg.): Kompendium der Heilpädagogik, Band 2; Bildungsverlag EINS, Troisdorf, 2007, 212–221

Wendt, W.R.: Case Management im Sozial- und Gesundheitswesen: Eine Einführung; Lambertus-Verlag, Freiburg i.Br., 2018, 7. Aufl.

Wenninger, G.: Lexikon der Psychologie auf CD; Spektrum Akademischer Verlag, Heidelberg, 2002

Wiesener, R.: Eine Steuerung von Normalität und Recht. Eine Darstellung am Entwurf des § 35a SGB VIII. In: Becker, P./Koch, J. (Hrsg.:): Was ist normal? Normalitätskonstruktionen in der Jugendhilfe und der Jugendpsychiatrie; Weinheim/München, 1999, 81–89

Willenbrink, M.: Pränatale Diagnostik und die Angst vor einem behinderten Kind. Ein psychosozialer Konflikt von Frauen aus systemischer Sicht; Heidelberg, 1999

Wüllenweber, E.: Profession/Professionalisierung/Professionalität. In: Greving, H. (Hrsg.): Kompendium der Heilpädagogik, Band 2; Bildungsverlag Eins, Troisdorf, 2007, 176–181

Sachwortverzeichnis

A

Abhängigkeit 57
Abschiedlichkeit 256
Absichten 97
Abtreibung 65
ADHS 81
Agieren 46
Akzeptanz 195
Allmachtsphantasien 56, 267, 271
Alltagsforschungskompetenz 116
Annahme 195
Anthropologie 36, 58–59, 61, 178, 266, 270
Armut 155, 163, 200, 274
Armutsphänomen 163
assertiveness 110
Assessment 215
Ausbildung 233, 241
Autonomie 32, 42, 47–48, 128–129, 153, 259, 267, 269–273

B

Beeinträchtigung 35, 44, 46, 52, 120, 123–124, 158, 175–176, 182–183, 186, 189–190, 198, 205, 216, 229–230, 233, 244, 249, 254
Begleitung 230, 268–269, 271–273
Begründungspflicht 79, 266, 271
Behaviorismus 152
Behaviourismus 137, 147
Behindertengleichstellungsgesetz (BGG) 185
Behindertenhilfe 40, 83, 161, 203, 218, 247, 249, 252, 255, 268
Behinderung 19, 26, 35, 37, 41, 52–53, 56, 58, 60, 63–64, 71, 76–78, 80–82, 84, 114, 117, 120–121, 129–130, 132, 135, 145, 155, 158–164, 168–170, 172–173, 175–177, 180, 182, 184, 186–187, 189, 194–195, 198, 200–201, 203, 205, 208–209, 211–214, 216–217, 221–223, 228–230, 232–233, 235–236, 240–254, 257, 259, 263, 266–270, 272–273
Beobachten 70

Beobachtung 122
Beratung 30, 41, 77, 82, 181, 203, 205, 208, 210, 212, 216, 221–222, 230, 233, 237–238, 246–248
Berufsalltag 43, 47, 109, 117, 192, 195, 227, 241, 272
Berufsethik 60, 132
Berufsverband 32, 65
Berufsvorbereitung 241
Bescheidenheit 195
Bewegung 51, 62, 152, 178, 221, 239
Bewusstsein 68, 91, 108, 112, 128, 138, 259
Beziehung 18, 29–30, 37, 43–45, 47, 72, 102, 106, 121, 147, 149, 153, 156, 193, 195, 220, 245
Bildung 30, 41, 51–52, 84, 130, 141, 184–185, 187, 191–193, 199–200, 203, 229, 235, 240, 246, 269–270, 272
binärer Code 75
BTHG 180, 183, 185–187, 189–190

C

Case-Management 214
Community Care 252
conditio humana 70

D

Daseinsgestaltung 42, 118, 190, 252
Dekonstruktivismus 71, 273
Denken 62
Deprofessionalisierung 28, 252
Deutung 45, 50, 99, 113, 160, 165
Devianz 57, 157
Diagnose 141
Diagnostik 12, 54, 113, 120–121, 123, 168, 198, 204–211, 221–222, 224–225, 230, 237–238, 242, 268–270, 274
Dialog 122, 269
Didaktik 11, 15, 71, 80–81, 198
Dienstleistung 32, 44
Disability Management 243

Disability Studies 11, 84, 155, 158–162, 184, 260, 265–267, 273
Disziplin 16, 20–22, 39–40, 52, 59, 83, 89, 100, 141, 155–156, 192, 267, 271
Diversitätsorientierung 219

E

Echtheit 65, 112, 213
Effizienz 63
Eingliederungshilfe 186
Einschätzbarkeit 194
Einstellung 157
Elternarbeit 221
Emotion 143
Empathie 29, 104
Empfinden 62, 106, 141, 145, 151, 157
Empfindungen 42, 106–107, 137
Empowerment 41
Empowermentkompetenz 181
Entbeeinträchtigung 200
Enthinderung 201
Entwicklung 16–17, 20, 26, 33–35, 37, 39, 47, 52, 54–55, 61, 63, 66, 83–84, 88, 93–94, 96, 100, 103, 111, 115, 122, 126, 128, 140–141, 143, 148–151, 153–154, 156, 159–161, 167, 180, 191, 197, 209, 211, 216, 218–222, 225, 227–229, 231, 233, 235, 240, 250–253, 256, 259, 262, 264, 267, 269, 271
Entwicklungsförderung 222
Erkennen 68, 70, 222
Erkenntnistheorie 66–68, 70, 73, 80
Erleben 138
Erwerbsfähigkeit 187
Erziehung 30, 36, 41, 47, 51, 53, 75, 78, 111, 192–194, 199–200, 203, 217, 221, 229, 234, 269
Erziehungshilfe 229
Ethik 35–36, 58–61, 64–65, 77, 129, 132, 209, 266–268, 270, 272–273
Etikettierung 158
Evaluation 21, 58, 141, 215
Existenz 51–52, 63, 89–90, 134, 136, 138, 146, 153–154, 173, 195, 267, 271–272
Exploration 141

F

Fallbezogenheit 48
Familienorientierung 219
Feld 18, 20, 27–28, 30–31, 33, 36, 47, 89–94, 96–97, 101, 115, 146, 153, 155, 166, 183, 185, 199, 209, 228, 261
Fetometrie 206

Flashback 150
Freiheit 36, 52, 56, 61, 64, 184, 254
Freizeit 139
Frühförderung 12, 170, 201, 203–204, 213, 216–227, 244, 270

G

Gefühle 42, 72, 106, 111, 140, 147, 149–150, 174, 195, 210, 222
Geist 62, 173–174
Genetik 58, 65
Gentechnologie 58
Gesellschaft 32–33, 36, 38, 51–53, 55, 57–60, 63–66, 69, 71, 74–75, 78, 80, 84, 88–89, 94, 96, 120–121, 123–124, 128, 130–131, 139, 152, 156–160, 162–163, 167, 170, 173, 175, 177, 183, 185–186, 191, 202, 205, 208–209, 211, 217, 224, 229, 240, 244–245, 251–252, 255, 261, 267, 269, 271
Gestaltpsychologie 153
Gewissen 97
Gleichwertigkeit 194
Grenzen 20–21, 56, 60, 67, 70, 85, 90, 93–94, 103, 113, 121, 133, 158–159, 169, 189, 226–227, 241, 245, 253, 257
Grundgesetz 185
Grundkompetenzen 106
Gruppe 157

H

Habitus 33, 89–90, 93–96, 269
Haltung 31, 48, 56, 102, 115, 120, 147, 171, 179, 241
Handeln 41, 62
Handhabbarkeit 179
Handlung 41
Handlungskompetenz 104
Handlungsprofessionalität 21, 31
Heilpädagogische Psychologie 140
Heteronomie 42
Hilfe 27, 31, 40, 44, 47, 75, 109, 112, 135, 141, 169, 176, 179, 202–204, 216, 230, 236, 241, 248
HPÜ 23
Humangenetik 58
Humanismus 12, 25, 50–52, 84–86, 127, 205
Humanistische Psychologie 152

I

ICF 135, 176, 180, 182–183, 267–268, 272

Idealismus 53, 68
Identität 164
Individualisierung 196
Individualpsychologie 150
Inklusion 11, 37, 56–58, 75–76, 96, 120, 161, 180–185, 202, 219, 233, 244–245, 247, 251–252, 260, 265, 267–269, 273
Institution 16, 32, 90, 199, 228, 230, 273
Institutionalisierung 82, 92
Integration 37, 56–58, 80, 85, 129, 131, 158, 200–202, 219, 221, 233, 236, 243–245, 267, 271
Intentionalität 22
Interaktion 17–20, 42, 47, 77, 96–97, 99, 107–109, 111–112, 114, 116–118, 122–123, 125, 134–135, 138, 144, 147–150, 152–153, 155–158, 174, 194–195, 226–227, 235, 250
Interdependenz 25, 153, 239
Interdisziplinarität 218

K

Kapital 89–90, 92, 94–95
Kindertagesstätte 12, 199, 204, 228–233
Klassifikation 141
Klassisches Konditionieren 145
Know-how 43
Kognition 97, 143
Kognitivität 141
Kohärenzsinn 179
Ko-Konstruktionen 78, 82
Kommunikation 17–20, 29, 35–36, 42, 45, 48, 65, 71, 76–77, 80–81, 83, 85, 95–97, 99, 101, 111–112, 114, 117–118, 123, 125, 131–134, 149–150, 152, 155, 168, 185, 227, 235, 241, 250, 259, 261
Kommunikationsfähigkeit 65
Kompetenz 11, 43–46, 48, 100–104, 106–108, 113–116, 118, 147, 181, 214, 220, 233, 273
Kompetenzen 11, 26, 32, 38–39, 87, 100–106, 119–120, 122, 126, 156, 181, 184, 204, 213, 219–220, 229, 233, 238–239, 243, 263–264
Kompetenzensystematik 103
Komplexleistung 222
Konativität 141
Konstrukt 80
Konstruktionismus 35, 73, 261, 268
Konstruktionsprozesse 72, 74, 78, 97
Konstruktivismus 12, 25, 35–36, 39, 50, 66–71, 73–74, 80–81, 83–86, 96, 117, 127–128, 205, 261, 268, 270, 273
Konzept 88

Konzepte 11, 24, 37–39, 58, 67, 82, 86–88, 95–100, 119–120, 147, 149, 156, 197, 243, 253, 257, 260, 268, 272
Konzeption 88
Konzeptionalisierung 11
Ko-Ontogenese 128
Kooperation 16, 20, 28, 36, 48, 99, 114, 121–123, 140, 151, 162, 194, 220, 222, 230–231, 235, 237–239, 264
Körperbehinderung 81
Krankenhaus 212
Krankheit 78, 149, 158, 167–168, 170, 172, 174–176, 178–179, 204, 208, 212, 246
Kultur 84, 130

L

Labeling approach 158
Lebensabend 204, 255
Lebenslage 19–20, 44–47, 52, 59, 105, 113, 116–117, 122–123, 140, 144, 160, 163, 173, 175, 177, 194–195, 200, 230, 235, 239–240
Lebensqualität 249
Lebenswelt 82, 96, 105, 153, 230
Lehre 22, 37, 54, 64, 67, 160, 241, 260
Leib 173
Leid 105, 168, 172, 213, 235
Lernen am Modell 146
Lern-Facilitator 19–21, 23
Lernprozess 16, 18, 20–23, 82

M

Macht 28, 40, 42, 53, 57, 75, 83, 89–91, 93–94, 101, 129, 147, 152, 176, 251, 266, 269
Management of Diversity 181
materialistische Behindertenpädagogik 162
Medizin 11, 36, 65, 121, 125, 127, 136, 166–175, 178, 190, 193, 196, 210, 214, 256, 262, 270, 273
Menschenbild 45, 51, 59, 62–63, 65, 117, 119, 128–134, 152–153, 193, 232, 240, 269
Menschenrechte 129
Menschenwürde 51–52, 132, 184, 211
Metakompetenzen 112
Methode 17–19, 21–24, 59, 87, 98–99, 207, 216, 261, 273
Methodik 11, 15, 21, 71, 80–81, 198
Methodologie 37–38, 88, 99, 260–261
Modell des Behinderungszustandes 123
Monitoring 215

277

Moral 36, 64, 101
Moskauer Schule 55
Motivation 143
Motive 97
Mündigkeit 52

N

Neoliberalismus 61
Netzwerkarbeit 239
Netzwerke 181, 223, 252
Neurologie 58
nicht-invasiver Pränataltest 207
NIPT 207
Normalität 175
Nutzer 17, 19–23, 29, 45–48, 76, 91, 94, 102, 105, 110, 113–115, 220, 250, 259

O

Objekt 69
Objektivität 67
Offenheit 194
Ohnmacht 42, 75, 83, 251
Ökonomisierungstendenzen 58
Ontogenese 128
Ontologie 67
Operantes Konditionieren 146
Organisation 228
Orientierungskompetenz 120

P

Pädagogik 11, 27, 36, 52, 54–56, 69, 93, 95, 101, 127, 141–142, 161, 190–193, 196, 199, 223, 230, 233–235, 246, 270–271
Paradoxien 47
Partizipation 26, 44, 114, 130, 159, 163–164, 173, 175, 181, 183–184, 191, 272
Partnerschaftlichkeit 194
Passung 71
Pathogenese 173, 178, 272
Person 19–20, 28–29, 32–33, 36, 40, 44, 47–48, 59, 62–63, 72, 78, 84, 93, 101–108, 113–114, 116–118, 121–124, 126, 128, 132, 135, 137–138, 142, 144–147, 150–151, 154, 158–159, 165, 172, 174, 177, 179, 182–183, 186, 193–195, 199, 206, 209, 211, 220, 226, 231, 251, 260, 267
persönliche Eignung 101
Personsein 19–20, 104, 132
Personzentriertheit 226
Philosophie 11, 58–59, 61, 67, 69, 86, 120, 127–128, 174, 183, 190, 196, 232, 252, 268, 270

Planmäßigkeit 22
Pluralität 22, 69
Präferenzutilitarismus 61, 65
Präimplantationsdiagnostik 206
Pränataldiagnostik 169, 206–208, 269
Praxis 22–26, 30–32, 37–38, 41–42, 44–45, 48, 58–61, 63, 74, 88–89, 94–97, 99–102, 106, 109, 112, 114, 116, 130, 132, 140, 146–148, 158, 160–161, 163, 171, 175, 192–194, 200, 211, 234, 240, 242, 257, 261, 263–265, 268, 270–271, 273
Profession 11–12, 27–29, 31–35, 39–40, 49, 52, 55, 57, 89, 180, 212, 258, 265, 267, 271–272, 274
Professionalisierung 12, 26–29, 31–34, 37–38, 40, 49, 57, 96, 199, 266, 270, 274
Professionalisierungsprozesse 39
Professionalisierungstheorie 28, 31
Professionalität 11–12, 26–27, 29–34, 39, 42–46, 48–49, 59, 76, 78, 88, 171, 230, 258, 265, 274
Professionsdiskussion 11, 57
Prozessualität 43
Psychoanalyse 138, 148
Psychohygiene 109
Psychologie 11, 55, 86, 102, 117, 121, 125, 127, 136–144, 152–155, 171, 174, 178, 193, 196, 227, 266–268, 271–274
Psychomotorik 191

Q

Qualifikation 101
Qualität 21, 52, 58, 117, 149, 218, 220, 227, 229, 231
Qualitätsstandards 26

R

rahmenabhängiges Konstrukt 78
Realität 69
Rechtswissenschaften 180
Referenzwissenschaften 127
Reflexion 21, 38, 44, 47, 64–65, 88, 94, 109, 116, 132, 173, 192, 230, 256, 261, 265
Reflexivität 28, 76, 83
Rehabilitation 142, 182, 185, 187, 203, 218, 243, 267
Rehabilitationsparadigma 159
Rehabilitationsträger 186–188
Reiz-Reaktions-Analyse 138
Religion 62–63, 74–75
Respekt 47, 194

Ressourcen   17, 19–20, 64, 92, 102–103, 105, 113, 118, 121–122, 125, 171–172, 179–180, 210, 214–215, 220, 227, 240, 242, 250
ressourcenorientiert   171

S

Salutogenese   142, 173, 178–180, 266, 272
Schädigung   26, 44, 52, 65, 121, 124, 162, 170–172, 200
Schlüsselkompetenzen   104
Schule   12, 16, 55, 115, 147, 153, 156, 177, 201, 203–204, 232–234, 236–241, 253, 267, 269, 273–274
Schwerbehindertenrecht   186
Seele   62, 173–174, 271–272
Selbstbestimmung   28–29, 35, 47, 59, 64, 77, 83, 159–160, 177, 180, 184–185, 234, 246, 248, 250
Selbstbewusstsein   65, 230
Selbstkompetenz   107
Selbstreflexion   108
Selbstreflexivität   83
Selbstsicherheit   110
Selbstverantwortung   52
Selbstwirksamkeit   108
Selektionstendenzen   58
Semantik   172
Sinn   20, 23, 35, 41, 51, 71, 73–74, 78–79, 97, 106, 131, 156, 195, 269, 272
Sinngebung   41, 71, 82, 115, 164
Sinnhaftigkeit   179
Softskills   28
Solidarität   30, 60–61, 63, 65, 209, 235, 252
Sonderpädagogik   33, 55, 155, 235
Soziale Arbeit   26, 30, 74, 226, 267, 270–271, 273
Soziale Rolle   156
sozialer Raum   89
Sozialgesetzbuch   185
Sozialhilferecht   186
Sozialisation   48, 57, 93, 104, 143, 155–156, 162, 164, 170, 270
Sozialkompetenz   101
Sozialpädagogik   26, 29–30, 40, 122, 202, 272
Sozialpolitik   61
Sozialpsychologie   139
Sozialtechnologie   29
Sozialwesen   19, 29–30, 40, 84, 98, 101–102, 104, 106, 144
Soziologie   11, 58, 87, 89, 96, 117, 127, 155–157, 163, 196, 261, 266–267, 273
Stellvertretung   46

Stigma   158
Störung   83
Subjekt   69, 73, 137
Subjektivität   174
System   54, 75, 93–96, 147, 153, 159, 181, 199, 201–202, 218, 221, 235, 273
Systemgrenzen   95
Systemlogik   74
systemtheoretisches Erklären   72

T

Techniken   99
Teilhabe   26, 44, 61, 63, 66, 120, 123, 130–131, 151, 159–163, 170, 172–173, 175, 177, 180, 182–187, 191, 218, 231–232, 235, 240, 242, 246–248, 252, 254, 268, 270–271
Teilhabeplanverfahren   187–188
Test   141
Theorie   22, 28, 36, 41–42, 58, 61, 71, 74, 85–86, 94, 97, 100, 102, 109, 134, 141, 148, 150, 152, 158, 161–163, 170–171, 181, 192, 234, 252, 256, 259, 261, 266–267, 269–270
Therapie   36, 47, 54, 81, 111, 119–120, 125, 152, 166, 191, 203, 221, 225, 268, 270
Tiefenpsychologie   140, 148
Toleranzangebot   79
Transaktionalität   105
Transparenz   194
Trisomie 21   81, 135, 168, 170–171, 207–208
Typologie   42

U

Übereinkommen über die Rechte von Menschen mit Behinderungen (UN-BRK)   183
Umwelt   20, 28, 62, 69, 95–96, 103–105, 110–111, 114, 117, 121, 123, 128, 139–140, 148, 154, 156–157, 161, 164, 170, 172, 180, 183, 186, 213, 220, 240, 251
Unionsrecht   185
Unterricht   16, 147, 203, 233–236

V

Verantwortung   35, 41–42, 46, 73, 79, 111, 116, 126, 147, 186, 193, 209, 211, 237, 243
Verantwortungsakzeptanz   79
Verfahren   41, 99

279

Verhalten 138
Vernunft 52, 61, 64, 68–69, 266
Verstehbarkeit 179
Verstehen 44, 46, 48, 96, 99, 102, 111, 113, 116, 121, 123, 125–126, 141, 144–145, 156, 164–166, 171, 266, 271, 274
Vertrauen 195
Viabilität 17, 23, 35, 71, 77, 79
Volkswirtschaft 139
Vorsorgeuntersuchung 205

W

Wahrheit 128
Wahrnehmung 81
Weltgesundheitsorganisation 135, 176, 182
Wertgeleitet 59
WfbM 241
WHO 135, 182
Wirklichkeit 82, 133
Wirklichkeitskonstrukte 79
Wirtschaft 63, 75
Wohlbefinden 250
Wohnen 12, 153, 181, 201, 203–204, 244–249, 252–253, 255, 266, 269
Würde 66

Z

Zeitgefühl 65
ZNS 140, 174
Zuversicht 196
Zweifel 56, 62, 67